LES

FRANÇAIS

PEINTS PAR EUX-MÊMES

Auteurs et Artistes collaborateurs des *Français*.

LES
FRANÇAIS
PEINTS PAR EUX-MÊMES

TYPES ET PORTRAITS HUMORISTIQUES A LA PLUME ET AU CRAYON

MŒURS CONTEMPORAINES

PAR

THÉOPHILE GAUTIER, ROGER DE BEAUVOIR, JULES JANIN, FRÉDÉRIC SOULIÉ
A. DE LACROIX, ARNOULD FREMY, BERTHAUD, JOSEPH MAINZER, Mme MARIA D'ANSPACH, FÉLIX PYAT, OLD NICK
Cte DE LA RIVALIÈRE-FRAUENDORFF, B. MAURICE, É. DE LA BÉDOLLIÈRE, TAXILE DELORD, ETC.

ILLUSTRATIONS DE

MEISSONIER, DAUBIGNY, GRANDVILLE, GAVARNI, TRAVIÈS, HENRY MONNIER
ALLONGÉ, LIENARD, ROUSSEAU, DAUMIER, GIGOUX, STEINHEL, CHARLET, MOUCHU, JEANRON, DELANNOY, DE BAR
THORIGNY, LÉOPOLD FLAMENG, FRANCK
TRIMOLET, BEAUCÉ, LOUBON, PARENT, GAILDRAU, FELLMANN, CATENACCI, G. JANET, ETC.

TOME TROISIÈME

PARIS

J. PHILIPPART, LIBRAIRE-ÉDITEUR

12, RUE DE BUCI, 12

TOUS DROITS RÉSERVÉS

LA DÉVOTE

Par Jules JANIN.

ILLUSTRATIONS DE EUG. LAMI, PAUQUET, H. CATENACCI, ETC.

Grace à Dieu, il n'est pas de révolution en ce monde qui, à le bien prendre, n'ait en soi quelque chose de bon. La révolution de juillet, par exemple, nous a délivrés à tout jamais d'un abominable fléau qui menaçait de reparaître dans nos mœurs : je veux dire l'hypocrisie religieuse, la pire espèce de toutes les hypocrisies. Quand tous les honnêtes gens qui croient encore en Dieu, et qui n'ont pas relégué l'Évangile avec les livres des philosophes, ont pu aller à l'église tête levée, sans être soupçonnés d'ambition ou de flatterie, l'église s'est remplie, à toutes les heures du jour, d'une noble foule. Les honnêtes gens ne se sont plus cachés pour y venir. La religion catholique, n'étant plus protégée par personne, rentrait dans le droit commun, ou, pour mieux dire, dans le droit divin. A nous aussi, puisque maintenant il est bien reconnu que la loi est athée, puisqu'il n'y a pas de roi dévot, de cour dévote, plus de congrégations religieuses qui nous espionnent et qui comptent sur nos signes de croix, il nous est bien permis de célébrer le type féminin le plus charmant qui se puisse présenter à l'étude et à l'observation des moralistes contemporains. Nous voulons parler de *la dévote*, oui, de la dévote elle-même, celle-là qui prie tout haut, qui fait le signe de la croix en plein jour, qui assiste loyalement à toutes les grandes scènes du culte catholique. Du temps de La Bruyère, quand on disait *la dévote*, La Bruyère lui-même était obligé d'expliquer tout au bas de la page qu'il parlait des *faux dévots*. Nous sommes plus heureux que La Bruyère, nous autres; nous ne connaissons plus les faux dévots. Aujourd'hui,

on est dévot ou on ne l'est pas. A quoi bon affecter une vertu qui est inutile pour faire son chemin en ce monde et qui est tout au plus supportée ? Tartufe lui-même, de nos jours, se présenterait dans une honnête maison, Tartufe serait chassé à coups de pied dans le ventre, au bout de vingt-quatre heures, comme le plus sale et le plus abominable des coquins.

La dévote dont je parle est venue au monde dans quelques-unes de ces correctes maisons du faubourg Saint-Germain, toutes remplies encore de l'honnête et calme parfum des temps passés. L'enfant a été élevé sur le giron de sa vieille grand'mère, une femme qui a vu tout l'éclat de la royauté, qui a subi toutes les fureurs de la révolution ; femme forte, éprouvée par l'exil, éprouvée par la mort de tous les siens, et qui est revenue en France pour y montrer ce que peuvent le courage et la résignation. La vieille dame a appris de bonne heure à sa petite-fille à ne pas trop se fier sur le grand nom qu'elle porte, à ne pas compter plus qu'il ne faut sur l'avenir, qui n'appartient à personne, à ne pas dépenser sa jeunesse dans ces mille futilités, dans ces passions vides de sens qui font plus tard de la jeunesse un regret éternel ; surtout la brave mère a parlé à son enfant du roi et de Dieu, qu'elle n'a jamais séparés dans son amour et dans ses respects. Elle lui a raconté, non pas sans frémir, qu'il y avait des temps affreux où le roi pouvait être renversé de son trône, où le Dieu pouvait être exilé de son temple, mais qu'au milieu de ces sanglantes tempêtes, c'était un devoir de gentilhomme et de chrétien de rester fidèle au roi, fidèle au Dieu, et, qu'après tout, ils finissaient toujours par revenir l'un et l'autre. Quel moyen que l'enfant ne fût pas attentif, en entendant raconter à ses oreilles ces histoires étranges, toutes remplies de bouleversements, de blasphèmes et de miracles de tout genre? Aussi, de bonne heure, la jeune fille est devenue sérieuse ; elle n'a rencontré sous ses pas enfantins ni le mensonge ni la flatterie : autour d'elle chacun était grave, et même son oncle, le commandeur de Malte, un des anciens amis de M. le comte d'Artois, dans leurs beaux jours de folie, d'élégance et de plaisir.

Ainsi a grandi ce bel enfant ; les premières notions de l'Évangile lui sont arrivées naturellement, sans même qu'on les lui ait enseignées. Mais elle voyait autour d'elle tant de fervents apôtres ; elle était si souvent encouragée par la bénédiction de tant de saints évêques ; elle entendait à l'improviste, et tant et si souvent, la voix catholique du dix-septième siècle tout entier ; elle avait appris à lire de si bonne heure, et à s'y plaire, les grandes pages de Bossuet, les touchants enseignements de Fénelon, les lettres charmantes de saint François de Sales, le *Petit Carême* de Massillon ; elle avait si souvent vu luire, à ses yeux, l'éclair tout-puissant de Pascal, que cette première conversion, qui se fait à quinze ans dans les jeunes âmes et qui décide de toute la vie, l'avait trouvée ferme et convaincue : c'était déjà une chrétienne à quinze ans.

En général, on ne sait plus guère, parmi nous, ce que peut être une famille ainsi réglée, du haut en bas, par l'austère devoir catholique. Dans une famille ainsi faite, chacun apporte, comme dans un centre commun, les dons les plus rares de son esprit, les qualités les plus précieuses de son cœur. Si l'origine n'est pas la même pour les uns et pour les autres, leur but est le même à tous. Ceux-ci viennent en droite ligne et par une généalogie non interrompue, de Port-Royal-des-Champs. Austères enfants de la vallée de Chevreuse, ils ont gardé précieusement la sainte parole du grand Arnault et de Pascal. Dans l'étude des sciences et des lettres, ils sont restés les disciples fidèles de Nicole. Ils ont traversé avec un rare courage et sans s'étonner, toute la période révolutionnaire ; car, depuis Louis XIV, ils étaient habitués à la persécution. Ceux-là, les moins austères, sont les disciples de ces savants jésuites qui voyaient, qui jugeaient, qui surtout savaient toutes choses : ils ont considéré la croyance et la science sous leur côté le plus aimable et le plus facile. Quand donc, élevé par les docteurs de l'une et l'autre discipline, l'enfant est grondé par le janséniste, c'est le jésuite qui le console, c'est le jésuite qui aide l'enfant à remplir sa tâche de chaque jour. Sa méthode est plus expéditive et non moins sûre. Le janséniste parle à l'enfant du Dieu qui est terrible ; le jésuite parle à l'enfant du Dieu qui est bon, et, en fin de compte, c'est toujours parler de Dieu ; et parler de Dieu, c'est le faire aimer.

Dans ces maisons si bien posées sous le ciel, où chaque heure de la vie a son emploi, où tout le monde, depuis le maître jusqu'au dernier domestique, est à son devoir, où le temps est regardé comme le plus rare des capitaux, car il appartient au travail ou à la prière, il arrive d'ordinaire que toutes les choses humaines réussissent. Rien n'est plus simple ; on n'est pas troublé par les bruits du dehors, on n'est pas arrêté en son chemin par les passions mauvaises. Chaque jour apporte avec soi un progrès, dont la maison profite ; il arrive donc que la fortune, et les dignités, et le respect, et la considération viennent frapper à cette porte, fermée à l'oisiveté, à la révolte, aux vains plaisirs, aux dissipations mensongères, aux fêtes de tout le monde. A dix-huit ans la jeune fille est un riche parti ; en conséquence on la recherche malgré sa piété. Les plus beaux jeunes gens se disent, en folâtrant autour de cette chaste et blanche vertu, qu'ils en viendront à bout sans peine ; ils se promettent d'apprendre à la jeune fille les belles manières et de la *façonner*, comme ils disent. Paraît-elle dans un salon, les femmes à la mode disent qu'elle se tient mal, que son œil est grand, mais sans expression ; qu'elle est gênée, qu'elle est contrainte, qu'elle est silencieuse ; et d'ailleurs elle ne sait pas danser, elle joue à peine du piano, elle ne distingue pas la musique de Rossini de la musique de Meyerbeer. Pour rien au monde elle ne consentirait à chanter quelques-unes de ces jolies petites romances qui commencent invariablement par ces mots, *je t'adore*, et qui finissent par ce beau vers, *je n'aimerai jamais que toi*. L'aimable et noble fille, il faudrait la plaindre, si en effet son père n'était pas riche, si sa famille n'était pas si bien posée dans le monde ; si, par ses alliances autant que par sa fortune, cette maison n'était pas de celles qu'on estime et qu'on respecte. « Je le crois bien qu'il faut que nous fassions notre fortune, disait un jour un des vieux chrétiens de l'église Saint-Méry ; moi, par exemple, j'ai six filles à marier, et qui donc aujourd'hui voudrait de la fille d'un pauvre catholique romain, s'il n'avait pas une dot à lui donner ? » Donc la belle enfant se marie quand elle a dix-huit ans.

Elle épouse ordinairement un homme grave, ne s'informant guère de ce qu'il a été autrefois, mais sachant fort bien ce qu'il est à présent. Les fautes passées, elle les pardonne, car elle est indulgente, ou bien elle les ignore, car le mal n'arrive pas jusqu'à elle. Elle se marie loyalement, mais sans trop d'amour. C'est un devoir qu'elle accomplit, mais non pas une fête qu'elle se donne. En la voyant marcher à l'autel d'un pas si ferme et si tranquille, les petites-maîtresses s'étonnent et s'écrient : Elle n'a fait que cela toute sa vie. Maintenant fasse le ciel qu'elle appartienne à un honnête homme qui ne rougisse pas des vertus de sa femme et qui l'entoure de tous les respects qui lui sont dus !

La voilà donc mariée et entrant dans le monde, sans reproche, sans plaisir et sans peur. Elle a fermé les yeux de sa vieille grand'mère qui lui a répété, en mourant, les deux paroles de toute sa vie : Dieu et le roi ! Elle a composé sa maison des serviteurs qui ont élevé son enfance, elle est devenue mère à son tour, elle est une mère tendre et sérieuse. Ce que fait son mari, ce qu'il devient, ce n'est pas là notre sujet. Nous ne voulons pas montrer la martyre, nous voulons montrer la chrétienne. Au dedans et au dehors de sa maison, son autorité augmente chaque jour. D'abord on en avait eu peur, on commence déjà à l'aimer. On a découvert sous cette austérité, sous cette réserve, une âme aimante, un cœur tendre et compatissant, une grande simplicité, une gaieté doucement épanouie. Cette jeunesse, si froide quand il s'agit de bagatelles, est tout de feu pour une bonne œuvre. On lui parle d'une mode nouvelle, d'un chapeau nouvellement découvert, elle écoute à peine ; dites-lui le nom d'un malheureux qui souffre, aussitôt elle se lève et elle dit : « Allons. » Son joug est léger à tous ceux qui l'entourent; elle con-

La Dévote. Dessin de Eug. Lami.

seille, elle reprend doucement ; sa remontrance même a tout le charme d'une louange ; elle sait dans les moindres détails toute la maison qui lui est confiée. S'il est encore quelques femmes dans le monde qui disent en parlant d'elle : « C'est une bégueule ; » ses domestiques et les pauvres disent : « C'est un ange ; » et il y a plus que compensation.

Voulez-vous savoir sa vie? Rien n'est plus simple ; mais pour la savoir telle qu'elle est, il la faut comparer à l'existence des autres femmes, aux existences les plus brillantes et les plus enviées, sinon la vie de notre dévote ressemblerait à la vie de tout le monde, tant cela est simple et facile à comprendre. Pendant que la femme à la mode, celle dont l'esprit, le goût et la grâce remplissent tous les salons de Paris, est encore plongée dans le sommeil du matin, dont elle a si grand besoin pour réparer l'esprit et la beauté qu'elle a dépensés cette

La Femme du monde. Dessin de Eug. Lami.

nuit même, notre jeune femme est déjà à l'œuvre! Elle s'est réveillée de bonne heure, et son jeune visage, que les veilles n'ont pas altéré, n'a pas eu besoin de grands apprêts. La voilà donc déjà vêtue, et l'on peut dire que si les femmes ordinaires ont devant elles dix ans de jeunesse, celle-là, grâce à sa vie simple et réglée, en a trente pour le moins. Son habit est de bon goût, d'une éclatante propreté, d'une grâce un peu méthodique, mais charmante. Toute dévote qu'elle est, l'aimable femme est restée ce que Dieu l'a faite, une jeune et belle personne; si elle ne permet pas qu'on lui dise à chaque instant: Vous êtes belle, elle a en elle-même le secret, ou, pour mieux dire, l'instinct de sa beauté, et elle en prend soin comme il faut prendre soin toujours des dons les plus précieux du Créateur.

Pendant que la femme du monde est encore à sa première ou même à sa seconde toilette, se répétant tout bas les sots et faciles triomphes de la veille, la nôtre a déjà embrassé ses enfants, elle a encouragé son mari dont elle est le conseil. Elle a examiné sous toutes ses faces une affaire importante; elle a le coup d'œil juste, l'esprit droit, et tout cela parce qu'elle a le cœur honnête. Point d'oisiveté dans cette maison, la journée est employée tout entière; ce serait un crime d'en perdre une heure. Cependant la femme à la mode est habillée, c'est-à-dire qu'elle a passé la première robe de la journée; pour la promenade elle en mettra une seconde, pour le dîner une troisième, une quatrième pour le soir. Dans l'intervalle des grandes affaires, la femme du monde demande ses lettres et ses journaux; alors sa soubrette, car elle a une soubrette, lui apporte sur un plat d'argent toutes sortes de petits papiers ambrés, ornés de dessins et d'images, parfums indiscrets et nauséabonds qui montent à la tête sans passer par le cœur. La dame lit tous ces billets d'un regard dédaigneux, elle y est faite. Pour elle, les plus douces paroles n'ont pas de sens, elle en sait toute la vanité. Quand elle a épuisé ces mensonges dorés, elle ouvre en bâillant, d'une façon agréable, ses journaux grands et petits. Là elle apprend toutes sortes de nouvelles qui n'intéressent qu'elle seule : — M. Duprez est malade; — On croit que madame Dorus est enceinte; — Vernet a la goutte; — Bouffé est absent; — la loge Bleue, la loge des Lions s'est déclarée pour mademoiselle Louise contre mademoiselle Joséphine, et autres fariboles qui composent le fond actuel de la conversation parisienne. La partie la plus intéressante de ces journaux est celle-ci : « Hier, au bal de l'ambassadeur d'Angleterre, « madame la marquise de C*** portait un turban « de *telle façon;* madame la comtesse de V*** « avait une robe *ainsi faite...;* le chapeau de « madame d'O*** était doublé de *telle couleur...;* « madame la marquise de F*** avait acheté un « mouchoir *en tel endroit*, ses gants *en tel autre.* « Le prince de S*** a fait faire sa voiture chez « *tel carrossier.* On se lave les mains à cette heure « avec un savon ainsi composé... La crème pour « le teint, du célèbre parfumeur Benoît, a le « plus grand succès dans un certain monde. » Vaines et méprisables futilités! Et quand on songe que toute la vie d'une créature raisonnable, d'une femme baptisée, se passe à des emplois pareils! Chez notre dévote, au contraire, vous pouvez entrer. Point de mystères, point de billets cachés, point de ces papiers adultères, point de ces odeurs infectes qui déshonorent une maison, point de soubrettes surtout. La soubrette de notre dévote est une vieille servante qui gronde sa maîtresse de temps à autre, qui l'aime comme sa fille, qui l'a portée dans ses bras, et qu'elle appelle tendrement sa mère, quand la vieille est triste et de mauvaise humeur. Notre dévote reçoit peu de lettres, elle n'a rien à entendre du dehors; ou bien, quand elle en reçoit, ce sont des lettres sur du gros papier, d'un caractère presque illisible, des lettres de quelque misère souffrante et cachée. Cependant la femme du monde est visible, c'est l'heure où madame laisse venir jusqu'à elle ses amis et ses simples connaissances. Dans ce petit salon coquettement rempli des petites recherches de ce petit luxe incommode qui remplit toutes les maisons modernes, bronzes d'un demi-pied, chefs-d'œuvre impérissables en porcelaine de Sèvres, pastels éternels sortis de la main des grands génies modernes et qu'enlève un rayon de soleil, petits chiens qui hurlent, oiseaux qui chantent, fleurs sans parfum, meubles dorés qui s'écaillent sous la main qui les touche, voilà dans quel sanctuaire notre belle dame reçoit son beau monde. Arrivent là, s'appuyant sur leurs joues fluets comme leurs jambes, tous ces méchants dandys que la ville renferme, gentilshommes sans noblesse, riches sans argent, écuyers sans chevaux, jeunes gens de quarante ans, amoureux sans maîtresse et sans amour, têtes sans cervelle surtout, braves gens dont tout le mérite est de se bien connaître en gilets et en cravates; arrivent en même temps toutes ces femmes qu'on voit partout, dont tout le monde sait les noms et les aventures; papillons qui ont brûlé leurs ailes à toutes sortes de torches mal allumées, vieillesses précoces et fardées avant le temps, pâles squelettes qui se dissimulent dans la gaze et dans la soie, des fronts pelés, des jambes flottantes, des mains blafardes, des dents ratissées, des sourcils noircis, incertaines apparences d'une jeunesse qui n'est plus, d'une beauté qui a toujours été un problème.

Vraiment c'est un affreux monde à voir!

La Dévote. Dessin de Pauquet.

La Dévote bretonne. Dessin de Saint-Germain.

La Dévote mondaine. Dessin de Pauquet.

Rien ne ressemble au monde réel comme ces fantômes des deux sexes, fantômes stériles qui n'ont rien produit dans leur vie, pas un trait de courage, pas un enfant, pas une bonne œuvre, pas seulement un bon mot. Comment ces espèces-là sont parvenues à compter pour quelque chose dans notre monde; voilà la honte et la plaie de notre société moderne, voilà ce qui fait le déshonneur de Paris, que Paris se soit occupé de ces *lions*, de ces *lionnes*, de ces *rats*, de ces êtres incomplets qui sont comme autant de vermisseaux sortis tout grouillants du cadavre de l'Anglais Lovelace; et cependant vous pouvez croire quelle conversation s'établit entre ces beaux messieurs et ces belles dames; dans quel patois, dans quel jargon ces gens-là causent entre eux, et vous ne pourriez vous imaginer ce qui se dit là de sottises, d'inepties, de calomnies, d'injures; comment on y traite la gloire et la vertu, les poëtes et les grands hommes, et surtout, oh! mon Dieu, ceux qui croient en Dieu; et ce qu'on y dit d'horribles et insipides calomnies des honnêtes femmes qui vivent chez elles, qu'on ne rencontre ni au bois de Boulogne, ni à l'Opéra, qui vont à la messe le dimanche, et qui poussent le charlatanisme jusqu'à visiter les malades dans leur lit, les pauvres dans leur grenier, les prisonniers dans leur prison.

Cependant on introduit chez notre dévote

le fermier de sa ferme, le maçon qui a réparé sa maison, le professeur de son enfant, et dans ces entretiens utiles elle protége le présent, elle défend l'avenir. Quand elle est seule, si l'envie lui prend de lire un livre, ne pensez pas qu'elle envoie chercher au cabinet de lecture le plus voisin quelques-uns de ces abominables chiffons de papier tout souillés d'ordures, tout remplis de choses immondes dans la page et sur les bords. Il n'y a guère que les dames du grand monde qui fassent usage de ces sortes de divertissements affreux, qu'elles partagent sans façon avec les laquais, les grisettes et les femmes de chambre de leur quartier. La femme sensée qui sait le prix du temps et la valeur de la vie laisse aux femmes à la mode ces tristes lectures dans ces dégoûtants volumes, elle leur abandonne bien volontiers

Le Salon de la Coquette. Dessin de Eug. Lami.

tous ces romans modernes écrits en si vile prose, tout ce vagabondage de l'esprit, tout ce délire des sens ; elle a quelque chose de mieux à lire et à penser : elle a dans le plus bel endroit de sa maison d'honnêtes livres, de beaux livres bien imprimés sur du papier sec et sonore, bien reliés par quelque relieur des temps passés. Dans ces livres qui sont des chefs-d'œuvre en dedans et en dehors, au lieu des sales commentaires des loustics de cabinets de lecture, à la place de ces noms qui sentent l'atelier et la boutique, l'estaminet et le corps de garde, vous lisez les noms vénérés des magistrats, des prélats ou des savants d'autrefois. Vous découvrez sur la marge, transcrites d'une main sûre, les plus savantes ou les plus aimables réflexions. Quand vous tenez en vos mains un pareil livre, il vous semble que derrière votre épaule l'ancien propriétaire est là debout, les yeux fixés sur la page, et qu'il la lit en même temps que vous ; alors vous vous efforcez de comprendre les chefs-d'œuvre comme il les a compris, de les aimer comme il les a aimés. La femme dévote, renfermée en elle-même, se plaît surtout dans ce luxe des beaux livres ; elle aime cette richesse cachée et honorable qui ne fait envie à personne ; de cette heureuse passion elle ne fait confidence qu'à ses amis les plus intimes ; elle consent volontiers à être modestement parée, pourvu que son La Bruyère ou son Bossuet soient revêtus d'ornements magnifiques. Elle aura une robe de moins cet été ; oui, mais son Corneille sera splendide. Tout son luxe est ainsi fait, simple, sévère, austère, comme elle est elle-même. Elle n'est pas de ces femmes qui portent avec elles beaucoup plus que toute la fortune de leurs maris. Ce qui brille ne lui va pas : elle trouve que les diamants la blessent, que les perles la rendent moins blanche ; elle fait grand cas, pour sa parure, d'une fleur naturelle placée sans art dans ses beaux cheveux. En revanche, elle a grand soin de son linge, qui est le plus beau et le plus fin du monde. Elle aime ces dentelles dont elle a hérité de sa mère et même de son aïeule. Comme rien n'est improvisé dans sa fortune, non plus que dans sa beauté, elle a dans ses grandes armoires en ébène toutes sortes d'innocentes magnificences qui ne lui ont rien coûté ; et, voyez-vous, telle est la force de ces beautés naïves et naturelles que, toutes cachées qu'elles sont, elles finissent par dominer la mode même, la mode qui ne sait pas leur nom, qui n'a jamais vu leur personne. Elles imposent sans le savoir, à la foule subjuguée, leurs caprices les plus intimes. Ainsi donc qui a remis en honneur les vieux bois de chêne sculptés ? Qui a rendu leur éclat aux anciens meubles de Boule ou de Riessener ? Qui nous a fait rechercher avec tant d'empressement les bois dorés et contournés du roi Louis XV, les falbalas de la cour de Louis XVI, toutes les reliques sérieuses ou galantes des temps qui ne sont plus ? Qui donc a battu en brèche le sec acajou et les formes disgracieuses inventées par le peintre David ? Qui nous a débarrassés des chaises curules et des lits à baldaquins ? Qui nous a rendu les belles guipures et les plus fines dentelles de Malines dont personne ne voulait plus ? Qui donc enfin a remis un peu d'art, d'esprit, d'élégance et de goût, dans ces tristes intérieurs du Paris moderne ? Rien n'est plus facile à croire : ce sont quelques honnêtes femmes, pleines de sens et de tact, qui ont méprisé d'abord ce que la foule recherche et ce qu'elle aime, qui se sont isolées dans leur intérieur, qui ont caché leurs meubles comme elles cachaient leur vie, et qui ont été bien étonnées le jour où on leur a prouvé qu'elles avaient fait une révolution à ce point que, même les portraits de Le Brun et de Mignard, autrefois égarés sur les quais, étaient recherchés pour servir d'ancêtres aux parvenus de la veille. En effet, ces braves parvenus, voyant tant de femmes avoir des ancêtres et les entourer de leur culte, ont voulu en avoir à leur tour, et ils en ont acheté de tout faits.

Cette femme a donc, elle aussi, son luxe, ses modes, ses plaisirs ; son luxe, elle l'impose ; ses modes, elle les invente pour elle toute seule ; elle sait très-bien que toutes les comtesses, marquises, duchesses, princesses du journal des modes, n'ont guère d'autre métier que d'essuyer les plâtres de la rue du Mont-Blanc ou de la rue du Helder, et elle n'est pas si mal avisée que de se servir des robes et des chapeaux de ces dames. Quant à ses plaisirs, ils sont nombreux et ils sont à elle, elle les partage avec tous les honnêtes gens de sa famille. Sa maison est la mieux tenue, sa table est la plus abondante, elle ne manque jamais de glace en été, de feu en hiver. Elle a des chevaux peu fringants, mais forts et bien nourris. Sa voiture n'est peut-être pas du bon faiseur, mais elle ne se brise jamais. Ses gens sont simplement vêtus ; ils n'ont pas d'aiguillettes, pas de livrée. On ne dit pas, en les voyant passer : Ce sont des domestiques ; mais ils sont nés dans la maison, ils y mourront ; ils sont bien payés, bien nourris, ils sont estimés et heureux. Il est vrai qu'ils n'ont pas l'estime de la grosse livrée, et qu'ils sont montrés au doigt quand ils passent devant le cabaret où s'abreuvent les antichambres. L'honnête femme a tous les plaisirs que donnent le calme et la paix, la vie libre assurée et exempte de dettes. Sa marchande de modes l'aborde avec respect, sa tailleuse ose à peine lui parler, tant elle comprend que cette femme est naturellement vêtue et n'a pas besoin de son secours. Autour d'elle l'émotion est générale. Paraît-elle quelque part, timide comme elle est, aussitôt tous les regards se portent sur cette aimable personne qui vient d'entrer; la frivole conversation s'arrête pour savoir ce que cette femme va dire. Les grandes coquettes les plus effrénées, les petits-maîtres les plus avancés prennent leur part de la déférence commune. Elle parle, on écoute; et comme sa bienveillance est grande, comme elle est indulgente pour toutes les faiblesses, qu'elle ignore la plupart du temps, on reste étonné, charmé de s'être plu si fort à une conversation simple et facile, qui se passe de la calomnie et même de la médisance. Jeune femme, notre dévote rend aux vieilles femmes ce qui leur est dû de déférence et d'attention; vieille femme, elle devient le centre jaseur et souriant où se réunissent les jeunes gens dont elle est le conseil et l'appui. De même qu'elle a honoré la vieillesse des autres, ainsi sa vieillesse est honorée. Mais une pareille femme ne vieillit guère : les douces occupations de sa vie, l'absence de toute passion furieuse, le bien-être de l'âme et du cœur, le sang-froid, le succès, l'estime générale, la vie active, l'influence de la campagne, la probité du mari, les progrès de l'enfant, toutes ces causes réunies ont laissé à ce beau corps toute sa vigueur, à ce beau visage toute sa dignité ; et comme d'ailleurs elle a bien vite pris son parti de la vieillesse, comme elle n'a pas livré au temps qui s'avance les rudes assauts que lui livrent les autres femmes, en lui montrant, sans pitié pour elles et pour les autres, leurs épaules nues, leur gorge nue, leurs bras nus, toutes ces nudités ruinées, éventées, ridées ; mais comme au contraire elle s'est tout de suite enveloppée dans la dignité de sa cinquantième année, cette femme reste intacte comme elle est restée pure; elle garde dans l'âge mûr la gaieté de sa jeunesse ; autour d'elle s'exhale jusqu'à la fin le même parfum de grâce, de jeunesse et de vertu.

Quant à ses plaisirs, ah! c'est là que vous m'attendez sans doute! Eh bien! moi, aussi, c'est là que je vous attends. Les plaisirs d'une belle dévote sont au moins aussi nombreux que les vôtres, illustres et grandes coquettes qui me lisez. A coup sûr celle-là n'a rien de viril, elle ne se vante pas d'avoir un poignet de fer, de fumer, sans en être étourdie, un long cigare, de tenir dignement sa place dans la salle d'armes, de casser la poupée au tir de Lepage. Elle ignore l'émotion des paris dans les courses de Chantilly; elle n'a jamais tenu une carte dans ses mains, sinon pour élever quelque grand château à son jeune fils; on ne la voit guère dans les promenades publiques étendue mollement dans sa voiture, comme si elle était couchée sur son lit de parade. Elle serait bien fâchée d'avoir une loge au Théâtre-Italien et une loge à l'Opéra; car, dit-elle, on n'a pas plutôt acheté ces sortes de plaisirs, qu'il faut s'en servir. Elle va fort rarement au bal, où elle ne s'amuse guère; dans les grands dîners, où elle s'ennuie; on ne la voit guère, non plus, dans les immenses réceptions des Tuileries. La cohue lui fait peur : elle n'aime pas les réunions mêlées. Quant aux plaisirs exceptionnels, aux danses féroces du mardi-gras, alors que le peuple est masqué et couvert d'oripeaux et de haillons, quant aux sanglantes exécutions du mélodrame et du drame moderne, personne ne serait assez osé pour en parler à la sainte femme. Elle ne condamne pas tous ces vains bruits, tous ces faux plaisirs, toutes ces fêtes énormes; elle fait mieux que les condamner, elle les méprise. Elle n'en veut pas, elle y croit à peine; elle plaint du fond de l'âme les malheureuses femmes qui n'ont pas d'autre souci dans la vie que d'aller perdre à ce métier leur bonheur, leur beauté, leur santé, leur fortune, le repos de leurs familles et l'honneur de leurs maris : ses plaisirs et ses fêtes sont d'un autre ordre. Elle a dans l'année les plus belles fêtes du monde, dont elle est, sans se douter, la souveraine. Elle célèbre dans

La Coquette. Dessin de Eug. Lami.

toute leur gravité les vieilles fêtes de Noël. Elle se souvient des noms de ses vieux parents, de l'anniversaire de ses jeunes enfants; elle vous dit naïvement chaque année : J'ai un an de plus, félicitez-moi et m'envoyez vos fleurs. Elle a pour elle toutes les joies réunies du calendrier. Elle croit au jour de Pâques, comme elle croit à Noël, quand l'église est toute parée,

Le Fermier chez la Dévote. Dessin de Eug. Lami.

quand les chants solennels se font entendre, lorsqu'à l'austérité et à la tristesse du carême succède l'*alleluia* universel. Elle a pour elle la fête de Dieu mêlée de fruits et de fleurs, et de beaux enfants tout blancs comme des anges. Elle a toutes les douces émotions de l'église, cette fête continuelle que le vulgaire ne sait pas : l'encens, les chants de l'orgue, la parole

Une soirée chez la Femme du monde. Dessin de Pauquet.

du vieillard du haut de la chaire catholique, les cantiques que disent les jeunes filles dans la chapelle de la Vierge, l'histoire tout entière du Sauveur et de Marie, les magnificences épiques de l'Ancien Testament, les consolations de l'Evangile, en un mot la fête éternelle, la fête de tous, la fête de la terre et du ciel.

Vous qui vous occupez sans fin et sans cesse de misérables intrigues de coulisses, dont les héroïnes sont la plupart du temps les plus ignobles filles qui se puissent voir ; vous qui trouvez fort bon de vous intéresser corps et âme à ces rivalités de rôles à débiter, de musique à chanter, de plaisanteries et de danses, vous ne comprenez pas, j'en suis sûr, que la vie tout entière puisse se passer à savoir tous les mystères de ce grand culte qui compte déjà dix-huit siècles d'existence ; vous ne comprenez pas les chastes émotions que donnent la foi, la charité, l'espérance, et quels drames intimes se passent sous les sombres voûtes des cathédrales, et que de douces larmes se répandent sous les parvis des temples, et qu'on s'intéresse à ces beaux petits enfants qui viennent étudier la parole chrétienne. Vous ne manquez pas de pleurer à chaudes larmes, lorsqu'à la fin d'un mauvais drame de M. Victor Hugo, tout rempli de crimes, d'assassinats, d'infanticides, d'empoisonnements, d'incestes et de barbarismes, l'amant expire loin de sa bien aimée ; lorsqu'à la fin d'une méchante comédie de M. Scribe, deux jeunes gens se marient après avoir surmonté toutes les contrariétés de leurs amours ; et cependant, âmes sensibles que vous êtes, vous ne comprenez pas qu'une créature raisonnable assiste, au pied de l'autel de Dieu, à un mariage véritable ; vous ne comprenez pas qu'elle partage les chastes et inquiètes joies de la mariée, le délire contenu du jeune homme, le bonheur des grands parents qui assistent à cette alliance de la jeunesse avec la jeunesse. Vous avez pleuré la veille à chaudes larmes en voyant M. Saint-Auguste ou M. Saint-Ernest contrefaire, sur des planches mal jointes, le râle des morts ; et si vous voyez passer dans son cercueil quelque beau jeune homme qu'un trépas inattendu enlève à sa mère, à peine levez-vous votre chapeau quand il passe. Mais pour l'accompagner jusqu'à l'église, pour prendre votre part des lugubres terreurs du *De profundis*, vous n'avez pas le temps, vous êtes pressé, vous allez retenir une stalle ce soir, pour entendre tout à l'aise le nouvel opéra qui se chante. Eh bien, ce drame solennel de l'église, ce drame toujours nouveau de la vie et de la mort, il est fait tout exprès pour la femme qui croit en Dieu et qui va à l'église ; elle a sa grande part dans ces larmes, dans ces douleurs et aussi dans ces fêtes et dans ces chastes joies.

Son théâtre à elle, le voilà ; sa loge à l'Opéra, la voilà : c'est la pierre où elle s'agenouille ; c'est l'autel où elle prie. Ses acteurs qui passent, les voici : c'est le jeune époux qui emmène la nouvelle épouse ; c'est le mort que l'on porte au cercueil ; c'est l'enfant nouveau-né qui se plonge dans les eaux du baptême ; c'est la foule innocente des beaux enfants qui viennent s'asseoir en habits de fête à la table de Jésus-Christ ; c'est le vieux prêtre en cheveux blancs, tout courbé, qui dit la messe dans ce désert, et qui bénit de ses mains vénérables la jeune femme prosternée devant sa prière ; c'est le pieux évêque qui arrive de bien loin, racontant les conversions qu'il a faites ; c'est l'archevêque qui se meurt dans son église en deuil ; ce sont, le jeudi saint, les douze vieux apôtres dont le pontife lave les pieds ; c'est la promenade dans les champs, quand il faut bénir la moisson. Certes, ce sont là de grands drames, d'imposants spectacles, de naïfs héros ; et savez-vous au monde, vous dont tous les théâtres brûlent tous les dix ans, théâtres de toile peinte et de bois pourri, savez-vous un plus beau théâtre que celui-là : l'église de Notre-Dame de Paris !

Non, non, il ne faut pas médire du bonheur que donne la croyance ; il ne faut pas prendre en pitié ceux qui savent se servir, comme il convient, des chefs-d'œuvre, des grands monuments, des pontifes illustres, des excellents génies, des bienfaits, des souvenirs, surtout des espérances d'une religion qui a dix-huit siècles ; il ne faut pas prendre en pitié ceux qui lisent Bossuet et Racine, saint Jean Chrysostôme et Pascal, Fénelon et Corneille, Châteaubriand et Lamartine ; ceux-là qui voient avec d'autres yeux que les yeux du corps le *Campo santo* de Pise et les fresques de Raphael au Vatican ; ceux-là qui jugent les chefs-d'œuvre en chrétiens et en artistes, qui ne séparent pas l'idée de la forme, mais qui, au contraire, réunissent toutes ces nobles choses : la lettre et l'esprit, l'artiste et son œuvre, l'âme et le corps.

Vous parlez de vos plaisirs, de vos fêtes, des splendeurs de votre existence, de vos élégances sans fin, de vos intrigues banales, qui se dénouent à la police correctionnelle ou dans quelque allée écartée du Champ-de-Mars ; tristes histoires dont voici le résumé : une robe froissée et un habit percé d'une balle ; vous parlez de vos ambitions mesquines, qui aboutissent à quoi, je vous prie ? à un peu de bruit que vous faites, à une place que vous emportez dans le conseil d'état ou à l'armée ; vous parlez de l'éclat dont vous entourez vos femmes et vos filles, et en un mot vous étalez complaisamment toutes les prospérités fragiles de votre vie ; que sont, je vous prie, tous ces biens comparés aux bonheurs dont il est ici question ? Dans la famille dont nous faisons l'histoire, la prospérité s'entend d'une autre sorte. Les enfants sont grands et beaux, honnêtes et naïfs. Le père, influencé par cette femme d'une si douce et si honnête volonté, va tout droit son chemin comme elle, et il arrive sans être obligé de faire un détour, car il a toujours marché. Elle, cependant, elle a ses joies qu'elle ne dira à personne. Vous payez très-cher, vous autres, pour aller voir des tragédies débitées par des comédiens qui déclament des vers ; l'argent que vous dépensez sans plaisir à ce que vous appelez vos plaisirs, elle va le porter tout là-haut près du ciel, sous les toits, où l'on brûle en été, où l'on grelotte en hiver, et là elle en voit des drames cruels, et là elle en essuie des larmes véritables, et là elle se sent bénie et louée : les larmes qu'elle répand sont douces, et elle revient chez elle heureuse et fière, et elle s'endort d'un paisible sommeil. Et, la nuit venue, au lieu de voir en ses rêves des tyrans de mélodrames armés de poignards et de coupes pleines de poison, elle rêve des malheureux qu'elle a secourus, elle revoit la mère de famille dont elle a sauvé l'enfant, elle entend la bénédiction du vieillard : voilà des rêves, voilà des drames ! C'est en vain que vos poëtes ont dépensé tout le génie qu'ils n'ont pas à scalper le cadavre humain, à vous représenter les plus abominables tortures du corps : elle en a vu plus que vos poëtes, plus que vos dramaturges n'en ont pu deviner : elle s'est penchée sur les lits de l'Hôtel-Dieu, de la Pitié !

Ainsi, par cette voie que vous croyez semée d'austérités et d'épines, cette femme est arrivée tout simplement à ce bonheur terrestre que vous cherchez tous, après lequel vous courez tous. Dans le devoir et dans la règle elle a trouvé ce qui va sans cesse s'enfuyant devant vos désordres ; pour avoir renoncé tout de suite aux plaisirs de la vanité, cette femme a été la maîtresse souveraine de toutes les petites vanités qui l'entourent ; sa modestie lui a servi tout autant que si elle eût réuni en elle-même tous ces orgueils amoncelés qui n'ont pas pu l'atteindre ; elle a joui de toutes les bonnes et saintes choses de la vie, sans excès, et par conséquent sans fatigue ; elle a eu sa part tout comme vous, et la plus belle part, dans les vers du poëte, dans les œuvres de l'artiste, dans la louange et dans l'admiration des hommes ; elle a joui plus que vous du ciel bleu, des fleurs épanouies, du soleil qui se lève, du chant du rossignol dans les bois ; elle a vécu moins vite que toutes ces femmes éphémères d'une beauté si contestable et sans cœur, à coup sûr, qui paraissent et se fanent comme des plantes en serre chaude. Mettez-les en présence, celle-ci et celle-là, la femme mondaine à soixante ans, notre dévote à quatre-vingts ans, et demandez-leur où elles en sont l'une et l'autre ? La femme mondaine à soixante ans est un cadavre, un remords ; notre dévote à quatre-vingts ans aime encore, espère encore. Elle a gardé jusqu'à la fin ses trois compagnes, la Foi, l'Espérance et la Charité. La femme la plus spirituelle et la plus brillante du dix-septième siècle, cette Ninon de l'Enclos qui avait été proclamée d'une voix unanime le plus honnête homme du royaume de Louis XIV, fêtée et adorée jusqu'à son dernier jour, et elle était bien vieille quand elle mourut, se voyant enfin sur son lit de mort, s'est écriée en poussant un profond soupir : « Si l'on m'eût proposé une pareille vie, je me serais pendue. »

Arrêtons ici ce sermon. Ce sermon est arrivé malgré nous, et par la force même du sujet. Nous avons voulu relever de la défaveur où il a été placé par les plus beaux esprits même du dix-septième siècle ce surnom de dévote ; nous avons voulu montrer quelque peu combien, même du côté des bonheurs de la terre, c'était là une heureuse profession. Nous n'irons pas plus loin, ce livre est fait pour écrire les mœurs au-dessous du ciel.

Nous aurions pu vous montrer aussi, chemin faisant, toute l'autorité d'une pareille femme, lorsqu'elle préside à toutes les grandes entreprises de la parole évangélique; car, Dieu merci, cette puissance de la religion chrétienne n'a pas été si fort brisée, qu'elle ne produise encore ses orateurs et ses héros. Même aujourd'hui, dans ce temps de liberté confuse et mal définie, où toutes choses vont un peu à l'aventure, la vraie liberté de la parole, savez-vous où elle se retrouve? Ce n'est pas dans le journal, où elle est soumise à toutes sortes d'exigences étrangères, ce n'est pas à la tribune, où la passion politique l'aveugle trop souvent, c'est dans la chaire évangélique. Chose étrange! c'est là seulement que les hommes peuvent dire tout ce qu'ils ont sur le cœur; c'est là seulement que se débattent les grands principes qui tiennent à la liberté et à la conscience. Là se manifestent chaque jour de nouveaux orateurs, tout dévorés de l'ardeur du prosélytisme chrétien. On pourrait en nommer plusieurs, jeunes apôtres, convictions énergiques, ardents esprits, qui remuent des idées, ne pouvant pas agiter des hommes. On pourrait en citer un, le plus puissant de tous, qui doit verser le soir des larmes amères au pied du crucifix, en songeant que Luther lui a enlevé le seul rôle qui pût lui convenir dans l'église catholique. Or, à ces luttes de la parole chrétienne, à ces inquiétudes éloquentes de tant de bons esprits, à ces dangereuses révoltes puisées dans le sein même de l'Évangile, la femme dévote assiste chaque jour; elle est à la première place dans ce champ-clos du dogme et de la croyance, et tous ces orateurs qui combattent pour la même cause, tous ces jeunes chrétiens disposés au martyre, toutes ces généreuses ardeurs qui se replient dans l'église, ne pouvant pas se faire jour dans la politique, c'est notre héroïne qui les juge du haut de son bon sens et de sa vertu.

Nous avons aussi oublié, mais comment ne rien oublier dans ce vaste sujet? la femme dévote qui n'a pour tout bien que sa dévotion, pour toute fortune que sa croyance; celle-là aussi dans son néant et dans sa misère, elle règne, elle est heureuse. Pauvre femme sans abri, l'église l'abrite; pauvre femme sans patrimoine, elle a pour patrimoine l'aumône des honnêtes gens qui prient avec elle; pauvre femme que personne ne connaît, elle a des frères qui la pleurent quand elle est morte. Mais, pour prouver le bonheur de celle-là, il n'est pas besoin de tant comparer. Qu'est-ce donc en ce monde qu'une pauvre vieille femme seule, infirme, abandonnée à elle-même, et qui ne croit pas en Dieu?

J. Janin.

LE CONTROLEUR DES CONTRIBUTIONS DIRECTES

Par Frédéric SOULIÉ

ILLUSTRATIONS DE PAUQUET & H. CATENACCI

IEN que ce ne soit pas le principal personnage de son administration par sa position hiérarchique, nous l'avons choisi comme celui qui résume le mieux les signes caractéristiques de l'employé des contributions directes. Il a au-dessus de lui le directeur et l'inspecteur, au-dessous le surnuméraire. Mais, à vrai dire, les uns et les autres procèdent de lui, car il est le rouage le plus actif de toute la mécanique administrative. Pour bien faire comprendre en quoi consiste le contrôleur des contributions directes, il est nécessaire de dire en quelques mots ce que c'est que cette administration. Les contributions directes comprennent quatre impôts : 1° l'impôt foncier, 2° l'impôt personnel et mobilier, 3° l'impôt des patentes, 4° l'impôt des portes et fenêtres. Les

Dessin de Pauquet.

deux premiers sont ce qu'on appelle des impôts de répartition; voici pourquoi. Lorsque la Chambre vote le budget, elle demande à la contribution foncière, ainsi qu'à la contribution mobilière, une somme déterminée d'avance. Cette somme ou plutôt ces deux sommes sont réparties entre les départements selon leur richesse. Le conseil général de chaque département divise ces impôts par arrondissements, et les conseils d'arrondissement déterminent la part afférente à chaque commune. Une fois arrivé là, l'impôt foncier se répartit entre les propriétés selon leur revenu présumé; l'impôt personnel et mobilier entre les individus selon la valeur de la demeure qu'ils occupent. C'est un conseil de répartiteurs qui fait cette dernière division. Le caractère de l'impôt de répartition a cela de particulier que, devant nécessairement fournir une somme déterminée d'avance, il est variable chaque année pour les imposés. En effet, je suppose qu'une commune soit sujette à 10,000 francs

103

d'impôts, et qu'on y construise trente maisons dont chacune, après trois ans de construction, doit subir sa part de cette somme, on comprend que la quote-part des anciens imposés devra diminuer en raison de ce qui est supporté par les nouveaux.

Vient ensuite la contribution des portes et fenêtres et celle des patentes, qui sont des impôts de quotité. En effet, ce n'est pas une contribution générale dont le produit est fixé d'avance, qu'on impute aux portes et fenêtres et aux patentes; c'est un tarif qui produit plus ou moins, selon la matière imposable. Ainsi on paye tant à l'État pour une porte cochère, tant pour une porte bâtarde, tant pour une fenêtre du rez-de-chaussée ou du premier étage, tant pour les fenêtres des étages supérieurs. Si les fenêtres sont plus nombreuses, l'impôt s'accroît; si elles diminuent de nombre, il diminue de même. Pour les patentes, il y a de même un tarif fixe et déterminé d'avance. C'est une somme constante selon la profession de l'imposé, plus le dixième du prix de location des bâtiments où il exploite son industrie; et, de même que plus haut, si le nombre des industriels et l'étendue des industries s'accroît ou diminue, l'impôt suit la même proportion. Ainsi, par un effet contraire à celui de l'impôt de répartition où l'État sait ce qu'il recevra, sans que le contribuable sache précisément ce qu'il paiera, dans l'impôt de quotité, le contribuable sait au juste ce qu'il aura à payer et l'État ignore ce qu'il a à recevoir.

Et maintenant disons que l'administration des contributions directes est préposée à la répartition des deux impôts foncier et mobilier, et à l'application des tarifs des impôts des portes et des fenêtres et des patentes; elle représente l'État dans les divers degrés ou conseils de répartition dont nous avons parlé ci-dessus, et qui sont tous composés d'intérêts locaux.

Nous demandons bien pardon à nos lecteurs d'entrer dans des détails techniques de cette nature; mais il nous semble qu'un livre qui s'appelle LES FRANÇAIS PEINTS PAR EUX-MÊMES doit avoir sa partie sérieuse, et que ce n'est pas seulement par nos ridicules que nous devons tâcher de nous connaître. Or l'administration des contributions directes est représentée dans chaque chef-lieu de département par un directeur et un inspecteur, dont le premier est le centre où aboutissent tous les travaux des subalternes que le second inspecte. Mais l'agent principal, l'agent actif, celui surtout qui est en contact immédiat avec les personnes et avec les choses, c'est le contrôleur des contributions. C'est lui qui établit le revenu des propriétés, lui qui évalue la valeur locative des maisons d'habitation et des maisons employées à l'industrie; c'est lui qui classe les patentés, lui qui nombre les portes et fenêtres des propriétés bâties, par conséquent c'est lui véritablement qui asseoit l'impôt, le distribue, et qui, nous devons le dire, a beaucoup plus souvent à combattre la partialité et l'ignorance des autorités locales pour rester dans le juste, qu'à se servir de leurs lumières. C'est lui qui fait sur les matrices de rôles (1) les changements arrivés tous les ans pour cause de vente, de succession ou de partage; enfin c'est lui qui juge en premier ressort des réclamations des contribuables, et qui, dix-neuf fois sur vingt, est le suprême juge; car c'est d'après son rapport que se décident en général les autres rapporteurs et le tribunal qui prononce. Ainsi c'est lui qui vérifie les faits de non location pour lesquels les propriétaires réclament la remise de l'impôt. Si la récolte d'un paysan a été détruite par l'orage, si son bétail a été décimé par une épizootie, si ses granges ont été inondées ou brûlées, c'est lui qui constate la perte, qui l'expertise, qui l'évalue. Agent principal du cadastre, c'est sur lui que repose l'exécu-

[1] On appelle matrice de rôles le registre où sont inscrits par communes les contribuables de toute la France. Tous les ans il est fait une copie complète de ces matrices, c'est ce qu'on appelle les rôles. C'est sur ces rôles qu'on écrit près de chaque nom le montant de l'impôt. Une fois achevés, ils sont signés par le directeur et le préfet de chaque département et le maire de chaque commune, et remis au percepteur, qui perçoit l'impôt d'après ces rôles.

tion de cette immense opération qui doit doter la France de la carte géographique la plus admirable, et de la statistique la plus complète de ses richesses territoriales. Et pour cela il faut qu'il soit à la fois expert et géomètre, qu'il mesure le terrain et qu'il en détermine la qualité pour en évaluer le revenu probable. Indépendamment de ces fonctions si variées, il est encore commis à l'inspection de la comptabilité des percepteurs; et pour tout ce qu'il doit savoir, pour tout ce qu'il fait, on lui alloue un traitement de 2,400 francs : et pour ces 2,400 francs on trouve en France des hommes capables, probes, modestes, qui se livrent à ce travail opiniâtre et incessant!

Mais, il faut le dire, de tous les administrateurs, l'employé des contributions directes est peut-être le plus considéré. Quoique sa mission touche à l'assiette de l'impôt, on peut dire qu'elle n'a pas l'apparence fiscale de la contribution indirecte, qui saisit, force la demeure et pénètre dans la famille. Pour faire comprendre la différence qu'il y a dans l'opinion entre un contrôleur des contributions directes et un contrôleur des contributions indirectes, on peut dire que c'est la même qu'il y a dans l'esprit public entre un capitaine d'infanterie et un capitaine de gendarmerie. Tous deux obéissent à une loi et remplissent un devoir; mais, abstraction faite des individus, on préfère le devoir du capitaine d'infanterie au devoir du capitaine de gendarmerie. De même pour les deux sortes de contrôleurs dont j'ai parlé.

Si maintenant nous passons des choses aux individus, nous dirons : Cet homme qui passe sur un mauvais cheval de louage, soigneusement enveloppé de son manteau, et portant derrière lui une mauvaise valise couverte de toile cirée pour protéger les papiers qu'elle renferme, c'est un contrôleur des contributions en tournée de mutations : pluie ou soleil, froid ou chaud, le devoir l'appelle, il y marche.

Cet homme assis devant une table couverte de réclamations en style inintelligible, en écriture indéchiffrable, accompagnées de certificats de maire les plus burlesquement rédigés, mais les lisant patiemment, les commentant, les exposant de nouveau pour ses supérieurs, c'est un contrôleur des contributions dans son bureau.

Cet homme à pied dans des champs fangeux, en déterminant l'étendue et la qualité, c'est un contrôleur des contributions directes faisant du cadastre. Si vous voulez le connaître plus intimement, entrez dans cette maison d'assez bonne apparence; là, vous trouverez au premier, car le contribuable trouverait mauvais qu'on le fît monter au second, vous trouverez, dis-je, un appartement de deux pièces : c'est celui du contrôleur célibataire; la principale est son bureau, la seconde, sa chambre à coucher; la première vous appartient, mais l'autre n'est qu'à lui et à ses amis, car si le contrôleur a quelque noble goût, quelque passion d'art, malheur à lui si quelque vestige s'en trahit au dehors!

Que de fois j'ai été pris au cœur d'une soudaine pitié pour mon pauvre ami B..., lorsqu'on frappait tout à coup à sa porte au moment où il nous jouait du violon comme Haumann, ou nous récitait les vers de l'*Iliade* avec l'exaltation d'un rapsode! Il jetait son violon ou son Homère dans sa chambre, et recevait en tremblant le contribuable, qui ne manquait pas de dire que l'employé qui joue du violon ou qui récite des vers ne saurait être qu'un imbécile, si ce n'est un malhonnête homme. C'est, du reste, une idée généralement reçue en France, que tout homme qui a une idée d'art dans la tête n'est absolument bon à rien de ce qui demande un calcul quelconque. Pour le vulgaire, c'est précisément ce qui fait sa distinction qui est la cause immédiate de tout ce qui n'est pas régulier en lui. Ainsi un sot médiocre fera ou dira une sottise dans une affaire administrative, c'est qu'il a manqué d'attention ou qu'il s'est trompé, car enfin tout le monde est sujet à erreur. Un apprenti commerçant fait des dettes, on se dit : Il faut bien que jeunesse se passe; un clerc de notaire séduit la femme de son patron, c'est une joyeuse perfidie; mais qu'un homme qui s'occupe d'art fasse quelqu'une de ces fautes, c'est la suffisance, la folie ou la corruption qui naissent de l'art qui l'égarent. Pour lui, la jeunesse, l'occasion, l'inexpérience, ne comptent plus comme excuse. Avis donc aux jeunes intelligences qui se croient le droit de se distraire de leurs travaux administratifs par les nobles inspirations de l'art; c'est un méfait qui attachera à leur vie une prévention qui les écartera de tout avancement.

Si j'insiste sur ce point, c'est que j'ai vu un pauvre contrôleur des contributions directes à qui l'on dédaignait de répondre sur les affaires qui le regardaient, parce qu'on avait découvert qu'il faisait des vers, et qu'on ne soupçonnait pas qu'un homme qui fait des vers fût capable de comprendre que 2 et 2 font 4. Quand le malheureux envoyait à son administration un rapport bien raisonné et bien écrit, aucun de

Le Bureau. Dessin de Pauquet.

ceux à qui il s'adressait ne lui en tenait compte, et le premier mot qu'on en disait était celui-ci : « Qui est-ce qui lui a fait son travail? »

C'est cette manie qui a donné en général à l'employé, et particulièrement au contrôleur des contributions directes, la couleur terne et affairée qu'il a maintenant. Il y a vingt ans, quand la population des jeunes gens instruits qui voulaient entrer dans les administrations n'encombrait pas les bureaux, vous auriez vu de jeunes contrôleurs alertes, gais, brillants : quand ils parcouraient les communes, c'était fête chez le maire et chez la femme du percepteur. Le paysan les aimait, parce qu'ils buvaient gaiement son mauvais cidre, embrassaient ses filles, et avaient cette générosité qui tendait toujours à secourir le malheureux, et qui les mettait en résistance contre le gros propriétaire.

Riche de sa jeunesse et de sa vigueur, il accomplissait ses rudes travaux et trouvait encore des heures pour les soirées du sous-préfet et les redoutes de l'hôtel de ville. Mais à présent, où l'on passe cinq ans à être aspirant surnuméraire, et où le surnumérariat venu prend encore sept ou huit ans, on n'arrive à la médiocrité du contrôle qu'à l'âge où la prévoyance et le calcul commencent. Et puis quelle âme peut résister à dix ans de bureau parmi des employés cruels pour tout ce qui est plus actif, plus jeune, plus intelligent qu'ils ne le sont? Ainsi maintenant le contrôleur est toujours un homme fait, partant laborieux, qui prévoit son avenir, avenir peu glorieux, peu lucratif et bien éloigné.

Voilà pourquoi, s'il est garçon, vous le trouverez abonné à une pension où il dîne maigre-

Le Contrôleur des contributions directes. Dessin de Pauquet.

ment, fuyant le café, où l'on est reçu impoliment si l'on ne dépense pas d'argent, où l'on est compromis si l'on en dépense. Si par hasard on l'invite dans les réunions administratives, il craint d'y aller, il n'y va pas, et l'on ne l'invite plus. S'il est marié, c'est un pauvre ménage que le sien, où la plus stricte économie suffit à peine au nécessaire. Là, comme dans les ménages du peuple, il arrive quelquefois qu'on demande à l'enfant d'alléger avant l'âge la charge qu'il impose à sa famille. Avant qu'ils comprennent le sens des choses qu'ils écrivent, on façonne ses enfants à une belle écriture, et ils obtiennent par préférence les nombreuses copies dont l'administration est chargée, et qu'elle fait faire en dehors de ses bureaux.

De tous les êtres que la société dénature par ses exigences, ceux-là sont les plus misérables. J'ai vu dans les fabriques les enfants qui rattachent : ce sont, il faut le dire, de pauvres êtres étiolés, maladifs, et qui n'ont plus assez de séve pour devenir des hommes ; mais du moins sont-ils encore des enfants ; leur travail, ils le font en riant, étourdiment, en pensant à autre chose ; et lorsque l'heure des repas est sonnée, c'est pour eux, comme pour les écoliers, une heure de récréation où ils courent et jouent tant que le leur permet le peu de forces que leur laisse le travail. Il n'en est pas de même de ces petits commis attelés à la copie d'une nomenclature de noms. Là, point de distractions, point de mouvement, point de cette causerie moqueuse qui rit dans la bouche des petits ouvriers, mais une attention qui l'obsède sans lui rien apprendre, un travail qui l'absorbe sans lui rapporter une idée. La seule qu'il en recueille, c'est qu'au bout de sa journée il a gagné 25 ou 30 sous. De là une sorte d'importance sotte et pédante à l'âge où l'âme de l'enfant ne doit avoir ni calcul ni prévision. Ce sont de petits bonshommes secs, impertinents, calculateurs. A l'âge où l'on devrait leur donner le fouet, ils sont en mesure de discuter ce qu'ils valent par ce qu'ils rapportent. Ce sont ces enfants-là à qui leurs parents donnent à douze ans des bottes, une redingote, et qui ont une tournure d'hommes faits à la façon des nains. C'est là, je vous le jure, la pire dégradation de l'espèce, c'est celle qui tue l'âme et la pensée dans ce qu'elles ont de généreux, pour les vivifier dans ce qu'elles ont de froid, de calculateur et d'égoïste.

Il est impossible de blâmer les parents de ces pauvres victimes, en voyant le modeste salaire qu'on attribue aux travaux si rudes et si permanents du contrôleur. Comment, avec 2,100 francs ou 2,400 francs, vivre avec sa femme, deux enfants, et donner à ceux-ci une éducation libérale ? C'est impossible. Et cependant la foule se presse à la porte des administrations ! Et il est à remarquer que dans le pays où l'on se croit le droit de calomnier et de mépriser tout ce qui tient de près ou de loin au gouvernement, tout le monde veut lui appartenir. Toutefois, il faut le dire aussi, de tous les administrateurs qui ont à lutter contre la désaffection de l'opinion publique, le contrôleur des contributions directes est celui qui la subit le moins, bien qu'il soit en contact avec les intérêts les plus divers et les plus opposés. En effet, depuis le plus humble paysan dont il va évaluer la chaumière, jusqu'à l'aristocrate le plus opulent dont il expertise le château ; depuis le savetier dont il visite l'échoppe, jusqu'au magnifique industriel dont il mesure l'usine, tous sont sous la juridiction du contrôleur des contributions directes. Et, nous devons le dire, sauf de bien rares exceptions, il y a dans cette classe d'administrateurs une générosité courageuse qui sait tempérer l'application rigoureuse de la loi fiscale.

Lorsqu'une loi absurde et odieuse condamna le misérable habitant d'une chaumière à payer, pour le trou fermé d'un carreau par où il reçoit un jour pénible, un droit égal à celui qu'un riche propriétaire doit pour la large et haute fenêtre qui éclaire son salon, bien souvent le contrôleur oublia de son chef la misérable lucarne du pauvre, au risque d'être destitué ; car si l'administration centrale de Paris l'eût appris, elle qui fait les lois, elle eût puni quiconque aurait eu l'humanité de ne pas la croire infaillible.

Du reste, je ne sais rien de plus insupportable que la morgue des administrations de Paris vis-à-vis des employés de département. Le plus minime commis se croit un droit acquis de supériorité sur l'administrateur provincial à qui il adresse un ordre, ne fût-ce que parce qu'il copie la lettre où on le lui transmet. C'est pour cela qu'on voit rarement à Paris le contrôleur des contributions directes : on y rit trop de son habit bleu barbeau (habit des dimanches) et de son pantalon sans sous-pieds, pour qu'il ne préfère pas sa petite ville, où il a son rang d'homme comme il faut.

Comme le contrôleur est en général trop pauvre pour être électeur, personne ne le patronise, et le député de son arrondissement s'en enquiert moins que du dernier fermier qui a un vote à donner. Aussi ne le voyez-vous guère mêlé aux intrigues politiques. En dehors de ce mouvement qui fait si vite arriver tant de sots, il ne court pas non plus la chance de ces destitutions éclatantes qu'attire à d'autres une opinion gardée trop longtemps pour être bonne à toutes les dissolutions de chambre. Le contrôleur pourrait avoir cependant, s'il le voulait, une grande influence électorale, mais ce serait pour lui une arme à deux tranchants, et dont en général il s'interdit l'usage.

Cependant le contrôleur des contributions a eu ses jours de tribulations politiques. A l'époque où les *fraudes électorales* furent en réputation, grâce aux dénonciations des journaux libéraux, les contrôleurs furent accusés de diminuer ou d'augmenter les cotes de l'impôt direct pour défaire ou faire des électeurs, selon l'opinion des contribuables. S'en trouva-t-il qui furent coupables de pareilles complaisances ? Je l'ignore ; mais, s'il en fut ainsi, on peut compter ceux-là comme de très-rares exceptions. A mon sens, l'administration des contributions directes est la plus morale, la plus sûre, la plus exacte des administrations, et le corps de ses contrôleurs est composé d'hommes parfois plus distingués que leur fonction, et valant toujours plus qu'ils ne gagnent. C'est à eux qu'on pourrait avec raison appliquer en le modifiant le mot de Figaro : « Aux qualités qu'on exige d'un bon contrôleur des contributions directes, connaissez-vous beaucoup de ministres qui fussent capables de l'être ? »

Quelquefois le contrôleur est appelé à participer, par son active collaboration, aux résultats les plus élevés de la finance. Ainsi, lorsqu'il s'agit, il y a quelques années, de rectifier entre les départements la répartition générale de l'impôt trop arbitrairement faite par la Convention nationale, il fallut connaître la richesse générale du pays et, par conséquent, le revenu véritable de chaque département. Qui fut chargé de préparer les éléments de cet immense travail ? Ce fut le contrôleur des contributions directes. Il serait trop long et hors de propos de dire ici la multiplicité d'opérations auxquelles il doit être apte en pareil cas ; mais on s'étonne encore de trouver toujours ces hommes prêts à tous les devoirs qu'on leur impose, et capables de les remplir.

Mais jamais aucun de ces hommes pratiques qui apprennent la science de l'impôt dans ses véritables bases n'arrivera à être ministre. En effet, il sera six ans aspirant surnuméraire ou surnuméraire, il attrapera ainsi vingt-sept ou vingt-huit ans, il demeurera contrôleur de deuxième et de première classe et contrôleur principal jusqu'à quarante-cinq ans, avec 2,100, 2,400, 2,700 francs d'appointements ; à quarante-cinq ans, il sera inspecteur avec 3,000 ou 3,500 francs ; et à cinquante-cinq ou soixante ans on le fera directeur avec une aisance de 7 à 12,000 francs. Cherchez dans cette carrière comment il pourra acquérir la propriété qui doit lui donner la contribution nécessaire à devenir éligible. S'il y arrive, ce sera à l'âge où l'homme est fini. Et je vous parle là des plus habiles, des plus favorisés, de ceux qui font aujourd'hui un chemin rapide, car les neuf dixièmes meurent sans toucher la terre promise de la direction. Que le pays récompense donc en considération, en bienveillance, en respect, ces hommes laborieux, modestes, probes, qui se vouent à son service, et dont presque toute la vie est une longue privation ! Saluez cette honorable pauvreté et n'ôtez pas votre chapeau au vice insolent, et alors vous verrez comment se reconstituent les mœurs d'un peuple; car, on a beau dire et beau faire, ce que veut le Français, ce n'est pas l'or, c'est l'applaudissement, et ceux qui l'ont perverti ne sont pas les fripons, mais ceux qui tendent la main aux fripons. Quant à moi, je me trouve heureux d'avoir pu manifester hautement à ces hommes honorables et modestes le sentiment d'estime et de respect que j'ai gardé d'eux, pour les avoir vus de près et les avoir appréciés.

Frédéric Soulié.

LE FLANEUR

Par A. de LACROIX

ILLUSTRATIONS DE GAVARNI, CH. L. TRAVIÈS, HENRY MONNIER, GAGNIET, DE LA CHARLERIE

CONNAISSEZ-VOUS un signe plus approprié à son idée, un mot plus exclusivement français pour exprimer une personnification toute française? Le flâneur! type gracieux, mot charmant éclos, un beau jour de printemps, d'un joyeux rayon de soleil et d'une fraîche brise, sur les lèvres d'un artiste, d'un écolier ou d'un gamin, — ces trois grandes puissances néologiques!

Le flâneur est, sans contredit, originaire et habitant d'une vaste cité, de Paris assurément. Il n'y a qu'une grande ville, en effet, qui puisse servir de théâtre à ses explorations incessantes, et il n'y a que le peuple le plus léger et le plus spirituel de la terre qui ait pu produire cette espèce de philosophes *sans le savoir*, qui semblent exercer d'instinct la faculté de tout saisir d'un coup d'œil et d'analyser en passant. Le flâneur est essentiellement national, différent, en cela, des grands hommes, en général, qui sont de tous les pays, et du *touriste*, en particulier, qui observe à la course. Sans doute le flâneur aime aussi le mouvement, la variété et la foule; mais il n'est pas travaillé par un irrésistible besoin de locomotion; il circonscrit volontiers son domaine, pourvu qu'il y trouve l'aliment journalier de son esprit; et, grâce à une merveilleuse perspicacité, il sait moissonner encore d'incroyables richesses dans ce vaste champ de l'observation où le vulgaire ne fauche qu'à la surface.

Dessin de Gagniet.

Comme on le voit déjà, nous ne prostituons pas le titre de flâneur à ces sortes de contrefaçons plus ou moins ridicules d'un type estimable qui promènent, tout le long du jour, leur oisiveté ennuyée et ennuyeuse. — Usurpation inouïe, même dans un siècle où les distinctions aristocratiques sont à la portée de l'ambition la plus roturière : — Nous ne reconnaissons pour flâneurs que ce petit nombre privilégié d'hommes de loisirs et d'esprit qui étudient le cœur humain sur la nature même, et la société dans ce grand livre du monde toujours ouvert sous leurs yeux. L'observateur au repos n'est observateur qu'à demi ; le véritable observateur, c'est le flâneur, c'est-à-dire l'homme d'intelligence subtile, qui va sans cesse explorant toute chose, l'espèce humaine principalement, partout, dans tous les âges et toutes les conditions, — philosophe narquois qui étudie, comme discutaient les péripatéticiens.

Nous n'admettons pas même l'existence du flâneur autre part qu'à Paris. Qu'est-ce, en effet, qu'un flâneur en province, sinon un pitoyable rêveur dont les yeux fatigués et l'esprit émoussé par la contemplation des mêmes objets finissent par ne plus s'arrêter sur aucun ?

Pour le vulgaire, le flâneur n'offre rien, au premier coup d'œil, qui le distingue de cette espèce particulière de bipèdes humains généralement désignés sous le nom de *badauds*. Pourtant, la différence est immense et doit être signalée. Le flâneur est au badaud ce qu'est le gourmet au glouton, ce que serait mademoiselle Mars à une actrice de tréteaux, Châteaubriand à un rédacteur en échoppe, ou plutôt, La Bruyère ou Balzac à un paysan de l'Auvergne ou du Limousin arrivé d'hier à Paris. Le badaud marche pour marcher, s'amuse de tout, se prend à tout indistinctement, rit sans motif et regarde sans voir. Il va dans la vie, comme le scarabée dans les airs, battant de l'aile contre chaque objet qu'il rencontre ; heurté, brisé à tout instant, jouet du vent qui souffle ou du gamin qui passe. C'est pour lui que la suprême sagesse a dit : « Il a des yeux et il n'apercevra pas, des oreilles et il n'entendra pas. » L'expression *bayer aux corneilles* semble avoir été inventée à son intention. Il passera, en effet, des heures entières à suivre de l'œil l'hirondelle qui vole ou la mouche qui va bourdonnant, et cela, sans la plus simple réflexion, sans la moindre arrière-pensée. — Le badaud ne pense pas ; il ne perçoit les objets qu'extérieurement. Il n'y a pas communication entre son cerveau et ses sens. Pour lui les choses n'existent que simplement et superficiellement, sans caractère particulier et sans nuances ; le cœur humain est un monolithe dont les hiéroglyphes ne l'intéressent nullement. La déduction philosophique lui est inconnue. Les sociétés ne sont à ses yeux que des réunions d'hommes, et les monuments des amas de pierres. Une scène populaire se résume pour lui en une certaine somme d'injures et de coups de poings. Il était sur le filon d'une mine de précieuses découvertes, et le voilà qui se détourne pour suivre un chien qui aboie ou un tambour qui bat. Il est l'inventeur de la pêche à la ligne, de l'ingénieux passe-temps des ricochets et des ronds concentriques.

Il y a, entre ces deux espèces d'êtres organisés, tous les degrés de la création, toute la distance qui sépare l'homme du polype.

L'enveloppe corporelle du flâneur est telle, à peu près, que celle des autres animaux dénommés, sans doute par antiphrase, pensants et raisonnables. Il a, comme ces derniers, une figure assez insignifiante et habituellement inoffensive, excepté quand on dérange le cours de ses promenades sans but, ou qu'on s'interpose directement entre son rayon visuel et le bateleur qu'il admire ou la commère qu'il écoute, auquel cas son œil lance des éclairs et son naturel bénin tourne à la férocité. Il s'habille, du reste, comme tout le monde et marche comme vous et moi, si ce n'est qu'il trébuche beaucoup plus souvent, bien qu'il chemine plus lentement et passe pour y voir beaucoup mieux. D'aucuns, des hypocrites, des flâneurs déguisés prétendent que les individus que nous essayons de décrire doivent nécessairement avoir, aux yeux de l'observateur, des traits caractéristiques qui échappent au vulgaire. Ils vous diront qu'en les examinant attentivement, vous découvrirez une finesse moqueuse dans leur sourire imperceptible et une prodigieuse perspicacité dans leurs regards. Ils vous diront... Que sais-je ? qu'il y a dans tel air de tête, dans tel pli du visage, la révélation d'une supériorité intellectuelle quelconque ; ici la profondeur de la pensée, la puissance de la logique, la perception des rapports éloignés ; là, l'esprit d'analyse rapide et subtile. — Hallucinations de la science, alchimie poétique à l'usage des imaginations romanesques. — Défiez-vous de cette manie importée du roman dans la vie réelle. Ils ont beau dire, ces songe-creux de la physiologie, l'esprit ne déteint pas sur le *facies* humain ; je connais des hommes doués d'éminentes facultés, qui sourient d'une façon stupide, et j'ai vu des gens atteints et convaincus de crétinisme moral, dont le regard étincelait d'intelligence.

Le flâneur est un être essentiellement complexe, il n'a pas de goût particulier, il a tous les goûts ; il comprend tout, il est susceptible d'éprouver toutes les passions, explique tous les travers et a toujours une excuse prête pour toutes les faiblesses. C'est une nature nécessairement malléable, une organisation d'artiste. Aussi aime-t-il les arts comme un roi constitutionnel. Il est *dilettante*, peintre, poëte, antiquaire, bibliophile ; il déguste en connaisseur un opéra de Meyerbeer, un tableau d'Ingres, une ode de Victor Hugo ; il flaire l'Elzévir, hante les baladins et court sus à la grisette. Il a des admirations pour mademoiselle Rachel et des tendresses pour Odry. Vous le rencontrez partout, dans les promenades, aux Bouffes, aux concerts, au sermon, aux Funambules, dans les salons, à la guinguette, au boulevard de Gand et dans la rue de la Grande-Truanderie. Il pose devant les carreaux de Susse, stationne tour à tour au pied de Notre-Dame et près de l'étalage d'un bouquiniste. Il est curieux, presque indiscret. C'est un homme que l'amour de la science peut pousser jusqu'à la cruauté, et qui prendra quelquefois, pour sujet de ses expériences, le cœur même de son ami le plus intime.

Le flâneur est comme toutes les belles choses, comme les jolies femmes, il n'a pas d'âge... Il existe depuis vingt-cinq ans jusqu'à soixante, aussi longtemps que l'homme jouit pleinement de ses facultés intellectuelles et locomotives.

Le flâneur, ayant besoin de ses jambes autant que de son esprit, quand les premières lui font défaut, passe à l'état d'observateur : c'est alors une autre existence, une autre condition ; sa nature se dédouble et s'affaiblit ; c'est le commencement de la fin.

Paris appartient au flâneur par droit de conquête et par droit de naissance. Chaque jour il le parcourt dans tous les sens, en scrute les profondeurs et marque, dans sa mémoire, les recoins les plus obscurs. Il voit tout par lui-même, et promène incessamment dans Paris ses oreilles de lièvre et ses yeux de lynx. Il n'ignore rien de ce qui s'y passe, il connaît, dans ses moindres détails, la nouvelle du jour, l'événement de la veille ; il sait ce qu'il faut croire et ce qu'il faut rejeter des débats en police correctionnelle racontés par la *Gazette*; il sait mieux que le procureur du roi, mieux que le préfet de police, où et de quelle manière a commencé ce drame sanglant (style de réquisitoire) qui a épouvanté la société, et réclame de la justice un grand et salutaire exemple. — Il sait bien d'autres choses, ma foi. — Il sait comment s'élaborent les lois et comment elles s'exécutent ; il possède le tarif des votes, le secret des improvisations de tel orateur, et le prix du dernier discours de tel autre. Il vous dira où se trouvent la plus belle galerie de tableaux et la plus riche collection d'antiques et d'autographes ; à quel amateur appartient le seul portrait existant de Raphaël peint par lui-même, et quelle bibliothèque renferme les plus rares éditions des Alde et des Elzévir. Il sait encore quel heureux *sportsman* parisien possède le premier pur-sang et le meilleur trotteur ; quel sultan de théâtre, le plus joli minois de soubrette, et quel corps de ballet, la jambe la mieux arrondie. Que dis-je ? c'est à lui que nous devons les plus précieuses découvertes et les inventions les plus merveilleuses. Qui nous révèle chaque jour les talents nouveau-nés ? Qui a découvert dernièrement mademoiselle Rachel perdue au milieu des utilités du Gymnase ? — Un directeur-flâneur. — Qui a trouvé le galvanisme ? — Un physicien flânant sur son balcon en compagnie d'une grenouille. — A qui devons-nous la connaissance des lois de l'électricité, de l'attraction, de la pesanteur spécifique ? — A des savants, des naturalistes, des mathématiciens faisant l'école buissonnière. — Qui a inventé la boussole?—Un marin jouant, pendant son heure de quart, avec un morceau de métal. — Qui a inventé la poudre? — Un moine flânant le long des murs salpêtreux d'un vieux couvent. — Les arts, les sciences, la littérature doivent plus ou moins leurs progrès journaliers au flâneur. Ils procèdent de lui et convergent vers lui. Il est le centre et le pivot social ; il a plus fait pour la philosophie et l'étude du cœur humain que les plus beaux livres et les plus savantes théories.

On a remarqué que les paresseux sont presque tous des gens d'esprit. On conçoit, en effet, qu'il faut posséder en soi-même beaucoup de ressources contre l'ennui pour vivre ainsi habituellement de son propre fonds, comme la marmotte de sa propre substance. Cette observation est particulièrement vraie à l'égard du

Flâneurs et Guignol. Dessin de C.-J. Traviès.

flâneur. Mais il faut au préalable s'entendre sur les mots. Pour ceux qui font consister la paresse dans l'absence de toute occupation suivie, de tout travail régulier et d'une utilité immédiate, assurément le flâneur est éminemment paresseux. Il faut remarquer néanmoins que l'homme le plus occupé n'est pas l'homme le plus affairé, et que le travail n'est pas toujours une chose appréciable à l'œil. Le flâneur, il est vrai, produit peu, mais il amasse beaucoup. Laissez venir pour lui l'âge des souvenirs et de la méditation, cette période de la vie qui est comme le moment de la digestion des idées acquises, où tout se classe et s'ordonne dans le cerveau de l'homme à la faveur du calme profond de l'imagination et des sens; laissez sonner pour lui l'heure de la retraite, c'est-à-dire des rhumatismes, de l'ophthalmie et de la surdité, et vous verrez se résumer alors, sous la forme de romans de mœurs ou d'œuvres philosophiques, les études profondes de cette vie en apparence si inoccupée et si futile. Vous vous étonnez quelquefois, à l'apparition d'un livre tout rempli de haute philosophie et d'ingénieux aperçus, d'apprendre qu'il est l'œuvre d'un homme du monde, et peut-être d'un jeune homme que vous rangiez dédaigneusement parmi ces désœuvrés dont la figure est partout et l'esprit nulle part. Croyez-vous donc que le monde s'apprenne dans la solitude, et que le cœur humain soit un livre qu'on étudie au coin du feu? Je voudrais bien qu'il me fût permis de demander sans indiscrétion à l'ingénieux auteur de la *Physiologie du mariage* à quelles sources il a puisé cette profonde connaissance des plus inexplicables mystères de la nature

Le Flâneur. Dessin de Gavarni.

féminine. Il y a tel flâneur que vous méprisez qui vous en dirait plus sur ce sujet que tous les penseurs et les moralistes ensemble. — Passe encore pour les sciences positives qui s'apprennent par le secours de la tradition écrite : à celles-là il faut des sectateurs casaniers et des intelligences de plomb ; mais hors de là, dans les arts, dans les lettres, le flâneur est sur ses terres. Combien d'hommes ont commencé par être d'obscurs flâneurs! Qui ne connaît les habitudes de flânerie du plus puissant des orateurs de la chambre, et le caractère et les goûts d'artiste de ce petit journaliste dont la révolution de juillet a fait tout à la fois un grand ministre, le plus habile jongleur de paroles, le plus fécond et le plus spirituel causeur de tribune ? Demandez à ces deux hommes quel traité, la Rhétorique d'Aristote ou l'Orateur de Cicéron, leur a livré les fils électriques qui se lient mystérieusement à chacune des fibres du cœur humain.

Mais c'est surtout la littérature qui possède l'élite de la flânerie. Les noms ici se pressent sous ma plume. La flânerie est le caractère distinctif du véritable homme de lettres. Le talent n'existe, dans l'espèce, que comme conséquence ; l'instinct de la flânerie est la cause première. C'est le cas de dire, avec une légère variante : littérateurs *parce que* flâneurs. Le *quoique* serait une absurdité démontrée par l'expérience. Comprendriez-vous un littérateur, c'est-à-dire un homme faisant métier de peindre principalement les mœurs et les passions, qui ne serait pas vivement sollicité par un secret penchant à observer, à comparer, à analyser, à voir par ses yeux, à surprendre, comme on dit, la nature sur le fait? Aussi voyez comme les exemples abondent ! Le prétendu ermite de la Chaussée-d'Antin est un flâneur émérite qui n'a pu renoncer encore à ses habitudes de jeunesse. L'auteur du *Tableau de Paris* a dû flâner énormément. Quel plus grand flâneur que La Fontaine? Rousseau a flâné pendant les deux tiers de sa vie et employé le reste à raconter les flâneries très-peu édifiantes de sa jeunesse.

Racine étudiait, comme on sait, le cœur humain dans les coulisses de la Comédie-française, ce qui fait sans doute (soit dit en passant) que ses héroïnes grecques et romaines ont une tournure toute française. Que dire de Bernardin de Saint-Pierre qui, après avoir flâné dans les deux hémisphères, passait des journées entières à s'extasier éloquemment devant un fraisier chargé d'insectes microscopiques, et qui ne trouvait d'admiration, en face des tours de la cathédrale de Rouen, que pour les hirondelles voltigeant au-dessus de sa tête ? Si le *touriste* n'est autre qu'un flâneur en voyage, dans quelle classe rangerons-nous, je vous prie, le chantre d'*Atala* et de *René* ? Et qu'était-ce autre chose qu'une éternelle flânerie que ces poétiques pérégrinations sur les grèves de l'Océan, sur les bords de l'Ohio ou du Meschascebé, à travers les vertes savanes de la Louisiane ou sous les forêts murmurantes du Kentuky ? Où en serions-nous aujourd'hui si un vague instinct de flânerie n'eût conduit le barde chrétien près des ruines de Jérusalem, ou parmi les tribus guerrières des Natchez auprès d'un vieux sauvage, poëte et conteur comme lui? Qui n'a pas surpris, plus d'une fois, en flagrant délit de flânerie sur le quai des Augustins ou sur le boulevard du Temple, le savant linguiste, l'élégant écrivain dont la bonhomie si pleine de finesse a pu seule hériter légitimement de l'épithète caractéristique accolée au nom de La Fontaine? Qui ne connaît sa passion pour Polichinelle, son admiration pour Debureau et ses assiduités aux stalles des Funambules? Voici, à ce propos, une anecdote qui m'a été racontée par l'auteur même de *Trilby*, et qui prouve que le goût de la flânerie n'est pas plus incompatible avec l'élévation de l'esprit qu'avec la gravité obligée des fonctions éminentes.

Lorsque M. Français de Nantes fut appelé à la direction de la librairie, il ouvrit les portes de son administration à un grand nombre d'hommes de lettres, qui trouvèrent ainsi, dans les loisirs d'une position aisée, les moyens de se livrer avec succès à leurs travaux de prédilection. Parmi les écrivains privilégiés et les plus dignes de cette faveur accordée au talent, se trouvait le poëte si gracieux et si pur qui fit, plus tard, *Fragoletta* et *la Vallée aux loups*. M. Français de Nantes avait pour ce dernier une estime et une affection particulières. Il l'avait nommé tout exprès à un emploi qui n'exigeait que peu de travail. L'heureux sinécuriste pouvait se prélasser et rêver à son aise dans le fauteuil bureaucratique, en attendant mieux. L'assiduité était pour lui la seule condition obligatoire. Pendant trois mois tout alla pour le mieux dans la meilleure et la plus douce des administrations. A cette époque, le ponctuel bureaucrate parut perdre peu à peu le sentiment du devoir, cette religion des femmes vertueuses et des employés irréprochables. Plus d'une fois ses confrères étonnés échangèrent entre eux un sourire équivoque et des propos qui ne l'étaient pas du tout, en voyant l'humble patère déshéritée du feutre accoutumé et l'infortuné fauteuil d'acajou tendre incessamment ses bras dans le vide. Le scandale allait croissant, la gent gratte-papier s'en émut; le

Flânerie à la campagne. Dessin de Gavarni.

vent, ou tout autre indiscret de même genre, en glissa la nouvelle jusque sous la porte du cabinet particulier du directeur. Un jour, l'employé retardataire était debout, la tête basse et l'air contrit devant son protecteur. Celui-ci avait, contre sa coutume, le front plissé et le regard sévère.

« J'apprends, monsieur, disait-il, que vous manquez à la seule condition que j'avais cru pouvoir vous imposer. Vos fonctions seraient-elles trop pénibles et puis-je retrancher quelque chose à votre travail journalier pour l'administration? Vous ai-je fait une position trop difficile? » Cela fut dit d'un ton de reproche amical qui toucha vivement le coupable. — « Croyez, monsieur, que ma reconnaissance... — Pourquoi ne pas m'en donner un témoignage qui vous soit utile à vous-même, en vous rendant exactement, sinon à vos fonctions, du moins à votre bureau, ainsi que nous en sommes convenus? — Allons, reprit l'employé visiblement embarrassé, après un instant d'hésitation et comme faisant un effort sur lui-même, je vois bien qu'il faudra déloger. — Comment, monsieur, répliqua vivement M. de Nantes, se trompant sur l'intention exprimée par ces paroles, est-ce là le témoignage de votre reconnaissance? — Pardon, monsieur le directeur, je voulais dire seulement que je serai forcé de quitter le logement que j'occupe depuis quelques jours. — Je comprends, vous habitez la campagne, et c'est ce qui cause vos inexactitudes et vos absences fréquentes. — Je dois vous avouer, monsieur le directeur, que j'habite Paris. — Mais alors, faites-moi l'honneur de m'expliquer cette énigme. — Ah!

Le Flâneur. Dessin de Henry Monnier.

voilà justement la difficulté..., je n'oserai jamais... — Je vois ce que c'est, dit M. de Nantes souriant avec malice, vous êtes sous le coup de quelque grande passion, monsieur le poëte, en puissance d'une maîtresse jalouse, exigeante peut-être, qui vous tyrannise et vous tient en charte privée. — Hélas! monsieur, je n'ai guère pour le moment d'autre maîtresse que la poésie et d'autre passion que celle de la gloire. Mais j'ai une faiblesse... dont je rougis... — Hé quoi! aimeriez-vous le vin, le jeu?... — Tenez, monsieur le directeur, vous ne devineriez jamais, dit tout à coup le jeune homme d'un air de résolution, j'aime mieux vous le dire tout de suite. Sachez donc que j'habite le Marais et que, pour venir ici, je suis obligé de parcourir dans toute sa longueur le boulevard du Temple toujours si animé, si bruyant, si encombré d'individus et de choses curieuses, arracheurs de dents, escamoteurs, jongleurs, montreurs d'ours, de sirènes, d'enfants à deux têtes, de géantes et de crocodiles, qu'on est tenté à chaque pas.... — Ah! monsieur, interrompit le directeur général d'un ton dédaigneux, je n'aurais jamais pensé qu'un homme tel que vous pût s'intéresser à de pareilles choses. Et ce n'est pas pour cela assurément, je suis fâché de vous le dire, que j'ai pris sur moi de vous créer une sinécure aux frais de l'État. En agissant ainsi, monsieur, croyez-le bien, j'avais pensé que les loisirs d'un homme dont j'honore le talent ne seraient pas perdus pour l'art, et j'ose ajouter pour la gloire du pays. Il y a plus que de l'enfantillage à s'arrêter à de semblables bagatelles. — Je confesse, monsieur le directeur, que les bagatelles en général, les *bagatelles de la porte* en particulier, ont souvent pour moi un charme irrésistible. Polichinelle lui-même... — Quoi! vous aimeriez Polichinelle? — Avec passion. — Et vous allez vous amuser de ses pasquinades et de ses tours d'adresse?

— Tous les jours, pendant une heure au moins.

— C'est singulier, repartit gravement M. de Nantes, je ne vous y ai jamais rencontré. »

Nous aurions encore bien des exemples à citer, si nous ne craignions d'abuser de ce moyen d'argumentation. Les hommes de lettres et les artistes nous fourniraient à profusion ces sortes de preuves par induction. Contentons-nous de rappeler ici que M. de Châteaubriand, qui doit se connaître en hommes de génie, a défini les poëtes : *des enfants sublimes*.

Et, en effet, cette simplicité de caractère, cette apparente bonhomie qui fait qu'on s'intéresse aux moindres choses et qu'on ne craint pas de se commettre avec les vulgarités de la vie, est presque toujours l'indice d'un mérite éminent. La véritable supériorité ne s'abaisse pas en se laissant voir et toucher. Elle se constate et se popularise par le libre accès et le laisser-aller. Il n'y a que les nains et les gens difformes qui éprouvent le besoin de se draper et de monter sur des échasses. Les esprits affectés de myopie prennent en pitié les sages et les forts qui jouent avec les petits enfants et s'évertuent à l'examen des choses futiles. Cette divergence d'opinions et de conduite entre ces deux classes d'hommes s'explique tout naturellement par l'infirmité des premiers. Les uns s'arrêtent à la surface, les autres plongent jusqu'au fond : voilà tout le secret de cette différence. — Il y a sous la première enveloppe de chaque chose des rapports inconnus, des aperçus ignorés, tout un nouveau monde d'idées, de réflexions et de sentiments qui s'éveillent et jaillissent tout à coup sous le regard exercé de l'observateur, comme la source cachée sous la sonde du géologue. Pour le vulgaire, l'enfant qui babille, qui pleure ou qui joue, n'est qu'un être incomplet, le plus faible et le moins raisonnable de tous. — Pour le physiologiste, c'est le roi de la création qui s'essaye, c'est l'homme avec ses instincts, ses passions, ses facultés natives qui se révèlent et trahissent peut-être ses destinées futures. L'homme du peuple, nature abrupte dont les caractères primitifs n'ont pu être effacés par le frottement social; l'homme policé, énigme vivante, dont chaque action, chaque parole est un mensonge et, souvent, un piége;

la femme, chimère insaisissable qui s'ignore elle-même, qui s'évanouit dès qu'on la devine et fait mourir ceux qui ne peuvent l'expliquer; la société, inextricable labyrinthe; le monde enfin, cette grande énigme, plus grande que toutes les autres, dont le mot est resté dans le sein de Dieu : tout existe, vit, se meut et pose pour l'observateur. Or, comme nous l'avons dit, qu'est-ce que le flâneur, sinon l'observateur dans son expression la plus élevée et la plus éminemment utile?

Une dame nous demande si le flâneur est amoureux. — Un profond sentiment de tout ce qui est beau est la première condition de sa nature. — Constant? — Hélas! demandez au philosophe quel abime il y a dans le cœur de l'homme; au poète, s'il est de constantes amours; au voyageur, quel irrésistible instinct le pousse à chercher sans cesse de nouveaux sites, des climats plus doux et des ombrages plus verdoyants; demandez au marin si son cœur n'est pas vaste comme l'Océan et changeant comme ses flots, à combien de rivages il a amarré son navire et jeté ses affections, s'il a trouvé quelque part des contrées aussi belles à ses yeux que celles qu'il n'avait pas encore visitées, et des liens capables de résister aux caprices des éléments et aux bourrasques des passions. Ne demandons pas compte à la suprême sagesse des facultés réparties à chacune de ses créatures, ni au flâneur des imperfections inhérentes à son organisation exceptionnelle; ne demandons pas à l'hirondelle pourquoi elle voltige, au ruisseau pourquoi il flâne. Assez d'autres se plaisent aujourd'hui à dénigrer ce type aimable et léger de notre caractère national qui va s'effaçant chaque jour. Laissons aux aveugles le triste privilége de médire de la lumière, aux sourds de nier l'harmonie, aux sots ce qu'ils ne comprennent pas. Qui de nous ne sentira dans son cœur quelque secrète sympathie pour cet être si bon, si facile, si inoffensif et si gai qu'on appelle le flâneur? Qui de nous, en interrogeant sa conscience, osera se proclamer assez pur du péché de flânerie pour jeter au flâneur la première pierre? Qui êtes-vous enfin, vous qui lisez ces lignes? Et qui suis-je, moi qui les écris?

Un flâneur.

AUGUSTE DE LACROIX.

L'HABITANT DE VERSAILLES

Par Arnould FRÉMY

ILLUSTRATIONS DE ALLONGÉ, LIÉNARD, GAVARNI, ÉMY & ROUSSEAU

VERSAILLES n'est déjà plus Paris, et il n'est pas encore la province. A Versailles, la banlieue expire, le département commence : tout change et se diversifie, habitants et conditions, mœurs et physionomies; et cependant on n'est qu'à cinq lieues de Paris, c'est-à-dire à deux heures de route royale, à trois quarts d'heure de locomotive; — étrange ville, l'une des plus jeunes et des plus vieilles de France, si toutefois on peut donner le nom de ville à cet Herculanum dynastique jeté par le hasard d'une volonté puissante presque aux portes d'une capitale! Rappelons-nous sa fondation et son origine, avant de crayonner le portrait de ses habitants : ce sont deux histoires qui se touchent.

Généralement, une ville se fonde, non par telle circonstance fortuite, fût-ce même l'adoption d'une fantaisie royale, mais bien par une suite d'accessoires locaux; la proximité d'un bras de mer, le voisinage de coteaux vignobles, le cours d'un fleuve puissant, tel que le Rhône, la Saône ou la Garonne, qui invite les habitants à venir s'établir sur sa rive. Bientôt les ports vont s'ouvrir, les canaux se creuser, la navigation commerciale profiter pour ses flottages, le transport de ses denrées, ses écluses et ses débarcadages, du passage du fleuve compatriote. Peu à peu la population s'étend, un habitant en appelle un autre, les familles descendent en grappes vers la rive attrayante. D'abord simple peuplade, la colonie devient bourgade; la bourgade, petite ville; la ville, capitale ou chef-lieu. Les communes environnantes s'entendent pour apporter en corps à la métropole le tribut hebdomadaire de leurs primeurs; la cité se fait centre et

Bosquet de Trianon. Dessin d'Émy.

L'Habitant de Versailles. Dessin de Gavarni.

débouché, les marchés s'épanouissent, les industries s'entrelacent, les rues s'étendent, le fleuve de la population élargit son cours et gagne du terrain de jour en jour. Cet espace, qu'on a connu dans le principe amas indécis de quelques chaumières, nichée de sauvages, est aujourd'hui une grande et forte ville, industrieuse, florissante, riche d'habitants qu'elle soutient et qui la soutiennent ; — c'est Lyon, c'est Bordeaux, c'est Paris.

Rien de pareil dans l'origine de Versailles.

Vers 1660, un jeune monarque absolu, confiant en sa propre force comme on l'est à vingt-deux ans, marié depuis peu à une princesse puissante, fier d'échapper enfin à la tutelle politique de Mazarin, imagine de transplanter sa résidence hors de Paris, convalescent alors des troubles de la Ligue et de la Fronde. Ce jeune roi éprouvait ces mille attractions de la bâtisse et du jardinage qui vont du monarque au petit propriétaire, et font qu'on aime à régner sur l'agreste perron qu'on a bâti soi-même, à voir germer sous ses lois son bois, son verger et sa charmille. Mais qu'est-ce donc que ce goût de la création chez un propriétaire souverain? Créer, c'est le privilége de Dieu; après Dieu, vient le Roi : celui-ci va donc se créer son univers royal : assurément, ce fut là une pensée auguste.

Louis XIV se rendit sur le terrain qu'occupe aujourd'hui la ville de Versailles, escorté de Le Nôtre, son jardinier en chef, et de Colbert, substitut récent du trop royal Fouquet. Il trouva pour toute séduction locale un marais, et de plus un castel assez chétif, un pavillon de chasse, œuvre de Louis XIII, puis, autour du principal édifice, quelques palais du même style que les seigneurs de la cour de Louis XIII firent construire par complaisance pour leur maître, entre autres le favori Cinq-Mars, qui avait là son hôtel.

Ainsi, par le fait d'une simple prédilection, d'une fantaisie royale, voici d'immenses jardins qui jaillissent d'un terrain inculte ; l'eau, voiturée sur les aqueducs, rivalisant avec la muse d'Ovide, va former les girandoles aériennes de la mythologie hydraulique. Un palais unique, d'interminables jardins, tout cela n'est rien, mais le point important, c'est une ville, une ville tout entière, improvisée d'un seul jet pour faire suite, appendice aux bâtiments royaux, une ville coordonnée avec un palais, dressée comme un trophée pour un seul homme!

Que les habitants de cette ville aient pour indice, pour physionomie principale de n'en point avoir, rien de plus logique, ce me semble, et de plus naturel, surtout lorsqu'on remonte à l'histoire de cette fondation. En effet, la pétrification a dû se conserver à la fois dans la population et dans les choses ; cette population n'est après tout qu'une forme d'époque, une couche exacte, un siècle dont l'enveloppe s'est précieusement conservée.

Versailles n'est donc à proprement parler qu'une royale et magique hôtellerie sans ses hôtes, une construction faite pour héberger du temps de l'ancienne cour quatre-vingt mille habitants, et qui aujourd'hui n'en contient guère plus de vingt-huit mille. De là, cette existence éparse, disjointe, sans point de ralliement. Le Parisien aurait tort pourtant, en se rendant à Versailles, de se dire : « Allons en province. » Versailles est à la fois mieux et moins bien que la province, au-dessus et au-dessous de la *petite ville* de Picard. En province, dans la première assemblée venue, le ridicule du terroir abonde franchement. Le sous-préfet du cru s'y dessine à l'aise. A Versailles, le ridicule lui-même, cette dernière ressource des esprits blasés, procède de Paris. Pauvre ville, qui n'a pas même ses fatuités ni ses prétentions à soi; qui se voit forcée d'emprunter au boulevard de Gand ses merveilleux et ses amazones, au faubourg Saint-Germain ses morgues et ses blasons !

Certes, en reproduisant la physionomie de l'habitant de Versailles, en analysant ce coin précieux de notre France monarchique et notable, il nous serait aisé d'établir des catégo-

Vue de Trianon. Dessin de M. Allongé.

ries, des désinences, de faire de cette étude une histoire, de ce portrait une galerie; car il est constant que rien n'est au fond plus complexe et plus varié que cette figure uniforme en apparence. On sait, par exemple, que Versailles se divise en deux quartiers, c'est-à-dire en deux villes, le quartier Notre-Dame et le quartier Saint-Louis; de là deux tiges d'habitants complètement distinctes qui semblent vivre et se développer en sens contraire.

Nous aurions donc l'habitant du quartier Saint-Louis, l'aristocratie déchue, l'ancien chambellan, grand écuyer, grand veneur, gentilhomme ordinaire des anciennes cours; puis l'habitant du quartier Notre-Dame, le tiers état versaillais, le simple bourgeois éteint et refroidi, qui a peut-être vu s'ouvrir les états généraux, prêté serment au jeu de paume, entendu Louis XVI haranguer le peuple du balcon de la cour de marbre, encensé Robespierre et honoré *madame Veto*. Car ces souvenirs, ces ombres révolutionnaires, ce vague

Palais et Jardin de Versailles, vue prise de la cour d'honneur, à vol d'oiseau. Dessin d'Émy.

parfum de 93 que l'on respire sous ces avenues qui ont vu fuir une dernière dynastie en 1830, tout cela c'est Versailles aussi, étrange ville qui a assisté à toutes les pompes et à tous les abaissements de la royauté.

Ensuite nous aurions les diverses spécialités citadines et paisibles qui fleurissent dans cette calme enceinte : l'horticulteur, type essentiellement versaillais, *l'homme aux tulipes* de La Bruyère, qui se produit dans ces jardins immenses, véritables Trianons privés; puis le *chasseur du canal*, débris des anciennes chasses de Charles X, qui se procure l'illusion de chasser pour ne rien tuer dans les anciens fourrés royaux, et de lancer sa poudre innocente aux moineaux et aux merles bourbonniens. Et tant d'autres figures qui naissent presque à la barrière de Paris, et que l'on dirait éloignées de plus de cent lieues. Le joueur de whist ou de boston, par exemple, cet automate électeur et contribuable, qui ne saurait exister ailleurs que dans une ville où le boston et le whist se jouent avec un acharnement, une perfection qui tôt ou tard méritera à la ville de Versailles un de ces baptêmes que la sagesse des spécialités ne peut manquer de consacrer. On a surnommé Naples la ville des fleurs, Gênes la ville des marbres; un jour on surnommera sans doute Versailles la ville des fiches et des jetons.

N'oublions pas aussi l'ex-habitant du château, cet aristocrate à part qui s'est vu enlever son foyer, son domicile par ce géant artistique, ce colosse de peinture, de sculpture et d'histoire, qui s'est appelé le Musée.

Par suite des faveurs émanées de la cour, ce parent, cousin, neveu ou arrière-neveu des piqueurs, sous-piqueurs, chefs de cuisine ou concierges réformés, avait trouvé dans les étages supérieurs du château un domicile suivant sa nuance politique, un appartement conforme à sa conscience. Cette valetaille, cantonnée dans les mansardes et isolée de la bourgeoisie de toute la hauteur du collet brodé, formait une sorte de féodalité d'antichambre bien plaisante et qui mériterait les honneurs d'une monographie séparée. Tout cela s'est envolé lorsque les événements de 1830 ont dépouillé la ville de ses dernières prérogatives royales, sont venus verrouiller ses écuries, disperser ses pages et ses gardes du corps. Les priviléges se sont enfuis, mais le type est resté, et vous le voyez errant dans les allées du parc, principalement dans celle des *Soupirs*, le sein gonflé, poudré à frimas, la fleur de lis à la boutonnière, jetant un œil de désespoir sur ces croisées du troisième étage où fut sa demeure, l'ancien asile de son dévouement, sans l'impôt des portes et fenêtres. Lui, voltigeur du temps de Louis XVI, se souvient, hélas! d'avoir habité la galerie des Batailles, au-dessus de la *Prise du pont d'Arcole*, qui a fait sauter ses dieux pénates.

Cependant, ces diverses parties d'un même corps, ces traits épars, ces divergences apparentes d'une même ville, viennent s'unir et se confondre bientôt dans une figure spéciale qui vit, existe à l'état de signalement et de nuance caractéristique, l'habitant de Versailles, ce provincial parisien qui vit avec les pensées, les penchants, les instincts, la substance morale et politique de Paris, ce Français *métis* mélangé d'Anglais, cet homme à la fois perspective et souvenir, vestige et actualité, écho du passé, répétition et reflet d'une capitale.

On peut donc se représenter l'habitant de Versailles sous l'extérieur d'un bourgeois calme et passif, qui végète plutôt qu'il ne vit, à la démarche régulière et correcte, que l'on dirait encore soumise à l'équerre de Mansard. Errer, se promener, jouer au whist, été comme hiver, soir et matin; errer, l'été, sur le tapis vert, l'hiver, sur l'avenue de Paris, causer sans fatigue, fuir la moindre vibration, plutôt sans émulation que sans idées, plutôt conservateur qu'égoïste, telle est la vie de l'habitant de Versailles.

Il n'est ni ambitieux, ni spéculateur, ni riche, ni pauvre; *il a de l'aisance*. Ses journées tournent avec le mystère du sablier. A dix heures précises, le couvre-feu sonne pour tout honnête Versaillais; à cette heure-là, soyez assuré que toutes les bassinoires s'apprêtent, que tous les paniers de fiches se comptent; le bonnet de coton du Versaillais est une horloge pour l'exactitude. Son costume tient à la fois du Luxembourg et de la petite Provence; ses habits, d'une propreté rigoureuse, sont des prodiges de conservation: il s'habille d'étoffes dont lui seul possède la tradition, étoffes problématiques de durée, immortelles de conscience et de tissu, qui méritent le prix Monthyon, qui ne s'usent pas, ne s'altèrent pas, et ont presque toujours passé par toutes les nuances de l'arc-en-ciel et du dégraisseur.

L'été, les alentours de Versailles se parsèment le dimanche de petites fêtes champêtres, telles que Viroflay, Saint-Antoine, les Loges, la Celle. Là nécessairement la bière de mars et les treniss de caserne dominent; là, vous retrouvez encore l'habitant de Versailles sous un nouvel aspect, le *raffiné* versaillais, qui décore en première ligne ces raouts de la banlieue: il danse, dessine les pas, bat les six (à Versailles l'entrechat est encore admis). Plusieurs de ces fêtes sont du reste fort jolies, et généralement plus candides que les bals champêtres de Paris. La bourgeoisie, les hauts grades de la garnison, quelquefois même de jeunes Anglaises arrachées de leur calèche par le vif engagement du flageolet, n'ont pas craint de mésallier le maroquin de leur chaussure avec le gazon qui forme le parquet de ces salles de bal. Des quadrilles de haute volée se sont souvent formés aux sons de l'orchestre de Braqui, le Musard de Seine-et-Oise, qui animait à quelques pas plus loin la contredanse plébéienne et villageoise. Il faut dire aussi que ces fêtes ont lieu pour la plupart dans des sites enchanteurs. L'ancien grand parc est semé partout d'allées percées avec grâce, d'agaçants points de vue, d'à-propos ravissants d'aspect et de perspective: c'est Tivoli, moins le feu d'artifice.

L'habitant de Versailles, avons-nous dit, est naturellement casanier, et pour visiter ses environs, souvent même les allées de son beau parc, il lui faut presque l'occasion d'un concert ou d'une fête de campagne; c'est qu'on ne sait pas que rien ne fatigue à la longue et ne prend une teinte d'uniformité maussade comme la perpétuité d'une nature de convention.

Autour de Versailles, le paysage est sans cesse prévu : le bois y rappelle Trianon, la forêt se manière dans ses circuits, elle sent la chasse des princes. Le poteau du carrefour, la barrière fraîchement badigeonnée, le baudrier du gendarme forestier, viennent à tout moment désenchanter la solitude. Les environs de la ville sont un peu, comme la ville elle-même, affadis par le façonnement, corrompus par la main-d'œuvre. Aussi a-t-on peine à comprendre que Versailles, cette ville que l'on regarde avec raison comme la fille des arts et du luxe qu'ils engendrent, ait produit aussi peu de grands hommes. En fait de noms littéraires, on ne peut guère citer que ceux de Ducis ou de MM. Tissot et Laville de Miremont; en fait d'hommes de guerre, Hoche; en fait d'artistes dramatiques, Odry. Là se borne à peu près la liste des illustrations versaillaises.

Mais parmi les spécialités du terroir, il en est une que nous ne pouvons omettre sans ingratitude : nous voulons parler du patineur, type essentiellement versaillais, et que favorisent les deux ou trois lieues de glace que présente la surface du grand canal. Là seulement vous retrouvez la gondole à dix sous l'heure, puis le Spartacus, l'Endymion, l'Antinoüs, et autres gilets rouges qui patinent d'après l'*antique*, et par dix degrés de froid. Versailles a conservé le fanatisme du patin : c'est un point à noter à une époque de froideur et de spleen telle que la nôtre. On voit sur le canal des habitants du pays qui patinent de père en fils; les dames font galerie sur les bords, elles applaudissent aux *dehors*, aux *révérences;* c'est un tournoi, un carrousel. Du reste, jamais de chutes ni d'accidents. Fi donc! aujourd'hui on ne tombe plus en patinant, c'est comme au théâtre. Comment n'a-t-on pas institué le club des patineurs?

La société de Versailles ne peut se comparer à rien. Les réunions y sont nombreuses, mais elles offrent presque toutes un mélange uniforme d'étiquette et d'ennui confortable, de goût parfait et de froideur. Pendant l'hiver, les bals et les raouts se succèdent rapidement, mais aucun n'a de caractère décidé, la causerie y manque de nerf, personne ne s'y met en relief par le moindre ridicule : on dirait la vie de campagne transplantée en hiver. Ce sont, pour la plupart, des gens qui se voient aujourd'hui, mais pourraient ne plus se voir demain; indifférents entre eux et minutieusement polis. C'est un paisible rassemblement de notabilités citadines, de magistrats, de rentiers, d'élégances militaires, fleurs de la garnison, de prétentions nobiliaires, crénelées dans les hôtels du quartier Saint-Louis, des oisivetés traînantes, des moitiés de gentilshommes, des quarts de beaux esprits, des fortunes déchues; une vie de surface, manquant absolument de nationalisme urbain, même dans les plus simples rapports de la société.

L'habitante de Versailles est comme l'habitant lui-même, entachée d'imitation et de réminiscence parisiennes. Il est de règle, par exemple, que toutes les femmes à la mode de Versailles se fassent chausser, habiller, meubler, ganter même par Paris. Du reste, on peut dire que, jusqu'à l'âge de trente ans, la Versaillaise n'a guère de signe spécial ni caractéristique; ce n'est qu'aux approches de la maturité qu'elle se dessine et se naturalise suivant la ville. Alors apparaissent ces profils de douairières que l'on trouve au milieu des jardins, et que l'on prendrait volontiers pour des contemporaines des Dianes chasseresses et des Atalantes moussues éparses dans les bosquets solitaires.

La Versaillaise est remarquable par son élégance; grande dame ou grisette, elle conserve ce cachet de propreté et en même temps d'apparente régularité qui forme le caractère essentiel de la ville. Comment la séparer de ce pavé toujours propre et luisant comme l'émail; de ces marronniers aux têtes nonchalantes, de ces frais gazons qui ont vu boiter madame La Vallière; de ce parc où vous rencontrez la plupart des portraits des Muses éparpillées le long des bassins?

La ville de Versailles compte d'ailleurs parmi ses joueuses de véritables sommités, des héroïnes de boston ou de reversis qu'elle seule possède, et qu'on se montre dans les réunions comme les plumets des maréchaux au milieu d'un cortège. Telle dame est citée pour avoir

Portrait du général Hoche. Dessin de H. Rousseau.

Palais de Versailles, salon de Louis XIV: Dessin de Liénard.

cinquante quartiers de whist; elle n'accepte pour partenaire que des joueurs infaillibles. Malheur à vous s'il vous échappe la moindre inadvertance, un oubli ou un bâillement : on a vu des Versaillaises s'évanouir, faute d'avoir été soutenues au boston. Plus d'une douairière du quartier Saint-Louis prend des dimensions de grandeur et de majesté vraiment imposantes, les cartes à la main : c'est alors une dame des anciens jours, c'est une Lancastre ou une Médicis, ou mieux, c'est une des reines du jeu, une de ces physionomies absolues qui maîtrisent le hasard et la chance; c'est la dame de pique ou la dame de cœur, ces deux têtes couronnées qui n'ont jamais éprouvé de révolution ni de chartes, et sont à l'heure qu'il est les souveraines les plus avérées de cette ville, qui a coûté deux cents millions à Louis XIV, pour devenir un jour la colonie et le champ d'asile des gens qui risquent dix sous au boston.

Du reste, n'accusons pas seulement de cette vie fade et indolente les habitants eux-mêmes, qui n'ont fait qu'obéir dans leurs tempéraments et leurs instincts aux influences du sol et de la ville. Après tout, la vie active, le mouvement qui bouillonne et fermente comme le sang, ne sont pas choses qui s'infusent artificiellement dans les veines d'une cité lymphatique de nature.

Louis XIV avait trop bien combiné les dimensions de sa bâtisse pour qu'elle pût subsister sans lui, pour qu'une autre monarchie que la sienne pût jamais y établir ses pénates constitutionnels. Il a voulu avoir son temple, son Alexandrie, la ville de son bon plaisir; cette ville, il l'a jetée au sein même de ses chasses royales, il l'a imposée de vive force à un terrain vierge et peu propre en apparence à cette destination capitale. Il l'a peuplée *ex abrupto* avec ses serviteurs, ses courtisans, ses concessionnaires, ses favoris de toute espèce ; et de là procède encore la population bâtarde qui mûrit, grandit, se développe, après deux siècles, au soleil factice de la cour de Louis XIV.

C'était là du reste, convenons-en, une admirable combinaison du pouvoir absolu, pour frapper la France d'admiration, l'Europe d'éblouissement, que de s'envelopper comme d'une pourpre d'une ville faite à sa taille, modelée sur soi-même; mettre simplement entre le siège de sa puissance et sa capitale quatre lieues, c'est-à-dire une heure; une heure seulement pour la vélocité d'éclair des huit chevaux du char royal, mais pour les transports prolétaires, pour les sujets moins rapides dans leurs déplacements, deux heures. Qu'est-ce que deux heures? Faible distance! intervalle d'un moment! Deux heures, c'est-à-dire la différence de l'existence à un sépulcre, d'une capitale à un cénotaphe, de la ville du Caire aux ruines de Thèbes. Deux heures, juste le temps nécessaire pour que la population s'étiole à l'ombre de Paris, le climat indécis, la distance mixte, la grande ville qui n'est ni noble ni grande, à moins de recouvrer les puissants arbitres de ses primitives destinées.

Ne blâmons donc pas Louis XIV régnant comme il régnait, ayant mérité qu'on lui attribuât ces paroles : « La France, c'est moi! » Il a bâti Versailles pour son bon plaisir, et c'était bien le moins.

Seulement on a lieu de s'étonner qu'une fois cette dynastie tombée, on se soit demandé pourquoi cette ville qui fut son œuvre est restée inactive, languissante dans sa population. Il s'est trouvé que, veuf de l'ancienne cour, Versailles manquait de tout, excepté de jets d'eau, de Tritons, de Neptunes, d'Apollons, de grandes et de petites écuries, de jardins à perte de vue, de forêts magnifiquement sablées, de vèneries, de ménageries, de faisanderies, de tout ce qui est préoccupation, pensées, et délices de prince.

On s'est demandé pourquoi cette ville n'avait ni commerce, ni ressorts industriels, ni rivière, à moins qu'on ne veuille compter comme compensation la Marne, la Dordogne, la Seine et la Garonne, que Versailles possède en bronze et sur piédestaux. Fatale dérision que ces quatre beaux fleuves-statues, chefs-d'œuvre de Marsy, que l'on remarque autour du parterre d'eau ; surtout si l'on songe que, lorsqu'après les solennités des grandes eaux, la ville a offert aux étrangers le spectacle de ses vieux prestiges hydrauliques, il lui arrive souvent de se pencher avec terreur vers le fond de ses fontaines épuisées.

Toutefois, je le répète, n'accusons pas Louis XIV dans les desseins de magnificence ou de folie, si l'on veut, qui lui ont inspiré Versailles, car la civilisation elle-même a pris le soin de le justifier, la civilisation traduite sous une autre forme, il est vrai, mais non moins souveraine que cette grande volonté, puisqu'elle a le pouvoir, sinon de créer les villes, du moins de les ressusciter. C'en est fait, un pont d'existence est jeté maintenant entre la capitale et la cité dynastique. Ne parlons plus d'intervalles ni de distances ; un trajet d'une demi-heure les sépare à peine ! Versailles est devenu ce qu'il osait à peine rêver dans ses chimères lointaines, un faubourg, un quartier, la nouvelle Nouvelle-Athènes de Paris. Voyez-vous la vapeur s'élancer en concurrence sur les deux rives de la Seine, et aller rejoindre à l'horizon ces fumées royales des vanités et des splendeurs évanouies ? Ainsi tout se succède et se remplace ici-bas, palais, ruines, cités, cercueils ; oui, la ville morte renaît de ses pompes ; elle reprend de la main des peuples son sceptre autrefois brisé par les peuples. Versailles est mort, vive Versailles !

Arnould Frémy.

Vue du palais de Versailles, prise de la terrasse à vol d'oiseau. Dessin d'Emy.

LE DÉFENSEUR OFFICIEUX EN JUSTICE DE PAIX

Par Émile DUFOUR

ILLUSTRATIONS DE DAUMIER, H. CATENACCI

Paris est une vaste ruche dans laquelle d'infatigables abeilles travaillent jour et nuit à entasser des richesses, dont une grande partie nourrit un essaim nombreux de guêpes voraces et paresseuses. Si les rapines de ces dernières s'exécutent facilement, c'est qu'entre les abeilles et les guêpes parisiennes il n'existe pas la même différence qu'entre celles des champs.

Combien y a-t-il en effet à Paris de ces individus, dont l'existence est un problème pour tous, qui aux yeux de la foule sachant se revêtir d'un caractère honorable, allant et venant sans cesse d'un air affairé, semblent travailler, mais ne travaillent réellement qu'à tirer bon parti de la gaucherie ou de la crédulité de leurs concitoyens laborieux. Du reste leurs menées plus ou moins adroites ne sauraient échapper à l'œil de l'observateur : à ce dernier donc appartient le soin de les signaler.

Tous ces hardis parasites n'exploitent pas le même côté de la confiance publique. Il en est une classe remarquable par ses mœurs, sa vie nomade et son adresse, qui ne doit son existence qu'à l'ignorance des débiteurs et des créanciers, ou à la mauvaise foi des chicaneurs : nous voulons parler de ces avocats de justice de paix, connus sous le nom de défenseurs officieux.

Le nombre de ces hommes d'affaires, extrêmement minime il y a dix ans, s'est augmenté graduellement avec la langueur du commerce. Le soleil de juillet, dont les rayons régénérateurs devaient produire de si heureux effets, n'a servi qu'à faire éclore une nouvelle couvée de ces obscurs oiseaux de proie.

Abeilles et Guêpes. Dessin de H. Daumier.

Désespérant d'être officier ministériel, enhardi par les succès de quelques-uns de ses confrères, un jour un clerc d'huissier adresse à son patron et à son étude un adieu forcé ou volontaire. Il loue à Paris, ou dans un des villages circonvoisins, un logement au plus bas prix possible, garnit une pièce d'une table noire et de trois chaises, fait barbouiller sur sa porte ce mot : *Étude*, se donne dans ses lettres et sur ses cartes de visite le titre pompeux de jurisconsulte, et le voilà défenseur officieux en espérance.

Dès lors il passe dans les justices de paix le temps entier des audiences, s'immisce dans toutes les discussions particulières des plaideurs qui attendent l'appel de leur affaire, donne son avis, propose ses services, enfin remue ciel et terre pour trouver une cause à défendre.

Le défenseur officieux est facile à reconnaître à sa voix mielleuse et insinuante, à son chef toujours couvert d'un chapeau qu'il a payé cinq francs. Il porte un habit dont la couleur échappe à l'œil, mais qui le plus souvent a dû être noir, et sa main, garnie d'un gant gris ou de filoselle brune, caresse amoureusement un jabot fané et parsemé d'étoiles jaunâtres qui attestent de la part de son propriétaire un fréquent usage de tabac en poudre.

Son bras est en tous temps et en tous lieux chargé d'une énorme liasse de pièces de procédure, flanquée d'un gros *Neuf Codes* in-octavo. Ce sont ordinairement les seuls papiers qui garnissent ses cartons et le seul livre dont se compose sa bibliothèque. Il marche toujours vite et d'un air fort occupé. A le voir aussi sérieux au milieu du fracas perpétuel de Paris, vous le prendriez pour un homme accablé d'affaires. Point du tout. Il est chargé de faire condamner un débiteur qui ne conteste pas la demande que lui intente son créancier. Il prépare à cet effet un superbe plaidoyer dont il ne se souviendra plus à l'audience, fait la recherche des articles de la loi sur lesquels il doit se fonder, et pose ses conclusions d'un air victorieux. Puis quand il est arrivé à l'éternel : *en conséquence requérons que le sieur... soit condamné...* etc., il passe sur son front un foulard à vingt-quatre sous, promène fièrement sa vue sur les passants, et se récompense de ses efforts d'imagination en logeant dans ses parois nasales une large pincée de tabac.

Si les caprices atmosphériques, la chaleur et la longueur de la marche ne vous rebutent pas, suivez-le, je vous prie, jusqu'au prétoire qui doit retentir des foudres de son éloquence, et là, vous pourrez bâiller à loisir, si, toutefois, vous ne haussez pas les épaules devant les petitesses et le dégoûtant égoïsme dont le tableau se déroule à vos yeux ; car vous serez initié aux mystères d'une foule de misérables affaires dont il est déplorable de voir s'occuper des gens raisonnables. Puis vous entendrez le défenseur officieux donner des preuves de la plus brillante faconde pendant au moins cinq minutes sans reprendre haleine et sans avaler la moindre cuillerée d'eau sucrée.

Il exerce habituellement son talent oratoire dans les salles d'audience des douze arrondissements de la capitale, ou dans celles des chefs-lieux de canton de la banlieue ; il préfère cependant ces dernières, où la simplicité des plaideurs offre à ses spéculations un appât plus facile et plus certain.

Dans le voisinage des tribunaux de paix se trouvent plusieurs cabarets ; c'est là que, les jours d'audience, une grande partie des plaideurs vient attendre l'arrivée du juge. Suivons-y le défenseur officieux ; car c'est dans une de ces buvettes qu'il entre d'abord. Prenez un tabouret, accoudez-vous avec indifférence sur une table et examinez.

Déjà plusieurs défenseurs sont arrivés. En voici deux entre lesquels s'agite une question de droit. Ils gesticulent, feuillettent leur code, crient, se rient réciproquement au nez, et finissent par se tourner le dos. Un autre parcourt gravement des pièces que vient de lui confier un plaideur. Un troisième est entouré d'un groupe de personnes qui l'écoutent respectueusement pérorer. Si quelqu'un arrive et demande son nom, un des auditeurs se penche à l'oreille du nouveau venu, qui écarquille les yeux, et fait un léger hochement de tête admiratif. Ce défenseur est ordinairement le plus bavard et le moins instruit, et pourtant c'est celui qui jouit de la plus grande réputation. Celui que nous avons suivi entre en saluant humblement, car le défenseur officieux est d'une grande politesse avec tout le monde (politesse qu'il porte au plus haut point avec les gendarmes et le commissaire de police du quartier) et d'une excessive aménité avec ses confrères qu'il n'interpelle jamais sans précéder leur nom du terme : *maître*, consacré au barreau. Voyez avec quelle affabilité il presse la main de chacun d'eux, avec quelle touchante sollicitude il s'informe de leur santé ; puis tout à coup sa physionomie riante devient sérieuse, il parle d'une affaire dont on lui a confié la gestion, d'un rendez-vous qu'il a eu avec un avocat distingué (que, par parenthèse, il n'a jamais vu), de la certitude de son succès, des honoraires immenses dont il sera gratifié, et de l'honneur qui rejaillira sur son nom. Cependant un homme se lève, s'approche de lui, et demande bas, bien bas, s'il serait possible de lui dire *deux mots*. Le défenseur officieux, voyant que l'interlocuteur a besoin de lui, se rengorge, tousse, caresse son menton, et entraîne sa pratique dans un angle de la pièce. Le nouveau client expose le motif de sa demande d'un air piteux et en tournant entre ses doigts ce qui lui sert de coiffure. C'est un débiteur malheureux cité pour l'audience du jour et qui voudrait obtenir un délai quelconque. Le défenseur l'écoute d'un air capable, lui promet, avec l'assurance d'un oracle, de lui faire accorder ce qu'il désire, et se fait préalablement consigner ses honoraires. Le malheureux, rassuré sur son avenir, les donne sans hésiter, et offre à son avocat un verre de vin. Celui-ci rejette la proposition sous prétexte qu'il n'a pas déjeuné. On comprend fort bien où veut en venir notre homme. Son client se laisse prendre au piége ; il ajoute à l'offre du liquide celle d'une côtelette que le défenseur refuse d'abord avec dignité, mais se détermine enfin à accepter. On dresse la table. Il faut boire en mangeant : on sert une bouteille de vin, puis une autre. Un seul plat ne suffit pas ; le défenseur en demande un second et du dessert, car il est comme les amoureux de quinze ans : il mange vite et longtemps. Le client, que son affamé défenseur ne cesse de louer sur la validité des raisons qui le mettent dans la nécessité de demander terme et délai, parle avec chaleur et oublie de prendre la moitié du repas ; distraction dont profite admirablement son commensal.

Puis quand l'heure annonce que l'audience va commencer, chacun se lève, et, semblable à Gil Blas, le pauvre plaideur paie largement un déjeuner qui certes ne lui donnera pas d'indigestion. Mais il ne murmure pas ; car il n'est point de sacrifice qu'il ne fasse pour obtenir le délai qu'il désire. Il s'avance donc à la barre l'estomac léger, mais le cœur plein d'espoir, et, malgré les supplications du défenseur qui l'assiste et qui expose, avec une somme de chaleur égale à celle du vin qu'il a bu, la position malheureuse de son client, il entend, avec douleur, rejeter sa demande que ne motive rien de juste aux yeux du juge.

S'agit-il d'une affaire plus importante, le défenseur officieux, au milieu du silence de l'auditoire, fait sortir de sa bouche un torrent de phrases incohérentes parsemées de grands mots et festonnées d'arrêts de la cour de cassation. Il invoque Pothier, Sirey, Delvincourt, qu'il n'a jamais lus, combine au hasard tel article de la loi avec tel autre ; puis il gesticule, frappe sur la barre, et quand il a formulé ses conclusions, il toise avec assurance son confrère adversaire qui l'a écouté avec un air de supériorité dédaigneuse et s'est posé devant lui comme un Spartiate aux Thermopyles.

L'audience terminée, l'agent d'affaires retourne à sa buvette qui lui sert de cabinet de consultation. Il dit hautement beaucoup de bien de lui-même et beaucoup de mal de ses confrères absents. Il passe en revue les principales questions qui ont été agitées à l'audience, les commente et les discute avec emphase. S'il a triomphé dans une affaire, il loue la justice de l'arrêt ; s'il a succombé, ses poumons n'ont pas assez de force pour proclamer l'ignorance et l'iniquité du juge. Il met facilement un

La Consultation. Dessin de H. Daumier.

de ses clients à contribution d'un dîner, pendant lequel sa conversation n'est qu'une longue protestation d'amitié au milieu de laquelle il brode son histoire le plus habilement possible. A l'entendre, il a été avoué ou huissier en province ; mais sa femme infidèle l'a abandonné, nantie de l'avoir commun ; ou un clerc, abusant de sa confiance, a disparu en lui

Exposé de l'affaire. Dessin de H. Daumier.

emportant des sommes immenses ; ou bien encore il était avocat, et la jalousie de ses confrères ou l'injustice du conseil de discipline de l'ordre l'a fait rayer du tableau. Puis, versant des larmes sur ses prétendus malheurs passés, d'une main il essuie ses yeux, et de l'autre tend son verre au client. A chaque minute il consulte l'horloge et prétexte un rendez-vous qu'il ne peut manquer ; ce qui ne l'empêche pas de rester quelques heures de plus.

Il est quelquefois accompagné d'un homme qu'il nomme son maître clerc ; véritable Ber-

Le Défenseur officieux. Dessin de H. Daumier.

trand au fond et dans la forme, qui le suit pas à pas, porte ses dossiers, vit des débris de ses repas et hérite de ses vieilles hardes. Espèce d'être inorganique sans cesse attaché au défenseur officieux et qui n'existe que par juxtaposition.

Le défenseur officieux est rarement marié, mais il possède presque toujours une femme. C'est assez ordinairement une cliente malheureuse, qui ne peut payer les services que lui a rendus le défenseur officieux, qu'en se constituant son esclave la plus humble et la plus soumise. Elle est chargée de cirer les chaussures de son seigneur et maître, de consigner sur un calepin, en son absence, les noms des rares visiteurs, et de procéder à l'achat et à la préparation des denrées journalières. C'est toujours en son nom que, par mesure de sûreté, le défenseur officieux loue son logement, en paie le loyer et fait ses marchés les plus importants. Pour prix de son dévouement, il l'expulse au bout de plusieurs mois, et la remplace par une autre qui plus tard, à son tour, éprouvera le même sort.

Le défenseur officieux ne s'occupe pas seulement de représenter ses clients devant messieurs les juges de paix; il débat les intérêts des créanciers dans les faillites, ceux du failli lui-même; il rédige des baux, des actes de société, de vente ou d'achat de fonds de commerce, et formule des exploits de procédure qu'il donne à signer à un huissier qui lui fait une forte remise. Il se charge aussi d'amener à réconciliation des époux en désaccord ou un père et un fils brouillés. Enfin il est tout à la fois avocat, notaire, huissier et juge de paix.

Si, à l'aide d'économies, il parvient à garnir sa caisse de quelques centaines de francs, il

Un Défenseur et son Client. Dessin de H. Daumier.

connaît fort bien les moyens d'utiliser son argent de la manière la plus productive : il achète de bonnes créances à bas prix, escompte des valeurs à un taux fort élevé, prête à usure, spécule sur la détresse d'un héritier présomptif. Il décuple ainsi en fort peu de temps son avoir.

Il descend un étage à mesure qu'il s'élève dans le sentier de la fortune. C'est alors que notre homme commence à occuper une position dans le monde; il étend le cercle de ses connaissances, fréquente les spectacles à l'aide de billets que lui donnent ses clients, se fait incorporer dans une compagnie de la garde nationale, et s'abonne au *Gratis*, à l'*Estafette* ou à la *Presse*. Puis son intérieur change d'aspect. Les lambris de son cabinet, jadis nus, se couvrent de gravures encadrées; il a une bibliothèque, un tableau horloge, des bronzes, des lampes Carcel, un encrier-pompe Boquet; que sais-je? enfin, tout ce qui peut faire supposer au public la présence de l'aveugle déité. Il devient alors agent d'affaires.

Il ne fréquente plus, que pour les procès importants, les tribunaux de paix, théâtres de ses premiers succès, où il envoie pour les affaires ordinaires un de ses clercs faire son stage de défenseur officieux.

Le défenseur officieux, surtout quand il est arrivé à cet état prospère, qu'il ne doit le plus souvent qu'à l'emploi de moyens peu délicats, est l'objet de l'aversion d'une foule de malheureux débiteurs confiants, sur lesquels il s'est attaché comme une sangsue et dont il n'a fait qu'augmenter l'embarras. Il est en général mal vu des officiers ministériels, et particulièrement haï des huissiers auxquels il fait une guerre incessante et qui, pour cela même, se croient dans la nécessité de le ménager.

Deux ou trois sur cent parviennent ainsi parfois à amasser quelques mille livres de rentes; ils vendent alors leur clientèle, louent un appartement à Paris et un pied à terre à la campagne, et n'en continuent pas moins à faire des affaires. La chicane est leur vie, leur bonheur; ils mourraient le lendemain du jour où ils cesseraient de barbouiller du papier timbré et de déchiffrer les hiéroglyphes des pièces de procédure.

Tous les autres végètent pendant un temps plus ou moins long, alimentés par le gain que leur procure leur intervention dans une foule de petits procès qu'ils ont intérêt à prolonger. Ils changent tous les six mois de domicile, ne paient point de contributions. Souvent ils disparaissent du monde pendant quelque temps, soit qu'ils aient eu des démêlés avec la justice, soit que la main vengeresse d'une de leurs victimes les ait envoyés à l'hôpital; puis ils reparaissent et disparaissent encore. Enfin, leur nom, leur personne et leur domicile tombent tout à fait dans le domaine de l'inconnu.

Riche ou pauvre, le défenseur officieux, dont la vie n'a été qu'un long procès avec ses débiteurs et ses créanciers, avec les débiteurs et les créanciers de ses clients, avec son propriétaire, avec les huissiers et les gendarmes, est enfin cité, un beau matin, à comparaître devant la justice divine, où ses malheureux clients n'auront plus besoin, Dieu merci, de son ministère!

ÉMILE DUFOUR.

LES MENDIANTS

Par L.-A. BERTHAUD

ILLUSTRATIONS DE GIGOUX, J. CALLOT, STEINHEIL, CHARLET, HENRY MONNIER, PAUQUET, MEISSONIER, DE LA CHARLERIE

> Les hommes d'aujourd'hui ne sont plus que les ruines des hommes d'autrefois.
> JULIA MICHEL.

I

On voyait autrefois à Fontenay-le-Comte
Arriver à jour dit, et par tous les sentiers,
Des mendiants, alors appelés Argotiers,
Si nombreux que jamais on n'en a su le compte.
Ils y venaient tenir leurs États-généraux,
Élire leur monarque et nommer leurs bourreaux;

Car ils vivaient entre eux en pure monarchie.
Ils se donnaient des lois que la masse observait;
Et comme dans nos temps d'ordre et de hiérarchie,
On punissait chez eux les fauteurs d'anarchie.
Nous autres qui savons comment cela se fait,
Plaignons, ô mes amis! ceux que l'on graciait.

Il en venait des monts, il en venait des plaines ;
Un air alcoolique arrivait avec eux :
Ils desséchaient les fleurs à leurs chaudes haleines,
Et les prés jaunissaient sous leurs talons rugueux.
Pendant les claires nuits, d'étoiles toutes pleines,
Les bois verts abritaient moins d'oiseaux que de gueux.

Et d'abord, on voyait accourir par centaines
Les superbes Cagoux aux paroles hautaines.
Un long bâton noueux pendait à leur côté.

Mendiant
(Charlet)

Mendiante
(Pauquet)

Mendiant Napolitain
(Charlet)

Jeunes, forts et hardis, et de robuste allure,
Ils laissaient sur leur col flotter leur chevelure ;
Leurs beaux fronts reflétaient une âpre majesté.

Du royaume argotier c'étaient les dignitaires.
Aux règles de l'état, à ses rites connus
Ils formaient les enfants et les nouveaux venus.
Les libres vagabonds étaient leurs tributaires,
Et quand ils en trouvaient mendiant sur leurs terres,
S'ils étaient les plus forts, ils les laissaient tout nus.

Puis venaient les Docteurs de cette école immonde,
Ceux qui fixaient des mots l'intrinsèque valeur
Et dont la langue encor vit dans toute sa fleur.

Bacheliers débauchés, prêtres chassés du monde,
Ils avaient étourdi leurs derniers repentirs.
Après ceux-là, c'était le commun des martyrs.

C'étaient les Francs-Mitoux aux visages malades.
Marchant le front bandé, ployés sur leurs bâtons ;
Les jaunes Sabouleux, les Malingreux gloutons,
Et puis des Marcandiers les errantes peuplades,
Les Piètres, les Hubins, les Rufez, les Callots ;
Toute une mer de gueux, son écume et ses flots !

Vieille mendiante
(Henry Monnier)

Vagabond
(Henry Monnier)

Vieux mendiant
(Charlet)

Oh ! c'était bien la mer, la mer tumultueuse ;
La mer échevelée aux bras de l'ouragan,
Allant sur sa montagne éteindre le volcan ;
La mer splendide à voir, la mer impétueuse,
Lorsque ses larges flancs aux immenses douleurs
Vont ceindre dans le ciel l'écharpe aux sept couleurs.

Certes ! je ne veux point ici faire l'aimable,
Et comme Alphonse Karr, m'amuser un instant
Aux dépens du lecteur qui me cherche et m'attend :
Où Karr est applaudi, son copiste est blâmable.
Et cependant je veux, — pardonnez, ô Curmer, —
Je veux me reposer au bord de cette mer.

Mendiant. Dessin de Pauquet.

Les Gueux de Jacques Callot.

Dessin de A. Paquier.

II

Un vendredi, rêveur, aux Tuileries
J'errais sans but et ne regardant pas
Les beaux jardins aux ceintures fleuries,
Les beaux enfants jouant devant mes pas.
C'était un jour de paresseuse trêve,
Un de ces jours où notre cœur ouvert
A chaque femme entremêle son rêve,
Suspend un nid sous chaque rameau vert,
Cherche un amour, une idée, un caprice,
Et se heurtant à des portes de fer,
Appelle encore : « Eurydice ! Eurydice !... »
Puis se désole en murmurant : « Enfer ! »
C'était un jour absurde ; mais dans l'ombre
La luciole étincelle toujours,
Et l'âme noire et la nuit la plus sombre
Ont des éclairs aussi beaux que des jours.
Soudain, je vis ! — ô ma pensée aimante,
O ma mémoire, ô mon frais souvenir,
Étreignez bien cette image charmante :
Elle a pour vous parfumé l'avenir ! —
Sous un tilleul aux feuilles frémissantes,
Je vis, assise, une de ces beautés
Comme on en rêve aux nuits adolescentes,
Comme Dieu seul en voit à ses côtés.
Elle tenait dans sa main blanche et rose
Un livre ouvert, une pensée en fleur.
Heureux Balzac ! Cellini de la prose,
C'était ton œuvre, ô charmant ciseleur !

Nota. — Les sept lettres-vignettes ont été dessinées par L.-C.-A. Steinheil.

Ton œuvre pure, artistement suivie,
Au dessin calme, et frais, et sans défaut;
Heureux Balzac, que je te porte envie!...
Elle lisait ta FEMME COMME IL FAUT.

Et je pensai : « — Lorsque ma sombre rime,
Jaune de boue et de noms chassieux,
Lorsque mon vers, dur et nu comme un crime,
Apparaîtra demain à ces beaux yeux;

La Femme comme il faut. Dessin de Géniole.

Tout effarés, au fond de la paupière,
Pour ne pas voir ils se réfugîront!...
Le mendiant qui grogne sur sa pierre,
Sans joie au cœur, sans rêve dans le front,
Comprendra seul l'hymne que j'ose écrire;
Seul, si je passe un jour dans son chemin,
(Encor, peut-être!...) il viendra me sourire,
Et tristement me toucher dans la main!... — »

Le sang alors me brûla le visage,
Comme son bien le chagrin me saisit;
Mais le soir même, et c'est assez l'usage,
Tout consolé, je repris mon récit.

Les Traîne-guenilles. Dessin de Charlet.

III

VOILA donc sur le sol tous mes Traîne-guenilles;
On dirait, à les voir, de grands nids de chenilles,
L'un sur l'autre au hasard cherchant à picorer
En attendant le feu qui va les dévorer.
Ils sont là, sur la terre, étendus pêle-mêle,
En montagnes, en tas, le mâle, la femelle ;
Ceux-ci, bâillant; ceux-là, sur les reins endormis,
Mâchant des haillons gras aux dos de leurs amis,
Les bras en croix, les pieds jetés à l'aventure,
Et le ventre au soleil, à l'air, et sans ceinture !

Eh bien ! ces pauvres gueux aux torses rabougris,
Ces hommes qui n'ont plus, sous leurs crânes maigris,
Ni la fleur, ni le teint de l'existence humaine,
Ces gueux ont l'univers tout entier pour domaine.
Le prévôt de Paris se trouble à leur seul nom ;
Où la loi pose un Oui, leur bouche pose un Non.
Qu'importe ce qu'ils sont, au fond ? Des chaînes fortes,
En solides faisceaux, resserrent leurs cohortes :
Et le grand Coësré, leur souverain élu,
Traite avec ceux du monde en monarque absolu.

Coësré n'a pour lui ni villes crénelées,
Ni gardes, ni châteaux ; mais de grandes allées
Et des chemins à pic, dans les bois odorants,
Où seul il peut monter avec les daims errants.
La pierre qu'il choisit pour s'asseoir est son trône ;
A sa tête royale il n'a pas de couronne ;
Mais sur sa large échine aux solides arceaux,
Flotte un manteau formé de dix mille morceaux.
Et cet homme est puissant, et sa parole est sainte,
Car les siens l'ont élu librement et sans crainte !

Isolé dans sa gloire, une fois tous les ans,
Seulement une fois il voit ses courtisans ;
Mais ils ne viennent pas, comme font trop les nôtres,
Lui chanter à genoux d'absurdes patenôtres.
Leur parole est sans fard même en ses duretés,
Et leur bouche est toujours pleine de vérités.
Ce jour-là, Coësré, le noble mandataire,
Apporte de son règne un fidèle inventaire,
Et selon qu'il a fait bien ou mal son devoir,
Au nom de tous, on casse ou maintient son pouvoir !

Salut, ô Coësré (1)! salut, ombre lointaine :
Hélas! sur tes grandeurs, sur ta gloire hautaine,
Pauvre vieux roi! le Temps a mis son doigt de fer,
Et tout a disparu, comme dans un enfer.
Tes chevaliers, tes pairs, tes conseillers intimes,
Tous ces hommes puissants qui du creux des abîmes
A ta voix se levaient, tous ces gueux valeureux,
Le Temps en a fumé la terre des heureux.
L'espace est un mortier où le Temps, sur sa proie,
Comme un pilon d'airain, tombe, tombe, et la broie!...

Un cheval au galop dans la rue a passé :
Une tache de boue a jailli du fossé
Et collé gauchement, sur un bas qu'elle fane,
Comme un baiser d'ivrogne, une étoile profane.
Cette tache, — ô savants! que savez-vous? hélas! —
Elle a peut-être été fleur, sur un bleu lilas;
Peut-être elle a gémi, tourterelle amoureuse;
Peut-être, dans un bal, gantée et bienheureuse,
Ce fut une main blanche où deux lèvres en feu
Ont posé mille fois un doux et chaud adieu!

Béatrix! Portia! qu'êtes-vous devenues?
Et toi que ton amant asseyait sur des nues,
Céleste Fornarine, ange envoyé du ciel
Pour en parler sur terre avec ton Raphaël,
Où vis-tu, maintenant, ô femme plus qu'humaine,
Faite d'amour, de gloire, et de beauté romaine?
Pour contempler encor ton Jésus dans les cieux,
A quelle fleur des champs as-tu donné tes yeux?...
Ah! povera bella! les vers, les vers livides
Ont bu tes yeux divins dans leurs patènes vides.

---

(1) Chef suprême des gueux qui, au moyen âge, formaient la monarchie des Argotiers.

Une fois que d'un mort ils ont troué les flancs,
Les vers n'y laissent rien, les vers jaunes et blancs.
C'est le destin commun ; dans la toile grossière
Et le cercueil de plomb, tout est boue et poussière,

Coësré. Dessin de J.-F. Gigoux.

Les hommes et les chiens, les femmes et les fleurs ;
Et tout se recompose à tes sourdes chaleurs,
O terre ! Tu refais et c'est ta destinée,
Selon la loi de Dieu, la chair qu'on t'a donnée,
Et pour toi, sainte mère ! et quand son jour a lui,
Coësré vaut César : il pèse autant que lui !

Vieille mendiante. Dessin de Henry Monnier.

Mais très-certainement, à l'époque où nous sommes,
Avec notre science et nos flots de grands hommes,
Nous ne vous valons pas, ô morts ensevelis,
Vieux morts dont les os blancs ont poussé dans les lis.
Comme une femme usée et qui, par aventure,
Jette encor dans la vie une pauvre bouture,
Un enfant sans vigueur et qui, faute de sang,
A quelques jours de là rendra l'âme en toussant,
Vieille et les flancs vidés, sous nos toits ou nos dômes,
La terre ne produit plus que des moitiés d'hommes.

De la base au sommet, tout a dégénéré ;
La femme est moins aimante et l'épi moins doré.
Invisible, impalpable, une fatale brise
Circule dans notre air et nous ronge et nous brise ;
Elle a soufflé partout ses râles dévorants ;
Les gueux mêmes, les gueux ont cessé d'être grands.
Eux qui portaient, jadis, fièrement par le monde
Leurs superbes haillons et leur splendeur immonde,
Ont de la honte abjecte, aujourd'hui, plein la peau,
Et leur main tremble et sue en levant leur chapeau !

Aveugle. Dessin de Meissonier.

IV

JE n'ai pas à plaisir sur vos ailes ouvertes,
O mes vers éplorés! fait jaillir des égouts
Les senteurs et les eaux puantes et si vertes
Que les cœurs les plus durs en prendraient des dégoûts;
Lorsque vos pieds, mutins comme les pieds des anges,
A mes mains échappés ont trempé dans nos fanges,
J'ai demandé pardon à la Muse, pour vous,
Et je vous ai baignés dans le suc des oranges
Et le doux vin de rose, et le lait bien plus doux.
Pour qu'on ne vous crût pas des habitudes rêches
Et des goûts dépravés, enfants, mon cher tourment!
Comme de plumes d'or, des rimes les plus fraîches
Mon amour a brodé votre noir vêtement;
C'est assez, ô mes vers, assez de fioritures,
Assez de décors bleus et de frêles sculptures.
Les gueux de notre temps, hélas! sont bien connus :
Soyons simples comme eux, mes vers, et presque nus!

Joueur de clarinette. Dessin de Gavarni.

V

BRAVO! voici venir encore une machine!
Seule elle met en jeu toute une vaste usine;
C'est deux milliers de bras qui se reposeront.
Les bras coûtaient trop cher et faisaient peu d'ouvrage.
La Vapeur et le Fer ont bien plus de courage;
Sans trêve ni repos ceux-ci travailleront.

Voilà ce que l'on dit avec raison, sans doute,
Chaque fois qu'il nous vient de ces inventions.
C'est aussi ma pensée; un jour, les nations
Y trouveront leur bien sans savoir ce qu'il coûte.
Mais alors, l'eau des mers, et la fonte, et le feu,
Travailleront pour tous, et l'homme sera Dieu.

Mendiants. Dessin de Charlet.

Jusqu'à ce jour, tais-toi, syrène à la voix douce.
Riche SCIENTIA, tu portes des malheurs !
Et quand sous toi la terre éprouve une secousse
De l'arbre du travail, il tombe, encore en fleurs,
Pauvres fruits superflus, bien des bras qu'on repousse
Et qui se font alors mendiants ou voleurs.

Quant aux voleurs, beaucoup s'en vont mourir au bagne,
Et même l'on en voit qui, pour finir plus tôt,
Un matin et sans peur montent sur l'échafaud.
Les tristes mendiants errent par la campagne,
A la pluie, au soleil ; et puis, dans la cité
Ils arrivent un soir avec leur pauvreté.

Paris en avait tant un jour dans les entrailles,
Qu'il se prit en pitié fort sérieusement.
En s'y frottant le dos ils souillaient ses murailles ;
Ils faisaient sur ses ponts toujours encombrement.
Le long de tous ses murs, aux pieds de tous ses arbres
On en voyait partout, pâles comme des marbres.

Un grognement plaintif, un râle vous suivait
Et roulait dans votre air, comme un glas monotone.
Partout la même note avec vous arrivait.
Les songes parfumés, les doux rêves d'automne
Vous séchaient dans le cœur et n'y pouvaient germer ;
Votre maîtresse même en souffrait à pâmer.

C'était fort ennuyeux ; — c'était insupportable.
Je vous demande un peu comme au sortir de table,
Soit que l'on aille au Bois ou bien à l'Opéra,
Quand les vins qu'on a bus au front fument encore,
Quand la digestion à peine s'élabore,
Quand on cherche avec qui, le soir, on soupera ;

Je vous demande un peu comme c'est agréable
Et de bon ton surtout, d'entendre à chaque pas,
Toujours sur le même air, dans un rhythme immuable,
Geindre un tas de vauriens, que l'on ne connaît pas!...
— Donc, les gueux ayant tort, il fallut s'en défaire. —
Paris rêva longtemps à cette grave affaire.

On pouvait en trois jours les faire assommer tous,
On pouvait, comme aux chiens, leur jeter des boulettes,
On pouvait de leurs os combler de vieux égouts,
On pouvait les noyer : les vagues étaient prêtes;
On avait cent façons de s'en débarrasser;
Mais il fallait choisir, — il fallait y penser.

Les détruire, était bien ; mais qu'aurait dit l'Europe,
Et le sultan Mahmoud et le scheik de Membré?
Qu'aurait pensé Boudha? — Tout bien considéré,
Paris se fit un cœur et devint philanthrope.
Or, en ce temps, voici : Messieurs les députés
Tondaient en plein sénat nos jeunes Libertés.

Paris tourna vers eux sa face endolorie :
« O Solons! cria-t-il, voyez : mes murs sont pleins
« De pauvres mendiants sans pain et sans patrie.
« Nous devons un asile à ces grands orphelins,
« Et j'ai loué pour eux une prison entière;
« Mais il me faut encor la loi sur la matière. »

La matière était là ; la loi vint promptement :
Une loi bronze et fer, bien sombre, bien horrible,
Ouvrant de tous côtés une pince terrible,
Comme un crabe hideux, et serrant durement;
Une solide loi, cœur d'acier, main hardie,
Toujours prête à sauter sur la main qui mendie.

Ah! quand on l'essaya, cette loi! quand on dit
Pour la première fois, à toutes nos misères,
Aux ouvriers sans pain, aux vieillards Bélisaires,
Qu'ils seraient désormais timbrés d'un sceau maudit;

Le Mendiant, d'après Murillo. Dessin de De la Charlerie.

Quand enfin, bien apprise et drûment stimulée,
On lâcha dans Paris la loi démuselée;

Un frisson convulsif, un tremblement nerveux
Saisit les mendiants, des orteils aux cheveux;
Leur peau rêche bleuit sur leurs muscles; la fièvre
Étouffa les jurons sur le bord de leur lèvre;
On entendit craquer leurs pieds durs et perclus;
Leurs yeux, leurs pauvres yeux ne virent presque plus.

Mendiante. Dessin de Pauquet.

Ils poussèrent, mon Dieu! des cris à fendre l'âme,
Hélas! les malheureux, ils eurent beau prier,
La loi fit sa besogne et les laissa crier!...
Ils se tordaient, mon Dieu! comme étreints par la flamme,
Ils se frappaient la tête, et le sang en sortait :
Sanglants ou non sanglants, la loi les emportait.

La loi fit sans pitié sa rafle humanitaire ;
Elle ramassa tout dans son amer souci,
Les jeunes et les vieux, et les femmes aussi.
O Jésus, fils de Dieu, rédempteur de la terre,
Cette loi, blond Jésus! à vos autels chrétiens,
Vous aurait arrachés, toi, ta mère, et les tiens !

Car vous étiez aussi, voyageurs adorables,
De pauvres mendiants bafoués, méconnus,
Vous, à tous les malheurs ouverts et secourables!
Vous couchiez en plein air comme des misérables,
Sous vos manteaux flottants on voyait vos pieds nus,
Et vous étiez fort gueux, ô divins parvenus !

On dira que, pourtant, cette loi téméraire,
Par bien des malheureux reçue avec amour,
Consola leur vieillesse et lui fit un séjour ;
Je n'ai pas un instant supposé le contraire.
Eh! mon Dieu! vienne encor le hideux Choléra,
Et demain, dans Paris, quelqu'un le salûra !

Il est sur notre sol d'incroyables souffrances ;
Nos ennuis les plus noirs leur sont des espérances ;
La Morgue, tous les jours, le dit à la Cité.
Il est des cœurs fermés à toute joie humaine ;
Il est de tristes fous que nul besoin ne mène ;
Jamais un idiot n'aima la Liberté !

Mais l'aigle et le lion, et l'homme qui sent battre
Sous sa mamelle gauche un cœur bien conformé
Que la débauche flaire et n'a pas entamé,
Tous trois pour exister ont besoin de s'ébattre,

Mendiant. Dessin de Charlet.

Le lion au désert, l'aigle sous l'horizon,
L'homme à sa volonté, mais jamais en prison !

Passons donc. Tout se fit selon la loi fatale.
On nettoya Paris jusqu'en ses fondements,
On déblaya ses ponts, ses quais, ses monuments,
Et pendant quelques jours, la grande capitale
Toute pleine de joie et de calme apparent,
Ne roula pas un gueux dans son vaste courant.

LES MENDIANTS

On en avait tant pris, qu'une épouvante affreuse
Retenait dans leurs trous ceux qui restaient encor.
Ils te fuyaient, soleil! bel astre aux baisers d'or!
Proscrits, ils n'habitaient que la nuit ténébreuse!
Affamés, en silence, ils se mangeaient les doigts!...
Mais la faim tôt ou tard chasse les loups du bois.

Vieux mendiant. Dessin de Charlet.

La faim donc les chassa de leur sombre tanière.
Cette fois, chacun d'eux, pour éluder la loi,
En apparence au moins se vêtit d'un emploi;
Chacun d'eux se raidit sous sa fauve crinière,
Rajusta ses lambeaux, lava ses pieds meurtris,
Et tous, la larme à l'œil, rentrèrent dans Paris.

Voici, voici l'hiver et les brouillards fétides;
C'est leur belle saison, les mendiants sont mûrs;

On dirait, à les voir collés contre les murs,
Ces têtes de granit et ces cariatides
Qu'on taillait au dehors des anciens monuments,
Comme pour en porter les lourds entablements.

Voyez comme avec soin ils cachent leur misère !
Celui-ci, pour nourrir son débile estomac,
Depuis cinq ans et plus vend le même almanach.
Cet autre, en grommelant, vous présente un rosaire :
Il ne croit plus en Dieu ; mais donnez-lui deux sous,
C'est un mendiant probe, il prira Dieu pour vous.

Là, les reins appuyés contre une froide borne,
Son chapeau sur les yeux, l'air plus triste et plus morne
Qu'un pécheur effaré qui râle et qui transit,
Un maigre et long vieillard, face jaune et velue,
Lorsque vous l'approchez, gravement vous salue,
Et murmure tout bas un mot qui vous saisit.

Marchez, marchez toujours : il est à chaque porte
Un pauvre, jeune ou vieux, qui ne tend pas la main ;
Comme une aile d'oiseau c'est l'air qui le supporte ;
Décharné, diaphane, il n'a plus rien d'humain,
Quand il change de lieu, c'est que le vent l'emporte ;
Passez sans lui donner, il sera mort demain.

Famille de mendiants. Dessin de Charlet

Là, ce sont des enfants ; là, des femmes tordues ;
Partout de la chair jaune et des membres osseux,
Partout des haillons vils, suintants et crasseux,
Et des gosiers remplis de phrases défendues ;
Partout de petits gueux au plaintif grognement,
Mâchant des seins taris et pleurant tristement.

A Paris cependant la police est habile ;
Elle a mille réseaux que l'on ne connaît pas,
Où ceux qu'elle veut prendre enchevêtrent leurs pas ;
Elle tend à merveille une planche mobile,
Chausse-trape où l'on tombe et d'où l'on ne sort plus ;
Ses chasseurs sont enduits surtout de bonnes glus ;

Elle voit comme Argus à travers cent paupières :
— Eh bien ! il passera toujours par ses pantières,
Il sortira toujours de ses mille réseaux,
Toujours elle verra s'en aller, têtes droites,
Avec ses nœuds coulants et ses mailles étroites,
Des hommes résolus, et de hardis oiseaux !

Il en est un surtout, un gueux de vieille race,
Un rude vagabond qu'elle suit à la trace,
Sans pouvoir l'arrêter, ni ralentir son pas.
Voici, mon cher lecteur, le portrait de cet homme.
Des anciens Coësrés c'est peut-être un fantôme ;
Si tu le vois jamais, ne le maltraite pas.

Joueur de violon. Dessin de Meissonier.

Vagabond. Dessin de Henry Monnier.

VI

C'EST un débris errant, un fragment d'un autre âge ;
Mais, bien que mille fois sillonné par l'orage,
Il porte gravement ses restes foudroyés ;
Quelques rares cheveux, au hasard déployés,
Sur son col tors et brun ouvrent leurs maigres gerbes,
Comme au faîte d'un mur de pâles touffes d'herbes,
Ou comme sur le front d'un livide bouleau,
Quelques rameaux gardés par la fraîcheur de l'eau.

Tout succombe sur lui! ses rides basanées
S'en vont, de haut en bas, sous le poids des années ;
Son vieux dos fait la voûte, et ses bras longs et droits,
Jusque sur ses genoux pendent raides et froids ;

Mort du Mendiant. Dessin de Charlet.

Sa besace elle-même est tellement vieillie,
Qu'elle perd en chemin l'aumône recueillie ;
De sa tête à ses pieds, ses habits en lambeaux
Descendent pièce à pièce, indiciblement beaux !

Les pauvres pieds, hélas ! ils ont fait tant de lieues,
Franchi tant de ravins et de montagnes bleues,
Qu'ils se sont encornés à rendre un bœuf jaloux ;
Sans y trouver le sang on y mettrait des clous !...
— Où va donc parmi nous cette ruine humaine?
Quel souffle soutient donc l'ambulant phénomène?
N'est-il pas temps encor pour lui d'être au cercueil?
En verrait-il le fond? — il tarde tant au seuil !

Non ! son œil ne voit pas au travers de la terre ;
Pour lui-même sa vie est un sombre mystère ;
Il n'a nulle frayeur des vivants, ni des morts ;
Il n'a plus rien au cœur, pas même des remords.
Il dit naïvement qu'il ignore son âge ;
Mais il a tant marché dans son pèlerinage,
Il a vu tant de jours sereins ou pluvieux,
Il a tant désiré !.... qu'il doit être bien vieux !

Rien n'est resté debout dans sa pauvre mémoire,
Excepté le souci de manger et de boire.
Il ne sait plus son nom ; son esprit irrité
S'est défait dès longtemps de cette vanité.
Quand la bouteille est vide à quoi bon l'étiquette !
D'ailleurs, en poursuivant son éternelle quête,
Les hommes qu'il a vus l'ont tant appelé Chien,
Qu'il répond à ce nom, comme il faisait au sien.

Voilà tout. Mais un jour, — c'est là sa grande joie,
Le lac paisible et pur où son rêve louvoie, —
Un jour, il s'assiéra sous quelque buisson vert
Peuplé d'oiseaux chanteurs et de jasmins couvert ;

L'air sera parfumé, la brise molle et douce;
Il fera sous sa tête un oreiller de mousse,
Et, de ses vieilles mains ayant fermé ses yeux,
Il ne veut les rouvrir que pour entrer aux cieux!

Mais, ô triste Paris! — c'est là sa grande crainte,
Le seul mal, ici-bas, dont il sente l'étreinte, —
Il ne veut pas mourir dans tes grands abattoirs,
Il a peur de tomber sur tes fangeux trottoirs;
Car il sait, ô Paris! que dans ta noire enceinte
Les gueux ne dorment pas toujours en terre sainte,
Et que tes docteurs Faust trouvent leurs os fort bons
Pour faire du cirage et de mauvais charbons!...

Mendiant Napolitain. Dessin de Charlet.

Types de Mendiants. Dessin de Hénry Monnier.

VII

Et maintenant, lecteur, adieu! — Mon écritoire
Est à peu près à sec; et d'ailleurs je suis las.
Lorsque j'ai commencé cette trop longue histoire
De gueux et de truands, — j'avais au cœur, hélas!
Comme une chaste fleur, et j'y sentais éclore
Tout le suave amour de Pétrarque pour Laure; —
J'aimais, comme un enfant, avec simplicité!
Pour te plaire, ô lecteur, mon cœur a tout quitté.
Durant un mois entier, par un effort sublime,
Sur ces vers raboteux j'ai promené la lime;
S'ils te semblent mauvais, jette-les de côté,
Mais contre moi, vraiment, ne sois pas irrité :
Je suis peut-être, ami! leur première victime.
J'irai, demain, revoir ma charmante beauté :
Demain? — Ah! j'ai dans l'âme une terreur mortelle. —
Quand je la salûrai, me reconnaîtra-t-elle?...

L.-A. Berthaud.

LE RAT

Par Théophile GAUTIER

ILLUSTRATIONS DE GAVARNI, RAMBERT, PAUQUET.

Qu'est-ce que le Rat va demander tout d'abord le lecteur qui n'a pas l'habitude de l'argot parisien. — Voilà la question, comme dit Hamlet, prince de Danemarck.

Est-ce le rat de l'histoire naturelle si bien décrit par Buffon? — Est-ce le rat de cave, le rat d'égout, le rat d'église? Encore moins. — Le Rat malgré son nom mâle est un être d'un genre éminemment féminin; il ne va ni dans les caves ni dans les greniers, on le rencontre rarement dans les égouts et plus rarement encore dans les églises. On ne le trouve que vers la rue Lepelletier, à l'Académie royale de musique, ou la rue Richer, ou à la classe de danse; il n'existe que là; vous chercheriez vainement un Rat sur toute la surface du globe. Paris possède trois choses que toutes les capitales lui envient, le gamin, la grisette et le Rat. Le Rat est un gamin de théâtre, qui a tous les défauts du gamin des rues, moins les bonnes qualités, et qui, comme lui, est né de la révolution de Juillet.

Dessin de Pauquet.

On appelle ainsi à l'Opéra les petites filles qui se destinent à être danseuses et qui figurent dans les *espaliers*, les *lointains*, les *vols*, les *apothéoses* et autres situations où leur petitesse peut s'expliquer par la perspective; l'âge du Rat varie de huit à quatorze ou quinze ans; un Rat de seize ans est un très-vieux Rat, un Rat huppé, un Rat blanc, c'est la plus haute vieillesse où il puisse arriver; à cet âge ses études sont à peu près terminées, il débute et danse *un pas seul*, son nom a été sur l'affiche en toutes lettres; il passe *tigre* et devient premier, second, troisième sujet ou

112

coryphée, selon ses mérites ou ses protections.

D'où vient ce nom bizarre, saugrenu, presque injurieux et qui en apparence a si peu de rapport avec l'objet qu'il désigne? Les étymologistes sont fort embarrassés : les uns le font descendre du Sanskrit, d'autres du Cophte, ceux-là du Syriaque, ceux-là du Mandtchou ou du haut Allemand, selon les langues qu'ils ne savent pas.

Nous pensons que le Rat a été appelé ainsi d'abord à cause de sa petitesse, ensuite à cause de ses instincts rongeurs et destructifs. Approchez d'un Rat, vous le verrez brocher des babines et faire aller son petit museau comme un écureuil qui déguste une amande; vous ne passerez pas à côté de lui sans entendre d'imperceptibles craquements de pralines croquées, de noisettes ou même de croûtes de pain broyées par de petites dents aiguës, qui font comme un bruit de souris dans un mur; comme son homonyme il aime à pratiquer des trous dans les toiles, à élargir les déchirures des décorations, sous le prétexte de regarder la scène ou la salle; mais au fond pour le plaisir de faire du dégât; il va, vient, trottine, descend les escaliers, grimpe sur les *praticables* et principalement sur les *impraticables*, parcourt et débrouille l'écheveau inextricable des corridors, du *troisième dessous*, jusqu'aux frises où l'appellent fréquemment les *paradis* et les *gloires;* lui seul peut se reconnaître dans les détours ténébreux et souterrains de cette immense ruche dont chaque alvéole est une loge et dont le public soupçonne à peine la complication.

Le Rat n'est à son aise qu'à l'Académie royale de musique : c'est là son vrai milieu, il s'y meut avec la facilité d'un poisson de la Chine dans son globe de cristal, il ploie ses coudes contre son corps comme des ailes ou des nageoires, et file en frétillant à travers les groupes les plus serrés. Les trappes s'ouvrent, le plancher manque sous les pieds, la cime d'une forêt verdoie subitement à fleur de terre, les lampistes courent çà et là portant de longues brochettes de quinquets; un plafond de palais descend des frises, les hommes d'*équipage* (on appelle ainsi les machinistes) emportent sur leur dos un portail gothique aux ogives menaçantes : le Rat ne se dérange pas de son chemin, il se joue de tous ces obstacles. N'ayez pas peur, il ne lui arrivera rien. L'Opéra est plein de sollicitude pour lui, ses angles rentrants s'adaptent merveilleusement aux angles sortants des coulisses : le théâtre est sa carapace, il y vit (laideur à part) comme Quasimodo dans Notre-Dame.

La mère du Rat est une figurante émérite, ou une portière; mais le cas est plus rare : les filles de portières s'adonnent principalement à la tragédie, au chant et autres occupations héroïques; elles préfèrent être princesses. — Quant au père, il est toujours extrêmement vague et ne peut guère se démontrer que par le calcul des probabilités. C'est peut-être un marquis; c'est peut-être un pompier.

Quelle singulière destinée que celle de ces pauvres petites filles, frêles créatures offertes en sacrifice au Minotaure parisien, ce monstre bien autrement redoutable que le Minotaure antique et qui dévore chaque année les vierges par centaines sans que jamais aucun Thésée vienne à leur secours!

Le monde n'existe pas pour elles : parlez-leur des choses les plus simples, elles les ignorent; elles ne connaissent que le théâtre et la classe de danse; le spectacle de la nature leur est fermé : elles savent à peine s'il y a un soleil et ne l'aperçoivent que bien rarement. Elles passent leur matinée aux répétitions dans une pénombre crépusculaire, aux lueurs rouges de quelques quinquets fumeux, ne comprenant qu'il fait jour que par les filets déconcertés de lumière qui se glissent à travers les treillages du comble et les portes des loges. Quand elles s'en vont à deux ou trois heures de l'après-midi, les rues leur semblent nager dans cette lueur bleue du matin, dans ce reflet de grotte, d'azur dont le contraste est si frappant après les nuits jaunes du bal et de l'orgie : elles ne distingueraient pas un chêne d'une betterave;

Le Rat. Dessin de Gavarni.

elles ne voient que des arbres peints, les malheureuses ! Elles sont entourées d'une fausse nature : soleil d'huile, étoiles de gaz, ciel de bleu de Prusse, forêts de carton découpé, palais de toile à torchon, torrents que l'on fait tourner avec une manivelle; elles vivent dans des limbes obscurs, dans un monde de convention, où jamais rien de réel ne peut pénétrer, où l'on voit toujours l'homme et jamais Dieu.

Le peu de notions qu'elles peuvent avoir se rapportent toutes aux opéras et aux ballets du répertoire. « Ah! oui, c'est comme dans la *Juive* ou la *Révolte au sérail,* » est une réponse qu'elles font souvent ; c'est par là qu'elles ont appris qu'il y avait des Italiens, des Turcs, des Espagnols, et que Paris, Londres et Vienne n'étaient pas les seules villes du monde. L'érudition n'est pas leur fort; c'est tout au plus si elles savent lire, et leur écriture est quelque chose de parfaitement hiéroglyphique, que Champollion ne déchiffrerait pas; elles feraient mieux d'écrire avec leurs pieds : ils sont plus exercés et plus adroits que leurs mains! Quant à l'orthographe, il est inutile d'en parler; la

La Danse des Grâces.

boîte aux lettres de Gavarni vous en a donné de nombreux échantillons. Du reste, le papier est satiné, gaufré, moiré, doré, enluminé, et répare la pauvreté du style par sa magnificence; tout cela est scellé de cire superfine, parfumée, rouge, verte, blanche, sablée de poudre d'or, à moins cependant que ce ne soit avec de la mie de pain mâchée ou un pain à cacheter emprunté à l'épicier, ce qui arrive fréquemment.

Les autres femmes de théâtre n'abordent la scène qu'à seize ou dix-huit ans; jusque-là elles ont vécu de la vie générale et commune; elles ont été à la campagne, elles sont sorties en plein jour, elles ont vu des hommes et des femmes, des marchands et des bourgeois; elles ont une idée de la machine sociale et comprennent les rapports des classes entre elles : le Rat a été pris de si bonne heure dans cette immense souricière du théâtre, qu'il n'a pas eu le temps de soupçonner la vie humaine : à l'âge où les roses de mai s'épanouissent tout naturellement sur les joues des enfants, la pauvre petite victime a déjà pâli sous le fard, ses membres ont déjà été brisés par les tortures de la salle de danse; les grâces naïves de la jeunesse sont remplacées chez elle par les grâces laborieuses de la chorégraphie. Sa mère lui donne des leçons d'œillades et de jeu de prunelles, comme on apprend aux enfants ordinaires la géographie et le catéchisme. Sur cette pauvre créature étiolée, aux bras amaigris, à l'œil plombé de fatigue, repose l'espoir de la famille, et quel espoir, grand Dieu !

Par une alliance étrange, le Rat réunit des contrastes inexplicables en apparence ; il est corrompu comme un vieux diplomate et naïf comme un sauvage : à douze ou treize ans, il ferait rougir un capitaine de dragons et en remontrerait aux plus éhontées courtisanes, et les anges riraient dans le ciel de leur sourire trempé de larmes en entendant les adorables simplicités qui lui échappent ; il connaît la débauche et non l'amour, le vice et non la vie.

Nous allons tracer, pour l'édification du public, qui ne s'imagine pas à quel horrible travail on se soumet pour lui plaire, l'historique de la journée d'un Rat. Celle d'un cheval de fiacre ou d'un galérien est une partie de plaisir en comparaison.

A huit heures au plus tard, le Rat saute à bas de son lit, passe un peignoir de chambre, se coiffe, fait sa toilette, garnit ses chaussons de danse, et mange à la hâte un maigre déjeuner, dont le café au lait suspect, l'âpre radis et le beurre de Bretagne font habituellement les frais ; car la cuisine du Rat est éminemment succincte, ses appointements ne dépassant guère 7 à 800 francs par an. Ce déjeuner terminé, le Rat, flanqué de sa mère véritable ou de louage, horrible vieille avec un chapeau d'âne savant, un tartan lamentable, un faux tour éploré, un cabas bourré de toutes sortes d'ingrédients, se met en route pour la répétition ou la classe de danse, selon que les heures ont été disposées. Pour sortir, la Terpsychore en herbe s'est habillée de ville, tantôt en robe de satin, avec plumes et diamants ; tantôt en simple robe d'indienne, et même en jupons, quand sa mère a vendu sa défroque pour en boire le montant avec quelque machiniste ou quelque garde municipal ; arrivée à la classe, l'enfant se déshabille des pieds à la tête, et revêt le costume de danse, qui est assez gracieux. Il consiste en une jupe courte de mousseline blanche ou de satin noir, un corset de bazin, des bas de soie blancs, et un petit caleçon de percale qui descend jusqu'au genou et remplace le maillot, qui ne se met qu'au théâtre. Le soulier de satin blanc ou *chair*, s'appelle *chausson* en termes techniques et mérite une description particulière. La semelle, très-évidée dans le milieu, ne va pas jusqu'au bout du pied ; elle se termine carrément, et laisse déborder l'étoffe de deux doigts environ. Cette coupe permet d'exécuter les *pointes* en offrant une espèce de point d'appui articulé ; mais, comme tout le poids du corps porte sur cette partie du chausson qui se romprait inévitablement, la danseuse a soin d'y passer des fils et de la garnir à peu près comme les ravaudeuses font aux talons des bas que l'on veut faire durer longtemps ; le dedans est soutenu d'une forte toile, et le bout extrême d'une languette de cuir ou de carton plus ou moins épaisse, selon la légèreté du sujet. Le reste du chausson est chevronné extérieurement d'un lacis de rubans cousus à cheval ; il y a aussi des piqûres au quartier, maintenu en outre par un petit bout de faveur de la couleur du bas, à la manière andalouse. Ce chausson, fourni par le théâtre, doit servir six fois s'il est blanc, dix fois s'il est *chair*, et la danseuse écrit sur un carnet les noms des représentations où il a servi.

Maintenant que le Rat est sous les armes, décrivons le lieu de ses exercices : c'est une grande salle voûtée, badigeonnée avec de la peinture au lait et lambrissée d'un ton chocolat assez horrible. Un plancher en pente, comme celui d'un théâtre, descend du fond de la salle vers le fauteuil du maître, dont le dos est tourné à une glace passablement terne ; un grand poêle de faïence qu'il n'est pas besoin de chauffer beaucoup, tant le travail des sylphides est violent et provoque à la sueur, occupe un angle de la pièce ; à droite et à gauche d'étroites petites portes mènent aux vestiaires ; un méchant paravent bleu à fleurs blanches posé à angles aigus devant la porte d'entrée empêche le perfide vent coulis de pénétrer et de caresser trop aigrement les épaules nues des élèves ; deux fenêtres éclairent cette vaste pièce d'un aspect sévère et triste, qu'on prendrait plutôt pour une salle d'attente de présidial ou de couvent que pour l'école des *ris et des jeux*. Le long des murs sont plantés des crampons de fer et des traverses de bois, dont il serait difficile à un bourgeois naïf de deviner la destination, et qui ont de vagues ressemblances avec les instruments de torture et les chevalets d'estrapade du moyen âge ; n'était la bonne et honnête figure du professeur tranquillement assis sa pochette à la main, l'on ne serait pas trop rassuré.

La leçon va commencer. Le Rat, muni d'un petit arrosoir de fer-blanc peint en vert, fait tomber une pluie fine et grésillante sur la place qu'elle doit occuper, pour abattre la poussière et dépolir le parquet. C'est une politesse de bon goût que d'arroser le carré d'une amie ou d'une rivale : cette attention se reconnaît par un salut dans toutes les règles ; les mères flanquées de leur inséparable cabas sont reléguées sur une étroite banquette de velours d'Utrecht placée du côté de la glace. Au signal de la pochette, le Rat enlève et jette à sa *duena* le mouchoir ou le fichu qui lui couvre les épaules.

Le maître fait exécuter des *assembles*, des *jetés*, des *ronds de jambes*, des *glissades*, des *changements de pied*, des *taquetés*, des *pirouettes*, des *ballons*, des *pointes*, des *petits battements*, des *développés*, des *grands fouettés*, des *élévations* et autres exercices gradués selon la force des élèves : toutes font le pas ensemble et viennent ensuite le refaire devant le professeur trônant gravement entre deux chaises, dont l'une supporte son mouchoir et ses gants, et l'autre sa tabatière ; dans les intervalles elles vont se pendre aux crampons pour exécuter des pliés, et s'exercent à faire des arabesques en jetant leurs jambes sur ces traverses de bois dont nous avons parlé tout à l'heure. Elles restent ainsi le pied à la hauteur de l'épaule dans une position impossible qui tient le milieu entre la roue et l'écartèlement. Autrefois l'on jugeait les régicides suffisamment punis en exagérant un peu cette position. Ces travaux ont pour but d'assouplir les jointures, d'allonger les muscles et de donner du jeu aux membres. La danse commence par la gymnastique, et la sylphide future doit mettre ses pieds dans les boîtes. Une heure de cet exercice équivaut à six lieues avec des bottes fortes dans les terres labourées, par un temps de pluie.

Tout cela se fait en silence, courageusement, avec un sérieux parfait. Les élèves qui ont besoin de tout le souffle de leurs poumons ne l'usent pas à de vaines paroles ; l'on n'entend que la voix du maître qui adresse des observations aux délinquantes : « — Allons donc, les genoux arrondis, les pointes en dehors, de la souplesse ; doucement, en mesure, ne sabrez pas ce passage. — Aglaé, un petit sourire, montre un peu tes dents, tu les as belles ; et toi là-bas, tiens ton petit doigt recroquillé quand tu allonges la main, c'est marquis, c'est gracieux et régence ; des mouvements ronds, mademoiselle, jamais d'angles ! l'angle nous perd : eh ! bien, Émilie, qu'est-ce que c'est que cela ? Nous sommes raide, nous avons l'air d'un compas forcé, tu n'as pas travaillé hier, paresseuse diable, diable, cela te recule d'une semaine. » Le maître, comme on peut le voir par ces lambeaux de phrases, tutoie toutes ses élèves grandes et petites : c'est l'usage.

La danseuse est comme Apelle, elle doit dire : *nulla dies sine linea ;* si elle reste un jour sans travailler, le lendemain ses jambes sont prises, les articulations ne jouent pas si facilement, il lui faut une leçon double pour se remettre ; depuis l'âge de sept ou huit ans, elle fait tous les jours les mêmes exercices. Pour danser passablement, il faut dix ans d'un travail non interrompu.

La leçon finie, le Rat va s'asseoir sur la banquette, s'enveloppe soigneusement pour ne pas prendre froid, et avant de rentrer dans le vestiaire, laisse errer un regard sur ses compagnes qui dansent encore, ou sur le petit jardin que l'on aperçoit de la fenêtre. Ce sont des pots d'aloès et de plantes grasses posés sur un rebord de pierre, des géraniums écarlates et des lianes grimpantes, pourprées et safranées ; ce coin de verdure égaie un peu la vue : hélas ! ces fleurs sont peintes, c'est un morceau de décoration que l'on a cloué sur le mur pour simuler un jardin. Ce petit jardin si frais et si riant à travers la vitre enfumée est une coulisse d'opéra, une impitoyable ironie !

Haletante, trempée de sueur, les pieds endoloris, la danseuse rentre dans le vestiaire, se dépouille de son costume, change de linge et se rhabille. On a dit que la vie de la femme pouvait se résumer en trois mots : elle s'habille, babille et se déshabille. Cela est vrai, surtout de la fille d'Opéra.

Maintenant c'est l'heure de la répétition ; il faut encore mettre bas la robe de ville pour endosser la tunique de la danseuse. La répétition dure jusqu'à trois ou quatre heures ; on ne peut retourner à la maison en bas de soie et en cotte hardie ; on reprend la robe de mousseline de laine, les souliers hannetons, les socques et le mantelet noir. Arrivée chez elle, la pauvre créature, pour reposer un peu ses membres brisés de fatigue, s'enveloppe de son peignoir le plus ample, chausse ses pantoufles les moins étroites, se plonge dans une causeuse, et pendant que sa mère ou sa bonne cuisine son frugal repas, elle repasse son rôle et tâche de bien se loger dans la tête les indications du maître de ballet et du metteur en scène ; puis elle dîne, non pas suivant son appétit, car elle doit danser le soir, et si elle ne se ménageait elle serait lourde, aurait des points de côté et perdrait son *vent*.

Il est six heures : c'est le moment de se rendre au théâtre ; nouvelle toilette avec augmentation d'une grande pelisse pour revenir le soir.

Au théâtre les Rats sont divisés par *tas* : on nomme tas une petite escouade de danseuses ou de figurantes, quatre ou six qui n'ont qu'une loge pour elles toutes avec une habilleuse commune. Pour avoir une loge à soi, il faut être *sujet*, il faut avoir débuté et dansé un pas.

Une répétition. Dessin de M. Eug. Lami.

C'est alors que le Rat s'habille et se déshabille avec plus de vélocité que jamais : dans la même soirée, il est souvent bohémienne, paysanne, bayadère, nymphe des eaux, sylphide, costumes qui exigent un changement complet de chaussures, de coiffures et de maillot ; le tout sans préjudice des évolutions très-fatigantes de la chorégraphie moderne aussi compliquée et plus rigoureuse que la stratégie prussienne.

S'il fait partie de quelque *vol* périlleux, celui de la sylphide par exemple, le Rat perçoit une gratification de 10 francs. Les plus légères et les plus jeunes sont choisies ordinairement ; cependant il n'est pas rare qu'elles refusent, et que la peur de rester en l'air et de se casser les reins l'emporte sur l'envie de toucher la gratification. Ainsi un Rat de la plus petite espèce, et si diminutif qu'on eût bien pu l'appeler souris, disait en se haussant sur la pointe du pied à M. Duponchel, dont elle cherchait à capter entièrement la bienveillance : « Je ne suis pas de celles qui ont refusé de monter dans la *gloire du lac des fées*, parce qu'elle n'était pas assez solide. » — C'est à l'occasion d'un de ces Rats enchevêtré dans une bande d'air, au grand effroi du public, que la divine Taglioni a parlé sur le théâtre pour la première et la seule fois de sa vie : « — Rassurez-vous, messieurs, il n'est rien arrivé de fâcheux. » — Telles sont les propres paroles de cette nymphe idéale qui, jusque-là, n'avait

Calliope   Clio   Érato   Molpomène   Terpsichore   Polymnie   Euterpe   Thalie   Uranie
La Danse des Muses, d'après le tableau de Jules Romain.

parlé qu'avec ses pieds et que tout le monde croyait muette comme une statue grecque.

Pendant la représentation, lorsqu'il n'occupe pas la scène, le Rat qui est très-légèrement habillé d'ailes de papillon, de nuages de gaze et autres étoffes peu propres à concentrer le calorique, se tient debout sur les grillages des bouches de chaleur, espacées de coulisse en coulisse, se promène avec une de ses compagnes et cause avec quelque diplomate ou quelque secrétaire de légation, ou bien il répète son pas au foyer de la danse, grande pièce ornée du buste en marbre de la Guimard, et tout récemment encore des lanternes chinoises de la *Chatte métamorphosée en Femme*. Cette salle coupée en deux par un plancher de rapport, formait autrefois le salon de l'hôtel Choiseul; l'on n'y peut entrer que chapeau bas. Quelquefois lorsqu'il ne paraît que dans les premiers actes, le Rat rentre dans la salle et monte dans cette partie du théâtre qu'on appelle le *four*, près des loges du cintre et des *bonnets d'évêque*. De mauvaises langues prétendent que le spectacle est la chose dont on s'y occupe le moins.

La représentation achevée, la pauvre fille dépouille définitivement le maillot, reprend ses habits de ville et descend par le couloir où stationnent les galants qui n'ont pas leurs entrées dans les coulisses, privilége fort rare qui n'est accordé qu'aux membres du corps diplomatique, aux lions fashionables et aux sommités du journalisme; la danseuse prend le bras du préféré qui l'emmène souper, et la reconduit chez elle ou chez lui selon la circonstance.

Voici le côté public, théâtral, non muré, de l'existence du Rat; le côté intime est difficile à décrire dans un recueil pudibond; il est viveur enragé, soupeur féroce, et sablé le vin de Champagne comme un vaudevilliste; ses mœurs, si l'on doit donner ce nom à l'absence complète de mœurs, sont excessivement licencieuses et très-régence; les phrases équivoques et les plaisanteries en jupons très-courts, les mots sans feuille de vigne abondent dans sa conversation d'un cynisme à embarrasser Diogène. Cette alternation perpétuelle de pauvreté et d'opulence, de privations et d'orgies, cet oubli parfait de la veille, du lendemain et surtout du présent, ces habitudes élégantes et ignobles, cet argot emprunté aux saltimbanques et aux gens du monde, forment un caractère piquant, original, d'une grâce dépravée, d'une allure bohémienne tout à fait propre à réveiller la fantaisie blasée des dandies et des beaux fils, quelquefois même l'amour; car ces petites filles sont presque toujours fort jolies, contre l'idée du public qui ne peut se figurer une fille de théâtre qu'avec de fausses dents, des yeux de verre, des maillots rembourrés, des corsets gonflés de ouate, des cheveux achetés à la foire de Caudebec, un teint couperosé, une peau jaune et rance qui n'a d'éclat qu'aux lumières. Les femmes du monde répandent très-activement ces idées préservatrices; mais il n'en est pas moins vrai que les peaux les plus fines, les plus douces, les plus satinées, que les dents les plus pures et les plus blanches sont celles des femmes de théâtre, par la raison très-simple qu'elles en prennent depuis l'enfance un soin extrême, qu'elles ont des raffinements de toilette excessifs, et qu'elles savent très-bien qu'une ride ou une tache c'est 500 francs ou 1,000 francs de moins par mois sur leur budget. L'illusion du théâtre est une illusion du bourgeois, la scène fait paraître laides beaucoup de femmes qui sont jolies, mais jamais elle n'a fait trouver jolie une femme qui était laide. D'ailleurs cette gymnastique perpétuelle, ces émotions variées, et, s'il faut le dire, cette folle vie, sont favorables aux développements des formes et à la santé. Plus d'une jeune fille vertueuse, timide bouton éclos à l'ombre du rosier maternel, envierait la fraîcheur et le velouté des joues du Rat le plus immoral.

Nous devons dire qu'une tendance nouvelle se manifeste dans les mœurs des coulisses. Naguère le Rat allait et venait toujours seul, rentrait ou ne rentrait pas sans que madame sa mère y prît garde le moins du monde; maintenant la mère et la fille ont compris que la sagesse rapportait plus que le vice, et que l'innocence d'une jeune vierge de seize ans valait mieux que le libertinage d'un enfant de treize ans; — tous les marchés d'esclaves ne sont pas en Turquie; ici, à Paris même, sous le règne de la charte, il se vend plus de femmes qu'à Constantinople. Plus la sagesse de l'enfant est notoire, plus les enchères montent haut; il y en a qui vont jusqu'à 60,000 francs. Avec cette somme on aurait en toute propriété une demi-douzaine, et même plus, de Géorgiennes, de Circassiennes, de femmes jaunes de Golconde et de négresses de Damanhour.

L'appât de quatre ou cinq louis déterminait autrefois ces vertueuses mères à prêter leurs filles pour des soupers, des parties de plaisir, des bals masqués et des orgies de carnaval; maintenant elles inspirent à leurs enfants des idées d'ordre et d'économie qui feraient honneur aux mères de famille du Marais ou de la rue Saint-Denis. Ces phrases : Il faut songer à se faire un sort! Tu n'oublieras pas ta mère quand tu seras heureuse! reviennent à tout instant dans leur conversation. Les Rats mettent à la caisse d'épargnes, ce qui annonce évidemment la fin du monde qui doit arriver en 1840, à ce qu'on dit. A la vie échevelée et folle a succédé la vie de ménage, la vie de pot au feu, le bouilli sans persil. Enfantin chercherait vainement la femme libre à l'Opéra; tout ce peuple est arrangé par couple comme les animaux de l'arche et vit maritalement; ces unions morganatiques sont fort à la mode et nous devons dire que sauf quelques exceptions, la fidélité y est aussi exactement gardée qu'ailleurs. Les *marcheuses*, dont le nom si tristement significatif indique qu'elles seraient mieux sur l'asphalte où on les a prises que sur les planches de l'Opéra, gardent seules l'ancienne licence; mais ce qui n'était que de la débauche élégante et folle devient chez elles du stupide libertinage: au moins le Rat est *artiste*, il a une autre ambition que celle de l'argent; l'orgueil, cette belle passion dont les âmes basses disent tant de mal, a de la prise sur lui. Offrez-lui cent louis ou un pas à danser, un beau pas de premier sujet, il n'hésitera pas; il aime la gloire autant que les cachemires et les soupers.

THÉOPHILE GAUTIER.

LA LAITIÈRE

Par Joseph MAINZER

ILLUSTRATIONS D'APRÈS PAUL POTTER, A. KUYP, KARL DUJARDIN, ETC.

Reportez-vous par la pensée au temps où vivait le bon La Fontaine (nous en sommes déjà bien loin par les années et plus encore par les mœurs!): depuis la triste mésaventure dont il s'est fait l'historien, Perrette a disparu; elle s'est enfuie avec les débris de son pot au lait. Son costume gracieux et léger, sa physionomie ouverte, son allure dégagée, sa naïve ambition, son nom même, elle a tout emporté avec sa simplicité dans les montagnes de la Suisse. C'était une pauvre paysanne, vivant laborieusement à la campagne du travail de ses mains. Si elle venait tous les jours à la ville, c'était à pied, dans ses moments de loisir; le lait qu'elle y apportait était le superflu de sa nourriture; elle le livrait à ses pratiques aussi pur qu'elle l'avait reçu le matin des mamelles de ses vaches: le produit constituait ses petits profits. Qui lui eût dit qu'un jour la découverte du café donnerait à son obscur commerce un si prodigieux accroissement? que ses successeurs seraient si nombreux, qu'à toute heure de la journée on les trouverait, sous diverses formes, sur tous les points de la capitale: ici assis au seuil d'une porte; là, circulant dans le quartier; plus loin, établis à grands frais derrière d'élégants vitraux; que dis-je? passant même bruyamment dans les rues, et montés dans des voitures avec cette inscription aux deux côtés: *Laiterie Sainte-Anne?* Mais combien tout a changé dans cette progression rapide: industrie, marchandise, individus! Il ne reste plus rien de la simplicité de Perrette; sa mélodie seule nous a été conservée. La voici:

Dessin de Pauquet.

Qui veut du lait?

Il y a des laitières dans tous les pays civilisés. A Londres, les *milk-men*, ou *milk-women*, traversent les rues de très-bonne heure en portant sur leur tête un grand pot de fer-blanc, et en faisant entendre ce cri perçant : *milk oh! milk oh!*

Mi oh! Mi oh!

La manière dont elles prononcent ces mots mi-o! mi-o! les fait ressembler au miaulement d'un chat. Un Français a dit spirituellement que ces honnêtes marchandes de lait voulaient dire apparemment *mi-eau! mi-eau!* tout en déguisant la vérité sous une forme étrangère.

On peut diviser en trois classes la grande famille des laitières. Si l'industrie est la même, le mode en est différent, et la distinction s'établit mieux encore dans les mœurs.

La laitière de la campagne habite un village situé quelquefois à quatre ou cinq lieues de Paris : tantôt elle est attachée à une ferme, à un château, tantôt elle exploite pour son propre compte. Elle se lève à une heure du matin, elle attelle un vigoureux cheval à sa charrette, dans laquelle sont rangés avec ordre, et entassés dans la paille, les énormes seaux de fer-blanc qui renferment la consommation du vulgaire, et les petites boîtes réservées des pratiques privilégiées. Elle s'entoure la figure d'un mouchoir, couvre ses épaules du mantelet gris à bordure noire, s'installe sous le dôme de toile de sa voiture, donne le signal du départ à son fidèle coursier, qui connaît parfaitement la route, penche sa tête sur sa poitrine, et s'endort. Toutes n'ont pas la même aisance, ni les mêmes agréments. Souvent la charrette n'existe que dans les vœux de la laitière; il faut aussi qu'à la place du cheval elle se contente d'un âne, aux flancs duquel elle attache deux paniers ; mais elle trouve encore le moyen de s'asseoir et de dormir sur la croupe de son modeste quadrupède, dont l'instinct, pour la conduire, n'est pas moins sûr que celui de l'aristocratique bucéphale. Le jour commence à peine lorsqu'elle fait son entrée à Paris, et elle arrive sans encombre dans le quartier de sa résidence, à la place qu'elle occupe de temps immémorial, et dont personne, si ce n'est quelquefois la police,

ne lui dispute la paisible possession. Elle s'installe avec son bagage de boîtes, de seaux et de mesures, à l'angle d'une rue, sur le devant d'une boutique d'épicier, ou de marchand de vin, à l'entrée d'une porte cochère, et là, elle attend gravement que ses pratiques passent devant elle, comme des vassaux soumis devant leur seigneur. Tour à tour se présentent la jeune fille au regard vif, la vieille au front ridé et à la démarche chancelante, le vieux garçon coiffé de sa casquette à visière, et l'enfant qui boit sans cérémonie son sou de lait dans un des couvercles de la laitière. Tous se plaignent, celui-ci de n'avoir pas eu bonne mesure la veille, celui-là de ce que son lait était trop bleu et trop clair ; un troisième jette feu et flammes, parce que son lait ayant tourné, il a été obligé de se passer de café; mais ils ne rapportent pas moins tous leur boîte et leur argent. Chez la laitière, tout est uniforme ; on dirait que sa vie entière est soumise à une loi géométrique. Depuis vingt ans, c'est toujours le même costume, le même fichu, le même petit bonnet rond et plat ; c'est aussi la même prestesse à faire voyager la mesure de sa boîte au lait à la tasse de la pratique, de manière à escamoter à son profit une bonne partie du liquide ; chaque jour, sa distribution commence et finit aux mêmes heures ; que son commerce prospère lentement ou avec rapidité, elle n'en a ni plus d'élégance dans sa mise, ni plus de morgue dans sa démarche, ni moins de régularité dans son travail. D'ailleurs, trop de considération l'entoure pour qu'on aperçoive de telles faiblesses : son royaume est restreint, mais elle y règne en souveraine. Bien qu'elle reste invariablement à son poste, rien de ce qui se fait autour d'elle ne lui échappe ; elle a partout ses affidés et ses espions, sans que cette police vigilante soit pour elle le motif d'aucune subvention secrète ; elle connaît l'intérieur des familles sans jamais y pénétrer ; de la cave au grenier, elle pourrait faire mieux que personne l'inventaire financier et moral d'une maison : c'est la gazette vivante du quartier. Pendant que les maîtres sommeillent, les bonnes viennent se grouper autour d'elle ; le cercle se renforce d'enfants et de vieilles femmes, espèce essentiellement indiscrète et bavarde ; elle est le point de mire de tous les regards, le centre de toutes les confidences ; elle préside. Après qu'elle a raconté les mille aventures miraculeuses arrivées la dernière nuit à la campagne, elle écoute à son tour, afin de pouvoir reporter au village des nouvelles de Paris, soit prédictions, soit découvertes, et les projets du gouvernement, et l'approbation ou le mécontentement du peuple. C'est devant son siége que se fait entre les bonnes un interminable échange de propos de toute nature ; chacune raconte ce qu'elle a entendu ou cru entendre dire à son maître, ce qu'elle a vu ou cru voir, ce qu'elle a pensé, ce qu'elle a rêvé. Une fois la pierre lancée, qui sait où elle s'arrêtera ? Chaque commère fait son observation, son commentaire ; l'imagination féminine ne s'arrête jamais à moitié chemin. Politique et religion, ciel et enfer, amour et haine, tout se confond, s'embrouille, et surtout grossit en roulant comme la boule de neige ; et puis viennent les prédictions, pour lesquelles le peuple a tant d'amour : on devine, on explique, on affirme les suites, les conséquences, la fin de chaque chose ; on dispose d'un coup de langue et du globe et des événements. Après quoi la laitière, pliant tout doucement bagage, se retire du même pas que la veille pour recommencer le lendemain.

Mais il est rare qu'elle s'en retourne à vide, car, avec ses fonctions de laitière, elle cumule celles de messagère. Au village, chacun la charge de ses commissions et de ses achats : l'habitant du château, celui de la ferme, le jeune homme et la jeune fille, lui confient jusqu'aux missions les plus secrètes. Elle s'en acquitte aussi bien et avec autant de discrétion que le facteur : elle a même sur lui l'avantage d'arriver plus tôt le matin, et de rapporter plus vite la réponse, même verbale, ce dont le facteur ne se charge pas. Toutefois, ce n'est pas seulement de commissions, de messages d'amour et de billets doux, que la laitière charge

son âne, son cheval, ou sa voiture ; souvent elle rapporte encore de la capitale le fumier qui doit fertiliser son champ. En échange de quelques douceurs en lait, ou en crème, elle reçoit de quelques-unes de ses pratiques la paille de l'écurie ou de l'étable. Si vous avez habité, pendant la belle saison, Nogent, Joinville, Saint-Maur, Charenton, ou quelque autre village sur la route de Paris, vous avez dû voir les laitières arriver par files de Paris, vers le milieu du jour, l'une assise entre ses boîtes, l'autre entourée de paquets et de pots de fleurs, et la plupart juchées sur des monceaux de fumier.

Dès qu'elle a quitté la rue, une autre s'en empare : la laitière ambulante commence sa tournée. Celle-ci habite ordinairement les faubourgs de Paris, ou les villages qui en sont le prolongement. Comme la première, elle a ses quartiers de prédilection, ses habitués, ses pratiques ; mais ce qui se passe, ce qui se dit, l'intéresse peu ; sa curiosité ne va pas au delà de son commerce. Tandis que sa matinale devancière choisit un point central et attend, elle parcourt de toute la vitesse de son cheval, de son âne, et quelquefois de ses jambes, le quartier dont elle s'est adjugé le monopole, s'arrêtant, avec une scrupuleuse ponctualité, tous les jours devant les mêmes portes, et il n'est pas une rue, quelque ignorée qu'elle soit, pas un coin, une impasse, qu'elle ne connaisse et ne visite. Son cri perçant et répété :

Qui veut du lait?

monte de la base au sommet, et varie suivant la profondeur du corridor ou la hauteur de la maison. A chaque station, elle ne s'arrête que le temps strictement nécessaire ; elle sait le nombre de ses habitués de telle cour, de telle maison, combien ils ont d'étages à descendre, et déjà ses mesures sont prêtes, car elle a aussi une connaissance exacte de tous les besoins.

La laiterie n'était autrefois représentée que par ces deux classes, la laitière stationnaire et la laitière ambulante : la première apportait aux Parisiens leur déjeuner ; la seconde répondait aux besoins du reste de la journée ; et le débit de celle-ci, loin d'être préjudiciable au commerce de celle-là, pouvait plutôt en être considéré comme le complément. Elles partageaient

Le Pâturage de Karl Dujardin. Dessin de De La Charlerie.

sans rivalité, sans haine, une royauté qui leur appartiendrait encore aujourd'hui si l'avidité ne les avait malheureusement fait entrer dans la voie dangereuse des abus : ce sont les abus qui tuent les royautés les plus anciennes et les mieux établies.

Les consommateurs se plaignaient chaque jour amèrement de voir se reproduire pour le

Le Pâturage de A. Kuyp. Dessin de De La Charlerie.

lait le miracle des noces de Cana : les cupides laitières firent la sourde oreille. La concurrence, toujours à l'affût des bonnes occasions, fit un matin irruption dans les rues, sema en guise de harangues des milliers de prospectus, dans lesquels elle promit monts et merveilles, et la révolution fut accomplie. De rapides voitures sillonnèrent Paris dans toutes les directions, transportant, dans une multitude de bouteilles en fer-blanc, soigneusement fermées et scellées,

La Laitière. Dessin de Pauquet.

les produits de la laiterie *Sainte-Anne* et de la laiterie *des Familles*. Le consommateur y gagna-t-il ? Oui, d'abord : quelle est la révolution qui ose, dès le principe, mentir à son origine ? Mais l'amour de la vérité m'oblige à dire que le programme des laitiers novateurs ressemble aujourd'hui à une foule d'autres programmes.

Il y a des degrés dans la hiérarchie des laitières comme dans tous les états. Quelques-unes n'ont à vendre que le lait qui leur est fourni par une vache ou par une chèvre seulement ; tandis que d'autres, regardées d'un œil plus favorable par la capricieuse fortune, possèdent, soit dans les environs, soit dans le cœur de Paris, de vastes étables où se pressent douze, vingt, trente, et jusqu'à quarante vaches. Les propriétaires de ces établissements se sont décorés du nom emphatique de *nourrisseurs*. Ne croirait-on pas, à entendre un pareil nom, qu'il s'agit de l'homme au petit manteau bleu, de ces philanthropes qui portent à domicile le bouillon, le lait et la bouillie, qui nourrissent le pauvre de leurs épargnes et se sacrifient au bien-être de l'humanité ? Rien pourtant n'y ressemble moins. La femme du nourrisseur va à l'étable avec ses seaux, les reins entourés d'une jupe, la tête coiffée d'un capuchon ou d'un mouchoir, ayant les manches retroussées, les jambes nues, les pieds chaussés d'énormes sabots. Assise sur son escabeau, elle trait ses vaches et se fait aider par quelques servantes. Vers le matin, elle se met en route avec son équipage, s'installe à la place qu'elle a adoptée, et envoie ses filles dans d'autres quartiers, non sans avoir calculé d'avance combien de gouttes renferme chacun des pots qu'elle leur confie, y compris l'eau, et combien elles doivent lui rapporter de pièces de vingt sous, de décimes et de centimes.

De la femme du nourrisseur, de la véritable paysanne à un degré plus élevé, la distance n'est pas aussi grande qu'on pourrait se l'imaginer. Le nourrisseur se trouve aussi établi en qualité de *restaurateur* dans les rues et passages de Paris, et sur sa boutique on lit cette inscription : *Laiterie suisse*. Là, vous pouvez aller déjeuner ou dîner pour quinze ou vingt sous : le lait et les œufs y forment la base de votre repas. On vous y sert une soupe au lait, du lait et des œufs pour entremets, des œufs et du lait en guise de rôti, de salade et de dessert. De longs prospectus imprimés, de grands programmes affichés sur la porte, vous préviennent qu'il n'existe pas au monde de nourriture plus saine que le lait et les œufs, et que les poitrines sensibles, les constitutions délicates, ne sauraient mieux faire que de s'adresser à la laiterie suisse.

Entre la femme qui fait paître sa chèvre sur la lisière des fossés, et la laitière de premier ordre, il y a autant de gradations qu'entre l'usurier à la petite semaine et l'agent de change : la dernière peut arriver à cinquante mille francs de rentes, tandis que l'autre, menant elle-même sa chèvre au pâturage, ne gagne pas assez pour payer le garde champêtre et ses procès-verbaux aussi réguliers que le loyer.

Le luxe, qui semble aller croissant à mesure que grandit la misère du peuple, n'a pas manqué d'exercer aussi son influence sur cette innocente et candide industrie : la femme ou la fille du nourrisseur s'est faite dame de magasin. Un jour, derrière un comptoir élégant, au fond d'une boutique où s'entassent par milliers des œufs blancs comme la neige, où le beurre se présente, selon le caprice de la marchande, sous mille formes variées et appétissantes, tantôt en pyramides, tantôt en étoiles, et offrant l'image de bras, de jambes, de petits bonshommes tout entiers, où le lait, remplissant jusqu'aux bords des vases d'une exquise propreté, aiguillonne le désir par une apparence, hélas ! trop souvent trompeuse, vous retrouvez cette figure fraîche et vermeille, ces yeux noirs, cet affable sourire que vous connaissez si bien. Mais autre temps, autres mœurs. La métamorphose est complète ; et si vous levez un peu la tête, vous lisez en lettres d'or ce seul mot qui porte le secret de ce changement, et qu'on dirait placé là comme une ironique antiphrase : Crémière.

La crémière n'a rien, pas même un souvenir, de la laitière que vous connaissiez jadis. Avant de passer de la rue au magasin, elle a secoué sur le seuil la poussière de ses pieds ; ce qu'elle était hier, elle le dédaigne aujourd'hui : son costume, son langage, sa voix même, tout a changé avec une facilité qui tient de la magie ; ses cheveux, jadis emprisonnés ou flottant avec désordre, se partagent en bandeaux sur son front; un collier brille à son cou; le corset féerique a révélé des trésors inconnus ; un tablier blanc dessine sa taille ; son visage, ses mains, ont pris une couleur quasi-aristocratique. La crémière est avenante et gracieuse, non pas à la manière de ces dames de comptoir qui sont payées à deux ou trois francs par jour pour être aimables et sourire, mais par caractère, par position. En pourrait-il être autrement? Son commerce prospère, ses relations s'étendent, elle réalise de gros bénéfices, et je ne jurerais pas que vous ne la rencontriez un jour, avant peu même, dans une loge d'opéra, ou étendue sur les moelleux coussins d'une voiture, avec plus de naturel et d'abandon que la bourgeoise de la Chaussée-d'Antin.

Mais la crémière et la laitière, la grande, comme la petite industrie, si différentes par les habitudes extérieures, se rencontrent toutes dans le même principe fondamental. C'est entre elles comme un compromis tacite, une foi jurée, une espèce de mot d'ordre, de secret maçonnique. Quelque précaution que vous imaginiez, à quelque degré que vous en éleviez vous-même le prix, le lait, s'il a passé par leurs mains, ne vous arrivera jamais dans sa pureté native, et depuis l'eau jusqu'au mélange de farine et de jaune d'œuf, il aura subi de nombreuses injures. A Paris, où tout se traduit par des chiffres, on devrait calculer de combien la consommation du lait est supérieure au produit, et, à défaut d'autres preuves, la conscience de la laitière n'échapperait certainement pas à cette inflexible logique.

Les laitières et les marchands de vin offrent beaucoup d'analogie, en ce sens que la falsification, ou, suivant l'expression consacrée, le *baptême*, est le profit le plus positif du métier. La cupidité est une passion si enracinée dans une certaine classe de commerçants, et qui raisonne si peu, que l'on a vu l'appât du gain rendre cruels les caractères les plus inoffensifs. Ainsi l'on a vu des laitières mêler à un lait baptisé de la craie, et même de la chaux, pour lui donner une sorte de consistance; sans compter qu'elles ne font pas moins servir à l'approvisionnement de leurs pratiques le lait des animaux malades, dont le nombre est souvent considérable. Il en est résulté plus d'une fois à Paris de graves maladies, qui, en attaquant surtout les enfants, dont le laitage fait la principale nourriture, ont jeté l'alarme et le désespoir dans le sein des familles. Les journaux finissaient bien par insérer quelques avis tardifs venant, soit de l'Académie, soit de quelque savant conduit par le hasard à la découverte du méfait; mais il était trop tard, et mainte maison avait payé, sinon par la mort, au moins par des coliques et mille autres incommodités dont on se serait passé volontiers, son tribut à l'insouciance des gardiens de la salubrité publique. La chose est pourtant assez grave pour qu'on s'en occupe : un jour viendra, nous en sommes persuadé, où on daignera s'en inquiéter sérieusement ; mais, pour que l'attention soit vivement éveillée, il faudra sans doute que quelque haut fonctionnaire ait été frappé de près, et dans ses plus chères affections. Dans une ville de province dont je ne me rappelle pas le nom, on a publié naguère une ordonnance qui devrait être suivie dans toutes les grandes villes, et qui serait parfaitement de circonstance à Paris. Elle désignait des experts pour l'examen du lait : chaque laitière était tenue de se soumettre à leur visite, à première réquisition ; et le commerce était à tout jamais interdit à celle dont on trouvait le lait falsifié.

Au commerce de lait se rattache d'une manière intime celui des fromages, depuis l'éclatant fromage blanc, surnommé *fromage à la pie*, jusqu'au fromage doré de Marolles, si cher aux buveurs.

Le fromage blanc, grâce à son prix, qui le met à la portée de toutes les bourses, est devenu d'un usage si général, qu'on le rencontre dans tous les marchés et sur les étalages de toutes les fruitières. Les crémières, placées plus haut sur l'échelle, se sont réservé le débit du fromage à la crème. Elles savent lui donner toutes les formes, celles d'une étoile, d'une tourelle, et même, ce qu'on peut considérer comme le chef-d'œuvre de l'école romantique, celle de cœurs mi-parties de rose et de blanc, nageant dans une sauce jaune épicée de cannelle et de sucre. N'est-ce pas là une preuve qui témoigne des tendres sentiments de notre époque en général, et de ceux des crémières en particulier?

Cependant le fromage à la crème est aussi crié dans les rues par des marchands ambulants, qui, du matin au soir, le font voyager dans leurs paniers, en compagnie du frais Neufchâtel, qu'enveloppe sa fine robe de papier de soie. A propos de fromage de Neufchâtel, nous pourrions demander ici à quel titre, et si c'est par amour du contraste, que, depuis quelques années, les charcutiers se sont avisés de faire figurer au milieu de leurs productions éminemment salées et poivrées ce produit d'une incontestable douceur. Le fromage à la crème s'annonce par une jolie petite mélodie :

A la crêm'! Fromag' à la crêm'!

Quand vous l'entendez, vous pouvez dire : les primevères commencent à s'ouvrir, les champs se couvrent d'arbustes et de fleurs, le feuillage des forêts se déroule, le papillon sillonne de son vol incertain l'air parfumé sur le bord des ruisseaux, l'hirondelle est de retour de son long voyage d'outre-mer et a bâti son nid sous le toit hospitalier du fermier. Cette mélodie est aussi fraîche que le premier sourire de la rose pompon qui s'ouvre ; elle frappe aussi délicieusement notre oreille que le parfum du muguet notre odorat. Ajoutez à cette touchante mélodie la voix pure de la jeune et jolie fille qui vient la chanter sous votre fenêtre, et vous aurez une image complète de la jeunesse et du printemps ; vous vous sentirez vous-même rajeuni ; votre esprit se reportera au temps de vos plus beaux jours, et vous vous écrierez, comme je me surprends à le faire quelquefois : Quel charme dans l'air du printemps ! quel attrait dans la voix de cette jeune fille ! quelle puissance dans sa mélodie, même lorsqu'elle chante le fromage à la crème !

Laitière sous Louis XV. Dessin de Pauquet.

Ce n'est pas de nos jours seulement que les fromages sont criés dans les rues de Paris. Il en est dont la célébrité remonte aux XIIe et XIIIe siècles, tels que ceux de Brie et de Roquefort, les fromages à la crème de Montreuil et de Vincennes, que les paysannes apportaient à la ville dans de petits paniers de jonc, comme on le fait encore aujourd'hui. La haute réputation du fromage de Marolles date aussi de plusieurs siècles, car l'abbé de Marolles, dans une traduction de Martial, qu'il publia en 1635, y ajoute une très-longue liste de tous les fromages de France, parmi lesquels figure

La Ferme, tableau de Paul Potter. Dessin de H. De La Charlerie.

naturellement le fromage de Marolles. D'anciennes gravures nous représentent le marchand de ce précieux comestible avec une longue barbe descendant sur la poitrine, une hotte sur les épaules, et un panier au bras ; l'une d'elles est enrichie de ce quatrain :

> Pour faire trouver le vin bon,
> Et dire les bons mots et les fines paroles,
> Au lieu de tranches de jambon,
> Prenez fromage de Marolles.

Voici, sur ces fromages, deux des mélodies qui courent aujourd'hui les rues :

Fro - mag' de Ma - roll', bon Ma - roll' !

Celle-ci est la plus vulgaire, et, outre qu'elle est plus mal chantée, elle n'a pas autant de couleur mélodique que celle qui suit :

Fro - mag' Ma - rol', fro - mag' Ma - rol' !

Un vieillard qui se tenait dans les environs du Palais-Royal et du passage Véro-Dodat attira longtemps l'attention des passants, tant par lui-même que par la singulière mélodie qu'il avait adoptée. C'était un bel homme, ayant un extérieur imposant, une figure noble et expressive, les cheveux d'une couleur argentée, pure de tout alliage. Il avait la tête coiffée d'un bonnet de coton aussi blanc que sa chevelure ; le tablier qui ceignait ses reins était, ainsi que tout son habillement, de la plus appétissante propreté. Son bras gauche était passé dans l'anse d'un panier ; de la main droite il tenait un bâton, et, pour allumer la convoitise des friands, il adaptait à son cri de *Fromage à la crème, fromage de Neufchâtel*, la mélodie suivante :

Fro-mage à la crèm', fro-mage à la crè - - - em'. Bon fro-mage de Neuf- chatt'l !

La roulade dont il accompagnait le mot crè-è-è-ème était si merveilleuse, que tous les passants s'arrêtaient involontairement pour l'écouter ; arrivé à la dernière syllabe de son chant, dont le fromage de Neufchâtel lui fournissait le thème, il réunissait, pour la lancer dans l'air, toute la puissance de ses poumons.

Ce bon vieillard fut quelque temps, sans s'en douter, un signal pour deux jeunes gens que leurs parents traversaient dans leurs amours. Nous le savons tous, l'amour est un de ces sentiments dont les obstacles ne font qu'accroître la force ; deux cœurs bien épris espèrent toujours, et la surveillance la plus minutieuse ne saurait les empêcher de se réunir quelquefois pour retremper leur courage et se faire part de leurs espérances. A peine notre marchand de fromage avait-il fait entendre sa délicieuse roulade, que, de deux maisons situées à une assez grande distance, sortaient, en même temps et à la dérobée, le jeune homme et la jeune fille, pour se rendre, par des chemins différents, sous les arbres du Palais-Royal, confidents discrets de leurs alternatives de chagrin et de joie. Hélas ! un beau matin la roulade manqua ; le quartier retentit comme à l'ordinaire des cris du marchand d'habits, du vitrier, du raccommodeur de faïence ; le marchand de fromage seul ne se fit pas entendre : la mort avait mis fin à son long pèlerinage, et il s'était éteint sans savoir qu'il laissait inachevé, au milieu d'un drame de la vie intime, un rôle que ne remplit après lui aucun autre crieur ; car cet amour, qui avait résisté aux plus grands obstacles, dépaysé tout à coup par l'absence du signal auquel il s'était habitué, ne survécut pas au pauvre marchand de fromage.

J'ai parlé de la laitière, de la crémière, du marchand de fromage à la crème : il me reste à dire deux mots d'une classe à part dans cette nombreuse famille, qui, bien que placée sur un échelon très-inférieur, n'en a pas moins des droits incontestables à l'attention de l'observateur. Cette classe se compose aussi de laitières ; mais ces laitières portent de longues barbes et de longues oreilles, et trottent sur quatre pieds. Elles ne crient pas, elles cheminent silencieusement dans la boue de Paris; elles ont leurs pratiques assurées, et distribuent leur lait à domicile. Vous les rencontrez le matin, dans les rues, courant par troupeau devant un guide qui les aiguillonne à coups de fouet. A peine sont-elles arrivées devant la porte d'une pratique, que toute la société s'arrête; la ménagère descend, présente au guide sa tasse ou son verre, et celui-ci se met à traire alternativement la chèvre et l'ânesse. Puis la troupe se remet en marche au pas de course, et dessert dans une seule matinée autant de quartiers que le pourrait faire un fiacre en trois jours. Abîmées de coups et de fatigues, les pauvres laitières rentrent enfin dans leur écurie, où elles trouvent pour nourriture du foin et de la paille, rarement des carottes et des betteraves.

Quelques pratiques se seront aperçues, sans doute, que les bêtes nourricières étaient plus malades que les personnes qui en attendaient leur guérison, car la concurrence, éveillée par les plaintes, s'en est mêlée, et l'industrie s'est perfectionnée d'une manière singulièrement remarquable. Je dois constater le fait, ne fût-ce que pour donner une idée du caractère de notre époque et de ses progrès dans la civilisation : mesdames les nourrices quadrupèdes se sont imaginé de se faire conduire en équipage. Qu'y a-t-il là d'étonnant ? Les facteurs, ces piétons par excellence, ne se font-ils pas aussi voiturer ? Chèvres et ânesses volent aujourd'hui d'un arrondissement à l'autre, dans leur calèche, avec la rapidité qui convient à une société si fashionable. En voyant passer le brillant équipage, votre œil se dirige curieusement vers la portière, dans l'espoir de rencontrer le regard de quelque beauté coquette, et vous n'apercevez que les bêtes de Balaam contemplant d'un air grave, et avec un étonnement stupide, les arbres, les maisons et les hommes, qui fuient. Leur voiture porte cette inscription en gros caractères : LAIT ASSAINI D'ANESSES NOURRIES AUX CAROTTES.

JOSEPH MAINZER.

La vente du lait le matin. Dessin de Pauquet.

LA RELIGIEUSE

Par Madame Maria d'Anspach

ILLUSTRATIONS D'APRÈS RAPHAEL, SASSO-FERRATO & VAN DYCK
Dessins de Manche, Pauquet, etc.

> Là où plusieurs seront assemblés en mon nom,
> je serai au milieu d'eux.
> (ÉVANGILE.)

Ce titre n'est point un anachronisme, comme on serait tenté de le croire; et pour détruire, dès le début, toutes préventions fâcheuses, il suffira d'un chiffre. *Trois mille vingt-quatre* communautés religieuses de femmes existent encore aujourd'hui. Sans doute le type primitif a été profondément altéré, mais il n'a point péri. Voici, à cet égard, toute la différence entre le passé et le présent. La loi de 1790, en proclamant la liberté de l'engagement, a substitué la vocation à la violence, l'édification au scandale. Le couvent a des saintes, mais il n'a plus de martyrs! La poésie, qui s'en était emparée comme d'une chose imposante et mystérieuse, a perdu peut-être à ce changement. La grille impénétrable est tombée, l'infranchissable enceinte s'est ouverte aux regards curieux, et l'imagination étonnée y a vainement cherché ce troupeau de victimes et ces austérités barbares dont le théâtre avait longtemps tiré ses combinaisons les plus dramatiques, le roman, ses scènes les plus émouvantes. Ces abus, s'ils ont jamais existé, ne constituaient qu'une exception, et ne sont plus qu'un fait historique déjà loin de nous. Le couvent a été rendu à sa véritable destination : c'est un asile volontaire ouvert à toutes les vertus, comme à tous les repentirs.

Il faut cependant relever ici une erreur accréditée dans le monde : il est bien vrai que les vœux n'ont plus de valeur aux yeux de la société, mais ils n'en sont pas moins inviolables. Dans le véritable esprit de la religion, les promesses

Le Tour. Dessin de Pauquet.

faites volontairement à Dieu ne cessent pas d'être obligatoires pour être dépourvues des formalités humaines. C'est à la religion, et non aux hommes, qu'a été délégué le pouvoir de *lier* et de *délier*. Ceux qui contractent avec Dieu, par un serment qui s'inscrit dans le ciel, ne sont pas moins tenus de leur parole que ceux qui se lient envers le monde : la Foi le leur apprend, leur conscience le leur crie, et quand ils se parjurent, la Charité ordonne de prier pour eux. Mais ces exemples sont rares en comparaison de ces prétendus serments faits aux hommes, enregistrés, sanctionnés, enveloppés de tant de précautions et de garanties, et si souvent violés! La Providence, plus sage que les lois humaines, s'est assurée contre la mobilité de l'esprit et les faiblesses de la volonté, par les douceurs attachées à la vie religieuse : il semble, en effet, qu'il y ait dans la pratique ordinaire des vertus ignorées je ne sais quel mélange de voluptés extérieures qui changent la nature des sensations et des idées.

On a demandé souvent, et l'on demande encore chaque jour, dans un esprit de scepticisme religieux qui n'a pas même pour lui l'autorité du chef de la secte philosophique du siècle dernier : *Si la vie monastique est conforme au vœu de la nature et de la société.*

Pour le passé, personne ne niera que les couvents ne fussent la conséquence naturelle de l'état des mœurs et de la législation. Quand une loi injuste établissait pour l'aîné de la famille une sorte de partage du lion, confisquant à son profit tout un héritage de fortune, de titres et d'honneurs, que restait-il aux frères et aux sœurs ainsi dépouillés, sinon l'épée ou la robe pour ceux-là et le voile pour celles-ci? A ces existences brisées, à ces femmes dont le monde ne voulait plus, le cloître ouvrait ses portes, — prison triste et froide où elles s'ensevelissaient à jamais, non pour se repentir, mais pour regretter; non pour prier, mais pour maudire.

Pour le présent, la question se résout encore par l'affirmative. Oui, même aujourd'hui, aujourd'hui plus que jamais, les couvents sont une nécessité individuelle et sociale.

En thèse générale, les besoins des sociétés sont, comme ceux des individus, de deux espèces, et l'organisation d'un peuple n'est complète qu'autant qu'elle représente ses besoins physiques et moraux. Or, s'il est vrai que la foi et la prière soient un instinct de notre nature, la religion, étant aussi la base de toute société, il s'ensuit que les établissements religieux sont une double nécessité. Aussi, à toutes les époques, depuis la naissance du christianisme, la terre a-t-elle été couverte de ces retraites pieuses d'où sont sortis, pour le monde, tant et de si illustres exemples! On a parlé d'ambition, d'oisiveté! — Assurément, c'étaient de sublimes ambitieux que ces pauvres reclus et ces saintes femmes qui demandaient au jeûne, à la contemplation, aux travaux les plus rudes, la science de la vie et les moyens de conquérir une place dans le ciel. Pour ce qui est de l'oisiveté, demandez aux détracteurs eux-mêmes à qui est due, en Europe, la renaissance des lettres.

Tous les hommes ne sont pas appelés à vivre de la vie commune, à participer également au mouvement et à l'activité générale. Il est des organisations exceptionnelles, chez qui tout se concentre, où l'âme et la pensée absorbent les facultés physiques. A celles-là la méditation et le silence sont aussi nécessaires que l'air qu'elles respirent. Ceci est vrai, surtout pour les femmes, que la nature semble, en général, avoir disposées exprès pour la vie intérieure. Un grand nombre d'entre elles vivent dans une atmosphère en quelque sorte purement morale. Créées évidemment pour sentir, leur existence est toute passive. Leur influence sur la société n'est pas le résultat d'une action immédiate et personnelle, mais d'une réaction. Le monde en fait des automates, la vie religieuse les élève, les régénère, et les fait ressembler à ces femmes fortes dont parle l'Écriture.

Il faut le couvent à ces cœurs usés, flétris, à ces femmes mondaines qui rejettent avec dégoût une vie dont les fruits n'ont plus de saveurs pour leurs lèvres desséchées. Reines découronnées et méconnues, elles recherchent la solitude et l'oubli, comme autrefois elles recherchaient la multitude et ses hommages.

Il faut le couvent à la jeune fille sans appui que le vice ou la misère convoite, qui n'est ni femme forte ni jeune fille ambitieuse. Là elle trouve une famille qui l'aime, un toit qui l'abrite. Religieuse, sans vocation peut-être, mais sans contrainte, elle goûte dans cette existence à huis clos des douceurs qu'elle ne soupçonnait pas ;

Aux intelligences précoces, qu'un don fatal du ciel initie par avance à la connaissance de toutes choses, qui devinent le monde et le repoussent ;

Aux imaginations ardentes qu'emporte un insatiable désir au delà des limites de l'humanité ;

Aux âmes d'élite, pour qui la prière est une poésie sacrée, qui s'élèvent, par leurs transports ascétiques, au-dessus des régions ordinaires, où la religion se montre simple, douce, résignée, calme et forte dans l'amour de Dieu et du prochain : à ces pieux fanatiques il faut l'imposante majesté de la solitude et l'éternelle perspective du ciel ;

A celles que le remords ou le malheur poursuit.... là on fait pénitence, là le sort est impuissant à frapper,

Aux victimes d'une douleur pour laquelle le monde n'a pas de remède.... enveloppées de leur tristesse, comme d'autres s'entourent de parfums et de plaisirs, elles trouvent de poignantes voluptés dans leurs regrets, et Dieu rend moins amers les pleurs qu'elles répandent dans son sein ;

Aux infortunés qui cherchent dans le désespoir un refuge contre leur propre faiblesse.... entre la vie et le suicide, il y a le couvent.

Oui, aux femmes qui ont trop aimé, comme à celles dont le cœur est sans chaleur ; aux pécheresses, comme aux converties, à toutes les fautes, à toutes les faiblesses, à tout ce qui souffre et qui croit, dans tous les âges et dans toutes les circonstances de la vie humaine, le couvent apparaît, avec la foi qui console, et Dieu qui parle dans la solitude !

Quoique placés sur l'extrême limite du monde, les monastères ont subi plus ou moins l'influence des mœurs de chaque époque. La sévérité de l'ancienne discipline a fléchi peu à peu sous l'action doublement désastreuse des guerres civiles et surtout des guerres de religion. Le goût du luxe, favorisé par la richesse presque royale de certaines abbayes, ouvrit la porte à tous les abus. Il est loin de nous, ce temps de dévotion ardente où la religieuse s'exerçait à tourmenter son corps ; mais ils sont passés aussi ces jours de scandaleuse mémoire, où l'esprit du monde avait envahi les derniers asiles de la piété. Aujourd'hui la religieuse est placée dans les véritables conditions de son origine et de sa fin : seule elle a compris qu'en deçà d'un zèle outré, et tout en se conformant aux exigences d'une société sans croyance, il y avait quelque chose de grand à faire en associant le culte de l'humanité aux pratiques de la dévotion et aux aspirations solitaires de la prière.

Les siècles ont pu changer la physionomie générale de la religieuse ; mais son caractère est ressorti plus simple, plus admirable et plus touchant, sous les formes et les coutumes nouvelles.

Quand on se rappelle ce que les religieuses ont eu à souffrir à une époque fatale, on ne peut s'empêcher d'admirer le courage de ces pauvres femmes luttant contre les persécutions, sans autres armes que l'humilité et la patience. Et récemment, quand la révolution gronda pour la seconde fois dans nos rues, étaient-ce des femmes ordinaires que celles qui allaient, au péril de leur vie, chercher dans les rangs de tous les partis des blessés à panser, des mourants à secourir, des cadavres à ensevelir ? Mais, dites-vous, ce n'est pas une femme que celle qui peut ainsi trouver en elle-même la force d'aider les agonisants et regarder les morts

La Religieuse (Dame Carmélite). Dessin de Pauquet.

Le Christ en croix, tableau de Van Dyck. Dessin de Manche.

sans pâlir. — Voyez pourtant! ses traits sont encore jeunes et ses membres délicats. — Son cœur est de marbre. — Malheureux! puissiez-vous n'apprendre jamais par quels sublimes efforts s'acquiert cette énergie que vous calomniez! Vous vous étonneriez de la quantité de larmes qu'elle a versées, comme de celles qu'elle a taries.

Une femme ordinaire laissera mourir le malheureux qui réclame des secours, parce que son corps est hideux à voir et couvert de plaies dont les miasmes contagieux s'exhalent de ses vêtements en guenilles. — Qu'il passe une religieuse : elle s'approchera sans hésiter, elle touchera ces plaies qui renferment peut-être un principe de mort, et si le malade a besoin d'un appui, elle lui donnera la main, s'il le faut, pour le conduire. — Et cependant cette femme a tous les instincts de son sexe, elle est d'une propreté extrême; un ordre tout féminin a présidé à l'arrangement de sa cellule, et ses vêtements sont d'une netteté irréprochable. Elle aime les fleurs, dont les parfums font naître les douces pensées; *elle a des nerfs,* peut-être; elle est femme, enfin, avec toutes les faiblesses puériles des autres : il ne faudrait point parier que cette héroïne ne sera pas effrayée à la vue d'un rat ou d'une araignée; seulement elle n'est pas superstitieuse, parce qu'elle est sincèrement pieuse.

La religieuse par vocation est plus qu'une femme, car sa mission est divine. Il est beau, il est saint, ce caractère de la vierge chrétienne destinée à rappeler par sa pureté l'état primitif des anges sur la terre. La candeur de sa délicieuse figure, la suavité de ses formes à demi perdues dans la chaste ampleur de ses vêtements, la grâce mystique de ses mouvements, où règne cet abandon de l'innocence qui ravit et qui impose à la fois, toute cette pudeur divine enfin, la première et la plus ravissante parure de la femme, voilà les charmes de la religieuse et ses mérites personnels devant Dieu.

Le *noviciat* est la première phase de la vie religieuse. C'est le temps d'épreuves. Le monde, avec ses séductions, son luxe et ses plaisirs, est là encore sur le seuil du couvent pour disputer à la retraite la blanche colombe. C'est en vain. Dieu protége les faibles; et l'humble fille s'avance d'un pas ferme et modeste dans les voies du ciel.

L'épreuve dure plus ou moins longtemps, suivant la ferveur de la *postulante*. Les prières, les jeûnes, les exercices pieux, la vigilance sur soi-même, et surtout la foi, la foi ardente qui soutient et qui éclaire, ont fait justice des dernières révoltes de l'esprit et des sens. C'en est fait : l'heure du triomphe, c'est-à-dire du sacrifice solennel, a sonné à la cloche du monastère. Dès l'aube du jour, la sainte demeure a été ornée comme pour un jour de fête, *car la fiancée du Seigneur va paraître.* Tout est prêt, les cierges brûlent, l'encens fume, le prêtre monte à l'autel. La néophyte, couverte d'habits mondains, s'avance, escortée et soutenue par son père et sa mère, ou ceux qui sont appelés à les représenter. Le prêtre se tourne alors vers la postulante agenouillée, et après les questions marquées pour la cérémonie, il lui adresse une courte et touchante allocution. Il dit les joies intimes, les bénédictions et les grâces attachées à la vie du cloître; il en signale les écueils et les obstacles; il ne dissimule ni n'ajoute rien; il avertit, il exhorte, il éclaire et il prie tour à tour.... puis il invoque le ciel. La mère des novices présente sur un plateau d'argent des ciseaux et un voile. La jeune fille se prosterne, et abandonne une partie de l'élégante chevelure qui faisait son orgueil. Les parures inutiles, les vêtements mondains disparaissent, et laissent à découvert la robe austère que ne doit plus quitter la religieuse. On étend sur elle un linceul, et le prêtre récite l'office des morts.... Levez-vous maintenant, chaste épouse de Jésus-Christ! allez soigner les malades, instruire les enfants, secourir les malheureux; allez, vous avez acquis pour toujours le droit de veiller au chevet des mourants, de prier, de souffrir pour tous les hommes! Jeune vierge, les austérités du cloître, les macérations de la pénitence, le jeûne, la méditation et la solitude vous attendent; allez, l'humanité vous réclame, et Dieu vous voit!

La novice vient de faire son premier pas dans la vie monastique, ses compagnes l'appelleront désormais *ma sœur*. Cependant elle n'a point encore rempli toutes les conditions de la règle. La prise d'habit termine le postulat. C'est une première initiation, une préparation à un acte plus imposant. La *profession* est le dernier et définitif engagement de la religieuse, qui prend dès lors le nom de *sœur professe*.

L'époque de la *prise d'habit* n'est point déterminée; elle est subordonnée aux dispositions de la postulante, autant qu'à la volonté de la supérieure. La profession ne peut avoir lieu que six mois après la prise d'habit.

Toutes les religieuses ne sont pas aptes à devenir *professes*. Celles-ci sont choisies parmi les postulantes les plus instruites, soit parce que dans les maisons enseignantes c'est à elles qu'est confiée l'instruction des enfants, soit parce que leurs occupations habituelles exigent plus d'intelligence.

On appelle *dames de chœur* les professes chargées de l'entretien du chœur : elles assistent le desservant dans les offices, dirigent les cérémonies et chantent les psaumes et les hymnes.

Le nom de *sœurs converses* est donné aux religieuses moins éclairées qui ne peuvent ni participer à l'éducation des enfants, ni partager les autres travaux des professes. Les fonctions sont purement manuelles, et se bornent aux soins matériels de la maison. Ce sont les *ménagères* de l'établissement.... Bonnes et simples filles, elles accomplissent sans murmure leur pénible tâche de chaque jour, rappelant ainsi la destinée chrétienne et les deux premières vertus de la femme : la patience et la douceur. Toutefois, ce serait une erreur profonde et une grave injustice que de conclure de cette position des converses à aucune sorte d'infériorité. La religion ennoblit tout, et les œuvres d'humilité sont particulièrement agréables à Dieu.

L'association chrétienne repose entièrement sur le principe de l'égalité fraternelle. Au couvent, toutes les femmes sont *sœurs*. Mais, comme dans toute société il faut une direction, un principe actif, les religieuses ont reconnu la nécessité d'obéir à une impulsion, à une autorité unique. Or, quel guide plus sûr et quelle autorité plus douce pour des sœurs, que l'autorité maternelle? Les religieuses ont donc choisi parmi elles la plus digne, et elles l'ont nommée *abbesse*, c'est-à-dire *mère*. Depuis la suppression des bénéfices, le titre d'abbesse a été remplacé par un autre plus approprié au nouvel état de choses. Les abbesses ont disparu avec les abbayes; il n'y a plus, aux yeux de la loi, qu'une simple *supérieure* de communauté. Seules, les religieuses lui ont conservé le nom de mère. Qu'il y a loin, sous le rapport de l'autorité temporelle, de la directrice actuelle d'un monastère à ces fières possesseurs d'abbayes qui rivalisaient de grandeur et de richesse avec les puissances du siècle! Qu'est devenue l'orgueilleuse souveraine de tant de vastes domaines, qui marchait la crosse à la main, décidant en dernier ressort des biens et de la vie de ses vassaux, disputant la préséance aux princes de la terre, reine absolue de deux empires, armée d'un double pouvoir, abbesse et seigneur suzerain? Il serait aussi difficile de trouver aujourd'hui dans les communautés le moindre vestige de l'opulence des abbayes, que de reconnaître dans la directrice des sœurs de la Charité une descendante des abbesses de Chelles ou de Fontevrault. De combien d'ambitions ce titre n'était-il pas l'objet, et de combien d'abus ne fut-il pas la source? Si l'on en croit certains historiens, ce n'était souvent pour les femmes, comme pour les hommes, qu'un *bénéfice* qui n'emportait aucune obligation, pas même celle de la chasteté! Un grand nombre d'abbesses étaient mariées, et cette dignité servait de dot à celles qui ne l'étaient pas. La religion, moins en crédit sans doute depuis cette époque, mais mieux comprise, a mis fin à ces scandales. Aujourd'hui le titre très-peu ambitionné de supérieure est le résultat de l'élection, et l'autorité qu'il confère ne peut durer plus de trois ans. La supérieure redescend alors au rang de simple sœur, à moins que son nom ne sorte vainqueur d'une seconde épreuve, qui ne peut se renouveler au delà d'une troisième fois. Qui songerait, d'ailleurs, à briguer, autrement que dans un esprit de mortification et de dévouement, une fonction qui n'apporte, en compensation d'un pouvoir précaire, qu'une responsabilité immense et un surcroît de charges et de travaux? On a beaucoup parlé, à propos des communautés de femmes, de petites cabales, d'animosités secrètes et de rivalités mesquines. En général, on sait que le gouvernement des femmes n'en est point exempt. Mais on n'a pas fait attention que la vanité féminine, source de tant de misérables passions, éveillée naturellement dans le monde par la société des hommes, s'éteint d'elle-même dans le cloître, faute d'aliments.

La supérieure doit maintenir la paix et l'ordre dans la maison, écouter toutes les réclama-

Prise d'habit. Dessin de Pauquet.

tions et faire droit à chacune, réformer les abus, prescrire et régler les cérémonies, admettre les postulantes et les novices, choisir les professes, administrer les rentes de l'établissement, veiller à l'entretien des jardins et bâtiments, et faire les acquisitions.

Les maisons des religieuses sont, en général, belles, commodes et spacieuses. Il y a de larges cours et une chapelle. Un jardin est enfermé dans l'enceinte, formée de hautes murailles. Chaque religieuse possède une cellule donnant indifféremment sur la cour ou sur les jardins, rarement sur la rue, et garnie de barreaux de fer et de rideaux fort épais. Là, point de meubles de luxe, l'indispensable et rien de plus, c'est-à-dire un Christ, un bénitier avec un rameau bénit, une chaise et une petite table. Quelquefois, sur une planche clouée au mur, en forme de bibliothèque, sont rangés des livres de piété. Bossuet, Bourdaloue, Massillon, y représentent toute la littérature sacrée. Il va sans dire que ce luxe bibliographique n'appartient qu'aux professes les plus lettrées. Les cellules les plus fastueuses sont enrichies d'estampes modestes, dont les sujets ont été empruntés à l'histoire sainte; quelques-unes même sont ornées d'une tête de mort. — Éloquente mais inutile leçon d'humilité dans ces asiles où tout parle de pénitence et de mort! — C'est là que la religieuse médite, prie, ou repose après le travail de la journée.

Tous les jours les religieuses entendent la

messe à la chapelle de l'établissement ou bien à l'église la plus proche, et se présentent, au moins une fois par semaine, au tribunal de la pénitence. Bien qu'elles ne soient point forcées de prendre pour confesseur le directeur de la maison, il est rare qu'elles s'adressent à un autre ecclésiastique; car c'est presque toujours celui-là qui a reçu leur confession générale à la prise de l'habit monastique.

Chaque religieuse a son emploi spécial : les unes sont chargées des travaux à l'aiguille pour la maison, pour les pauvres, pour elles-mêmes; d'autres font des lectures pieuses pour former les novices; d'autres enfin sont vouées à l'enseignement.

Dans les pensionnats, la journée finie, souvent les sœurs montrent à leurs élèves la broderie, le feston, et mille autres petits ouvrages amusants et utiles. Plusieurs d'entre elles connaissent le dessin et font exécuter, sous leur direction, des fleurs en chenille, en perles, en soie. Dans les classes d'enfants pauvres, les sœurs ne dédaignent pas de leur apprendre à tricoter. Quelquefois les postulantes sans dot travaillent pour le dehors.

La sœur *tourière* est préposée à la garde de la porte et répond aux visiteurs. C'est ordinairement une religieuse converse qui n'est plus jeune.

La sœur qui enseigne reçoit souvent les visites de ses anciennes élèves qui ont grandi et ne l'ont point oubliée. Elles la consultent dans les circonstances graves de leur vie. Si elles sont mariées, il n'est pas rare de voir l'enfant venir

La Religion, tableau de Raphaël. Dessin de Manche.

occuper, sous la même directrice, la place qu'occupait sa mère.

Les plaisirs des religieuses sont nécessairement bornés; celles même qui ne sont pas cloîtrées sortent rarement. Les promenades dans le jardin, la culture des fleurs, le chant des cantiques, voilà leurs plaisirs et leurs concerts.

La religieuse n'a pas de passions, parce qu'elle n'a pas de désirs. Elle est entrée trop jeune dans le couvent pour que les mauvais penchants aient eu le temps de se développer dans le monde. Et comment naîtraient-ils dans le couvent dont l'atmosphère étouffe ceux qui, par hasard, sont venus s'y ensevelir? Les passions naissent de la possibilité et de la volonté de les satisfaire, du désœuvrement ou de l'exemple qui échauffe l'imagination. La religieuse, toujours en garde contre son cœur, ne laisse pas aux mauvaises pensées le temps d'y germer et d'y prendre place. La religieuse ignore le monde, qui l'ignore. Vivant, d'ailleurs, uniquement de la vie spirituelle, il lui importe peu que ses serments soient ratifiés par les hommes : elle tient à Dieu ce qu'elle n'a promis qu'à Dieu. On pourrait s'étonner d'une telle force de volonté, en considérant la faiblesse physique et la frivolité naturelle des femmes; mais il faut remarquer que le couvent est tout aussi bien un soutien qu'une sauvegarde.

Il faut le dire cependant; quoique sans passions, les religieuses sont aussi filles d'Ève, et la perfection n'est pas toujours leur partage. Si les vices du monde sont inconnus au couvent, les petits défauts y varient à l'infini. La vertu a aussi son orgueil et sa vanité. On ne veut pas valoir moins qu'une autre ; on s'efforce de valoir davantage, sauf à rougir en recevant les félicitations qu'on aura recherchées. On évite le mal par crainte du blâme, pour ne pas s'humilier devant un confesseur sous un aveu pénible ! Tout cela n'est pas la vertu peut-être, mais c'est l'inconvénient du bien.

Que n'a-t-on pas dit sur les rapports des religieuses avec leur directeur spirituel ? Le monde en a ri, quand il n'a pas osé en médire. La poésie elle-même s'est égayée aux dépens de l'innocente et un peu naïve physionomie du *saint homme*, attaques aussi peu méritées d'une part que peu chrétiennes de l'autre. De ces prétendues délices, de cette vie toute confite en oisiveté et en délicatesse de toutes sortes, il n'est resté d'incontestablement vrai à l'humble successeur du directeur de nonnes qu'un ministère pénible et une médiocrité laborieuse. Si la richesse des anciens couvents de femmes avait pénétré jusque dans la demeure de l'ecclésiastique chargé de diriger leurs consciences, on conçoit qu'elle a dû s'en retirer depuis longtemps. La munificence des religieuses se trouve aujourd'hui singulièrement restreinte par la pauvreté de la plupart des communautés, et leurs largesses ne s'exercent plus guère qu'au profit des véritables nécessiteux. Une aube brodée de leurs mains et dont elles n'ont fourni que le travail, et le plus souvent un objet de moindre valeur, tels sont les témoignages les plus brillants de leur reconnaissance et les marques de leur zèle pour le bien-être de celui qui s'est constitué leur guide et leur conseil. L'émulation au travail et l'ardeur pour la perfection sont les seules rivalités qui les animent sans les diviser.

Ainsi sont tombées, par le fait même du mouvement moral qui tendait à détruire les couvents, les causes des calomnies dont ils étaient l'objet. La méchanceté et la frivolité mondaines n'ont plus à s'exercer que sur elles-mêmes, dans l'impossibilité de se prendre aux personnes et aux choses de la religion. Comment s'attaquer, en effet, à ces femmes que nous voyons passer de loin en loin comme de pauvres parias, admises seulement à supporter les charges d'une société au milieu de laquelle elles ont dressé de toutes parts leurs tentes hospitalières ? Ce que les malheureux, qui seuls ont parmi les religieuses le droit de bourgeoisie, nous ont raconté de ces paisibles *caravansérails* de la charité chrétienne, à imposé du moins silence à ces esprits bornés, privés de la faculté de comprendre ou du courage de confesser. Si nous n'avons pas aujourd'hui pour la religieuse l'admiration qu'elle mérite et qu'elle ne recherche pas, nous ne lui contestons point, en revanche, le droit d'être dévouée jusqu'à l'abnégation et sublime impunément.

Tous les ans, à une époque fixée, les maisons principales qui ont des religieuses en province les rappellent. C'est le temps de la *retraite ;* c'est aussi, dans les maisons enseignantes, le temps des vacances. La *retraite* dure ordinairement huit jours, pendant lesquels, toute occupation cessante, les religieuses se sanctifient par la prière, les exercices pieux, le jeûne, la méditation et les sermons qui leur sont faits. Alors ont lieu la nomination des abbesses, le renouvellement des promesses et des différentes cérémonies de l'initiation.

Des premiers instituts sont sorties, comme mille ruisseaux d'une source commune, un grand nombre de maisons analogues, diversement dénommées, selon les temps et les pays. Le fond de l'institution est le même, et la règle n'a guère subi que de légères modifications : la différence la plus sensible et la plus réelle entre les communautés du même ordre consiste dans la richesse des unes, richesse provenant des dots des religieuses, des donations particulières ou des subventions fournies par le gouvernement. Cette uniformité de vie enlève à la physionomie des religieuses d'ordre différent tout caractère d'individualité. Il y a plusieurs milliers de communautés, il n'y a qu'un type pour toutes les religieuses.

Bien que, dans l'origine, la vie ascétique ait été le but de tous les instituts religieux, la civilisation leur a imposé de nouvelles conditions, et les cénobites ont compris la nécessité de se mettre en rapport avec le siècle par une réciprocité de bons offices. Presque tous les monastères ont joint l'enseignement et les œuvres de charité à leurs constitutions particulières.

Les communautés religieuses de femmes sont aujourd'hui de trois espèces, *enseignantes*, *hospitalières* et *contemplatives*.

Les *sœurs grises*, ou *servantes des pauvres*, instituées par saint Vincent de Paul, en 1633, appartiennent à la fois aux deux premières espèces : elles prennent soin des orphelins, des enfants pauvres, et se vouent au service des malades et des indigents : double et sainte mission digne du génie de l'apôtre de la charité.

Avez-vous quelquefois rencontré dans Paris une longue file de jeunes filles de tout âge, vêtues uniformément d'une robe bleue, d'un simple bonnet de toile blanche, cheminant deux à deux sous la conduite d'une ou plusieurs religieuses? A voir l'air modeste, la tenue décente, le respect et la soumission des unes, l'infatigable sollicitude des autres, vous diriez des enfants sous la conduite de leurs mères. Ces enfants sont des orphelins, et ces femmes sont leurs mères selon la charité! Découvrez-vous, et saluez les filles de Saint-Vincent de Paul! Oui, saluez bien bas ces humbles et sublimes femmes que Dieu suscita pour servir d'anges gardiens aux enfants qui n'ont plus de mères, à ceux que leurs parents ont abandonnés, ou que la pauvreté a bannis du toit paternel! La Providence veille sur eux sous les traits d'une *sœur grise*. Oh! maintenant vous serez bénies entre tous les enfants des hommes, pauvres petites filles marquées par la naissance pour la misère ou l'infamie. Vous grandirez tout doucement sous l'aile de la charité, à l'abri du froid, sans crainte de la faim et sans souci de l'avenir! Dieu et vos mères par adoption y pourvoiront. Votre esprit sera cultivé, votre âme façonnée à la vertu; on vous apprendra la sagesse par les exemples; on vous enseignera les choses qui suffisent aux besoins de la vie; on vous fera le chemin facile, et puis l'on vous dira : Allez! Mais si le monde vous est hostile, si la vie vous est amère, souvenez-vous qu'il y a ici un asile et du pain pour ceux qui veulent se sanctifier par le dévouement et les bonnes œuvres.

Ainsi disent et font les saintes femmes. Plus d'une est jeune encore, cependant; mais la méditation et la prière l'ont faite vieille pour la sagesse. D'autres ont blanchi dans la pratique des vertus les plus difficiles. Le zèle ardent des premières sera tempéré par l'indulgence éclairée des secondes, et chacune mettra ainsi au service du troupeau qui lui est confié ce que la nature lui aura départi de forces et de facultés utiles. Et tout cela se fera naturellement, sans efforts, sans autre pensée que celle du bien, sans autre ambition que celle du ciel.

C'est une chose merveilleuse et consolante à voir, que la patience et la douceur de ces admirables institutrices à qui de petites filles, leurs élèves, disent simplement *ma sœur*. Ce sont leurs sœurs, en effet, et presque leurs compagnes; car elles partagent quelquefois leurs jeux, et s'associent volontiers à tous leurs plaisirs pour les diriger. Deux fois par jour, après l'enseignement religieux, les leçons ordinaires de la science mise à la portée de tous les âges et de toutes les intelligences, et le travail accoutumé de l'aiguille, les bonnes sœurs s'efforcent de redevenir enfants pour la plus grande joie de leurs élèves; comme pour mettre en pratique cette belle parole de leur divin maître : *Laissez venir à moi ces petits enfants*. L'oisiveté, cette mauvaise conseillère de l'enfance, ne hante point la maison des sœurs. On s'y lève de bonne heure pour avoir plus de temps à donner au travail, et la prière ouvre la journée : chaque action commencera et finira ainsi. Il est bon que l'homme s'habitue, dès son jeune âge, à mettre Dieu dans la confidence de toutes ses pensées et à intéresser le

La Religieuse (Dame de Saint-Michel). Dessin de Pauquet.

La Vierge, tableau de Sasso-Ferrato. Dessin de Manche.

ciel à tout ce qu'il entreprend. Les sœurs donnent l'exemple. A peine la tourière a-t-elle fait retentir la cloche, qu'elles parcourent les dortoirs. Les lits sont placés sur deux lignes parallèles. La blancheur de ces modestes couchettes, l'extrême propreté qui reluit dans toute la salle, réjouissent la vue : au fond, sur un piédestal en bois peint, s'élève une figure grossière avec les habits et les traits d'une religieuse. Une aumônière est à ses pieds, ingénieuse et touchante fiction! On dirait l'ange de la charité veillant en silence sur le repos des enfants abandonnés. Il semble que les petites orphelines doivent dormir plus doucement sous la garde de cette image chérie. Leurs yeux se ferment en la regardant, et, le matin, quand elles l'aperçoivent de nouveau dans la demi-obscurité du réveil, elles se demandent en hésitant si ce n'est point une vision céleste ou la continuation du rêve qui les a bercées. Mais une protection plus active et plus immédiate a gardé leur sommeil. Les bonnes sœurs, en personnes, sont venues tour à tour, pendant la nuit, parcourir le dortoir. Les plus froides nuits de l'hiver n'interrompent point cette ronde pieuse. Les orphelins ont seuls ici le droit de dormir en paix jusqu'au lendemain.

Mais le moment est arrivé ; les sœurs circulent autour des lits, stimulant les moins actives, aidant les plus jeunes. On s'agenouille, on remercie le Seigneur et l'on se rend dans la salle de travail. La lecture, l'écriture, les éléments des sciences usuelles, les ouvrages des mains, les repas, les récréations et les exercices de piété remplissent la journée.

Quelques établissements sont consacrés à l'éducation des enfants des deux sexes. L'instruction et les soins sont variés, dans ce cas, et distribués avec une remarquable intelligence. Les religieuses auxquelles est dévolue l'éducation des petits garçons ont une tâche un peu plus difficile à remplir. Ce sont ordinairement les plus expérimentées et les plus sévères, sévérité parfois un peu grotesque. On sourit involontairement en voyant les bonnes et douces créatures s'efforcer de déployer vis-à-vis de leurs élèves une fermeté virile, et s'ingénier à inventer, pour soumettre des bambins récalcitrants, des châtiments qu'elles croient dignes d'un homme. Le classique *bonnet d'âne* signale les ignorants, *la langue rouge* fait justice des menteurs ; l'orgueilleux est condamné *à baiser la terre ;* un écriteau sur le dos indique les fautes des grands coupables. Il faut le dire, ces exemples sont rares, et la justice des sœurs penche évidemment pour la clémence. Les exhortations, les remontrances, les encouragements et les récompenses sont beaucoup plus fréquents que les punitions. Les filles de Saint-Vincent de Paul se souviennent que leur institution est basée sur la charité, et leur gouvernement semble avoir pour maxime et pour devise : pardon et douceur. Une image, un livre pieux, et, quelquefois, un ruban qui suspend une petite croix, telles sont les marques distinctives du mérite ou de la sagesse, emblèmes plus significatifs et bien moins puérils que les hochets dont les hommes décorent toutes ces choses incertaines et futiles qu'ils appellent le talent ou la gloire.

A douze ou treize ans, les jeunes garçons ont appris un état. Ils quittent alors la maison pour toujours. Les jeunes filles n'en sortent qu'à dix-huit ans. Quelques-unes restent dans la communauté ou y reviennent plus tard pour prendre l'habit de religieuse.

Souvent la charité vient chercher, parmi les orphelins des deux sexes, un enfant pour l'adopter ou lui procurer le bienfait d'une éducation libérale. L'épouse stérile, le vieillard sans famille, l'artisan qui manque de bras pour le seconder viennent demander à l'hospice un enfant à chérir, une fille à doter, un jeune homme à enrichir. Souvent aussi la gentillesse de l'enfant, autant que les bons rapports des religieuses, plaide en sa faveur et décide votre choix. Alors, après les informations les plus minutieuses et les renseignements les plus exacts sur vous-même, si vous êtes reconnu pour un homme éminemment moral, animé des plus louables sentiments à l'égard de votre futur pupille et capable de pourvoir à tous ses besoins, les bonnes sœurs se décideront peut-être à vous abandonner, en pleurant à la fois

Dame Annonciade-Céleste.

Sœur de l'Enfance de Jésus et de Marie.

Religieuse de Saint-Vincent de Paul (sœur-grise).

Sœur de Notre-Dame de Bon-Secours.

de joie et de regret, cet enfant qu'elles s'étaient habituées à aimer.

Quelques maisons sont consacrées spécialement à l'éducation des enfants des pauvres ouvriers ou des familles nécessiteuses : celles-là ne comportent que des *externes*. D'autres, afin de pourvoir aux besoins de l'établissement, ont fondé un pensionnat. Si l'enseignement y est différent, on peut affirmer que les soins n'y sont pas donnés avec plus de dévouement : c'est

Dame Bénédictine de l'adoration perpétuelle du saint Sacrement.

Clarisse.

Dame Augustine de la Récollection

Sœur de saint Joseph.

toujours l'esprit de saint Vincent de Paul qui anime les religieuses et vivifie leurs œuvres.

Tels sont, en général, dans les communautés enseignantes, la vie et le caractère de la religieuse.

D'autres soins la réclament dans les communautés dites *hospitalières*. Les pauvres, les malades, toutes les infortunes, toutes les infirmités, toutes les misères la convient tour à tour. Le nom de *sœur de charité* appartient spécialement aux religieuses des hôpitaux. Leurs mœurs, leurs occupations, leur genre de vie diffère entièrement de celui des autres religieuses. Leur but est plus restreint; elles ne reconnaissent que les malades pourvus de bons certificats, et n'exercent la charité qu'à bon escient, sur le *visa* et avec l'autorisation de monsieur le maire et du comité de bienfaisance. Leur dévouement ne franchit pas les murs de l'hospice; celui des communautés dont nous parlons embrasse l'humanité tout entière, et s'exerce sans contrôle. La sœur de charité est un type à part dans la grande famille de saint Vincent de Paul.

Avez-vous jamais vu passer près de vous, par une sombre et froide soirée d'hiver, une de ces héroïnes chrétiennes communément appelées *servantes des pauvres*? N'est-ce pas qu'en apercevant seule, la nuit, dans une rue déserte, bravant l'intempérie de l'air et la rigueur de la saison, cette femme qui glisse dans l'ombre, comme le génie de la bienfaisance, n'est-ce pas que vous avez senti votre cœur battre d'une sainte admiration, et qu'une larme est tombée de votre paupière? — Unique et silencieux hommage rendu à la plus belle des vertus, et le seul vraiment digne de la religieuse!

Où va-t-elle cependant d'un pas si rapide, à l'heure où le riche fastueux ouvre à deux battants, à une multitude parfumée, ses salons éclatants de lumière et d'harmonie, à cette heure où les femmes se parent pour le monde, où le sage, resté chez lui, excite l'ardeur de son foyer qui flamboie? Quand l'hiver et la nuit convient tous les hommes au plaisir, où va la religieuse? Elle va, elle aussi, où le plaisir l'appelle.... elle va porter du bois au foyer éteint d'une pauvre veuve, du pain à une famille affamée; elle va disputer à la tombe ce père agonisant, prodiguer des secours à l'infortunée qui enfante dans l'abandon et le dénû-ment, au malade qui se tord sur un lit de douleur. Elle parle du ciel au mourant, d'avenir et d'espérance à l'artiste ignoré. A toute heure du jour et de la nuit, dans les prisons, dans les mansardes, elle apparaît, providence vivante, médecin de l'âme et du corps, les bras chargés d'aumônes, et les lèvres de consolations. Plus d'une fois, appelée près du lit où l'impie expire en blasphémant; dans une prison, près d'un scélérat qui meurt en niant Dieu, parce que, pendant sa vie, il a nié la vertu, l'humble *servante des pauvres* a fait ce que n'avaient pu faire ni l'autorité du prêtre ni la justice implacable des hommes. La science de l'athée s'est inclinée devant la foi ardente d'une simple femme, et le scélérat a compris Dieu expliqué par une sainte. Que de miracles de ce genre se sont opérés! que de secrets enfermés dans le sein de la religieuse! que de solennels aveux elle a reçus à l'heure suprême! Dieu seul pourrait dire le nombre d'illustres infortunés, d'obscurs ambitieux, de génies persécutés, de talents avortés et de vertus sans nom qui se sont éteints entre ses bras!

Les communautés religieuses de femmes échappent, par leur multiplicité même, à une analyse particulière. Les traits saillants des plus importantes, tant à Paris qu'en province, doivent seuls trouver place dans ce tableau.

Les *sœurs de Notre-Dame de bon secours* ont été instituées spécialement pour secourir les malades et veiller au lit des mourants. C'est à elles aussi qu'est confiée la garde des morts avant leur inhumation. Les pauvres et les riches ont également droit à leur pieux et pénible ministère. Quand l'âme s'est envolée, que le médecin et le prêtre se sont retirés, c'est le tour des courageuses *sœurs de bon secours*. La nuit, lorsque la mort et la terreur planent sur la maison abandonnée, seules, immobiles, à la lueur douteuse du cierge bénit, ces sublimes gardiennes des trépassés veillent et prient près de la froide dépouille qui leur a été confiée. Qui pourrait dire ce qui se passe alors dans ces âmes chrétiennes? Qui sait si, pour prix de tant de courage, Dieu ne leur envoie pas quelque révélation du grand mystère de la vie? Qui sait quels miracles peuvent opérer leur foi et leur charité ardente, et si la justice éternelle n'est pas désarmée par leur intercession? Quelque chétive offrande, quelques pièces de monnaie, non pour elles-mêmes, mais pour la communauté, voilà leur récompense. La supérieure désigne celle qui sera chargée d'accomplir cette funèbre mission, et celle-là sera un sujet d'envie pour les autres. Leur vêtement, analogue à la nature de leurs fonctions, est noir, comme pour indiquer qu'elles portent incessamment le deuil de ceux qu'elles sont appelées à pleurer chaque jour.

Les *sœurs de la charité de saint Maurice* ont à Chartres leur maison principale. Elles se consacrent aux soins des malades et à l'éducation des petites filles. Elles s'engagent, par un vœu spécial, à aller s'établir dans les colonies dès qu'elles en seront requises par la supérieure. Il y en a à la Martinique, au Fort-Royal, à Saint-Pierre, à la Guadeloupe, à la Basse-Terre, à la Pointe-à-Pitre, à la Guyane française. Pèlerines sans patrie, elles vont ainsi, errant à travers les mers, braver à la fois la mort, la contagion et les ennuis de l'exil.

Les *sœurs de l'enfance de Jésus et de Marie ou de sainte Chrétienne*, dont le principal établissement est à Metz, ont une triple mission. Elles y dirigent un hôpital, une école gratuite, et un pensionnat destiné spécialement aux jeunes personnes dont les familles peu fortunées désirent les faire profiter du bienfait d'une éducation libérale et chrétienne. Outre l'instruction ordinaire, les élèves sont formées à l'économie domestique ; elles apprennent les vertus et les talents de leur sexe. On y enseigne également les langues française et allemande, les deux idiomes usités dans le pays. Leur costume se compose d'une robe de drap noir, d'une pèlerine de même couleur et de même étoffe, et d'un voile qui s'étend sur toute leur guimpe. Elles ont de plus une croix en argent ; celle de la supérieure générale est en vermeil. Elle a pour inscription, d'un côté, ces paroles : *Les pauvres sont enseignés.... La charité de Jésus-Christ est en nous.* De l'autre : *Heureux ceux qui sont miséricordieux.... Venez, les bénis de mon père.* Sur l'anneau qui soutient la croix sont gravés ces mots : *Un seul corps et une seule âme.*

Les *sœurs de saint Joseph* établies à Lyon se consacrent au soulagement des prisonniers, dont elles partagent à cet effet la captivité. Elles préparent de leurs mains et portent elles-mêmes les aliments à ces malheureux. Elles ne les quittent pas, et, à les voir si empressées autour d'eux, on les prendrait véritablement pour les sœurs ou les mères des prisonniers. Même après l'expiration de leur peine, elles ne les perdent point de vue et les aident encore de leurs conseils et de leurs secours. Les femmes surtout sont l'objet de leur sollicitude. Elles ont ouvert pour elles une maison de refuge et des ateliers de travail. Cette maison, située à Montauban, a pris le nom de *Solitude de sainte Magdelaine*. Les pénitentes y sont au nombre de cinquante. Leur principale occupation consiste à dévider de la soie. La communauté leur abandonne un cinquième de leur travail, et elles y jouissent d'une certaine liberté. Un grand nombre de femmes et de filles que leurs fautes avaient éloignées de leurs familles et de la société trouvent ainsi le moyen d'y rentrer honorablement.

Les *filles du bon Sauveur*, de Caen, embrassent toutes les bonnes œuvres à la fois : les sourds-muets, les aliénés des deux sexes reçoivent chez elles des soins particuliers. Elles forment aussi des maîtresses d'école pour les campagnes, et vont soigner les malades dans les épidémies.

La maison renferme encore un dispensaire où l'on donne les premiers secours aux blessés et aux malades qui se présentent.

Les *filles du bon Sauveur* ont enfin un pensionnat de jeunes personnes, une école gratuite, et une pension de dames, qui ont chacune leur appartement séparé.

La Religieuse (Dame de Saint-Thomas de Villeneuve). Dessin de Pauquet.

Les *dames de Saint-Michel* sont une variété de l'ordre des augustines, qui n'existe qu'à Paris. Cet établissement a un triple but : c'est à la fois une maison de repentir, un pensionnat de jeunes personnes, et un lieu de refuge pour les dames veuves et externes, qui y trouvent un logement et la table. Les différentes classes de personnes réunies à Saint-Michel n'ont aucune communication entre elles, ayant chacune leur réfectoire, leur cour et leur logement.

Les pénitentes s'y divisent en trois classes : 1° les femmes ou les filles amenées par ordre des tribunaux, ou à la réquisition des parents ; 2° les jeunes personnes au-dessus de quinze ans qui se présentent volontairement ; 3° les jeunes personnes au-dessous de quinze ans, dont le caractère et les mœurs doivent être ré-

Mort de la Religieuse. Dessin de Pauquet.

formés. Le règlement y est sévère et paternel en même temps ; la variété des travaux et des occupations de la journée éloigne l'ennui et les inconvénients de l'oisiveté. Les exercices pieux, la prière, le chant des cantiques, les conversations édifiantes, les sages exhortations, et surtout les salutaires exemples des religieuses, épurent insensiblement l'âme des pénitentes, et les rappellent, par une douce habitude, à la pensée et à la pratique du bien. Il en est peu qui résistent à cette sage discipline, à cette constante et habile séduction de la vertu : beaucoup deviennent, après une courte épreuve, un sujet d'édification pour leur famille. Plusieurs, accoutumées au bonheur paisible de cette demeure, demandent avec instance la faveur de n'en plus sortir.

Le pensionnat est dirigé dans un esprit de simplicité et de modestie toute chrétienne, qui n'exclut pas la force et l'élévation de l'enseignement.

Le corps de logis consacré aux externes est merveilleusement approprié aux dames et aux demoiselles qui, n'ayant qu'une fortune médiocre, désirent vivre dans une liberté et une aisance honnêtes entre le monde et le cloître.

Annonciades célestes. — Jeanne, femme répudiée de Louis XII, se réfugia à Bourges, où elle fonda un couvent de l'*ordre de l'Annonciation de la sainte Vierge, ou des dix vertus de*

Notre-Dame. Jeanne elle-même composa la règle de son institut, qui prescrivait beaucoup de jeûnes et d'austérités. Cette règle contient dix chapitres, dont le premier traite de la chasteté de Marie; le second, de sa prudence; le troisième, de son humilité; le quatrième, de sa foi; le cinquième, de sa dévotion; le sixième, de son obéissance; le septième, de sa pauvreté; le huitième, de sa patience; le neuvième, de sa piété; le dixième, de sa douleur ou compassion. Jeanne donna à ses religieuses toutes les instructions nécessaires pour imiter la sainte Vierge dans ces dix vertus : en se consacrant par le vœu de chasteté, à son exemple; en gardant le silence à certains temps, pour imiter sa prudence; en se soumettant à leur supérieure, qui doit porter le nom d'*ancelle* ou servante, pour imiter son humilité; en ne recevant point de novices suspectes, pour imiter sa foi. Les religieuses portaient un costume dont les différentes couleurs devaient rappeler sans cesse à leur mémoire la sainteté de leur état et de leurs obligations; il consistait en un voile noir, symbole de dévotion; un manteau blanc, emblème de pureté; un scapulaire rouge, en souvenir de la passion; un habit brun, signe de pénitence; un ruban bleu suspendait une médaille d'argent; une corde à dix nœuds leur rappelait les dix vertus de Marie, et les trois bouts de cette corde, la flagellation de Jésus-Christ. Enfin, la fondatrice fit donner un anneau à ses religieuses pour la profession, comme une marque de la fidélité qu'elles devaient garder à Jésus-Christ, leur époux. Les *dames annonciades célestes* enseignent les enfants des classes indigentes.

Les *dames bénédictines de l'adoration perpétuelle du saint Sacrement* font des vœux simples. La seconde qualification ajoutée à leur nom vient de ce que, dans chaque couvent, il y a toujours une religieuse en prière devant le saint Sacrement, à toutes les heures du jour et de la nuit.

Les *dames chanoinesses de saint Augustin*, appelées encore *zélatrices*, pratiquent aussi l'*adoration perpétuelle*. Ces dames enseignent les enfants pauvres et tiennent un pensionnat.

Les religieuses *augustines* remontent au V⁰ siècle, du temps de saint Augustin, qui fut leur fondateur, leur prescrivit une règle et leur donna sa sœur pour supérieure. Les filles de son frère et de son oncle y étaient religieuses. Elles portent, pour marque distinctive, une ceinture de cuir, large d'un doigt, sous leurs habits séculiers.

Il y a encore les *augustines* de la récollection, dites *récollettes*, et celles du tiers ordre, où l'on reçoit les vierges et les veuves. La règle de saint Augustin leur ayant défendu de rien posséder en propre leur a fait également une loi du travail pour la communauté.

Les *sœurs hospitalières de saint Thomas de Villeneuve*. Ces religieuses du tiers ordre de saint Augustin furent établies par saint Thomas de Villeneuve, en 1660. Leur but est de servir les pauvres et les malades, et d'instruire la jeunesse. La cérémonie de leur profession offre une particularité remarquable : une pauvre femme les embrasse et leur met un anneau au doigt en leur disant : Souvenez-vous, ma chère sœur, que vous devenez la servante des pauvres. Elles reçoivent un secours annuel de 6,000 francs.

Les *dames de Saint-Maur* ne font pas de vœux : de simples promesses leur en tiennent lieu. Leur noviciat dure deux ans. Elles se sont donné pour mission de former des institutrices pour les maisons religieuses et pour les campagnes. On n'exige point de dot des novices : il suffit qu'elles paient leur pension pendant deux ans, et fassent les frais de leur trousseau. Quelques-unes sont envoyées dans les colonies.

La nouvelle législation a réduit à dix-huit le nombre des maisons *contemplatives*. Nous n'en citerons qu'une seule, qui peut servir de type général : ce sont les carmélites de la réforme de sainte Thérèse, introduites d'Espagne en France en 1604.

La règle de cet ordre est d'une grande austérité; les sœurs sont toujours voilées; il leur est défendu de recevoir personne; le silence est de rigueur depuis complies, qu'elles disent après souper, jusqu'à prime du lendemain; elles chantent matines à minuit, se lèvent à cinq heures en été, à six en hiver, et font oraison pendant une heure. Les exercices de piété remplissent toute leur journée; elles jeûnent fréquemment. Le but de leur institution est la prière pour le roi et ceux qui gouvernent, pour les infidèles et les prisonniers. Leur lit est formé d'une paillasse de crin posée sur trois ais; elles portent le cilice; leur costume se compose d'une tunique de couleur *minime*, d'une guimpe recouverte d'un scapulaire de même couleur que la tunique, et d'un voile noir; au chœur, elles ont un manteau blanc.

Les *dames carmélites* se distinguent surtout, comme religieuses cloîtrées, par une extrême sévérité de principes. La disposition de leur règle qui leur fait une loi de la retraite absolue est, de leur part, l'objet d'une sollicitude et d'un respect quelquefois exagérés. Il y a quelque temps, la maison d'une de ces communautés eut besoin de quelques réparations urgentes, et l'entrée du couvent dut être ouverte aux ouvriers à qui elles seraient confiées. La circonstance était grave, et la question délicate. Les sœurs tinrent conseil. On n'avait ni le temps ni les moyens d'échapper au danger par la fuite; il y avait péril en la demeure, et la communauté était trop nombreuse pour trouver un asile momentané dans le couvent le moins éloigné. Force était donc de rester dans la place, et d'y vivre plusieurs jours en contact avec des hommes. On parlementa à travers la grille du parloir; et il fut convenu, d'un commun accord, après bien des pourparlers et des difficultés, que chaque ouvrier, avant d'être admis, s'attacherait au pied une sonnette. De cette manière, on éviterait les surprises, et les sœurs, toujours sûres d'être averties de l'approche de l'ennemi, ne seraient pas exposées à se trouver tout à coup face à face avec lui.

Ce grave événement dans la vie des paisibles religieuses, et la naïve proposition faite par l'une d'entre elles, et adoptée à l'unanimité, rappellent, d'une manière assez heureuse, le fameux *Conseil tenu par les rats*. Le résultat, cependant, fut différent; et le projet, modifié il est vrai dans son exécution, réussit parfaitement.

Cet exemple d'une précaution un peu puérile ne doit rien faire conclure contre l'esprit de haute piété qui anime les dames carmélites. Cette extrême vigilance sur soi-même est d'une grande sagesse. On ne saurait trop se prémunir contre les séductions du dehors, quand on a promis à Dieu de vivre entièrement détaché du monde. La véritable piété n'existe pas sans une parfaite humilité. Et n'est-ce pas déjà un danger réel que ce langage mondain que l'on a désappris dans le cloître, et qui peut causer bien des distractions, des retours funestes vers le passé, des regrets peut-être?

Les carmélites de l'ancienne observance avaient un monastère à Vannes, en Bretagne, fondé par Françoise d'Amboise, femme de Pierre II, duc de Bretagne. Cette princesse y mourut en odeur de sainteté, l'an 1485. Trois cents ans plus tard, une autre princesse de France, fille de Louis XV, prit le voile aux carmélites de Saint-Denis. C'est dans cette même communauté que se retira madame de La Vallière.

D'autres monastères de femmes ont vu d'aussi illustres pénitentes: la reine Blanche, Marguerite de Provence, Élisabeth de France, Anne et Marie-Thérèse d'Autriche, appartenaient au tiers ordre des *clarisses*.

Madame de Maintenon est morte à Saint-Cyr. — Spectacle bien digne d'attention, que celui de tant d'illustrations qui viennent aboutir au cloître, comme à une fin commune: comme si tout ce qui fut éclatant par la naissance, par le scandale, ou par la vertu, dût s'expier par la retraite. Ce sont là de grands exemples sans doute d'humilité et de résignation; mais ce qui est vraiment admirable, c'est le courage surhumain de ces jeunes femmes qui n'ont rien à expier, qui sont restées pures dans la pauvreté, et qui viennent achever dans les mortifications de la pénitence une vie éprouvée déjà par tant de combats et de sacrifices. A l'âge où elle commence à vivre de la vie du cœur, la véritable vie de la femme, à l'âge où tout autour d'elle lui sourit, où le monde la convie à ses fêtes, à ses plaisirs, une jeune fille étouffe les cris de son cœur, commande à ses penchants, renonce à toutes ses joies, et meurt volontairement pour le monde au moment où les autres commencent à vivre pour lui. Plus d'amitiés, plus de liens de famille, plus rien... que la solitude et la méditation. Pour toit paternel, le couvent; pour époux, Jésus-Christ; pour occupation, la prière; pour parents, les pauvres. O saintes recluses, vous habitez entre la terre et le ciel, et vous ne vous manifestez aux hommes que par vos bienfaits! Soit que vous imploriez Dieu incessamment, pour la grande famille des humains, soit que vous instruisiez les petits enfants, soit que vous secouriez les malheureux de toute espèce, anges de paix et d'amour, vous accomplissez une mission divine, et vos vertus sont plus nombreuses que les grains de vos chapelets !!!

Aux yeux de la raison humaine, l'existence de la religieuse est une immolation perpétuelle ; l'incrédulité la plus aveugle n'oserait plus dire aujourd'hui que c'est un sacrifice inutile. Et cependant, par une admirable disposition de la Providence, ces faibles créatures, que le monde eût peut-être fait mourir, la retraite les fortifie : on dirait que l'amour du bien les soutient, et qu'elles vivent par l'abnégation et les austérités, comme d'autres par l'égoïsme et les plaisirs. Serait-ce que la santé du corps s'entretient par la pureté de l'âme, comme la véritable vertu est une fleur de la solitude?

La vie de la religieuse n'est qu'un perpétuel apprentissage de la mort : une imposante cérémonie lui a révélé dès le début qu'elle était *morte au monde*. Lorsque les autres cessent de vivre, la religieuse ne fait qu'achever de mourir. Toutes ses compagnes ont prié pour elle pendant son agonie, et quand l'âme s'est envolée, deux sœurs ont passé la nuit en prières près du corps. Puis la morte a été exposée dans la chapelle, vêtue de ses habits de religieuse, comme pour rappeler sa condition sur la terre. Ses mains jointes sur sa poitrine pressent un crucifix ; un livre ouvert, emblème de méditation, a été déposé à ses côtés ; un chapelet est suspendu à son cou en signe de prière, et son visage, habituellement voilé, a été découvert, comme pour indiquer que tout a été dit entre elle et Dieu ! Ainsi, tout est symbole, tout parle autour d'elle, tout s'explique après sa mort, de même que tout a été silence et mystère pendant sa vie. Elle s'est éteinte doucement avec le dernier son de la cloche qui salua autrefois son entrée définitive dans le cloître ; elle a glissé, inaperçue, de la solitude à la tombe, et hormis le souvenir pieux de quelque infortuné, le monde n'a rien gardé de son passage.

Maria d'Anspach.

LE RAMONEUR

Par ARNOULD-FRÉMY

ILLUSTRATIONS DE GAVARNI, E. VARIN, PAUQUET, COUSIN, ETC.

COMMENT oublier dans cette nomenclature de tous les types anciens et nouveaux, de toutes les figures françaises ou naturalisées parisiennes, ces petits Bohémiens à la face barbouillée de suie, aux joues rebondies et enfumées, aux dents de nacre, aux lèvres fraîches et amaranthes comme des fraises, ces petits enfants, moitié chats, moitié chiens, moitié cabris, moitié singes qui s'en vont sans cesse gambadant, grimpant, chantant, frétillant; la plus jeune de toutes les industries françaises, la seule peut-être dont le monopole modeste puisse appartenir exclusivement à l'enfance, le ramoneur enfin, ce petit être dont le cri est devenu une des mélodies proverbiales de l'âtre, comme le chant du grillon ou la plainte de l'hirondelle, la parasite des cheminées. Le cri du ramoneur annonce l'hiver et cependant on ne le maudit pas, on aime au contraire à entendre du fond du foyer bien chaud, du coin de la cheminée qui flambe, cette bonne grosse voix d'enfant, qui vient apporter au citadin paisible, au propriétaire toujours craintif, le salut de cet âtre, la paix de cet intérieur, préserver l'un et l'autre du fléau terrible quand il n'est pas la plus incommode et la plus coûteuse des révolutions domestiques, l'incendie.

Mais d'abord avant de crayonner le profil du ramoneur, débarrassons-le de tous ses indignes collègues, de ces classes vagabondes et plagiaires désignées assez fréquemment et par une extension injuste sous le titre de *ramoneurs* ou de *savoyards*. Nous voulons parler de ces myriades d'enfants nombreux et importuns comme les moustiques qui couvrent par essaims les trottoirs des villes, pul-

Dessin de Cousin.

lulent aux barrières et dans la banlieue, assaillent à chaque relai les portières des diligences ; interminable caravane de joueurs de vielle, de petits chanteurs, de montreurs de chiens, de singes apprivoisés, de renards, de tortues, de souris, de mulots, de belettes, de marmottes. Cette classe d'enfants qui appartient exclusivement au vagabondage n'a rien ou presque rien de commun avec le ramoneur proprement dit ; elle représente les frelons de cette colonie travailleuse. Par ses habitudes de fainéantise, sa misère comédienne, son lazzaronisme incarné, elle revient de plein droit à la plume chargée de retracer dans cette galerie les masques rusés et les manœuvres si curieuses de la mendicité parisienne.

On s'est beaucoup apitoyé sur le destin du ramoneur, mais c'est principalement sur les ramoneurs qui ne ramonent pas qu'est tombée la sensibilité des faiseurs de romances, de tableaux de genre, d'aquarelles, d'élégies et d'opéras comiques. On a beaucoup trop plaint ces demandeurs de petits sous, de petits liards, de morceaux de pain, ces petits vagabonds qui passent leur journée à se chauffer au soleil, et quand le soleil est caché, à apostropher chaque passant qu'ils appellent *mon lieutenant* ou *mon général*. On ne s'est pas assez occupé, ce me semble, du ramoneur authentique, avéré, pris dans l'exercice de ses fonctions, de l'enfant de huit ou dix ans qu'on lance dans l'intérieur d'une cheminée à un âge où son cœur n'est pas encore aguerri contre la peur des ténèbres, à une heure où ses yeux ne sont toujours pas bien ouverts même au grand soleil. — Allons, courage, petit, figure-toi que tu escalades la plus jolie colline du Piémont ou de la Savoie. — Et il faut qu'il se résigne à devenir pendant une heure ou deux, muet, aveugle, et presque assourdi par la suie, à s'ensevelir tout vivant dans une espèce de bière ; il faut qu'il grimpe, gratte, se hisse et se cramponne, jusqu'à ce que le garçon fumiste qui l'attend sur le toit ait aperçu le bout de son petit museau barbouillé. Alors son expédition est finie ; on lui donne à peine le temps de se dégourdir, d'éternuer et de se secouer comme caniche qui sort de l'eau, puis, on lui fait recommencer dans une cheminée voisine une manœuvre du même genre. Ces ascensions ténébreuses ne sont pas toujours sans péril, car il est plus d'une cheminée moderne construite sur de telles proportions, que la fumée y passe avec peine, y séjourne même le plus souvent et y regimbe opiniâtrement au nez du locataire. Moins récalcitrant que la fumée du propriétaire, le ramoneur, lui, passe et s'insinue par les défilés les plus étroits, mais souvent aussi il y reste, il s'y trouve emprisonné comme dans un traquenard ; alors, il appelle, il crie : Au secours, et il n'y a souvent pas d'autre ressource pour l'extraire de cet étau que de démolir la cheminée. Quelquefois aussi, et cela est bien triste à dire, il arrive qu'il n'a même pas le temps de crier, sa poitrine s'embarrasse, ses poumons jeunes et délicats demandent en vain le grand air, l'air libre, ses forces s'épuisent, il va mourir asphyxié. Les enfants devraient tous mourir sur le sein ou contre la joue de leur mère ; lui, est mort seul, sans soleil, sans un dernier baiser du grand jour. Voyez-le ; son bonnet de laine est à jamais incliné sur son épaule, vous diriez un oiseau qu'on a trouvé mort dans son nid, sa main est déjà tiède et fermée, sa bouche est entr'ouverte, mais la petite chanson du pays n'en sortira plus. Faiseurs d'aquarelles, préparez cette fois votre douce palette, car voilà une touchante esquisse, et qui tient à la destinée même et aux vraies infortunes du ramoneur.

J'ai remarqué cependant qu'en s'apitoyant trop ou en s'apitoyant mal à propos sur telle ou telle condition, on la gâte presque toujours et on finit par lui aliéner la charité publique. Après tout, la condition du ramoneur est dure, pénible, elle exige de la persévérance et même une certaine résolution, mais elle a bien aussi ses avantages. Elle est d'abord lucrative : un enfant de douze ans gagne quarante sous par jour, c'est presque la journée d'un homme ;

ensuite, il fait ainsi l'apprentissage d'un bon métier qui le mettra à même de s'enrichir un jour et de faire à son tour ramoner les autres.

Paris et même la plupart des provinces ne produisent guère de ramoneurs. L'artisan ou le petit négociant parisien surtout, chargé de famille, contraint de bonne heure d'aviser aux ressources, choisira de préférence pour ses enfants des professions qui flatteront sa gloriole. Il fera de ses fils des apprentis épiciers, apprentis perruquiers, enfants de chœur, enfants de troupe, ou même pères nobles du théâtre Comte, mais ramoneurs, fi donc! Cela est bon pour les montagnards, les hommes de landes et de labour : permis à eux d'enfumer leur progéniture, de laisser l'effigie paternelle s'altérer et disparaître sous un masque de charbon et de fumée ; il vaut bien mieux qu'elle aille s'enfariner dans un coûteux apprentissage chez le pâtissier-traiteur, ou s'huiler et s'ensoufrer chez l'épicier du coin.

La Savoie calcule en cela mieux que Paris, et le Piémont encore mieux que toute la France. Le Piémont, que les dictons français accusent bien à tort de nonchalance et de fainéantise endémiques, joint au contraire à l'activité et à la dureté de travail des peuples de montagnes l'adroite souplesse et l'insinuante subtilité du caractère italien. Avec son baragouin, ses allures pliantes, son regard furtif et câlin, le Piémontais s'est progressivement emparé de l'une des branches de l'industrie française les plus proche des nécessités de la vie et par conséquent les plus productives, celle de poêlier-fumiste.

Observez en effet les enseignes de toutes ces boutiques, où le cuivre rayonne de tout l'éclat d'un réflecteur, où s'élèvent en pyramides et en étages tous les systèmes de cheminées connus, cheminées à la prussienne, à la russe, à foyers mobiles, immobiles, à doubles, triples courants d'air : quels noms lisez-vous sur les factures de ces brillants magasins? partout des noms en *i* ou en *o* comme sur un programme des Bouffes. Le Piémont fournit à la France la plus grande partie de ses fumistes et par conséquent de ses ramoneurs, car tout bon ramoneur Piémontais s'établit tôt ou tard à Paris poêlier-fumiste ; la patente et le brevet de ce haut établissement existent d'avance dans le havre-sac du ramoneur, mais avec bien plus de logique et de certitude que le bâton de maréchal de France dans celui du conscrit. En effet, tout bon fumiste doit avoir ramoné, sondé, tâté par lui-même l'intérieur d'une cheminée, ce terrain plus capricieux peut-être et plus chanceux qu'un champ de bataille. Tout bon général doit, dit-on, avoir manié le mousquet, mais que sera-ce donc du poêlier-fumiste? Il faut qu'il commande à la fois le feu et la fumée.

Les fumistes français eux-mêmes emploient de préférence les ramoneurs piémontais : ils les trouvent plus robustes, plus intelligents, plus actifs que ceux des autres pays : ils les ont même presque tous chez eux à titre d'apprentis, qu'ils logent, habillent, nourrissent, et transforment par la suite en garçons fumistes. Ils ont pour règle, une fois la race piémontaise introduite dans leurs ateliers, de ne point en admettre d'autre, car le mélange des pays allumerait infailliblement la guerre civile ; les ramoneurs piémontais, accommodants et aimables sur presque tous les points, sont intraitables sur celui de la nationalité, ils forment entre eux une confrérie des plus serrées, une sorte d'oligarchie patriotique. Ils naissent au sein des sublimes horreurs du Simplon, au milieu des plus beaux rochers du monde, des sapins, des mélèzes, des voûtes de granit et des torrents fougueux et argentés ; ils croissent presque tous dans les environs d'une jolie petite ville qu'on appelle *Domo-d'Ossola*, qui possède le privilége exclusif de la production du ramoneur comme Bergame celui des ténors, et Bologne celui des *mortadelles*. De Domo-d'Ossola, on arrive à un village appelé *Villa*, frais et verdoyant comme le nom qu'il porte, puis par des festons de vignes, des anneaux de verdure, des prairies sans cesse humides et mouillées comme des pieds de Nymphes, on se trouve sur le lac Majeur et de là à Milan la bonne ville. C'est à Milan que le ramoneur piémontais fait ses débuts; il commence par s'essayer dans les vastes cheminées des immenses *palais* lombards, avant de se confier aux gorges si souvent étroites, inclinées et inaccessibles des cheminées parisiennes.

Ainsi, dans tous les genres d'industrie, de travaux et d'applications, Paris est le centre général vers lequel tout vient aboutir, arts ou

Vue de Chamonix et de sa vallée. Dessin de E. Varin.

métiers, chacun y apporte le tribut de ses progrès, la théorie de ses nouveaux talents ; ainsi du ramoneur. Du reste, la vie de ce jeune industriel est marquée d'avance dans les grands ateliers de fumistes des environs des barrières ; là il retrouve une colonie, un échantillon du peuple qu'il vient de quitter, il s'aguerrit au français en entendant encore résonner à ses oreilles les terminaisons de l'idiome natif; il trouve dans les ouvriers supérieurs, à la fois des guides, des instituteurs, des patrons qui lui rendent la tâche plus légère, lui adoucissent les premiers écueils de l'apprentissage. Un ramoneur Piémontais, grâce au patronage patriotique, a des chances d'avancement et de bien-être que les ramoneurs des autres pays ne sauraient avoir. On peut les considérer comme les enfants gâtés du métier. Il est à remarquer aussi qu'ils apprennent la langue française avec une vitesse excessive ; trois mois leur suffisent quelquefois pour se faire comprendre parfaitement; cette intelligence naturelle, jointe aux

Le Ramoneur. Dessin de Gavarni.

garanties qu'ils présentent par les recommandations de leurs compatriotes, explique suffisamment la préférence et la confiante prédilection que les entrepreneurs leur témoignent dans la plupart des ateliers.

Mais il est temps de laisser de côté le Piémontais pour nous occuper du type du ramoneur le plus populaire, le plus répandu, et disons-le aussi, le moins utile, le Savoyard.

On s'est plus d'une fois élevé avec raison contre le métier injuste et souvent barbare que viennent exercer à Paris ces malheureux enfants qui nous arrivent par milliers, au commencement de chaque année, à l'époque où les hirondelles nous quittent, presque tous sous la conduite de maîtres qui les exploitent sans pitié, les entassent la nuit dans des taudis malsains, les forcent à mendier, si l'ouvrage leur manque, les maltraitent, les nourrissent à peine, les rendent enfin martyrs d'une sorte de *traite* plus blâmable que celle des nègres, puisqu'elle s'exerce sur des enfants sans défense et dans le centre d'un pays civilisé.

Les maîtres des jeunes Savoyards se composent en grand nombre de chaudronniers ambulants ou de marchands de peaux de lapins assez

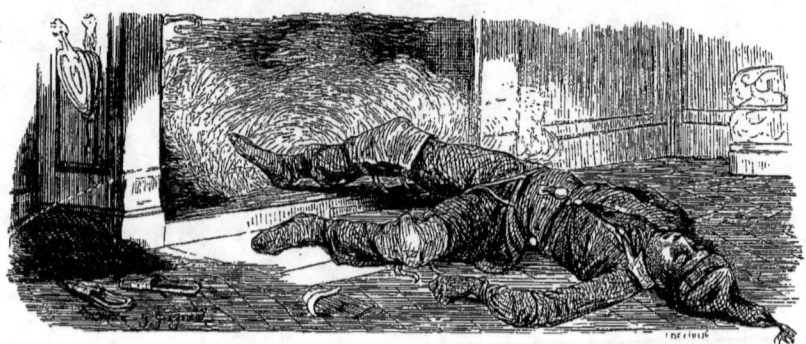

Pauvre Ramoneur! Dessin de Gagniet.

mauvais garnements pour la plupart, ou tout au moins, gens grossiers, inhumains, qui considèrent les ramoneurs qu'ils enrôlent comme une matière exploitable, dont il s'agit de tirer le meilleur parti possible. Ils exigent que chacun d'eux leur remette le salaire de la journée, sans en détourner une obole, sous peine d'une impitoyable flagellation. Il est prouvé que sur trente ou quarante sous qu'un ramoneur peut gagner par jour, son patron ne lui en laisse guère plus de six. Ce fait seul explique la supériorité des Piémontais sur les Savoyards : ces derniers avec un si chétif salaire ne peuvent guère se nourrir : ils ne mangent presque jamais ni soupe, ni viande, seulement quelques légumes, de mauvais fruits. Il en résulte des corps amaigris, rachitiques, incapables de supporter la fatigue, des cœurs et des membres d'esclaves.

Les abus de la maîtrise savoyarde ont plus d'une fois excité les justes récriminations des philanthropes et même des économistes, mais on n'a pas songé que ces plaintes devaient s'adresser bien plutôt à la Savoie qu'à la France. En effet, empêchez les pères et mères savoyards de louer ou de vendre leurs enfants comme des bêtes de somme pour un an, pour deux, pour trois ans souvent, et vous aurez amélioré le sort de ces derniers. Mais avant tout, enrichissez la pauvre Savoie, donnez-lui un sol moins dur et moins ingrat qui ne la mette pas dans la nécessité cruelle de perdre ses enfants, faute de pouvoir les nourrir; donnez-lui comme aux autres pays d'heureuses moissons, de beaux et grands fleuves, de gais vignobles, la ressource du commerce et de l'industrie, moins de nature, mais plus de culture; alors, vous ne la verrez plus confier ses agneaux à ces pasteurs infidèles qui les tondent et vendent leur jeune toison, avant même qu'elle n'ait eu le temps de pousser. Donnez aux ramoneurs savoyards eux-mêmes un autre caractère, un sang plus vif, plus de séve, plus d'esprit naturel, détruisez en eux ces penchants invincibles à la fainéantise et même à la mendicité, car il n'est que trop vrai qu'il y a du levain mendiant chez tout ramoneur savoyard, qu'il est sujet à grelotter et à gémir, autant par habitude que par besoin, et ce penchant n'est que trop bien entretenu en lui par le traitement que son maître lui fait subir. Mais il faut songer aussi que c'est là une colonie déjà pauvre et souffreteuse qui nous est

Jeunes Savoyards. Dessin de Cousin.

envoyée, et que cette misère est une exploitation savoyarde et non française; et voilà pourquoi les fondations d'établissements publics réclamés en faveur des jeunes Savoyards n'ont jamais eu d'effet; cela était conforme aux vœux de l'humanité, mais non aux lois de l'économie nationale. Ce n'est pas lorsque nos maisons d'orphelins, nos salles d'asile et même nos maisons de détention du genre de la prison de la Roquette sont encombrées d'enfants français, que l'on peut réclamer opportunément une nouvelle fondation en faveur d'enfants étrangers. Tout en reconnaissant et flétrissant l'odieuse exploitation de la maîtrise, on n'a pu et dû peut-être se borner jusqu'à présent envers les jeunes Savoyards qu'à des actes de charité partielle.

Quand l'hiver est fini, que les papillons et les parfums de violettes recommencent à voltiger dans le ciel, qu'il n'y a plus par conséquent de cheminées à ramoner, les ramoneurs s'en retournent au pays sous la conduite de leurs maîtres; mais on en voit beaucoup rester à Paris, abandonnés à eux-mêmes, sans direction, sans moyen d'existence, et de là tant de mendiants et de vagabonds.

Cependant, à propos de ces départs de ramoneurs savoyards, nous aurions voulu trouver dans les bourgs et les villages qui environnent Salanches, car c'est de là qu'ils viennent presque tous, quelque fête, une solennité naïve, une messe, un gala, des danses avec un triangle et la cornemuse, que sais-je ? quelque chose dans le genre des bourrées d'Auvergne, pour célébrer le départ en masse du printemps et de l'aurore de la Savoie représentés par ces jeunes bannis, puis dans le lointain, je ne sais quoi de patriotique, un souvenir du

Types et Costumes de la Savoie (environs de Saint-Gervais). Dessin de Pauquet.

ciel et des montagnes, comme un ranz des vaches, qui semblerait leur dire : — Adieu, petits enfants, grandissez, enrichissez-vous, soyez sages, prudents et revenez-nous bien vite. Puis les mères pleureraient à chaudes larmes, en embrassant leur dernier né, les vaches mugiraient parce qu'elles ont perdu leurs petits bouviers, les brebis bêleraient pour dire adieu à leurs pâtres. Quelques personnes croient qu'à l'époque du départ des jeunes Savoyards, le curé du pays, saint Vincent de Paule campagnard, ou le pendant du vicaire savoyard de Rousseau, monte en chaire et adresse à ses jeunes ouailles une exhortation relative aux écueils de Paris, aux devoirs qui les y attendent, à la conduite qu'ils y devront mener ; nous voudrions que tout cela fût vrai dans l'intérêt même de cette peinture.

Mais on nous a demandé le portrait véridique, et non l'églogue du ramoneur ; or, nous devons dire que les fêtes villageoises, ces danses et rondes savoyardes, ces adieux aux cimetières, aux croix des pères, à l'écho des montagnes, même ce prêche du curé, tous ces usages, s'ils ont jamais existé, sont aujourd'hui tombés en désuétude, ou du moins dans le domaine de la romance, comme, du reste, la plupart des pratiques caractéristiques de nos provinces. Les fumistes savoyards qui séjournent aujourd'hui à Paris déclarent être sortis de leur pays, muets et silencieux comme des marmottes ; pour la plupart fort heureux de le quitter, et par la suite, non moins heureux de n'avoir plus à y revenir.

De même, en donnant le costume et le signalement extérieur du ramoneur, nous devons chercher plutôt la vérité que la flatterie ; car s'il est vrai qu'un peintre doive rendre ses portraits toujours un peu plus beaux que nature, ce devoir ne s'étend pas sans doute jusqu'à celui du ramoneur.

Nous dirons donc en thèse générale que le ramoneur est ordinairement plutôt laid que beau, d'abord parce que le type savoyard, piémontais ou auvergnat, est fort éloigné du type grec ou romain, et qu'ensuite, avec un nez toujours barbouillé, un bonnet de laine enfoncé sur les oreilles, et de la suie jusqu'aux prunelles, il se voit nécessairement privé de la coquetterie qui est un des plus puissants accessoires de la beauté.

Mais disons aussi que lorsque le ramoneur est réellement gracieux et joli, il est peut-être plus charmant à voir que tout autre enfant ; rien ne lui va mieux alors que ses gros sabots, son bonnet brun, sa veste de bure, où son corps flotte et se joue à l'aise. Quand il saute et vous fait une révérence en souriant et en faisant le gros dos, il est parfois irrésistible de gentillesse ; on dirait un petit caniche sorti récemment du ventre de sa mère et qui commence à gambader, ou mieux, un de ces petits amours en porcelaine de vieux Saxe, affublés de grands justaucorps et de perruques à marteaux, avec des ailes aux épaules. Si Boucher ou Vanloo eût peint Vénus commandant à Vulcain les armes d'Énée, nul doute qu'il n'eût placé autour de la divine enclume des Amours armés de soufflets et déguisés en ramoneurs.

C'est ordinairement à la porte Saint-Denis, ou à la rue Basse-du-Rempart, qu'ils se réunissent quand ils sont sans ouvrage ; on y voit, outre les savoyards, des francs-comtois, des dauphinois et surtout des auvergnats. Ils attendent là qu'on vienne les louer, comme les vignerons sur les places de certaines villes de Bourgogne. Leurs outils sont les *genouillères* et la *raclette;* l'étymologie de ces instruments en indique assez l'usage. Ils logent ordinairement dans la rue Guérin-Boisseau, et dans celles qui avoisinent la place Maubert.

On sait pourtant qu'à Paris, la plupart des métiers ont leur patron et célèbrent entre eux leur fête annuelle ; les fruitiers, les jardiniers, les cordonniers, les maraîchers, les blanchisseuses ont leur fête ; je m'étonne que les ramoneurs n'aient pas aussi la leur ; on peut dire que généralement ils l'auraient bien gagnée.

Ce serait aux maîtres à en faire les frais ; ne serait-il pas juste que ces pauvres enfants eussent au moins dans l'année un jour de bon temps et de relâche ? Pour ce grand jour on les débarbouillerait, et dès la veille, s'il le fallait ; on leur mettrait des habits blancs, des bouquets à la boutonnière mêlés de rubans, on dérouillerait de cette sale et épaisse fumée ces cheveux qui sont peut-être blonds et bouclés sous la suie, ces cols d'ivoire, ces peaux encore blanches, comme le lait de leurs mères ; on les ferait dîner à table ce jour-là et comme des rois, dans des couverts où ils n'auraient pas honte cette fois de se mirer ; puis après le dîner, on les ferait danser comme on danse, ou plutôt comme on dansait dans leurs montagnes ; et on parlerait de cette fête toute l'année, le matin et le soir, à la chambrée ; on n'en ramonerait que mieux, on y rêverait même dans le fond de la cheminée, et on ne manquerait pas de grimper jusqu'en haut à chaque expédition, pour voir si le temps sera beau pour le jour de la fête.

Mais où allons nous ? Voici que nous chantons la gloire, la fête, la joie du ramoneur, et nous ne pensons pas que, bientôt, il faudra peut-être porter son deuil. Oui, l'industrie, cette géante qui nivelle et simplifie tout, supprimera, avant qu'il soit peu, le ramoneur, comme elle a supprimé tant d'autres machines vivantes, le garçon boulanger, le garçon imprimeur, le garçon chocolatier, le filateur, le roulier, le palefrenier, le maquignon, le cocher. Le ramoneur périra tôt ou tard par la vapeur ; en peut-il être autrement ? La vapeur et la fumée ne sont-elles pas sœurs du même lit ? Vous verrez que les cheminées trouveront un jour le secret de se ramoner elles-mêmes.

Arnould Frémy.

Repas de petits Savoyards. Dessin de Cousin.

LE BERRICHON

Par Félix PYAT

ILLUSTRATIONS DE DAUBIGNY, JEANRON, DELANNOY & RAYMOND PELEZ

Une forêt sépare le Berry de la Sologne, de même qu'un rideau de *manœuvre* sépare deux décorations. Au lever de la forêt, il y a changement à vue entre les deux provinces : on passe de la misère de l'une à l'opulence de l'autre tout à coup, miraculeusement. On dirait que le sifflet du machiniste a fait succéder là, comme au théâtre, le paradis à l'enfer. L'œil, en peine au milieu des solitudes infinies de la Sologne, se délecte aussitôt devant les horizons variés du Berry. Plus de ces plaines grises et nues qui ne portent que le deuil de leur pauvreté, mais un riche paysage entrecoupé de champs, de rivières et de bois, étalant çà et là des blés, des vignes, des fruits, et, à travers cette splendide végétation, un bétail renommé par sa laine et ses gigots. Les hommes et les maisons se retrouvent sur cette terre. Les chênes, à la cime pommée, les peupliers, pyramides de feuilles, les bouleaux, dont les branches flottent comme des panaches, et mille autres arbres, différents de forme et de couleur, mariant leurs touffes aux flèches des vieux châteaux, aux clochers des vieilles églises et aux fourneaux des nouvelles fabriques, escaladent les collines comme s'ils voulaient monter au ciel, et, la tête dans les nues, projettent leur ombre au fond de la vallée, jusque sur les eaux du Cher qui leur baigne les pieds. A l'aspect de ces massifs verts où le chêne domine, on sent qu'on est dans le pays des druides. A travers les troncs séculaires qui s'élèvent comme les colonnes d'un temple, on croit voir encore les prêtres d'Hermès qui viennent, la faucille d'or à la main, cueillir le gui sacré et préparer les sacrifices humains. Oui, c'est bien là le sol antique de notre mère patrie, fertile en arbres et en héros,

Dessin de Jeanron.

le sein de cette vieille Gaule, si difficile aux Romains par ses hommes et ses bois, le milieu de la France, dont la borne centrale est placée près de Bourges, la capitale du Berry.

Bourges, cité sainte de nos aïeux, ventre fécond jadis d'où sortirent les bataillons de Brennus, centre inexpugnable qui fut trois fois le palladium de notre nationalité, qui fut la Gaule contre Rome, la France contre l'Anglais, le dernier camp de l'Empire contre l'Europe; Bourges qui opposa Vercingetorix à César, Charles VII à Talbot, l'armée de la Loire aux alliés, Bourges semble enfin, après des phases si laborieuses et des destinées si remplies, en avoir assez fait, et se reposer jusqu'à la mort dans la gloire de son passé. Belliqueuse pendant sa jeunesse, riche et savante dans sa virilité, cette ville, après avoir produit à différentes époques Brennus, Jacques Cœur et Bourdaloue, c'est-à-dire la guerre, le commerce et l'éloquence, cette vieille ville agonise aujourd'hui.

Les corbeaux l'ont envahie... Quand les cloches sonnent dans les tours de sa magnifique cathédrale, elles remuent plus d'oiseaux de proie en haut que de chrétiens en bas. Ses rues sont désertes, l'herbe pousse entre ses monuments comme entre des tombes. On a beau, pour la vivifier, y établir des garnisons et des écoles : c'est une vie factice, et qui ne lui est point inhérente; c'est comme un autre sang que la transfusion met en vain dans d'autres artères. Cette ville n'existe déjà plus que pour l'artiste et l'historien. Oui, c'est une ville d'autrefois, moitié féodale, moitié religieuse, en proie aux restes de la noblesse et du clergé, enclavée au milieu des terres, sans commerce, sans industrie, sans débouchés,

Vue de Bourges. Dessin de Daubigny.

sans voies de communication directe avec la vie et le mouvement de la civilisation moderne, aussi éloignée de Paris que le ventre l'est du cœur. Ses habitants, paresseux comme des boyaux, s'engraissent à ne rien faire, étrangers à l'activité des autres parties du corps social qui s'agite et travaille en tout sens pour son développement et son amélioration. Le Berruyer de Bourges, l'habitant de la capitale du Berry, est un individu inerte, homme-marmotte, à sang froid, de mœurs douces, ennemi des voyages, des entreprises, des révolutions, bref de toute innovation quelle qu'elle soit, casanier, farouche et bénin comme les trois moutons qu'il a pris pour ses armes, et qui sont le véritable emblème de sa fortune, de son caractère et de son esprit. La bourgeoisie de ce pays, petite aristocratie de terre, de robe ou d'argent, se compose de rentiers indolents, indifférents, incapables du bien comme du mal, qui passent leur vie à digérer, à lire le journal, à donner quittance à leurs fermiers, à entasser leurs richesses dans des coffres-forts où elles moisissent, où, avec le temps, la monnaie devient numismatique, où les écus se changent en médailles, où l'or prend du vert-de-gris, jusqu'à ce qu'un héritier collatéral, né à Paris ou ailleurs, vienne les rendre à l'air, à la liberté, au roulement de la circulation. J'ai vu une succession d'un noble indigène de Bourges dans laquelle se trouvaient des bocaux pleins de pièces qui s'étaient amassées, de père en fils, depuis la fin du xiv° siècle jusqu'au commencement du xix° : il y avait des angelots dans le premier bocal, et des napoléons dans le dernier. Enfin, je ne saurais mieux peindre l'insouciance et la mansuétude du bourgeois du Berry qu'en disant que la révolution française, ce tremblement de terre universel, s'est à peine fait sentir à Bourges, que pas un château, pas une église, n'y ont été abattus, et qu'une seule tête y est tombée. Il n'y a eu là qu'un aristocrate de guillotiné pendant la terreur.

Après le bourgeois, il reste à montrer le paysan et l'ouvrier, et le *Berruyer* ou le *Berrichon* sera dit tout entier.

Le paysan est grand et fort, et la différence qui existe dans les deux pays de Berry et de Sologne existe aussi dans leurs habitants... Pour en avoir la preuve, il suffit de regarder, sur la route qui mène d'une province à l'autre, les deux cantonniers qui sont limitrophes. Tandis que le faible Solognot lève une fois à peine son marteau à briser les cailloux, le Berruyer robuste l'agite dix fois dans le même espace de temps. Aussi, l'un se nourrit de blé noir, et l'autre mange du pain blanc.

Le paysan du Berry méprise son pauvre voisin, qui ne cultive que du sarrasin, comme l'auteur de tragédies peut mépriser un faiseur de vaudevilles. Il est vain de son froment; il en connaît le prix, il en exalte les qualités, il le met au-dessus même du grain de la Beauce, par l'abondance de la farine et la finesse de l'écorce. Il le vend au boisseau, qu'il n'appellera jamais hectolitre, malgré les lois et ordonnances, et qu'il mesure avec un rouleau de bois, rasant exactement tout ce qui en dépasse les bords. Que de précautions, que de soins, que de scrupule même dans les transactions dont le blé est l'objet! On voit bien que c'est la marchandise importante par excellence. D'abord, le paysan s'endimanche et se fait la barbe, se lave les mains, revêt ses plus beaux habits pour aller au marché. Soit qu'il achète, soit qu'il vende, il tâte, il pèse, il examine le grain; il y met l'attention d'un artiste à son œuvre. C'est de l'amour, c'est de la religion... le blé lui coûte si cher! Ce petit grain si minime, qu'il tient entre l'index et le pouce, lui résume tant de travaux et de plaisirs, lui représente tant de peine et de repos, tant de journées passées au soleil, à la pluie, au vent, à la gelée, tant de privations et de richesses, tant de souvenirs et d'espérances, les semailles et la moisson, son passé et son avenir, toute sa vie enfin! Et ce culte pour le blé, il l'a aussi pour le pain : il fait une croix à son pain avant de l'entamer; il ne le pose sur la table que d'une certaine façon; il n'en a jamais laissé perdre un morceau, et la mère a bien soin de dire aux enfants, quand elle leur en coupe : « Ne jetez pas le reste, ou le bon Dieu ne vous en donnera plus. » Et ce n'est pas seulement parce que l'homme mange à la sueur de son front, qu'il a tant de sollicitude envers le pain du bon Dieu. Cette vénération pour la nourriture première est un plus noble sentiment de reconnaissance et de prévoyance générale. Il comprend que c'est, en principe, chose sacrée à honorer, à épargner; que dans les miettes mêmes d'un morceau de pain il y a une faim à apaiser, un pauvre à satisfaire; que dans l'atome qui s'appelle un grain de blé il y a un épi, une gerbe; qu'il y va pour tous, enfin, de l'abondance ou de la disette, de la vie ou de la mort.

Après son blé, ce que le paysan du Berry respecte le plus c'est le mouton. Je ne sais pas trop s'il ne l'apprécie pas autant; mais à coup sûr, il le préfère à tout le reste du monde, et il aimerait mieux voir un rhume à sa femme et à ses enfants qu'à ses moutons... Jamais vous ne feriez goûter de mouton à un paysan : il les vend, il les mène à la boucherie, mais il ne les tue ni ne les mange... Ce n'est pas qu'il soit pythagoricien, et qu'il vive seulement de fèves, en crainte de la métempsychose; car il mange du cochon, qu'il tue à Noël, et qu'il sale pour tout l'hiver; car il mange du bœuf et même du veau, à la rigueur. Mais le mouton lui est rigoureusement défendu par une sorte de loi d'intérêt que j'ai entendu formuler ainsi : C'est une petite bête si utile que le mouton ! En effet, c'est, après le froment, la plus grande ressource du paysan : le mouton lui donne la laine. C'est aussi pour lui l'occasion de sa plus grande liesse, le jour des *tontes*. Ce jour-là, le paysan traite le bourgeois, le fermier reçoit le maître dans sa maison, à sa table ; il s'assied à l'aise côte à côte avec lui, il mange de la même galette, il boit du même vin : il jouit ainsi un moment, grâce aux moutons, de son droit perdu, de ce droit le plus cher à l'homme, le bon, le saint, le joyeux droit de l'égalité. Ce jour-là, il sent sa valeur. Fort du résultat de ses travaux, fier de montrer au maître les produits du cheptel, les richesses qu'il a créées seul, et qu'il va partager avec lui, il relève la tête, il ne balbutie plus comme hier, comme demain; car d'ordinaire le paysan sait mieux agir que parler. Ce jour-là enfin, il parle comme il agit, en homme.

Il n'y a que le jour des noces qui soit aussi magnifique que le jour des tontes, et encore !... Dans une carrière si laborieuse, et le plus souvent si pauvre, les fêtes personnelles se comptent, à savoir le baptême et le mariage, surtout le mariage. Pour le paysan, le mariage est encore le grand acte de la vie. Le paysan prend toujours la chose au sérieux, et s'unit à la fois d'intérêt et de cœur; il s'associe tant pour aimer que pour mieux porter le fardeau de l'existence. L'union fait la force, dit-on; les enfants, dit-on encore, sont la richesse du laboureur. Qu'il croie ou non aux proverbes, toujours est-il qu'il se marie pour s'entr'aider autant que pour satisfaire à la nature. Il fait de l'épouse sa domestique non moins que sa compagne; il fait de ses fils des serviteurs. Ainsi, la dot de la femme se prélève sur ses deux bras, sur son zèle à la maison, sur son exercice au dedans, pendant que le mari s'occupe au dehors et travaille aux champs. Ainsi les enfants s'acquittent envers les parents par le concours de leurs forces, à mesure qu'elles se développent, jusqu'à ce que l'âge les fasse eux-mêmes à leur tour chefs de famille ou soldats. Le mariage est donc une affaire qui se traite avec toute la solennité qu'exigent son importance et sa durée. Les plus grands frais du paysan sont pour la célébration de ses noces. Il dépense ses économies, s'il en a ; il engage même ses espérances pour acheter son ménage; c'est-à-dire ses meubles et ses habits; pour acheter surtout l'anneau de la mariée, qui est presque toujours en argent, quelquefois en plomb, et pourtant plus solide encore que l'alliance d'or ou de diamant qui unit les riches.

Rien n'est gai comme la vue d'une noce de villageois du Berry. Les rubans, les bouquets, les costumes neufs, parent les époux et les convives, qui vont à l'église deux à deux, bras dessus, bras dessous, les hommes avec les femmes, la cornemuse ou la vielle en tête, au milieu des coups de fusil, au son des cloches, entre une double haie de curieux, regardant, applaudissant, et criant *aux dragées*, comme autrefois la foule criait *largesse* aux rois. Le bonheur est aussi une royauté! Après la bénédiction nuptiale, au sortir de l'église, et en rentrant à la maison, l'épouse, dans plusieurs parties du Berry, trouve un balai jeté en travers du seuil. Si elle passe par-dessus sans le relever, on en conclut qu'elle sera mauvaise ménagère; si elle ne passe qu'après l'avoir relevé, elle sera un modèle de toutes les vertus. Elles le relèvent toutes avant de passer!!! Vient ensuite un festin homérique qui dure un soleil; et qu'on n'interrompt que pour danser une danse de toutes jambes et de tout cœur, à laquelle le corps participe en entier des pieds à la tête, et qui continue la pleine nuit, après même que les époux sont allés se coucher.

Mais avant d'aller se mettre au lit avec sa femme, l'époux est soumis à son tour à une épreuve qui est moins naïve que l'expérience du balai. Il s'agit, pour le mari, de reconnaître sa femme par la jambe. Voici comment : Quand sonne l'heure du repos pour les époux, on fait ranger par terre toutes les femmes de la noce ensemble, et sur le dos; on les déchausse de leurs bas et de leurs souliers; on les cache toutes d'un drap, depuis la figure jusqu'aux mollets exclusivement, qui seuls restent à découvert. Dans ce pêle-mêle de jambes nues, le mari doit reconnaître sans se tromper celle de sa femme. S'il met la main dessus, il a le droit d'aller se coucher immédiatement; sinon, son bonheur est renvoyé à la nuit du lendemain. La morale de cet usage est qu'il faut connaître la jambe de sa femme avant de se marier. On compte sur la *clairvoyance* de l'amour, c'est sa *prévoyance* qui réussit.

Le paysan du Berry est chrétien, le dimanche surtout. Il admet tous les jours fériés, parce que ce sont aussi les jours de repos. Il a pour patronne spéciale sainte Solange, qui fait concurrence à sainte Geneviève, car elle gardait aussi les moutons. C'était une pieuse bergère des environs de Bourges, qui fut vierge et martyre jadis, et que les indigènes ne manquent pas d'honorer tous les ans, parce que sa fête, qui se célèbre en été, est une assemblée où ils vont se gaudir sous les *ramées*, acheter des bouquets artificiels qui contiennent des petits miroirs pour leurs maîtresses. Quelques-uns, plus croyants, y vont encore faire bénir des cornes de cerf, pour être heureux à la chasse, prendre des amulettes pour se préserver eux et leurs troupeaux de la maladie et du tonnerre, accomplir un pèlerinage pour redemander à la sainte la vue ou l'ouïe, une jambe ou un bras, quand, par malheur, ils les ont perdus. Mais c'est le petit nombre; car depuis longtemps il ne se fait plus d'autres miracles à cette fête que ceux qui, suivant la chanson, s'opèrent dans le bois,

Vigneron. Dessin de Jeanron.

où l'on va deux, d'où l'on revient trois.

Le paysan du Berry serait incomplet si je passais sous silence le vigneron, villageois civilisé, citadin de faubourg, métis du paysan et du bourgeois, qui ne porte ni grand chapeau comme les gens de la campagne, ni chapeau rond comme les gens de la ville, mais le chapeau à cornes; qui ne porte ni l'habit à la française comme les uns, ni le frac comme les autres, mais une veste à la carmagnole; qui sait lire et écrire au besoin, qui comprend même la politique, au moins en ce qui touche spécialement ses intérêts. Les vignerons d'Issoudun se sont insurgés après 1830, à cause de l'impôt des droit réunis. Ils ont battu les employés, brûlé les registres de l'administration.

Forgeron. Dessin de Jeanron.

« A bas les commis, disaient-ils dans leur langage énergique, à bas les commis, ou il n'y a rien de fait! » Pour eux, Charles X, Polignac, les ordonnances, la censure, le double vote, la tyrannie, en un mot, c'étaient les commis. Rude engeance, du reste, obstinée et dangereuse, parce qu'elle souffre, parce qu'elle est poussée à bout! Il a fallu que le général Petit tirât l'épée de Fontainebleau pour avoir raison de leurs serpes; il partit à la tête d'un régiment d'infanterie, de plusieurs légions de gardes nationaux, et *l'ordre régna dans les vignes d'Issoudun!*

Enfin, parmi les paysans du Berry, aux yeux noirs, aux cheveux bruns, il est une race d'hommes particulière qui contraste avec les autres par ses yeux bleus et ses cheveux blonds. On reconnaît de prime abord que ce n'est point une race aborigène, et que ces hommes au teint de lait ne sont pas du même sang que les naturels bistrés du pays. Leur couleur, leur taille, leur langage et leur nom, indiquent cette différence. On les appelle *foratins*, c'est-à-dire étrangers; ils ont l'accent britannique, une stature rigide, des yeux bleus et la peau blanche; bref, ils sont les restes de l'invasion anglaise du temps d'Édouard. Depuis le XIVe siècle, ils se sont conservés pur-sang au milieu de la

France, sans se mêler, sans s'altérer, sans rien perdre de leur physionomie originaire. Ils habitent la forêt de Saint-Martin, cultivent spécialement les arbres fruitiers, dont ils apportent la récolte en ville dans des paniers attachés sur le dos de leurs mulets. On distingue les foratins dans les marchés du Berry, absolument comme les juifs dans les marchés de l'Europe.

Après le paysan vient l'ouvrier, qui se divise en quatre espèces, suivant la nature même des richesses du pays : le cardeur, le fendeur, le marinier, et le forgeron. En effet, avec le blé et la vigne, qui se rapportent au paysan, le fer et l'eau, le bois et la laine, voilà tout le Berry ! Ah ! j'oublie la poterie et la porcelainerie, qui sont aussi des spécialités de cette province; et puisque j'y suis, je vais commencer par ceux qui les représentent.

Le potier et le porcelainier sont frères, comme le manant l'était d'un noble. Il y a entre eux autant de distance qu'entre l'argile et l'émail, entre un pot de chambre et une tasse. Ils ne se rapprochent et ne se nivellent que par une soif égale, une soif insatiable, indicible, une soif dont un Polonais même n'a jamais donné d'exemple, et qu'explique assez l'exercice de leur métier. Du matin au soir ils respirent la poussière; ils travaillent la terre, qui se durcit à la chaleur de leurs mains, et s'envole en poudre sous leur outil, les prend à la gorge, les altère, les dessèche, et les oblige à s'humecter de temps en temps pour vivre. De façon que l'hygiène les rend ivrognes tout d'abord pour commencer, et qu'à la fin, à force de boire, ils ne peuvent plus même s'enivrer, comme Mithridate ne pouvait plus s'empoisonner. D'ailleurs bons compagnons, ardents convives, travaillant une semaine et ripaillant l'autre, vivant au jour le jour, presque artistes, et, à coup sûr, les plus amusants et les plus spirituels des ouvriers. Ils habitent le département du Cher.

Les cardeurs, au contraire, qui travaillent la laine à Châteauroux, dans le département de l'Indre, et tous les employés aux manufactures de draps, sont lourds, huileux et mats comme la matière qu'ils exploitent. La misère les obsède là comme à Lyon... Laine ou soie, en tout, le métier de canut n'est pas bon. Ceux de Châteauroux produisent du drap, et ne sont pas vêtus. Leur main d'œuvre, qui suffit à peine à les faire vivre, habille toute l'armée de ces pantalons garance qui font la fortune du fabricant.

Les fendeurs, autre misère! Ces malheureux vivent au fond des forêts, abattent et équarrissent les arbres à grands coups de cognée, scient et fendent les branches et les troncs, préparent, exposés à toutes les intempéries de l'air, le bois à brûler, le bois à construire, la bûche qui nous réchauffera, le toit qui nous couvrira, et, pour tant de fatigue et d'efforts, mangent un oignon par jour avec trois livres de pain, boivent de l'eau croupie, qu'ils puisent dans le creux du chemin, dorment sous une hutte, qu'ils appellent une *loge*, et qui est faite de perches, de genêts et de gazon. C'est de la civilisation d'Amérique.

Le reste des ouvriers du Berry n'a aucun caractère propre, et ressemble à tous les autres artisans de France, par la misère et l'habitude de boire et de fumer. Oui, le tabac, cet opium du pauvre, endort leur peine, comme le vin enivre leur loisir. Le vin et le tabac sont leurs deux grands excès, leurs deux grandes débauches, qu'on leur reproche sans cesse, sans songer aux maux dont ils sont le remède, sans songer surtout que les ouvriers ne boivent tant à la fois que parce qu'ils boivent peu souvent, sans songer que ceux qui blâment le plus leur intempérance, à bien compter, consomment autant qu'eux, prenant tous les jours, à petits coups, ce que les autres absorbent à grands verres, le dimanche seulement. Mais parmi ces habitudes générales, il y a cependant deux traits de mœurs qui sont particuliers aux ouvriers du Berry. Par exemple, ils ont fait du 1er mai un jour d'honneur ou de honte, de récompense ou de punition : d'honneur et de récompense pour les jeunes

Le Berrichon. Dessin de Jeanron.

filles qui sont restées vertueuses, de honte et de punition pour celles qui ne le sont pas. Ainsi, le premier jour du mois printanier, ils plantent dès l'aurore, avec une sérénade, un arbre fleuri qui s'appelle un *mai*, et qui porte une récolte de gâteaux et de rubans, devant la maison des demoiselles qui ont gardé leur virginité; et en même temps, ils mettent, avec un charivari infernal, une carcasse de cheval à la porte de celles qui ont cessé d'être filles avant

Maison de Jacques Cœur, à Bourges. Dessin de Delannoy.

d'être femmes. Tel est l'un des deux usages remarquables chez les artisans berruyers. Le second, moins original peut-être, mais aussi expressif, consiste à prendre le mari qui s'est laissé battre par sa femme, à l'enfourcher sur un âne, la tête de l'homme tournée vers la queue de l'animal, et à le promener de cette manière aux quatre coins de la ville, au son des cors, des cornets, et de tous les instruments cornus et pointus qu'on peut imaginer.

J'arrive aux deux dernières espèces, les plus remarquables et les plus caractéristiques du type, le marinier et le forgeron.

Le marinier du Berry a été à Nantes; il a vu la mer; il a descendu la Loire jusqu'à son embouchure. C'est un voyageur, c'est-à-dire un aventurier et un savant, un *déluré*, en un mot, suivant l'expression locale qui signifie un homme résolu et instruit. Il a donc vu du pays, le pays bas, comme on appelle en Berry la

Touraine et la Bretagne ; il a vu du pays, dis-je : il a donc le double avantage qu'on acquiert à se déplacer, le double avantage d'apprendre et de s'aguerrir. Aussi, n'y a-t-il pas à lui faire peur, et rien à lui faire croire. Voilà ce qui explique sa supériorité sur le reste des habitants, qui l'écoutent et le craignent comme un oracle. Il est robuste et leste, aisé dans ses gestes, dans ses vêtements. Il porte d'ordinaire une blouse très-courte, un pantalon très-large, de petits souliers à boucles, de grands pendants d'oreilles enrichis d'ancres et de câbles d'or, sous un chapeau ciré. Il est, du reste, querelleur, buveur et fumeur, et même superstitieux comme un véritable marin de la mer. Vous en aurez la preuve dans l'anecdote qui suit :

Le Cher, la rivière sur laquelle il navigue, et près de laquelle il demeure, a le naturel capricieux et perfide de la femme. Tantôt il est calme, et doux, et limpide, comme une jeune nonne ; tantôt il s'emporte, bondit, et roule, comme une bacchante, le tout sans rime ni raison, au moment où l'on s'y attend le moins. C'est la rivière la moins régulière du monde dans son cours et dans ses crues : aujourd'hui ruisseau, demain torrent ; aujourd'hui facile à une coquille de noix, demain impraticable aux plus gros bateaux. Elle grossit en une nuit : que dis-je ? en une heure, à vue d'œil, par boutade, et elle arrache, et elle entraîne dans ses flots les barques amarrées, les ponts de pierre avec les passants, des quartiers de terre avec leurs arbres et leurs animaux. On a vu, dans une de ces crues, deux loups voguer en pleine eau sur un morceau de forêt. L'ignorance de la cause du mal mène toujours à la superstition dans le moyen du remède... Les mariniers du Berry, et de Vierzon spécialement, victimes, de temps immémorial, des fantaisies du Cher, s'étaient donc adressés jadis à leur patronne, sainte Perpétue, pour qu'elle les délivrât de l'inondation.

C'était, à ce qu'il paraît, une sainte hydrofuge, qui avait une vertu siccative, je ne sais quelle ardeur intrinsèque capable de vaporiser les eaux. Toutes les fois que la crue avait lieu, les mariniers recouraient à sainte Perpétue : alors le curé de Vierzon faisait sortir la sainte de l'église, la menait en grande procession sur le pont ; et là, dès que le Cher et la sainte étaient en présence, la chaleur prodigieuse de la bienheureuse opérait son miracle, la crue diminuait. Il est vrai que les méchantes langues disaient que les curés d'autrefois en savaient plus long que les mariniers, qu'ils avaient étudié les phases des inondations, qu'ils connaissaient par cœur la croissance et la décroissance de l'eau, qu'ils calculaient l'heure de sa retraite par l'heure de sa venue, et qu'ils ne faisaient sortir la sainte qu'au moment où l'eau baissait. Toujours est-il que l'eau baissait quand sortait la sainte, et que sainte Perpétue continua ses miracles en paix jusqu'à la Révolution. Par malheur, alors la sainte était en argent, et l'argent était rare, comme on sait, au temps des assignats. Or, le représentant du peuple que la Convention avait délégué à Bourges entendit parler de sainte Perpétue, et aussitôt il lança un mandat d'amener contre elle comme aristocrate... une sainte d'argent ! Elle devait être condamnée au creuset, et être fondue au profit de la République, qui avait besoin d'acheter du fer pour armer ses soldats. Il envoya donc au curé de Vierzon l'ordre de livrer la vierge, et aux gendarmes, l'ordre de l'arrêter. Mais le curé, croyant, sans doute, que c'était assez pour la sainte d'avoir été déjà exécutée une fois, refusa d'obéir, fit sonner le tocsin, lança ses bedeaux et ses enfants de chœur par la ville, pour annoncer aux mariniers qu'on voulait leur arracher leur patronne, leur sainte, leur Notre-Dame-de-Bon-Secours. Aussitôt ce fut une révolte ouverte. Le commissaire de police fut obligé de faire battre la générale, de rassembler la garde urbaine, et d'aller, avec les gendarmes, appréhender la vierge au corps. Mais les mariniers étaient déjà sous le porche de l'église, munis de leurs rames, de leurs engins, et de leurs terribles tire-pousse. Les charpentiers en bateaux s'étaient joints aux mariniers, et s'étaient armés d'outils tranchants, où la hache domine. Alors il y eut bataille, et les insurgés furent vainqueurs; alors, pour célébrer leur triomphe, et remercier Dieu de leur succès, le curé fit sortir Perpétue délivrée, et la promena en procession dans toute la ville, chantant les litanies de la Vierge, avec un chœur de mariniers. C'était, m'a raconté le contemporain qui en fut témoin, un spectacle curieux de voir cette procession mêlée de cierges et de piques, de pieuses prières et de mondaines imprécations; que d'entendre, quand le prêtre avait dit : *Sancta Perpetua !* les mariniers répondre, avec des gestes et des mots inouïs : Ah! nom de D..., j'la tenons, la mâtine!... *Ora pro nobis!*

Le lendemain de cette gloire éphémère, quatre escadrons de chasseurs à cheval, qui étaient en garnison à Bourges, étaient arrivés à Vierzon, et, malgré le curé et les mariniers, s'emparaient de la vierge, et l'emmenaient de brigade en brigade jusqu'à Bourges, et de là à la Monnaie de Paris, où elle fut exécutée par ordre du comité de Salut public. Hélas! depuis, les crues du Cher sont revenues, et reparties sans sainte Perpétue.

Certes, le marinier serait le prototype du Berruyer si le forgeron n'existait pas... Mais le forgeron est le rival du marinier; le forgeron et le marinier se valent, et se détestent comme leurs éléments, comme l'eau et le feu. Partout où ils se rencontrent, dans la rue, au cabaret, au bal, ils s'attaquent et se battent; mais à rebours de leurs éléments, le marinier n'éteint pas toujours le forgeron : au contraire. Le forgeron est un si rude adversaire! Vous allez le connaître.

Le forgeron est l'ouvrier du fer; c'est un homme durci au feu, devant lequel et contre lequel il travaille nuit et jour... autre vestale qui entretient sans cesse la flamme sur l'autel de cette nouvelle religion qui s'appelle l'*industrie*. Ses membres sont des barres, ses mains sont des pinces; car voilà ce qu'il fait du matin au soir, et du soir au matin. Nu, ou couvert seulement d'une longue chemise en toile, de guêtres et de sabots, il prend dans des fournaises, à l'aide de tenailles démesurées, des boules de fonte rouges et ardentes comme des soleils; il les traîne à pas de course, et les engage dans des cylindres, où il les fait passer et repasser sans cesse à la force de son poignet, au risque de s'y engrener lui-même, jusqu'à ce qu'elles s'étirent en galon ou en fil : un d'eux, qui s'y était pris, en est sorti en rubans; ou bien, il porte un de ces globes sur une enclume, et là, dans un volcan d'étincelles qui le brûlent, il le martèle sous un marteau que lève une roue hydraulique, et qui lui retombe à chaque coup sur les bras, jusqu'à ce que la boule soit devenue un essieu; ou bien encore il s'arme d'une cuiller de fer, et va puiser dans une source flamboyante quelque vingt kilogrammes de *gueuse*, qu'il verse dans des moules pour faire des marmites et des chaudières. C'est un travail de démons. Ces gens-là sont damnés; ils n'ont plus rien à craindre de l'enfer.

Je demandais à l'un d'eux, qui venait de finir un arbre de machine à vapeur : « Combien faut-il de temps pour forger cet article? — Quinze jours, me répondit-il. — Et combien de gouttes de sueur? — On ne compte pas ça; je sue tant, ajouta-t-il, que j'ai du salpêtre dans ma chemise. » Pauvre homme! et il gagnait trois francs par jour. Et savez-vous qu'il doit encore économiser pour l'avenir sur ces trois francs de la journée, car il ne peut exercer longtemps son métier. Il n'y a pas d'exemple de forgeron âgé de cinquante ans : passé cet âge, ils sont vitrifiés, et se cassent. Dans les forges de cuivre, c'est encore pis. Il faut toute la virilité, toute l'énergie de la vie humaine, pour combattre de tels ennemis, le fer et le feu. Nobles héros de l'industrie, conquérants de la matière, soldats pacifiques, qui se font mutiler dans leur terrible lutte, qui meurent à la peine, sans gloire et sans récompense, soldats engagés à jamais et sans congé, qui, pour obtenir un peu de répit, pour ne pas travailler le dimanche, pour se reposer le septième jour de la semaine, ont été obligés de se révolter, et qui n'ont rien obtenu! Et cependant Dieu lui-même s'est reposé, et ils ne sont que des hommes, et ils font une besogne de diable. Mais Dieu n'avait pas de maître, et ils en ont un. Ils sont les serfs de la féodalité moderne, attachés à cette glèbe de métal qui les dévore tout vifs; ils appartiennent corps et âme à la nouvelle seigneurie qui a remplacé l'autre. L'ancienne, au moins, nourrissait et entretenait parfois ses vassaux; celle-là les exténue, les extermine; il y en a tant d'autres pour remplacer les *aînés quand ils ne seront plus!* La société, qui s'est, avec raison, inquiétée du sort des militaires, ne devrait-elle pas songer aussi au sort des ouvriers? Pourquoi ceux-là n'ont-ils pas aussi leur retraite et leurs invalides? Ce ne sont pas les blessés qui manquent assurément. Soldats de la paix ou soldats de la guerre, ne s'exposent-ils pas tous également pour l'utilité publique? Pourquoi le maître, qui prélève tant de bénéfices sur leur travail, sur leur sueur et leur sang, ne serait-il pas tenu de payer de son lucre un impôt spécial, à l'effet de construire un hôtel des invalides où on recueillerait les ouvriers malades, les blessés et les impotents, où les enfants trouveraient un berceau pour naître, et les vieillards un tombeau pour mourir? Ce serait là une belle, et noble, et juste institution. Le Berry, comme centre de la France, serait le lieu convenable pour cet établissement national; et Bourges, la ville aux moutons, la ville du passé, cette ville aux murs si calmes, si vides, serait bien le grand dôme qui abriterait les invalides de la paix, les invalides de l'avenir.

FÉLIX PYAT.

Dessin de Raymond Pelez.

LE TOURISTE

Par Roger de BEAUVOIR

ILLUSTRATIONS DE A. DE BAR, H. CATENACCI, STAAL, GAVARNI, RAMBERT

> Diné le 20 à Elbœuf.... Toutes les femmes de cette ville sont rousses.
> UN TOURISTE ANGLAIS.

EN dépit du voyage à jamais mémorable de Gulliver chez le peuple intéressant de Lilliput, et des relations plus ou moins véridiques écrites depuis le capitaine Cook jusqu'au capitaine Marryat, l'imagination timide des géographes ne rêve plus les lointaines découvertes. Ils se sont contentés de tracer le cercle figuratif de l'univers, et contemplant le globe de la hauteur de leur compas, ils ne cherchent plus à en reculer les limites. A dater de Christophe Colomb, les amiraux de tout pavillon se sont dégoûtés de la gloire ; depuis M. de Blosseville, les marins se tiennent coi.

Dessin de Pauquet.

Il résulte de ceci qu'à défaut d'îles vierges et de baies inconnues à explorer, nous visitons les contrées dont la topographie exacte se trouve consignée dans tous les itinéraires : ce parti est le plus commode et le plus sage. Notre siècle n'invente plus, il s'abstient de nous montrer de nouveaux mondes et de nouvelles mers ; mais, il faut le dire à sa louange, c'est un siècle emporté sur la roue de la vapeur, un siècle alerte et curieux de déplacement au dernier point. Il constate au lieu de découvrir, il visite chaque recoin du monde comme un agent de police visite un tiroir. S'il n'est pas encore prouvé que la littérature contemporaine et le théâtre d'aujourd'hui demeurent comme monument, personne au moins ne pourra nier que la migration ne soit en progrès. On voyage, ou plutôt on arrive au fond de la Suède en vingt jours ; un capitaliste ruiné s'occupe en ce moment-ci d'élever des télégraphes dans le Désert. On ne parle encore que des télégraphes, mais un mois après le Désert voudra le gaz.

Cette fièvre des voyages n'agite pas encore heureusement à la fois tous les individus d'une même nation : en regard de ces touristes effrénés, il y a des gens qui ne bougent pas plus de leur fauteuil que les sénateurs qui se laissèrent égorger dans leur chaise d'ivoire.

Les touristes (on peut l'avancer) composent véritablement une classe distincte, une famille à part au sein de la grande famille.

Cette race forme surtout en France l'une des surfaces les plus divertissantes de la société française.

Le touriste, c'est le mouvement perpétuel si longtemps rêvé par les poursuiveurs d'énigmes, c'est le juif errant avec un habit convenable et ses cinq sous multipliés.

On naît voyageur, on devient touriste. Mille incidents divers vous poussent loin de la patrie : souvent d'abord c'est la patrie elle-même, lorsque son horizon se rembrunit, et que l'émeute y souffle violemment les révolutions ; il ne manque pas alors de philosophes qui deviennent touristes.

D'autres se font touristes par satiété, par ennui. L'éternel programme de la vie parisienne les décide à chercher d'*autres climats et d'autres cieux*, comme disent les opéras-comiques Ils étaient la veille en bas de soie à un bal de l'ambassade d'Angleterre, le lendemain ils font leurs malles pour la Perse.

Les subdivisions du terme général touriste (*tourist*) varient dans notre France à l'infini. Nous mentionnerons ici le touriste riche, le touriste pauvre, le touriste ruiné, le touriste politique, le touriste joueur, et le touriste littéraire.

Ce jeune homme, en gants jaunes, ajustant sa lorgnette d'écaille noire au balcon de l'Opéra et se penchant à mi-corps vers le parterre comme pour y découvrir un être des pays lointains, c'est un touriste.

Il y a deux mois, il applaudissait à Saint-Pétersbourg mademoiselle Taglioni ; voyez-le maintenant frapper de sa canne avec frénésie à chaque bond gracieux de mademoiselle Essler. Comment ignorez-vous que l'année précédente il a quitté un soir les Variétés pour s'en aller voir danser les Odalisques dans leur patrie véritable ? Il est monté quatre fois dans la nacelle aérienne de M. Green. Il n'a pas trente ans et déjà il connaît sept à huit pays divers : l'Italie, l'Espagne, l'Afrique, la Chine et l'Asie. Il retourne sous peu de jours à l'ouest des États-Unis ; il va vous parler de la cabane du Blanc et du wigwam de l'Indien, des plaines verdoyantes arrosées par l'Arkansas ou la Rivière Rouge. Vous pourrez dans l'entr'acte causer avec lui, Osages, Cricks, Delawares, Pawnies, Comanches et autres tribus. Ne vous avisez pas de le contrarier au sujet des Maures, des Braknos, des Nalous, des Laudanas, des Bagos : ce sont là ses castes de prédilection, il a fait route avec elles, il a fumé dans leurs pipes. Il sait ses prairies de l'ouest tout aussi bien que Cooper le romancier. Voulez-vous aller à Temboctou, et de là à la Mecque, où vous ferez un pèlerinage ?... Mais on lève la toile, et mademoiselle Essler va danser la *Tarentule*... Vous reprendrez la conversation dans l'autre entr'acte.

« Aimez-vous la Grèce ? s'écrie de nouveau le touriste ; le bazar d'Athènes m'a préoccupé comme savant. Vous ne connaissez point le consul d'Athènes ? c'est un homme parfait et qui vous ira. Il m'a fait observer que les tableaux de Polignote décoraient le portique des Stoïciens ; à cette heure, et par une singulière vicissitude du sort, les capucins sont devenus habitants de la Lanterne de Démosthène, édifice antique que ne rappelle en rien la lanterne de Saint-Cloud. J'ai beaucoup lu, beaucoup étudié en Grèce. Le Parthénon vu du côté des Propylées est joli. Je ne vous dis rien de la fontaine Castalie à Delphes. Les Grecs sont voleurs généralement, mais il y a des dames grecques admirables ! »

Il reprend bientôt :

« Je le vois, les antiquités vous flattent peu. Préférez-vous la Chine ? je l'ai habitée un an :

c'est un pays sur lequel les livres et les imprimés ont menti. Il est faux que l'on y mange perpétuellement le riz avec des bâtonnets pour cuillers ; j'en ai trouvé une dans la ville de Canton. J'ai logé deux mois à Pékin, je sais l'enceinte de la ville impériale, j'en ai fait le calcul à deux toises près. Formose, les marchands hong, les îles Lieou, Kieou, le fleuve Jaune, la grande Muraille, les marchands d'éventails et ceux de thé, j'ai tout vu. J'ai un exemplaire sur soie du testament de Kia-King, j'ai mangé de la soupe aux nids d'oiseaux chez le mandarin O-mi, mandarin à bouton d'argent, qui fait de très-jolis vers. On n'a jamais ouï parler en Chine de M. Abel de Rémusat votre Chinois, pas plus que de M. Flourens notre nouvel académicien ! »

Le touriste continuera de la sorte dès le premier instant où il lui sera permis de recommencer. Il vous entraînera à sa suite et sans fatigue à travers l'Italie et la Norvége, la Suisse et la Tartarie, la Hollande et la Sicile ; les contrées les plus diverses et les plus opposées, il les fera défiler sous vos yeux à la baguette. Cet homme ressemble à un marchand qui développe devant vous les échantillons de l'univers : choisissez.

Le touriste riche possède ordinairement de 200 à 250,000 livres de rentes. Il fait partie de la classe des touristes *nababs* qui parcourent l'orient avec une caravane de chameaux et de domestiques. Il voyage en berline, descend au meilleur hôtel, et retient cinq lits pour le moins qui sont dévolus à sa livrée. Il voyage sans *lionne*, ni dame de ses pensées : c'est un célibataire ennuyé qui craint la goutte. Il a le teint pâle, il aime la musique et recherche la société dans chaque ville ; son valet de chambre le rase, le coiffe et l'habille ; quand il quitte Paris, il emporte avec lui une partie de son mobilier, ses nécessaires de toilette, ses portraits de femmes, ses diamants ; et n'était, en vérité, la tenture de son appartement à son hôtel, il retrouverait sa chambre de la place Vendôme partout. Le touriste riche n'emploie jamais les garçons d'une auberge italienne ou française, il n'use que des siens, qui forment une sorte de milice à part et deviennent redoutables aux maîtres d'hôtel dans tous les lieux où ils passent. Comme il est banquier la plupart du temps, et qu'il possède un clos de vin renommé, sa cave le suit, et il a le plaisir de lire le nom de son crû sur ses bouteilles. Quelquefois il se trouve accaparé dès le premier jour par messieurs du conseil municipal, qui lui demandent comme une grâce de vouloir bien donner son nom à une rue de leur endroit, faveur que le touriste n'accorde qu'après un petit débat de modestie. Les Anglais le fuient comme la peste, parce qu'il est plus riche qu'eux, dont la médiocrité se replie et s'abrite en France. Le journal du pays annonce sa venue avec des fanfares de phrases ; mais il repart en poste quand on s'y attendait le moins; il veut voir à Rome le pape et la semaine sainte.

Le touriste riche a quitté pour voyager son château de France, la Bourse et le théâtre Italien. A Londres, à Rome, à Saint-Pétersbourg, vous le retrouvez amoureux de quelque prima-donna qui regarde la loge d'avant-scène, et à laquelle son chasseur apporte un bouquet matin et soir. Ce chasseur est un fort bel homme qui fait le conquérant auprès des femmes de chambre, paie seul les postillons, et met les aubergistes au pas. Il exerce sur le valet de chambre une surintendance cruelle pour celui-ci, mais aussi il répond des roues cassées et du versement en voyage. Il sait par cœur tout les paris de son maître, et ne monte jamais sur un *steamer* sans aller causer quelques minutes avec le nègre qui surveille la vapeur.

Le touriste riche sent le portugal et le cuir de Russie ; il fume des cigares Lafleur, — et c'est pour l'ordinaire sur un album à fermoirs dorés qu'il inscrit pour la postérité la plus reculée des fastes comme ceux-ci :

« 16 avril, beau temps ; baigné à neuf heures; à dix, déjeuner; à deux heures, je tirerai le pistolet. »

Ou bien .

« Miss L... est adorable ; l'applaudir ce soir

Le Touriste. Dessin de Gavarni.

Vue des Pyramides. Dessin de A. De Bar.

quand elle chantera ; demander l'adresse d'un dentiste, etc., etc. »

Le touriste riche affectionne surtout les eaux de Baden-Baden. Il y tient tour à tour le râteau ou la cravache, il achète toutes les vues de ce délicieux pays, et parle de la *Favorite*, à son retour, comme d'un palais magique. Il a soixante gilets, autant de bagues, un peu moins d'épingles, et une chaîne d'or sur son gilet de velours nacarat. Au premier coup d'archet que nous vaut à Paris le retour des Bouffes, vous le retrouvez fort exactement assis dans sa loge ou dans sa stalle, envoyant à la Grisi un flot de *bravi* et de *brava*.

Il est cependant certains désagréments curieux que le touriste riche éprouve en voyage et auxquels nous devons consacrer ici quelques lignes.

Nous mentionnerons en premier lieu le *nécessaire*.

Ce nécessaire, acheté le plus souvent chez Aucoc, se compose de tous les outils imaginables pour une toilette recherchée ; il pèse vingt-cinq livres, il est garni d'or, d'argent, d'émaux incrustés, de velours. Rien de plus superflu que ce nécessaire, vous le savez. C'est une lourde machine qui est loin de valoir, pour l'utilité, les quatre à cinq menus objets de toilette renfermés dans l'unique étui qu'un Anglais met dans sa poche pour le voyage[1]. Ce nécessaire de l'homme riche une fois étalé sur les serviettes blanches de son hôtel, jugez des commérages du maître, de la servante et des valets de l'endroit ! Le seul examen de ces pièces fait monter la carte du touriste riche à un taux exagéré. Ajoutez à cela les transes perpétuelles qui l'agitent au sujet de cette vaisselle portative, s'il passe par les détours périlleux de la Sicile ou de la Calabre !

Le second désagrément que nous devons mentionner consiste dans la *botte vernie*.

Un touriste à la mode prit terre, un soir, dans le petit port de Trouville. Entre autres magnificences qu'il voiturait avec lui, il avait dans sa malle trois paires de bottes. Comme il y avait bal dans l'endroit, il se contenta de dire en se couchant, au valet d'auberge, qu'il voulait pour le lendemain des bottes vernies. Sur l'affirmative du garçon, notre touriste s'endormit ; il fut réveillé dès l'aube par les lames tranchantes d'un beau soleil, qui pénétraient à travers les volets dans l'appartement. L'air était divin, la mer chantait, le touriste se leva. Après s'être promené longtemps, il lui vint envie d'aller déjeuner à deux lieues de là ; il se résolut à prendre une voiture. On lui enseigne le seul carrossier du pays, il s'achemine vers son atelier ; mais, ô stupeur ! que voit-il en arrivant ? quatre paires de bottes miraculeusement vernies sur une fenêtre, le garçon carrossier en était à la cinquième. Les bottes du touriste passaient par le vernis du charron !

Venons maintenant au touriste pauvre. Celui-là calcule et passe son temps à faire son budget dans chaque étape. C'est un petit homme sec comme de l'amadou, brossé, rangé, épinglé, mais d'une propreté si triste qu'on est tenté mille fois de lui demander : « Mon ami, pourquoi voyagez-vous ? » Il n'a qu'un sac de nuit, une valise de cuir anglais, une montre et un parapluie. N'espérez pas le tromper, il connaît la liste des hôtels ou des garnis avec leur tarif, il est à l'eau par régime, porte un chapeau gris orné d'un crêpe afin de légitimer un habit noir, et tient assidûment une paire de gants roulés, également noirs, dans sa main droite. Cependant, il n'en arpente pas moins les vallées de la Suisse, et les musées d'Italie ; il va son petit bonhomme de chemin, et ne s'accorde le café ou la glace qu'aux grandes occasions. Il ne demande jamais si la voiture va vite, mais combien on paie ; les suisses et les gardiens de monuments l'ont en horreur ; il fait un train du diable pour payer la note de son hôtel, cette note qui ne monte souvent qu'à 100 francs pour quinze jours ! Le touriste pauvre se couche sans

---

[1] La supériorité du touriste d'Angleterre sur le touriste de France est une chose qui ne fait pas même conteste ; mais nous ne devons nous occuper ici que du touriste français.

Vue de Pékin. Dessin de Staal.

VUE DE NAPLES ET DU VÉSUVE

Dessin de H. Catenacci

bougie ; il achète à peine des allumettes phosphoriques.

Le touriste ruiné a pris pour thème perpétuel de vous entretenir de son luxe et de ses chevaux ; il dit : *ma terre de... que j'ai vendue, mon cheval que j'ai donné, mon chasseur que j'ai mis hors de chez moi*. Il écume au nom de quelque grand industriel en journaux ou en asphaltes qui l'a ruiné ; si ce Robert Macaire avait l'audace de se présenter dans le lieu où il passe sa saison d'été, il l'en ferait sortir et reprendre la poste incontinent ! Le touriste ruiné affecte de mépriser les équipages à la mode, les femmes et les *lions* qu'il rencontre : « La coupe de leur voiture est pitoyable, ils sont mis à faire soulever le cœur, ce *lion* ressemble à un bottier. » A ceux qui le connaissent moins, le touriste ruiné aime à persuader qu'il fait des économies, ou bien qu'il voyage par ordre de Marjolin. Les débris de son ancien luxe l'ont suivi ; il conserve des épingles, des bagues et des chaînes qui, sans être de mode, ont du moins de la valeur. La misanthropie qui le ronge lui fait demander des nouvelles de ses amis de Paris qui *branlent dans le manche*, avec un empressement que rien n'égale ; l'annonce d'une faillite ou d'un revers l'épanouit. Il porte des éperons, mais il n'a plus de cheval ; sa robe de chambre, dans laquelle il se drape comme un Romain pour prendre le thé, conserve un parfum de grandeur et de fortune. C'est dans cette tunique flottante qu'il rêve le matin aux moyens de se refaire ; il n'y a qu'un mariage qui puisse vraiment le sauver !

La mystérieuse allure du touriste politique s'accroît pour l'ordinaire de tous les brouillards du télégraphe et de la diplomatie. Le touriste politique choisit le plus souvent le moment d'une question difficile pour tâter le pouls à l'esprit public dans un pays ; il est mince et ficelé comme une dépêche, rogue comme un protocole, d'autres fois soumis et insinuant comme un placet. Ne l'interrogez pas, il ne sait rien, il ne vient ici que pour promener sa femme ou délasser son ennui de célibataire ; la nature a tant de charmes pour un homme de cabinet ! Depuis le congrès de Tœplitz, où le plus infâme des pamphlets a osé travestir sa mission, il a renoncé au monde ; si le mois dernier il était à Bade, c'est que Meyerbeer s'y promenait, et qu'il est l'ami de Meyerbeer. Toutefois, et en dépit des négations multipliées du touriste politique, vous ne tardez pas à le voir aller chez tous les Russes sérieux qui tiennent leurs assises politiques dans le pays. Le matin, il vous a parlé, au salon de conversation, avec une veste de chasse et une badine ; le soir, vous le retrouvez avec un habit bleu barbeau et une mercerie de décorations à la boutonnière. En public, il affecte de ne lire aucun journal ; chez lui, c'est un cabinet de lecture, et il correspond chaque soir régulièrement avec la Gazette d'Ausbourg. La rue des Capucines reçoit de lui des lettres qui peuvent s'appeler véritablement une chronique ; il parle toutes les langues, et use des gants jaunes à faire frémir. Il voyage en grand ou en petit, suivant le thermomètre des fonds secrets ; il vous dit toujours : « Que se passe-t-il ? » ou encore : « Je ne sais rien. » Si l'on parle à table du vin de Johannisberg, le vin du premier diplomate du monde, il feindra la distraction, car il évite jusqu'aux moindres confidences.

> ... C'est un de nos secrétaires,
> Qui, cousus de petits mystères,
> Ne vous parlent qu'incognito.

Ces vers de Gresset dépeignent assez bien le touriste politique. Il arrive cependant qu'il est quelquefois un ministre disgracié, un héros sans portefeuille. Mais alors le triste voyage, si par malheur il n'est pas né philosophe ! Le voyez-vous ouvrir avec effroi chaque feuille qui vient de France, interroger chaque visage de nouveau venu ! Il demande son rappel aux arbres, aux clochers, aux vagues, il parcourt sans en jouir et sans les voir vingt pays qui n'ont d'autre charme pour lui que celui de varier à ses yeux le panorama du monde et l'arracher à ses afflictions ministérielles. Le touriste politique emporte d'habitude avec lui plusieurs brochures et un arsenal de cannes à pomme d'or ou de pipes avec lesquelles il se fait aux eaux de bons amis, des êtres dévoués à sa personne et à sa cause. Il affecte de n'aimer que le bordeaux ou le thé russe. S'il commet l'énorme imprudence d'emmener sa femme avec lui, il ne pourra guère éviter les tracasseries conjugales, mais cette femme aide à sa fortune merveilleusement ; c'est par elle qu'il apprend mille secrets, elle fait pour lui la police de son boudoir. La femme du touriste politique est pour l'ordinaire assez belle, c'est une glu perfide tendue par lui aux diplomates et aux hommes d'affaires de toutes les puissances. Le touriste politique est nécessairement un homme sérieux. Il juge constamment moins par analogie que par contraste ; il vous dit : *En Angleterre, c'est bien autrement ; en Russie, cela n'a pas lieu,* etc., etc. Sa devise favorite est le *nil admirari.* Qu'est-ce qui pourrait en effet étonner un homme qui a vu les têtes les mieux organisées de l'Europe ?

Place ! place ! voici le touriste *joueur !* celui-là, pour se faire voir, met le corps à travers la chaise de poste qui le reconduit de Bade à Paris ; cette chaise, il l'a gagnée au trente et quarante. C'est un homme d'un âge mûr, le plus souvent aussi sec qu'un parchemin, et maigre comme le râteau du croupier. Il s'inquiète peu, je vous jure, du fameux chapitre de l'Authentique : *de Alearum usu;* de celui du

Le touriste riche. (Page 163.)

code : *de Religiosis et sumptibus,* du Digeste au titre : *Interdicimus,* et de toutes les belles choses de saint Cyrille sur les joueurs. Il prise également peu la verdure, les cascades et les vapeurs enchantées du paysage. Ancien habitué de Frascati, il a assisté, à Paris, au dernier jour des jeux et de M. Benazet, il a vu le dernier quart d'heure de probité des employés, il a reçu le dernier soupir du creps et de la roulette. Aussi recherché qu'un dandy, ou aussi crotté qu'un watchman, il parcourt depuis ce temps les quatre parties du monde, demandant à chaque pays de faire de lui un Crésus. Ce n'est guère qu'à trois heures de l'après-midi que le touriste joueur ouvre la paupière, il se réveille en s'écriant : *Rouge gagne !* J'en ai vu un qui passait sa vie à étendre un petit tapis vert sur son lit, il battait les cartes et faisait le jeu à qui entrait. Il arrive souvent que le touriste joue en chemin la calèche qui l'amène aux eaux, d'autres fois il joue jusqu'à sa montre et sa malle. Il joue en voiture, il joue à pied, il joue à cheval, mais c'est surtout à Bade ou à Vienne qu'il aime à jouer. Il trouve en ces lieux bon nombre d'étrangers, il s'informe d'eux au débotté et les cote sur son carnet de joueur. Comme il est assez rare que le touriste joueur n'ait pas subi quelque désagrément dans son pays, il respire à l'aise loin de ses pénates, et poursuit le cours de ses études aléatoires avec plus d'assurance en songeant au privilége de l'incognito. Pour mieux se déguiser, ce touriste-là, qu'on devrait nommer le touriste *floueur,* se fait appeler le comte de Spa aux eaux de Bagnères, et réciproquement le comte de Bagnères aux eaux de Spa. Il se campe dans le meilleur hôtel, court au jeu, ne s'amuse pas à piquer la carte, et jette un billet de 1 000 francs sur le tapis à son arrivée dans la maison de conversation. Deux jours se sont à peine écoulés, qu'il sait le nom des Russes, des Anglais, des aventuriers de tous pays qui s'abattent aux eaux comme une nuée de sauterelles. Le touriste joueur ne manque jamais le dîner de table d'hôte, c'est là qu'il ébauche des liaisons pour les jours de malheur; car si la chance venait à

Vue générale du Kremlin. Dessin de A. De Bar.

tourner trop désagréablement pour lui, songez un peu à ce qu'il deviendrait dans une ville où les perdants ont toujours tort ! En homme prudent, il s'attache donc à faire des dupes ; c'est au dessert surtout que sa faconde éblouit. Il a fait des calculs approfondis sur la banque, il prédit la martingale, et dégotera la ferme à volonté. En arrivant au salon, il s'assied nonchalamment devant le tapis, puisant et repuisant dans sa tabatière à portrait, qu'il dit tenir d'un prince régnant de la maison d'Allemagne. Le garçon de l'hôtel le maudit cordialement parce qu'il rentre toujours le dernier et souvent avec des airs de Beverley, qui lui figent le sang au cœur. Avare ou prodigue selon la chance, il se refuse le nécessaire ou se complaît dans des félicités de vingt minutes; la carte de son dîner montera aujourd'hui à 4 francs, demain à un double louis.

Le touriste *littéraire* ne date pas d'aujourd'hui. Pour ne parler que de deux écrivains : de le Pays, sous Louis XIV, et du chevalier de Boufflers, sous Louis XV, ils furent de charmants touristes. Le premier a rédigé un voyage en Angleterre, en Hollande et en Belgique, voyage qui est bien l'un des plus ingénieux et des plus gais qui se puissent lire ; le second a crevé un bon nombre de chevaux à courir, avec sa boîte à pastel et son fouet, après des marquises aussi agréables qu'Aline. Le dix-huitième siècle, plus que tous les autres, mit en circulation le touriste littéraire : le premier fut, sans contredit, le prince de Ligne. Mais en ce beau temps d'esprit et de manchettes, il faut observer que l'on faisait meilleur marché de son génie qu'à présent ; un livre de voyages était un recueil de lettres adressées à ses amis. A cette heure, le touriste littéraire est autre chose ; un touriste, quand il découvre un pays, songe tout d'abord à se faire payer sa découverte par son libraire : tant pour l'Italie, tant pour l'Afrique, tant pour l'Espagne ou pour la Perse : tous les pays pour lui sont devenus matière à impôt ! Armé d'une écritoire à ressort, il écrit sur le Mont-Cenis, ou le Saint-Gothard, deux in-octavo d'impressions. Il part escorté d'un seul domestique, comme lord Byron ; ce *fidus Acathes* le suit partout avec des chaussons, dans les musées ou les bibliothèques, pour ne pas salir les parquets ; avec des souliers ferrés sur le Mont-Blanc. Le touriste littéraire se fait un point d'être mal mis, il a toujours l'air d'avoir versé la veille dans un précipice. Il emporte avec lui une masse d'albums et de souvenirs, des autographes d'écrivains en vogue, du tabac turc et une merveilleuse quantité de cigares. Il écrit son nom sur tous les registres, et se fait annoncer dans le journal du département. Afin de mentir avec une sorte de vraisemblance, il se montre aux savants du pays (lorsque le pays possède des savants) ; il fait sonner très-haut le ministère de l'intérieur, et parle des missions littéraires avec un enthousiasme d'initié. Comme on lui montre ordinairement les manuscrits et les cathédrales, il en a bien vite une indigestion : il lui faut des rencontres plus imprévues, le voilà à la recherche des voleurs. Par pitié ! un voleur, un simple voleur, pour que je l'incruste dans mes mémoires ! On l'adresse en Italie ; mais par malheur il n'existe plus de brigands dans cette contrée, à moins que ce ne soit les ciceroni et les aubergistes. Le touriste littéraire n'en écrit pas moins sur son album :

« A la hauteur de... et comme le jour tombait, six contadini de mauvaise mine vinrent me demander la bourse ou la vie. Je les reconnus fort bien, car ils portaient tous le costume du second voleur, l'ami du chef, dans *Zampa*. »

Le moment d'une éruption au Vésuve (et il y en a perpétuellement, comme on sait) est le plus beau moment de la vie du touriste littéraire.

« Il était minuit, Naples entière sommeillait. J'ai vu la flamme de si près, que ma moustache droite a été brûlée. Je redescends du Vésuve rempli de ses brûlantes émotions. »

Le touriste littéraire est en correspondance avec les premiers journaux de Londres et de Paris. Il ne manque jamais de dédier un livre à sa majesté l'empereur de toutes les Russies, qui en retour lui envoie de forts beaux boutons en turquoise, si ce n'est en diamants; il est comme tous les chanceliers du monde, il parle vingt idiomes et on le bourre de thé dans les soirées. Quand il lit, à la cheminée d'un salon, une page de ses excursions nouvelles, c'est à qui se récriera : jamais il ne lit trop ! Eût-on même voyagé avec cet homme, on parcourt un pays neuf en l'écoutant. C'est que le touriste littéraire donne son vernis à chaque endroit, il le poétise, il en fait un nouvel être ! Vous pensiez jusqu'ici que Venise était une belle et noble étude, une ville intéressante ; erreur ! détrompez-vous, c'est *une coquille de noix sur la mer*, *un perpétuel bain de pieds*. Le même touriste a découvert que lord Byron a composé Don Juan à coups de verres de rhum, et que Gœthe n'a jamais porté de nankin. Il vous entretient gravement du bruit que fera son livre. Y a-t-il un recoin qu'il n'ait visité, une pierre qu'il n'ait point vue ?

> — Et le Pyrée a part aussi
> A l'honneur de votre présence ?
> — Tous les jours, il est mon ami ;
> C'est une vieille connaissance.

Le touriste littéraire se trompe, hélas ! quelquefois aussi cruellement que le magot de La Fontaine. Il lui arrive d'accoupler des noms et des choses impossibles ; il croit, par exemple, que « Stenio se promenait à cheval un matin sur la place de Saint-Marc, » quand il est avéré que les chevaux de bronze de Venise sont encore les seuls coursiers que Venise possède et puisse voir ; ceux de Byron habitaient, on le sait, la pointe du Lido. Grâce à l'importance que prend chaque jour l'ennui, le touriste littéraire est du reste admis comme contrepoids dans tous les cercles. Il fait des vers aux dames, et donne des pralines au chien ; on a peur de son livre futur, on le choie, on le caresse. Les femmes de quarante ans principalement lui font mille agaceries, elles tremblent de se voir consignées par lui dans son chapitre des *Ruines*. Le touriste littéraire mange et boit au reste comme s'il n'était aucunement dieu ou demi-dieu ; il est d'habitude flanqué d'un ami ou d'un séide qui s'amourache de sa gloire et lui déterre un chapitre piquant pour chaque jour.

Cet ami du touriste littéraire demande à être dépeint.

Jeune homme incompris dans sa petite ville, auteur d'un volume de vers inédits, et méprisant son pays natal, il est abhorré de tous les gens de son endroit. L'arrivée du touriste littéraire sera pour lui l'aurore d'une réhabilitation attendue. Prévenu par un télégraphe ou une correspondance quelconque, il se tient pensif et les bras croisés devant l'hôtel où doit descendre le *grand homme*, c'est lui qui le premier l'étreint sous la porte cochère et l'appelle *mon cher maître*. Il a grand soin d'avoir chez lui toutes ses éditions de Belgique rassemblées sur une tablette ; c'est là son trésor, son bagage consolateur, il cite au touriste littéraire le *nobiscum peregrinantur et rusticantur* de Cicéron. — Que venez-vous faire ici, bon Dieu ! reprend-il ensuite avec un air sérieux et mélancolique. Vous ignorez, *mon cher maître*, ce que c'est que ce pays, des embûches et des trahisons à chaque pas ! Que je remercie le ciel de n'être point encore parti pour Paris, je vais donc pouvoir vous piloter, vous initier à ce qu'ils appellent des merveilles ! Pour moi je ne trouve que le café Anglais et l'Opéra de véritablement merveilleux après vous, notre merveille littéraire ! Je ne veux plus vous quitter, je veux être votre guide, nous dînerons ensemble tous les jours. Défiez-vous surtout de messieurs tels ou tels, ils sont ennemis nés de votre talent. Je vous donnerai des notes excellentes, je vous sacrifie tout ce que j'ai pu rassembler !

L'ami revient le lendemain muni d'une foule d'opuscules et de notices. Le touriste littéraire est enchanté de trouver ainsi sa besogne toute faite ; il s'inquiète peu de la partialité ou de l'ignorance de ce Pylade improvisé. Le Pylade dîne aux frais de son *cher maître ;* il demande pour lui les meilleurs vins, il le gratifie à table des noms les plus pompeux, des éloges les plus extravagants. Lorsque le touriste littéraire s'est couché, après avoir ceint son front de poëte du pacifique bonnet de coton, il est tout à coup réveillé par une musique infernale qui ferait croire à une levée de chaudrons et de pincettes contre un nouveau député. C'est l'aubade obligée que lui impose son ami ; il se voit dans la nécessité de paraître en casque à mèche à sa fenêtre, et de faire une allocution poétique à quelques imprimeurs enthousiastes ou payés.

De retour dans ses foyers, le touriste littéraire ne manque pas d'écrire au moins quatre pages dans son livre ou dans une revue, sur cette bizarre ovation. On a dételé sa voiture (notez que la scène se passait à la fenêtre de sa chambre à coucher), on l'a enivré de vin de Champagne et de flots d'harmonie (c'était une flûte et un cornet à piston du petit théâtre de....). *Sic itur ad astra!* Mais il faut bien que le libraire du grand homme croie du moins à sa gloire !

Il me reste à dire un mot du plus mirifique d'entre tous les touristes, le touriste *qui n'a pas vu.* Le docteur Rumphius prétend que dans l'extase, le rêve ou l'ivresse, certaines images se gravent si avant dans notre cerveau qu'elles finissent par y incruster à la longue un monde réel, une sorte d'atlas dont nous pouvons épeler les pages. Le touriste *qui n'a pas vu*, mais qui ne vous entretient pas moins avec assurance de monuments et de contrées qui existent, est la preuve vivante de ce curieux phénomène. Il devine un lac par intuition, une montagne par instinct. Laissez-le faire, et il vous développera le plan de Waterloo ou des Pyramides. *Cela doit être ainsi*, dit le touriste qui n'a pas vu, et il vous cite tel auteur, car si cet homme n'a pas vu, il a lu prodigieusement. Ce n'est pas qu'on ne l'ait cru bien souvent dans l'Inde ou l'Afrique, mais il était confiné à Passy ou aux Batignolles.

Il résulte de tout ce que nous venons de dire que chaque touriste importe partout ses habitudes et sa tente ; le mot de touriste implique l'égoïsme proprement dit. Pour un touriste aimable, vingt ennuyeux, c'est la règle. Mais dans cette lanterne magique qu'on nomme le monde, il existera par bonheur de si admirables vues, que les hommes représentés sur le devant avec le classique manteau de voyage, si laids et si grotesques que le pinceau du badigeonneur les ait faits, disparaissent devant le ravissant aspect des monts et la teinte harmonieuse du paysage.

ROGER DE BEAUVOIR.

Bas-relief antique. Dessin de Rambert.

LE BÉARNAIS

Par OLD NICK

ILLUSTRATIONS : TABLEAU DE GÉRARD DOW. — DESSINS DE DAUBIGNY GAVARNI, THORIGNY, H. ROUSSEAU, DE LA CHARLERIE & PAUQUET

JOURNAL DE VOYAGE. (10 JUILLET 183*.)

Biarnés Faous et courtés

Nous quittons les Landes : à droite et à gauche, des champs de maïs et une poussière qui nous masque jusqu'aux haies du chemin. Au relais, des enfants roses et déguenillés, n'ayant pas le temps de nous cueillir des cerises, coupent les branches des cerisiers et les jettent à profusion dans la voiture. Quelques-uns, plus prévoyants, ont des bouquets au bout d'une latte flexible et nous mettent les fleurs jusque sous le nez. La voiture repart, ils la suivent, cabriolant dans la poussière et criant et riant à qui mieux mieux, jusqu'au premier détour de la route...

Armes du Béarn

« Les Pyrénées, » dit ma voisine en me montrant du doigt quelques formes nuageuses d'un gris plombé qui s'élèvent au-dessus de l'horizon. Nous sommes sur des hauteurs, mais nous descendons au grand trot dans le vallon, et les Pyrénées disparaissent, masquées par les collines qui nous font face. Encore des landes!.. une côte encore, et les Pyrénées de nouveau, tristes, sombres, chargées de brume. Et l'ardente Espagne est là derrière!

Les landes s'effacent peu à peu, la vigne se montre, les coteaux verdoient. A la bonne heure! on reconnaît le Béarn, tel qu'on l'a pu rêver.

12. — La première trace historique qu'on retrouve de l'existence du Béarn est une charte promulguée en 825 par l'empereur Charles le Chauve, en faveur du monastère d'Alaon, dans le diocèse d'Urgel. En 819, Louis le Débonnaire avait réuni toute la Gascogne à son royaume

d'Aquitaine. Le duc qu'il déposséda, Loup Centulle, laissa deux fils qui, par une transaction de vainqueur à vaincu, furent investis, l'un, Donat Loup, de la vicomté de Bigorre ; l'autre, Centulle Loup, de celle de Béarn. Loup Centulle était de la famille de Clovis. La première dynastie béarnaise a donc été mérovingienne.

Toutefois, les chroniques ne commencent à se débrouiller un peu qu'à partir de Centulle Ier (vers l'année 905). Le Béarn est alors dépendant du duché de Gascogne, possédé par la Castille. Centulle se bat à outrance contre les Maures. Gaston Ier et Centulle II, ses successeurs, fondent une quantité de monastères. Centulle III, grand pourfendeur d'infidèles, prépare en outre l'affranchissement de sa souveraineté, affranchissement que consomme son successeur Centulle IV, à qui Guillaume de Poitiers, devenu comte de Gascogne, fit remise de ses priviléges féodaux en Béarn. On peut voir dans Marca la charte de concession.

Gaston IV, de retour des croisades, où il avait fait merveille contre les Sarrasins, fut appelé par Alphonse *le Batailleur*, roi d'Aragon, à lui prêter secours devant Saragosse assiégée. Le Béarnais vint aider à la prise de la capitale aragonaise, et reçut à cette occasion les titres de *rico hombre*, pair d'Aragon, avec la seigneurie de Notre-Dame *del Pilar*. On voit encore dans cette église les éperons et le cor de guerre de ce valeureux chevalier. C'est à lui et à ses deux prédécesseurs que remonte, sinon l'origine, du moins la rédaction première de ces *fors*[1] béarnais célèbres dans la législation féodale par leur esprit d'indépendance nationale et privée. Le for d'Oloron fut donné, en manière de charte, par Centulle IV ; celui de Morlaas, par Gaston IV, qui promulgua aussi le premier des fors généraux. Ce prince avait, s'il en faut croire les historiens, la manie des franchises populaires ; il s'en allait, propageant la liberté, par les cités et les hameaux. Quand ils en eurent goûté une fois, les Béarnais ne parurent pas

[1] *For* de *forum*, comme les *fueros* espagnols.

disposés à se la laisser marchander. La vicomté venant à tomber en quenouille, Marie, qui en était investie, imagina d'en faire hommage au roi d'Aragon, qui lui donna pour époux Guillaume de Moncade, le premier des neuf barons de la Catalogne. Mais les gens de Béarn, sans autre façon, mirent l'étranger à la porte et se choisirent pour seigneur un chevalier du Bigorre. Celui-ci, prenant sa souveraineté trop au sérieux, fut saisi et mis à mort dans la ville de Pau, alors naissante (1170). Un autre seigneur, Auvergnat, fut choisi de même, ne tint compte de cette leçon et subit le même sort. Alors ces terribles justiciers, les Béarnais, imaginèrent de se donner un maître tellement faible, que toute révolte devînt une sorte de sacrilége. Ils envoyèrent demander à ce Moncade qu'ils avaient chassé un des deux fils jumeaux dont venait d'accoucher l'ex-vicomtesse Marie. « Les « deux prud'hommes béarnais étant arrivés sur « les lieux, dit la chronique, allèrent visiter ces « enfants, qu'ils trouvèrent endormis, dont « l'un avait les mains fermées, *et l'autre les* « *tenait ouvertes*. Or, le choix leur étant donné « par le père, ils préférèrent celui qui avait les « mains ouvertes, prenant cette circonstance « pour un signe de libéralité, et l'emmenèrent. » Ainsi finit en Béarn la domination mérovingienne ; ainsi la souveraineté de ce pays revint à la maison de Moncade, volontiers soumise au roi d'Aragon.

Après Gaston *à la main ouverte*, régna son frère Guillaume-Raymond (l'enfant aux poings fermés), assassin sacrilége de l'archevêque de Tarragone son parent, mais du reste un des législateurs les plus libéraux qu'ait eus le Béarn. C'est à lui que les vallées d'Ossau, d'Aspe et de Baretous durent leurs coutumes, tellement indépendantes, qu'elles légitimaient en quelque sorte les vols de ces montagnards dans la plaine. « Si un homme d'Aspe fait aucun tort aux autres sujets du vicomte, dit le for de Guillaume-Raymond, et que, s'enfuyant après, il puisse arriver à Pène d'Escot, le vicomte ne pourra le saisir ; et par la suite il ne pourra le rechercher

Le Béarnais. Dessin de Gavarni.

que s'il vient en personne tenir les assises dans la vallée. » Partout ailleurs le criminel est inviolable. En somme, et sans rappeler une à une les clauses des fors, il est certain qu'elles établissaient une remarquable réciprocité de droits et de devoirs entre le seigneur et le vassal. Dans la plus grande partie des rubriques, on retrouve ces mots sans distinction de qualités : *Tot homy en Bearn*, tout Béarnais...

La procédure criminelle reposait sur le serment et le duel judiciaire. Quant à la loi civile, elle avait pour base un axiome bien différent de celui des lois féodales en général. Le principe de ces dernières était : *Nulle terre sans seigneur*.

Vue de Bayonne. Dessin de Daubigny.

Le principe des fors était : *Nul seigneur sans titre*. Il y avait tout un abîme entre ces deux points de départ, bien qu'au premier coup d'œil ils ne semblent pas s'exclure.

Même jour. — Pendant que j'écris ce rapide résumé de mes études matinales, les rues de Pau se peuplent et s'animent. Laissons là le passé. Voici une procession (c'est aujourd'hui la Fête-Dieu). Le costume des paysannes est tout à fait original. Leurs *capulets*, écarlates ou blancs, leurs fichus aux vives couleurs, émaillent la foule bigarrée. Des citadines, les unes ont le long manteau roide et noir qui les cache de la tête aux pieds, vraie guérite d'étoffe (le *capuchon*), les autres portent, coquettement posé de côté, le madras à carreaux bruns et verts, rouges et jaunes. Sous ce madras, d'ordinaire on voit plaqués des cheveux *d'un noir d'enfer*, comme ceux de Belcolor ; beaux yeux, en général ; lèvres volontiers entr'ouvertes par un agréable sourire ; joues brunes et fraîches ; démarche preste et assurée, avec ce mouvement des hanches que les Espagnols appellent *meneo*.

La physionomie des hommes est avenante et fine ; beaucoup de nez aquilins et de pommettes saillantes. La gaieté, stéréotypée sur ces grands traits, a quelque chose de sculptural. Quelques rides moqueuses le long de la paupière, une habitude du visage qui, peu à peu, relève fortement les deux coins de la bouche, contribuent à donner au type national je ne sais quoi de satirique et de gaillard. Costume presque traditionnel : le berret plat, brun ou bleu, parfois surmonté d'une houppe de laine blanche ou rouge ; l'antique *blaude* bleue, rarement écrue ; la veste brune, et, souvent, sur le gilet de laine blanchâtre, la large ceinture rouge des Catalans. Par malheur, le pantalon vulgaire a remplacé la braie aux larges plis et les guêtres collantes, au grand détriment du pittoresque.

La capitale du Béarn, c'est-à-dire la résidence des vicomtes, fut d'abord fixée à *Benearnum* (aujourd'hui Lescar). L'invasion normande ayant détruit cette ville, ils l'établirent à Morlaas, puis dans le château d'Orthez (vers le milieu du treizième siècle). Cependant un de ces princes, accoutumé à de fréquentes excursions contre les Sarrasins d'Espagne, remarqua, au midi de la plaine du Pont-Long, un endroit dont la situation lui plut. Il l'obtint des habitants de la vallée d'Ossau, qui en étaient propriétaires, moyennant un droit de préséance à la *cour majour*, quand cette assemblée serait tenue dans le château qu'il voulait construire. Sur ce terrain, afin de déterminer les limites de la concession, trois pieux *(pali)* furent plantés. Autour de celui du milieu on bâtit le château, qui fut appelé pour cette raison château du Pal, et, par corruption, de Pau *(Paou)*. Ainsi, du moins, disent les antiquaires, et ils vous montrent les armoiries octroyées en 1482 aux jurats et communautés de Pau : trois *pals*, et sur celui du milieu, un *paon* faisant la roue. J'en demande bien pardon aux antiquaires, mais j'aimerais autant faire dériver *Paou* de *paon* que de *pal*.

Ce premier château, qu'on appela aussi en béarnais *Castel Menou*, n'existe plus depuis longtemps. Quatre cents ans après sa fondation (1363), Gaston Phœbus bâtit celui qui existe aujourd'hui. Gaston Phœbus était de la maison de Foix qui, alliée à la maison de Moncade, hérita de la vicomté de Béarn, après la mort de Gaston VII, décédé sans postérité mâle (26 août 1290).

Ce prince, l'hôte vénéré du bon Froissart, était un grand seigneur poëte, très-débonnaire pour le temps. Il poignarda quelque peu, après souper, son frère naturel Pierre-Arnault ; mais aussi Pierre-Arnault, assiégé dans Lourdes qu'il détenait pour le roi d'Angleterre, ne voulait pas rendre amiablement cette place à Gaston. Quant à l'aventure du fils de ce dernier, elle est bien connue. Ce jeune homme fut accusé d'avoir voulu empoisonner son père. On le mit en prison, et il résolut de se laisser mourir de faim. La chose revint à Gaston, qui se nettoyait les ongles avec un petit couteau. Il passa dans la chambre où était son fils, et là, « par maltalant (maladresse), dit naïvement le chroniqueur, il bouta un tantinet de la pointe du coutel en la gorge de l'enfant, et l'assena en je ne sais quelle veine. Le prisonnier fut sang mué et effrayé de la venue de son père, outre qu'il étoit foible de jeûner ; aussi ne fit-il que se retourner d'autre part, et incontinent il mourut. »

Tel était ce « prud'homme en l'art de régner, connoissable et accointable à toutes gens, et qui doucement et amoureusement parloit à eux [1]. » D'ailleurs, passé maître au grand art de vénerie et poëte assez agréable, on chante encore de lui ces petits vers amoureux :

Aqueres mountines — que ta hautos soun
M'empéchon de bédé — mas amous oun soun.
Si sabi ebs bédé, — ou las rencountra,
Passeri l'ayguette, — chens poü d'em nega,
Aqueres mountines — que s'abacheran
Et mas amourettes — que parecheran [2].

Il a signé, monument peut-être moins durable, le château de Pau, que je viens de voir. Sur un terre-plein à huit angles, irrégulier de forme, formant une escarpe élevée en maçonnerie et revêtue en pierre de taille d'environ soixante pieds de hauteur, s'élève ce *moult*

---

[1] Froissart. — *Chroniques*.

[2] Ces montagnes, qui sont si hautes,
M'empêchent de voir où sont mes amours.
Si je savais où les voir, où les rencontrer,
Je passerais l'eau sans crainte de me noyer.
Ces montagnes un jour s'aplaniront,
Et laisseront paraître mes chères amours.

bel castel entouré d'un talus extérieur qui lui fait comme un second piédestal haut de trente pieds. Dans l'enceinte principale, quatre tours à peu près disposées en amphithéâtre. En avant du château, en dehors de son enceinte, faisant face au midi et dominant le pont jeté sur le Gave, une cinquième tour, assise au pied de l'escarpe : elle a soixante pieds d'élévation, car sa plate-forme est de niveau avec le terre-plein, qui sert aujourd'hui de promenade. L'escarpe du terre-plein et celle du talus étaient couronnées jadis par des murs crénelés qui ont disparu.

C'était une forte maison où l'on ne pénétrait pas de plein saut. Une herse, un pont-levis et un étroit corridor, fermé de six portes, défendaient l'accès de la cour intérieure, où l'on retrouve le grand puits des résidences féodales. Celui-ci a cent cinquante pieds de profondeur, et son diamètre est de neuf pieds six pouces.

La tour séparée s'appelait la tour *de la Monnaie*. Les quatre autres (je les prends dans l'ordre où elles se présentent quand on va de la ville au château) étaient désignées sous le nom de tour Carrée, tour de Montauzet, tour de Bilhères et tour de Mazères. C'est la tour de Montauzet qui, entre tous ces noirs et massifs donjons, avait la plus tragique renommée. Au nord du château, construite en carré long, elle a quatre-vingts pieds de hauteur, sans compter le toit ; ses murs ont huit pieds d'épaisseur, et son unique porte était à quarante pieds du sol.

En 1772, on imagina, par curiosité, d'en ouvrir une seconde à sa base. Le travail fut long, car la maçonnerie avait la consistance du marbre. On espérait je ne sais quelles émotions de mélodrame : des fers rouillés, des tranchants d'épée, disposés en gril au fond de ces antiques oubliettes ; on n'y trouva qu'un précipice plus ou moins profond, et qui gardait à jamais le secret de ses maîtres. Il fut comblé. Du reste, il y a dans l'épaisseur des murs, à diverses hauteurs, sept ou huit étroits cachots, dont il est impossible de deviner la destination. On ne voit de porte qu'à un seul ; les autres ont peut-être été murés après coup, sur quelques captifs condamnés à y mourir de faim : prisons d'abord, tombeaux ensuite.

La tour de Bilhères (nord-ouest) est le boudoir du château ; elle portait suspendue à ses murs, comme un nid d'hirondelle, *le cabinet de la reine Jeanne*, petite tourelle qui s'est écroulée, mais que l'on a reconstruite, et d'où l'œil embrasse le plus ravissant paysage. Au pied de la tour carrée s'ouvre une porte de pierre de taille rousse, au-dessus de laquelle un bel écusson de pierre jaune écartelé (première et quatrième d'or, à trois pals de gueules, qui est Foix ; au deuxième et troisième d'or, à deux vaches de gueules, l'une sur l'autre, accornées, acculées, clarinées et onglées, qui est Béarn), porte ces mots : *Phœbus me fé* (Phœbus me fit). Je ne sais pourquoi on n'y trouve pas la belle devise de ce prince : *Tocquoy si gaouzes* (Touches-y si tu l'oses !) ; elle eût été mieux placée que partout ailleurs au fronton de cet altier monument d'architecture militaire.

Un autre Gaston, en 1460, transforma la forteresse de Pau en château seigneurial et vint y établir la résidence des vicomtes de Béarn, qui, du chef de ce prince, devinrent rois de Navarre. Mais la Navarre espagnole ne leur demeura pas longtemps. Une bulle du pape Jules II la livra au premier occupant, et le premier occupant fut le duc d'Albe, au nom de Ferdinand le Catholique. Jean d'Albret, qui venait d'épouser la vicomtesse Catherine, fille de Gaston XI, n'était pas homme à défendre son royaume. « Nous aurions encore la Navarre, lui disait sa femme au temps de leurs plus grands revers, si nous fussions nés, vous Catherine, et moi Jean. »

Henri II, leur successeur, et la Marguerite des Marguerites, après leur mariage, vinrent à Pau compléter l'œuvre des deux Gaston. Sous leurs mains le château seigneurial devint palais. Gaston de Grailly ne leur avait laissé que peu de chose à faire pour les entours qu'il avait agrandis et ornés ; les jardins étaient réputés les plus beaux de l'Europe. Aussi consacrèrent-ils leurs soins aux constructions extérieures, et ils élevèrent ce corps de logis exposé au midi, le long duquel s'étend le grand balcon : c'est dans cette partie du château qu'est né Henri IV. Je passe à dessein sur les détails des couches de Jeanne d'Albret : la gousse d'ail, les lèvres de l'enfant trempées dans le vin, la joie du vieil Albret, le mot : *Ma brebis a fait un lion ;* toutes banalités historiques bonnes pour des livrets de musée. Quant au berceau en écaille, dont l'authenticité fut naguère si controversée, et qu'on soutient avoir été celui du futur roi de France, je ne lui trouve qu'un seul inconvénient : c'est de ne pouvoir être le berceau de personne. La portée d'une chatte y tiendrait à peine.

En revenant à mon hôtel, je traverse la place Royale, où des grisettes excessivement frisées jouent aux quatre coins. Un gros monsieur les contemple avec une complaisance bénigne. Je

Dessin de Pauquet.

le regarde à mon tour : c'est le grand maestro de la *Semiramide* et de *Guillaume Tell*, Rossini en personne.

13. — Mes chers compatriotes forment ici une colonie déjà vieille et nombreuse. Hier au soir, au Parc, je n'entendais que de l'anglais. Pour un peu, je me serais cru sur le *Bowling-Green* de Bath. Un grand jeune homme blond, donnant le bras à deux *misses* blanches et roses, leur détaillait en phrases de journal son admiration pour le paysage, pour les *dark trees*, le *stream of orange light*, — *not merely colour, but live light*, — *which the sun had left behind it*, le ciel pâle, les étoiles, le crépuscule, que sais-je ? Derrière nos trois jeunes gens, les parents suivaient, discutant posément le mérite du bœuf de Nay et du vin de Jurançon. Depuis que les Anglais ont choisi Pau entre toutes les villes du Midi pour y installer au soleil leur

Une Halte. Dessin de Pauquet.

confortable oisiveté, le prix des loyers a quadruplé ; les objets de consommation renchérissent tous les jours. Le luxe y fait des progrès effrayants. N'importe, le pli est pris, et nos touristes y viendront longtemps, — attirés par

le bon marché de toute chose, — tant la tradition a de puissance.

14. — Miséricorde ! on me propose d'aller voir ce soir jouer *The School of scandal* et *Raising the wind*, par lord P..., sir G..., Mrs et Miss R...

La cathédrale de Bayonne. Dessin de F. Thorigny.

Demain il y aura un grand *rout* chez lady F..., et le jour suivant, réunion littéraire chez la *baroness dowager* de C.... On doit y entendre déclamer des vers béarnais par un poëte indigène. Je me demande quel charme éprouveront à ce dernier passe-temps des compatriotes de Byron ; et je pars sans chercher une réponse à cette question.

15. — Un vrai paysage de Claude Lorrain m'a frappé ce matin dans la vallée de Gan, profonde gorge que bordent des hauteurs chargées de verdure, et le long de laquelle, sur un lit de granit, roulent en murmurant les flots transparents du Gave. Au milieu d'un pont de bois, grossièrement construit, une bande de bohémiens à demi nus passaient en nous jetant des regards vagues et farouches, comme ceux du taureau. Sur le chemin se traînait, en faisant gémir ses essieux, une charrette attelée de deux bœufs pesants et penchés l'un vers l'autre, dont les jambes et la tête s'entre-choquaient à chaque pas. Un vieux paysan marchait devant, sans jamais retourner la tête, se dirigeant vers une chaumière, où, sur la porte, une femme maigre et voûtée, entourée de poules auxquelles elle égrenait un épi de maïs, allaitait en même temps son enfant. Sévignac, autre paysage, type des sites du Béarn : une plaine fertile, des prairies vertes, une petite ville aux toits d'un bleu sombre (Arudy), surmontés d'un clocher nain. A côté, le château en ruines ; le Gave serpente, se divise et forme çà et là de petits îlots verdoyants. En face, les montagnes, où la vallée d'Ossau s'ouvre, étroite et sombre.

Costumes admirables, hommes et femmes : les premiers ont la veste rouge, le gilet de laine blanche, bordé de noir, et de larges culottes rattachées à mi-jambes. Le vêtement des femmes est d'une simplicité antique : il se compose d'une large chemise de toile attachée au cou, et que serrent sur les hanches les cordons d'une simple jupe de futaine noire, très-courte ; les jambes à découvert ; quelquefois cependant, mais pas toujours, des bas de laine, mélangés de bleu et de blanc, descendant jusqu'à la cheville : ils sont bordés d'une petite frange et laissent passer le pied nu. Le capulet est noir d'ordinaire, ou blanc et bordé de noir. Un collier doré, ou un ruban noir soutenant sur la poitrine le petit cœur et la croix d'argent. Ces femmes ont une juste réputation de beauté ; ce qui me frappe le plus en elles, c'est la noblesse naturelle de leur port. Quand, en échange de nos regards curieux, elles nous jettent pardessus l'épaule un rire tout bienveillant, on dirait des princesses déguisées.

L'une d'elles, vraie figure d'Isis égyptienne, s'en revient des champs, le râteau sur l'épaule, jetant aux échos une chansonnette patoise. La voici traduite :

Quand j'étais petite, je gardais les agneaux ; parmi les fleurs de la prairie, je ne pensais pas aux amours. Maintenant que je suis grande, je garde les moutons, je les fais paître l'herbette dans ces champs si doux [1]. Un jour je les ai conduits à l'onde de ce petit ruisseau. Là j'ai trouvé sur la pierre trois chevaliers gracieux. L'un me dit : Adieu, Ninette ; l'autre : Adieu, mon amour ; l'autre me pousse dans le ruisseau comme un pêcheur jette sa ligne. Il y avait peu d'eau, je ne me suis point mouillée ; au pied du beau pommier je me suis assise. Pommier divin qui charmes, tu as de bien belles fleurs, mais tu n'en as pas autant que mon cœur a d'amour.

Voilà, selon moi, le vrai chant populaire : l'instinct donne la note, les mots viennent se ranger à mesure sur les lèvres du chanteur, selon que la mélodie produit ses idées. L'ensemble qui en résulte réveille à peu près les mêmes impressions, mais n'a pas de forme arrêtée, de consistance logique.

Autre chanson recueillie par un pasteur de la vallée d'Ossau, Pierrine Sacaze, de Louvie. Celle-ci est historique et a trait à la captivité du roi François 1er. Il ne faut pas oublier que Henri II d'Albret, souverain des Ossalois, avait été pris en même temps que le monarque français :

Quan lou Rey parti de France
Conqueri d'autes pays,
A l'entrado de Pavi
Lous Espagnols bi l'an pris.

[1] Are quan soy granetto
Iou gouardi lous moutous
Qu'ous hey pêche l'herbetto
En sets planets ta dous.

Le château de Pau. Dessin de F. Thorigny.

— « Renté, renté, rey de France
« Que sinou qu'es mourt ou pris !
« — Quin seri lou Rey de France
« Que jamey you nou l'ey bist ? »

Queou lleban l'ale deou mantou
Troban li la flou de lys.
Quoü ne prenen et quoü liguen
Dens la presou que l'an mis.

Dehens üe tour escure
Jamey sou ni lue s'y a bist
Sinou per ue frinestote...
U poustillou bey beni.

— Poustillou, que lettres portos ?
Que si counton ta Paris ?
— La noubelle que you porti
Lou Rey quère mort ou pris.

— Tourno t'en, poustillou, en poste
Tourno t'en enta Paris :
Arrecomandem a ma femme
Tabé mous infants petits.

Que hassen batté la mounède
La qui sio dens Paris ;
Que m'en embien üe cargue
Per rachetam aou pays.

Henri IV. Dessin de H. Rousseau.

Les chants historiques abondent dans le portefeuille du bon pasteur. Il y en a un sur la mort du duc de Joyeuse à Coutras ; un autre sur celle du duc du Maine ; un troisième, d'un caractère fort singulier, qui raconte une famine à bord des galères du roi de Séville (personnage fantastique) ; un autre, *les trois Colombes*, évoque le souvenir du séjour que Marguerite de Valois et Henri d'Albret firent aux bains de Cauterets. Elle finit par ces deux strophes :

    Digat me, paloumettos,
    Qui y ey à Caouterés ?
    Lou Rey et la Reynetto
    S'y bagnan dab nous tres.

    Lou Rey qu'a üe cabano
    Couberto quey dé flous ;
    La Reyno qu'en a gn'aüte
    Couberto quey d'amous.

Eaux-Bonnes. — Quatorze ou quinze maisons, au fond d'une gorge sans issue. Les voitures ne passent pas outre. A cheval ou à pied, on peut par les montagnes gagner la vallée d'Azun, l'une des plus jolies qu'enferment les Pyrénées. Bonne auberge, salon de conversation, etc., etc.

17. *Eaux-Chaudes.* — Village affreux, figures pâles et ennuyées ; tout y est malade, jusqu'aux enfants et aux maisons. Au delà des maisons, un *glen*, comme dirait un Écossais,

un glen d'une beauté merveilleuse. Pluie à torrents. Je trouve heureusement un homme de bonne conversation, et qui a des livres. Il me montre dans les *Mémoires* de Jacques-Auguste de Thou ce qu'il dit des eaux de Béarn (en 1582). Nos ancêtres valaient mieux que nous de toute façon ; et, par exemple, quel est le contemporain capable d'avaler vingt-cinq verres d'eau minérale en une heure de temps? Ainsi faisait de Thou. « Il en ressentait, dit-il, un grand soulagement, avec un merveilleux appétit, un sommeil tranquille et une légèreté surprenante répandue par tout le corps. »

Encore préoccupé de poésie béarnaise, j'en parle à mon interlocuteur, et lui demande ce qu'il pense de Despourrins, le célèbre poëte d'Accous.

« Despourrins, me répondit-il, était trop imbu de poésie française et de mythologie pour être franchement un Anacréon patois. Il y a du naturel, et même de l'esprit, dans quelques-unes de ses chansonnettes. L'air de la plus connue est un ranz admirable[1]; mais que devient la vérité (même poétique) quand un gardeur de moutons chante ses tourments ou même sa mort prochaine, causée par les rigueurs d'une cruelle beauté, qu'il compare à l'aurore, à l'étoile du matin, à Flore ; quand il parle du dieu d'Amour, de ses flèches, du mont Ida (le mont Ida surtout revient souvent), et de mille autres sornettes à la Dorat? Cependant çà et là on ne peut qu'admirer des couplets d'un naturel charmant :

> Taou coum las gattos
> Soun t'arrata,
> Taou las gouyattos
> Soun ta troumpa.

et les trois qui commencent par ce vers :

> Aou mounde nou y a nat pastou [2]... »

Aux Eaux-Bonnes, où j'étais hier, Despourrins a laissé un souvenir caractéristique. Il était gentilhomme et fils d'un militaire renommé par son courage. Pierre Despourrins, le père, à la suite d'un triple duel dont il était sorti vainqueur, avait obtenu du roi la permission de faire graver au-dessus de sa porte trois épées qu'on y voit encore. Son fils, pendant un séjour aux Eaux-Bonnes, est insulté grièvement par un étranger. Il n'avait pas son épée et l'envoie quérir par son valet, à Accous. Le domestique avait ordre de cacher de son mieux le but de sa mission. En dépit de toutes les précautions qu'il peut prendre, il est deviné par le vieux chevalier, qui, sans lui en rien témoigner, le laisse partir. Notre poëte n'a pas plutôt son arme qu'il court chez l'homme dont il avait à se plaindre, et là, sans sortir de l'appartement, ils en viennent aux mains. L'offenseur tombe bientôt blessé ; Despourrins s'élance pour appeler du secours : en ouvrant la porte, il se trouve face à face avec son père, qui, une épée sous le bras, écoutait le duel, prêt à venger son fils s'il avait succombé.

Ou je me trompe fort, ou ceci est du Corneille.

A propos de cette aventure, longue causerie sur le caractère béarnais. L'opinion de mon interlocuteur se peut résumer ainsi :

« Le Béarnais a l'esprit de conduite plus subtil encore que tous les autres Gascons : il est insinuant, flatteur ; la main toujours en avant pour demander s'il est pauvre, pour cajoler s'il est riche. Bon courtisan, adroit conseiller, mauvais ami, excellent député. Ennemi des partis extrêmes et des opinions hardies ; homme de tempérament et de juste milieu ; d'une nationalité stricte, comme tous les gens rusés, qui savent fort bien qu'en se tenant on se pousse et que l'amour du pays est un excellent masque pour l'esprit de coterie. Ouvrez les *Mémoires* du maréchal de Grammont, vous y trouverez dès les premières pages ce proverbe essentiellement béarnais :

> Qui n'a pas d'argent dans sa bourse
> Dans sa bouche doit avoir du miel.

Voyez cet autre Grammont (le chevalier) :

---

[1] *La haou sus la mountagnos, — u pastou malhurous.*
[2] Chanson XXI, dans le recueil imprimé à Pau, en 1827, chez M. Vignancour.

quel gracieux égoïsme, quelle absence de toute morale et de toute autre dignité que celle de l'extérieur ! Voyez encore Henri IV, non pas le roi de l'histoire, mais celui de la chronique, côtoyant les hommes hostiles et les choses adverses, promettant beaucoup pour tenir aussi peu que possible, ladre et fort ingrat au demeurant, mais beau diseur et joyeux camarade. Voyez Gassion, encore plus spirituel qu'il n'est brave. Le duc de Rohan lui donne mission d'arrêter l'ennemi victorieux au pont de Comerets et d'assurer les derrières de l'armée qui se retire. « Mais, ajoute-t-il, cela fait, comment nous rejoindrez-vous ? — Pardieu, répond Hontas (c'était le nom de famille de Gassion), vous n'allez pas si vite en retraite ! » Belle flatterie à côté d'une belle action.

Et croyez-vous que Bernadotte.....

Comme je n'ai pas mission d'ajouter un article à la *Biographie des contemporains*, je passe ce qui me fut dit de Charles XIV par un de ses compatriotes. »

19. — Je repars pour Pau : mon nouvel ami me met en voiture ; nous devons nous écrire, nous revoir. Il m'a pris en gré, il m'aime ; c'est étrange, mais c'est comme cela. Que pourrai-je donc faire qui lui soit agréable ? Ah ! je lui enverrai des locataires anglais pour sa maison de la Basse-Plante.

20. *Pau.* — Siége d'un parlement érigé par Louis XIII, cette ville est restée en possession d'une cour royale. J'ai assisté aujourd'hui à une séance d'assises : quelques détails curieux.

L'accusation sur laquelle le jury avait à prononcer était dirigée contre un bourgeois de Navarrenx[1], qui, surprenant sa femme en tête à tête avec un amant, dans une espèce de grange isolée, les avait tués tous deux à coups de couteau. Dans le détail de l'affaire, une foule de circonstances trahissent le guet-apens. L'assassin néanmoins, après un réquisitoire et une plaidoirie fort remarquables, est absous à l'unanimité. Le juré de tous les pays est clément pour les maris... malheureux.

Homo *est*, et nihil humani à *se* alienum *putat*.

Le dénoûment n'a donc rien ajouté à ce que cette tragédie avait en soi de parfaitement vulgaire. Mais je n'oublierai de longtemps l'un des témoins qui ont déposé pour établir le fait même du double meurtre.

C'est un beau jeune garçon, de dix-neuf ans tout au plus, tête ardente et brune, regard intelligent et vif, s'exprimant avec l'assurance loyale que semblent donner aux montagnards, plus qu'aux autres hommes, l'habitude des dangers et le spectacle d'une nature sublime. Il parlait une langue inconnue à mes oreilles (la langue *escuarua*, vulgairement appelée langue basque), idiome énigme, dont l'origine est ignorée, mais dont les qualités harmoniques sont incontestables. En écoutant mon jeune paysan, je croyais à chaque instant reconnaître les terminaisons et la prosodie du grec moderne. Un interprète, debout auprès du témoin, recueillait attentivement ses réponses les unes après les autres, et les traduisait aussitôt en un français gascon d'assez pauvre apparence. On l'écoutait néanmoins avec avidité, car la pantomime animée, les gestes nombreux mais toujours nobles, et la voix puissante du jeune Basque, le mystère même de son récit, tandis qu'il le prononçait, tous ces détails étranges exaltaient la curiosité publique à un point extraordinaire.

Voici, en substance, la déposition qui, à elle seule, est un admirable tableau de mœurs. Le jour du meurtre, le témoin était, avec son vieux père et trois de ses frères, occupé à faucher une prairie sur le revers d'une montagne. Vis-à-vis d'eux, au versant de la montagne opposée, se trouvait la grange de l'accusé, à portée de la vue, mais non de la voix. Un chemin passait devant la porte. Le témoin avait vu se glisser furtivement dans cette grange, d'abord l'épouse

---

[1] Henri d'Albret, roi de Navarre, avait ainsi nommé cette ville pour se consoler de la perte de son royaume ; il y avait aussi fait bâtir un château fort et bien muni, pour défendre le reste de son pays de Béarn. — *Mémoires* de J.-A. de Thou.

adultère, puis son complice, arrivés chacun par un sentier différent. Néanmoins, admirable ingénuité, il n'avait conçu aucun soupçon. Une demi-heure après environ, l'accusé était arrivé d'un pas rapide, et, non sans regarder autour de lui, s'était introduit mystérieusement, lui aussi, dans sa grange, dont la porte s'était refermée. Il y était demeuré dix minutes à peine, puis le témoin l'avait vu ressortir sans tirer la porte après lui. Ce fut tout. Alors, seu-

Faubourg et village de Jurançon. Vue prise de la place Royale, à Pau. Dessin de F. Thorigny.

lement, quelques pressentiments funestes s'étant glissés dans l'esprit du jeune berger, il fit part à son père de tout ce qui venait de se passer, et le vieillard, suspendant son travail, se prit à contempler en silence l'endroit désigné. Il hésitait peut-être à s'y rendre, par respect pour l'innocence de ses enfants.

En ce moment, sur le chemin qui passait devant la grange, un voyageur parut. Arrivé en face de la porte ouverte, il y jeta négligemment un regard; puis, attiré par quelque spectacle inattendu, il pénétra dans cette obscure retraite.

Les cinq faucheurs, émus, sans rien savoir encore, ne respiraient déjà plus. L'inconnu sortit au bout d'une minute, pâle d'horreur, chancelant comme un homme ivre. Il s'agenouilla précipitamment sur la terre, devant cette porte maudite, et, se signant à plusieurs reprises, parut réciter des prières. C'est l'usage

La Béarnaise. Dessin de Pauquet.

du pays quand on rencontre un cadavre sans sépulture.

Voyant cela, le vieux père étendit un bras vers ses quatre fils, leur montrant la terre par un geste impérieux. Ils le comprirent sans qu'il prononçât une parole, et tous ensemble, se jetant à genoux, prièrent à leur tour pour les deux victimes.

Jamais je n'ai vu drame mieux écouté que le témoignage de mon jeune Basque, et jamais auteur ou acteur tragique n'eût été plus applaudi, si l'émotion du récit et le respect du lieu n'eussent étouffé jusqu'au bruit des respirations oppressées.

22. — Chez les paysans du Béarn, chaque noce est, pour les voisins, une occasion de se réjouir trois ou quatre jours durant. Les *épouseux* tiennent maison ouverte : on mange toute la journée ; on danse toute la nuit, et on fait rapidement disparaître les écus gagnés à grand'-peine. Les dîners s'organisent en *pique-nique* ; chacun apporte son plat : qui, une paire de poulets ; qui, un canard, une oie, une terrine de *broille*. Les mariés fournissent la *garbure*, le vin, le pain, les lumières, la musique et la galette. On parcourt le village en procession, un violon en tête : les nouveaux époux sont devant, leurs amis suivent deux à deux ; la mariée, si elle l'ose, a mis dans ses cheveux une fleur de pervenche bleue, symbole de pureté ; mais dans ce pays de précoce galanterie, beaucoup de jeunes filles, le matin des noces, craignant d'exposer à la raillerie publique cet accessoire de leur toilette, se rappellent de l'oublier.

A Ossau, en de pareils jours, on tire du bahut certains costumes réservés, d'une richesse extraordinaire : le capulet doublé de satin rouge, une pièce d'estomac également en satin rouge, des pendants d'oreille en argent, ou même en or, et des robes damassées comme nos grand'-mères en portaient, épaisses et chatoyantes. Là aussi des ambassadeurs vont chercher la *nobio* (la fiancée) de la part de son prétendu. Elle se fait beaucoup prier pour les suivre et quitter avec eux sa chambrette virginale. On porte devant elle du grain, des œufs, des pommes, emblèmes de l'abondance qui régnera dans le nouveau ménage. Le nombre neuf joue un grand rôle dans ces actes extra-religieux.

Ceci nous ramène aux superstitions du pays, qui sont nombreuses, et, en certains endroits, enracinées. Les fontaines, les lacs, les ruisseaux, sont encore l'objet d'une sorte de culte dans ces contrées : on jette dans leurs eaux des pièces d'argent, des aliments, des étoffes, pendant la nuit qui précède la fête de saint Jean ; on y lave ses yeux, ou les parties du corps affaiblies par les infirmités ; ceux qui sont atteints de quelque maladie de la peau se roulent sur des champs d'avoine humectés d'une abondante rosée. Beaucoup de paysans croient aux sorciers, et surtout aux sorcières *(brouchos)*. Ils se les représentent, réunies la nuit dans des lieux ignorés, une torche allumée dans les mains, et dansant, au son du tambour, autour du démon vêtu d'habits rouges. Des paysans assurent avoir entendu le bruit des fêtes infernales[1].

On croit au *loup-garou*, arrêté dans les carrefours à quatre chemins, sous la forme d'un gros chien blanc, ou révélant sa présence par le bruit de ses chaînes qui traînent sur les rochers ; on croit à la fée d'*Escout*[2], qui distribue les biens de ce monde à ceux qui vont lui adresser une prière dans son antre et qui ont soin d'y déposer un vase destiné à recevoir ses présents.

Un enfant est atteint de fièvres périodiques : sa nourrice, méprisant le secours des médecins, adresse une invocation rimée à un pied de menthe sauvage, et lui offre du pain couvert de sel. A la neuvième prière, la plante doit être morte, l'enfant doit être guéri.

A l'entrée de la vallée d'Aspe, on remarque un rocher de forme conique ; les femmes vont y frotter leur ventre quand elles sont frappées de stérilité.

[1] Voyez Du Mége, *Statistique générale des départements pyrénéens*.
[2] Les fées *(hadas)* sont, aux yeux des Béarnais, de belles femmes vêtues de blanc, qui se promènent la nuit en chantant des romances plaintives. On les appelle aussi *blanquettes*.

Le cri de la chouette annonce un malheur. Le paysan qui l'entend, assis à côté de son âtre, prend une poignée de sel dans le bahut, et la jette sur les charbons ardents.

Il est recommandé comme salutaire de franchir neuf fois le feu de la Saint-Jean, qu'en béarnais on appelle *haille*.

L'usage antique des pleureuses s'est conservé à Bielle et à Bedous. Elles accompagnent le cercueil en faisant retentir l'air de leurs cris, et font l'éloge du défunt par quelques chants improvisés. Cette coutume, qui subsiste encore en Corse, commence à tomber ici en désuétude.

24. *Lescar.* — Vieille église romaine, d'un style très-pur. Trois nefs spacieuses; six piliers de chaque côté marquent l'étendue de la nef centrale; des arceaux hardiment jetés et surbaissés dans les chapelles latérales y décrivent une courbe large et hardie. — C'est une véritable basilique que l'église de Lescar, dit le dernier historien du Béarn (M. Mazure), et si ce n'était son transsept, la croix latine qui la partage, elle donnerait une juste idée des monuments romains connus sous ce nom, lorsqu'en effet le christianisme consacra les basiliques de Rome au premier exercice public des Saints Mystères.

26. *Excursion au château d'Angosse.* — Nous partons sur les huit heures du matin. Les routes sont couvertes de monde. Longues charrettes à huit places chargées de femmes en capulet. Nombreuses compagnies d'oies qui se précipitent avec une obstination remarquable sous les roues de la voiture. Entre autres curiosités, une paire d'oies grasses à califourchon sur un petit âne. L'intéressant animal qui se nourrit de glands abonde aussi sur le chemin, et lève pour nous voir passer son grouin conique, percé de petits yeux vairons. Il faut avoir habité les Pyrénées pour se faire une idée juste de toutes les transformations que subit un pauvre porc après sa mort, et apprécier l'utilité dont il est. Le jour où on le tue compte parmi les solennités domestiques, bien autrement important qu'un jour de lessive : les voisins sont sur pied de bonne heure ; comment résisteraient-ils aux appels furieux de la victime ? Ils accourent. Chacun met la main au cadavre ; le sang coule, la chair se hache menu ; les boudins, les saucisses se multiplient et circulent ; les débris du lard (*grésillous*), mêlés à la pâte de maïs, lui prêtent une saveur inusitée. Les pots de salé s'emplissent par longues files, espoir de *garbures* innombrables ; les jambons frottés de sel pendent sous l'âtre. Il faudrait un volume pour décrire les multiples destinées du défunt et suivre les *disjecti membra porci* dans tous les pays du continent européen où ils voyagent sous le pavillon de Bayonne.

C'est à Nay que se rendent, bêtes et gens, nos compagnons de voyage. On dirait d'une fête ; mais ce n'est qu'un marché. Arrivés dans cette petite ville qui avait, du temps même de Marca, la réputation d'être *gentille*, *agréable* et *marchande*, nous traversons une longue rue garnie de jolies boutiques improvisées : légumes, fromage, beurre, s'y débitent à grand bruit, ainsi que des shawls de coton, des étoffes dites de Baréges et ces draps bruns foulés dont les montagnards s'habillent ordinairement. Les femmes sont en toilette, les hommes aussi : leur cravate lâche, le col de leur chemise rabattu sur leurs épaules, leur donnent un air mauvais sujet qui fait plaisir à voir. Ils sont d'ailleurs bariolés de toutes les couleurs de l'arc-en-ciel et gais comme leurs costumes, mais nullement agressifs, ou même moqueurs. Un de nous, exagérant les conseils de la prudence, s'est affublé en plein été d'un attirail que la beauté du jour rend parfaitement ridicule. Personne ne semble y prendre garde. A sa place, je serais reconnaissant.

La femme de charge à qui est confié le château d'Angosse en l'absence du propriétaire se trouve par hasard au marché de Nay. Rappelée aux devoirs de l'hospitalité, elle n'hésite pas un instant, saute sur le premier cheval venu et nous précède au grand trot. En arrivant, nous la trouvons, comme une vraie châtelaine, en faction devant la porte du vieux manoir.

Vue de Biarritz. Dessin de Daubigny.

La vallée d'Ossau. Vue prise de la route de Laruns. Dessin de F. Thorigny.

Nous ne remarquons guère que le site même de cette habitation, entourée de rochers à pic et qui semblent le gigantesque pétale d'une fleur de marbre. Rien de plus retiré, de plus enfoui ; et rien ne serait plus silencieux, si des forges établies dans les replis d'une gorge presque invisible n'y envoyaient le retentissement régulier de leurs marteaux. Accueillis avec toute sorte de prévenances, nous passons une ou deux heures, couchés sur une verte pelouse, comme auraient pu faire, il y a trois siècles, messires Simontault et Hircan, mesdames Oisille et Parlamente, ces nobles personnages de l'*Heptaméron*, qui, de parti pris, allaient deviser « dedans un beau pré, le long de la rivière « du Gave, où les arbres sont si feuillus, que le « soleil ne saurait percer l'ombre ni échauffer « la fraîcheur. » Au retour, nous revoyons Nay, dont j'admire encore la propreté toute hollandaise, qui n'exclut pas une certaine poésie espagnole ; les fleurs couronnent la crête des murs, les grenadiers tapissent la façade des maisons ; l'ensemble est riant, actif et coquet.

28. *Orthez*. — Le château de Moncade n'existe plus : c'était un des plus anciens monuments de l'architecture béarnaise. Construit par Gaston VII de Moncade, en 1243, il avait été pendant trois siècles la résidence des souverains du pays. Là, Gaston Phœbus étala le faste de sa petite cour ; là furent données les merveilleuses fêtes que Froissart décrit avec une admiration si naïve. Une tour carrée, moins spacieuse, mais plus ancienne que celle du château de Pau, atteste seule l'existence de cette maison royale. Chaque jour quelque débris s'en détache, et déjà elle a perdu près d'un tiers de sa hauteur.

L'église des Jacobins d'Orthez, le Saint-Denis des souverains de Béarn, détruite par Montgomery au seizième siècle, n'était déjà plus qu'une ruine du temps de Marca. Aujourd'hui on en garde à peine le souvenir.

Plus ancien, le pont de pierre jeté sur le Gave subsiste encore, avec ses quatre arches, dont trois sont de très-hautes ogives. Au milieu de ce pont, à une hauteur de douze mètres, une tour de forme assez irrégulière, à laquelle se rattache une de ces traditions sanglantes dont les guerres de religion ont jonché le sol de ce pays.

Charles IX, traitant Jeanne d'Albret en vassale rebelle, avait lancé sur ses états deux de ses capitaines, le célèbre Montluc et le baron de Terride. Le Bigorre et le Béarn furent subjugués par les armes françaises ; mais ce ne devait pas être pour longtemps. Le comte de Montgomery, le même qui, dans le tournoi de 1559, avait blessé à mort le roi de France Henri II, investi des pleins pouvoirs de Jeanne, leva une armée et vint reprendre Orthez aux catholiques. Le carnage fut affreux, disent les historiens ; tout fut détruit. Le Gave roulait des morts et prenait la couleur du sang.

On voit encore au pont d'Orthez une fenêtre appelée la fenêtre des moines *(frineste deous caperas)*, par laquelle on précipitait dans le Gave tous ceux des prêtres qui refusèrent d'embrasser le calvinisme. Les soldats de Montgomery prenaient grand plaisir à voir les cordeliers faire le saut périlleux ; et quand l'un d'eux essayait de se sauver à la nage, ils le tuaient à coups d'arquebuse.

L'un des religieux disait la messe au moment où les protestants entraient dans la ville. Malgré sa frayeur, il achève la cérémonie et emporte avec lui le vase sacré. La mort sur les talons, il fuit, non pas tant pour s'y soustraire que pour dérober la sainte hostie à la profanation. Le Gave roulait aux portes mêmes du couvent ; il s'y précipite avec son saint fardeau et disparaît sous les eaux glacées. Son cadavre passa du Gave dans la Bidouze, puis dans l'Adour, jusqu'au lieu où cette rivière se joint à la Nive, auprès du couvent des Cordeliers de Bayonne. Ainsi, du moins, disent les chroniques auxquelles cette circonstance, vraie ou fausse, fournit certains pieux commentaires et certains rapprochements qui, d'une lieue, sentent leur miracle.

Ce qui suit est plus historique : dix seigneurs,

de ceux qui tenaient pour le roi de France, les sires de Gerderest, d'Aïdie, de Sainte-Colomme, Goas, Sus, Abydos, Candau, Salies, Pardiac et Favas, sortirent du château d'Orthez et furent reçus à composition. Conduits dans le château de Pau, ils s'attendaient, sur la foi de leur capitulation, à un prochain élargissement, lorsqu'un soir ils furent invités, ainsi que leur chef Terride, à une collation donnée par le gouverneur de la royale demeure. Derrière la chaise de bois sculpté où chacun d'eux allait prendre place, un serviteur se tenait debout, comme pour leur faire honneur. Au moment où ils s'asseyaient sans défiance, ils furent tous poignardés, à l'exception de Terride, qui reçut immédiatement après la permission de s'éloigner du Béarn.

Jeanne d'Albret et son champion Montgomery se sont mutuellement attribué l'idée de cette abominable trahison. Sans leur faire grand tort, on peut partager entre eux l'infamie qui en rejaillit.

Le massacre des prisonniers de Pau avait été consommé le 24 d'août, jour de saint Barthélemy. Charles IX, en l'apprenant, entra dans un de ces accès de fureur auxquels il était sujet ; il jura de faire une seconde Saint-Barthélemy en expiation de la première, et l'on sait qu'il tint parole le 24 août 1572.

30. *De Pau à Lestelle.* — Plaines riantes, champs de maïs mêlés de prairies artificielles ; çà et là quelques bois, et sur les bords de la route une rangée ou deux de sveltes peupliers. L'architecture des fermes est invariablement la même, si ce n'est que le toit se couvre tantôt en ardoises bleues, tantôt en tuiles. Le chaume est rare. Aux deux extrémités du toit, en général, se dresse une petite urne, un pignon quelconque en fer-blanc ou en cuivre. La maison est assise perpendiculairement à la route et lui présente un de ses côtés. Le portail, souvent surmonté d'un petit chaperon ardoisé, donne accès dans la cour : le jardin potager est à côté. Les vignes s'étayent aux arbres fruitiers comme en Italie, mais on y consacre peu de soins, et le *hautin* (c'est ainsi qu'on l'appelle) manque de l'élégance qu'on pourrait lui donner à si peu de frais. Au-dessus de la porte de presque toutes les maisons, une tablette de pierre où est sculptée grossièrement une fleur, une croix, une étoile, quelquefois une date ou une inscription. Dans quelques parties du pays où abonde le chêne commun, on se croirait en Angleterre.

En prenant un de ces sentiers qui s'écartent de la grande route, on arrive ordinairement à quelque pauvre hameau, groupe de chaumières enfumées où l'on ne trouve plus la moindre trace de richesse et de comfort. Le superflu ne s'y révèle que sous la forme de quelques statues de la Vierge, en bois doré, dans l'humble chapelle.

Jolie vue du pont de Coarraze, et plus jolie encore de la terrasse du château. C'est là que *le Béarnais*, confié aux soins de Suzanne de Bourbon, baronne de Miossens, sa gouvernante, passa son enfance parmi les paysans, élevé comme eux, vêtu comme eux, mangeant leur pain bis et leur soupe à l'ail *(tourrain)*. Quelques pans de mur et une tour carrée restent seuls de l'ancien château ; mais l'habitation qu'on a élevée sur ses ruines ne manque pas d'un certain caractère. Un petit bois couvre la hauteur escarpée sur laquelle elle est assise. Devant elle les Pyrénées, à ses pieds le Gave rapide ; tout auprès un moulin, un pont, tous les accessoires d'un paysage doux et tranquille.

Peu après Coarraze nous arrivons à Lestelle, le dernier village du Béarn. Le séminaire qu'on y avait établi n'existe plus ; l'église et les bâtiments adjacents qui lui étaient consacrés sont occupés aujourd'hui par des missionnaires et des capucins espagnols. C'est sur une montagne, auprès de Lestelle, qu'est la chapelle de Betharam, la Mecque béarnaise. Tous les ans une foule de pèlerins et de pèlerines viennent y porter l'hommage d'une dévotion quelque peu équivoque en ses manifestations. On y passe bien en effet la journée en prières et en stations sur les sentiers ardus de la montagne, au pied de fétiches grossièrement peints, qu'un artiste primitif y a semés : mais, la nuit venue, on campe pêle-mêle dans la forêt, vaguement éclairée par quelques lampes accrochées aux arbres. Il est admis que les indulgences gagnées le matin se dépensent alors assez rondement. Le chant des cantiques y couvre des appels furtifs : les sentiers se peuplent de couples errants qui se montrent et disparaissent comme des ombres ; puis, quand le pèlerinage est accompli, de tumultueuses bandes de jeunes gens sillonnent les chemins, bras à bras, marchant de nuit pour réparer le temps perdu et réveillant dans chaque ville les bourgeois endormis, par des litanies assourdissantes. On a peine à concilier avec les inspirations d'une piété sincère tant de bruit et de joie, cette marche troublée, ces clameurs triomphales, ces allures de francs-mitoux.

Nous voici dans la verte vallée qui s'ouvre à Lestelle. Un épervier vole au-dessus de nos têtes, ses larges ailes jaunes étendues au soleil; on le prendrait pour une feuille d'automne. C'est ici que le Béarn finit et que commencent les Hautes-Pyrénées...

Old Nick.

La Dévideuse. Tableau de Gérard Dow. Dessin de De La Charlerie.

LE DIPLOMATE

Par le comte de LA RIVALIÈRE FRAUENDORFF

ILLUSTRATIONS DE PAUQUET, H. CATENACCI, ETC.

N élève des hommes pour la diplomatie comme pour l'église ; c'est-à-dire qu'on en élève pour le mensonge comme pour la vérité, pour parler comme pour se taire, pour rendre les voies droites comme pour faire entrer dans les voies tortueuses ; un diplomate bien dressé doit pouvoir flatter les gens qu'il méprise, affirmer ce qu'il sait être faux, et se montrer ravi de ce qui le désespère. Non que la fausseté soit véritablement plus nécessaire pour négocier les grandes affaires qu'elle ne l'est pour traiter les petites, mais par la raison qu'un diplomate soigneux de sa réputation craindrait d'encourir le mépris public s'il affichait de la droiture.

La dissimulation diplomatique est d'invention italienne, et dut être profitable aussi longtemps qu'elle ne fut pas soupçonnée ; maintenant elle est inutile. Quand tout le monde trompe, il n'y a plus personne à tromper, et dès lors une loyauté éclairée conduirait très-certainement mieux au but que l'astuce diplomatique ne peut le faire.

Déjà depuis longtemps les plus rusés parmi les diplomates s'en sont avisés, et ne pouvant être francs par nature, tâchent au moins de le paraître ; mais c'est difficile, parce que la vérité ne se joue point ; *elle est ce qui est*, et non ce qu'on voudrait qui fût. Si l'acteur fait illusion sur son théâtre, c'est par la raison qu'on n'a nul intérêt à lui contester son naturel, qu'on se complaît au contraire à lui en trouver ; sur le théâtre politique, il en est autrement : le spectateur étant en scène, l'effet d'optique disparaît, il juge la pièce avec le sentiment que l'action

Dessin de Pauquet.

peut également se dénouer à son avantage ou à son préjudice, et dès lors il y regarde de près avant de croire ce qu'on lui dit.

Deux choses sont à distinguer dans un diplomate mis en action : l'automate, qui fort ordinairement se ressemble chez eux tous, et l'homme qui diffère suivant sa capacité politique. Cependant l'un enveloppe parfois l'autre assez parfaitement pour que des gens médiocres puissent acquérir et conserver longtemps des réputations d'habileté. Dans le choix qui se fait d'un homme pour représenter un état, il y a du prestige : l'intérêt qu'on avait à le bien choisir et le grand nombre des concurrents auxquels il a dû être préféré l'entourent d'une auréole, et toute excellence qui débarque dans une cour se présentant d'ordinaire convenablement, il n'y a d'abord rien à dire sur son compte. On attend donc qu'elle parle pour la juger ; si le nouveau venu est silencieux, on dit : « C'est de la réserve, de la prudence ; pour le juger, attendons qu'il agisse. » C'est ce qu'un homme médiocre fait toujours le plus tard qu'il peut ; mais enfin le jour arrive où la machine doit forcément se mettre en mouvement. Si ce jour-là l'excellence fait une maladresse, une chose visiblement nuisible aux intérêts qu'elle a été envoyée pour défendre, croyez-vous qu'on va tout de suite en conclure que c'est un homme incapable ? Point du tout. « Quelle finesse ! se dit-on ; quel adroit détour ! comme il sait cacher son jeu ! C'est un homme d'une haute capacité. » Il lui faut amonceler bêtises sur bêtises pour amener à reconnaître que ce n'est qu'un imbécile brocardé. — Telle est la force du prestige dont un plénipotentiaire nouveau se trouve tout naturellement entouré ! En politique, les gens d'esprit prêtent beaucoup aux sots, mais ceux-ci ne savent pas en profiter. Ce qu'il y a d'hommes inférieurs chargés de défendre à l'étranger les intérêts des nations est incalculable ; et ce qui serait encore moins facile à apprécier, c'est le préjudice qui en résulte pour les peuples.

Quand vous voyez un diplomate gourmé, commencez par soupçonner que c'est un homme médiocre ; s'il est remarquablement silencieux, fortifiez-vous dans cette opinion ; et s'il a pour habitude de changer inopinément la conversation, demeurez-en convaincu : ce n'est qu'un athlète sans force qui tâche de déguiser sa faiblesse. Un homme capable et bien pénétré de sa situation est naturel dans sa pose, franc dans son air, fécond dans ses discours, et, sans chercher à en imposer ni aux yeux ni à l'esprit, reste dans ses habitudes et répond à tout, parce qu'il est bien certain de pouvoir le faire convenablement sans trahir ses secrets et sans laisser pénétrer ses sentiments. Un diplomate médiocre réfléchit avant de vous souhaiter le bonjour, hésite avant de vous toucher la main, de sorte qu'il est visible pour tout observateur que ses discours sont le fruit d'une délibération mentale, que chacune de ses paroles a été pesée avant de sortir de sa bouche : il est par conséquent sans naturel, et sans naturel on ne persuade point. Un véritable homme d'état est gracieux, poli, d'humeur égale, sans préoccupation apparente, et cause volontiers, parce qu'il sait très-parfaitement bien que pas un mot inconvenant ne sortira de sa bouche ; parce qu'il sait aussi qu'en diplomatie la conviction n'est que l'accessoire, que le principal est l'action. Les intérêts politiques sont peu complexes, ils se réduisent à des avantages ou des préjudices, qui toujours s'apprécient facilement : on ne prouve point à un cabinet ce qui est contraire à ses intérêts, mais avec de l'adresse on parvient à le lui faire faire.

Il y a des diplomates de tous les calibres ; jamais une collection plus complète n'en fut réunie que celle qui se fit voir à Vienne en 1814 : les grands talents s'y trouvaient tous assemblés, et tous étaient accompagnés de leurs meilleures doublures. La représentation se donnait au profit des souverains, qui avaient senti la nécessité de la rendre imposante pour obtenir l'applaudissement des peuples. Rien n'avait été épargné pour y parvenir : là se trouvaient mangeant, dansant et surtout *blaguant* ensemble des diplomates de tous les pays, gens

Le Diplomate. Dessin de Pauquet.

d'habitudes copiées les unes sur les autres, de manières uniformes et de courtoisie semblable; chiches de franchise, prodigues de salutations, et tous chamarrés à qui mieux mieux. L'observateur avait alors l'espèce entière sous les yeux, il put en apprécier les classes, et voici ce que généralement on remarqua.

Le diplomate russe, toujours plus avisé que les autres, sait mieux qu'aucun d'eux se mettre en situation. Il est Grec, cela suffit pour faire comprendre qu'il n'est pas gauche à tromper : il sait toutes les langues, parle sur tous les tons, pénètre tous les détours et s'ajuste avec chaque opinion. Le diplomate russe excelle à être galant, joue avec adresse, mange et boit à volonté, semble ne s'occuper de rien, et n'en fait pas moins bien son affaire. Si le ministre avec lequel il négocie subit dans son intérieur une influence de famille, le diplomate russe devient l'ami de la maison. Possédez-vous des papiers qu'il lui serait favorable de connaître, il cause avec votre secrétaire, voire même avec votre laquais si cela devient nécessaire, et sans que vous puissiez vous le figurer possible, votre correspondance s'achemine vers Saint-Pétersbourg. Après quoi ses discours journaliers vous le font croire ignorant de tout ce qu'il sait, désireux de tout ce que vous voulez. Vos ennemis sont les siens, il se bat volontiers pour vous en fournir la preuve; car le courage ne lui fait pas plus faute que l'adresse. Il est aussi prodigue de l'un que de l'autre jusqu'au jour où le but qu'il se proposait est atteint; mais, ce jour arrivé, tout change, la médaille se retourne complètement : il a été Grec pour réussir, il devient Russe pour jouir de son succès. Aucun des raffinements de la civilisation ne lui a fait faute pour parvenir à vous tromper. Aussitôt que vous êtes dupe, il rentre dans sa sauvagerie, rit sans pudeur de sa supercherie, et se croit assez en fonds de ruses pour ne pas craindre qu'une autre fois on se mette en garde contre lui.

Ce qu'il y a de moins semblable au diplomate russe, c'est le

diplomate autrichien. Celui-ci, moins svelte, moins *lustig*, mais aussi chamarré que l'autre, a plus de science et n'a pas autant d'instinct : il faut en Autriche apprendre à être fin ; en Russie, la finesse vient tout naturellement. Aussi les diplomates que lâche Saint-Pétersbourg sont-ils ordinairement plus jeunes que ceux que le cabinet de Vienne fait entrer dans la lice. On ne lance un gentilhomme autrichien dans les affaires, quand il n'est pas fils de premier ministre, qu'après l'avoir fait vieillir sur les diplômes de la chancellerie aulique, dressé à l'étiquette et profondément imbu du cérémonial des cours. Alors, grave dans sa démarche, réservé dans ses politesses, avare de mots, chiche de pensée, on l'expédie en pays étranger. — Les instructions d'un diplomate autrichien surpassent toujours en volume celles des ministres des autres pays, parce que le cabinet de Vienne, peu accoutumé à compter sur de grands efforts d'intelligence de la part de ses plénipotentiaires, prend d'inimaginables précautions pour guider leur conduite. Un diplomate autrichien trouve dans ses instructions le nom des personnes auxquelles il devra sourire, de celles à qui il devra faire froide mine, de l'ami qu'il pourra choisir, de la femme qu'il faudra aimer ; et sur tous ces points il agit avec une ponctualité si complète, que sa mission en devient facile jusqu'au jour où il veut commencer à négocier : jour terrible pour un diplomate autrichien, qui redoute toujours qu'un *i* ne soit privé de son point. L'excellence trouve dans ses instructions le discours qu'elle doit prononcer, quelques réponses à faire, quelques finesses à essayer, et des bons mots de fabrique viennoise que tant bien que mal elle tâche d'employer.

Le diplomate autrichien est toujours un homme de probité, d'une probité parfois si sévère, qu'il finirait par devenir embarrassant pour sa cour, si sa ponctualité à suivre les instructions qui lui ont été données ne levait pas cet inconvénient.

Le diplomate prussien, allemand comme l'autrichien, a, lui aussi, de la patience ; mais il est plus entreprenant. Le Prussien peut être bon comme les autres hommes, mais ce n'est pas sa disposition la plus habituelle ; dans les affaires comme sur le champ de bataille, il aime à guerroyer, et le fait toujours avec finesse et âpreté. Ses compatriotes de la Germanie le qualifient de Gascon du Nord, et l'on sait tout ce qu'il y a de vertus diplomatiques dans les hommes auxquels on le fait ressembler. Spirituellement parlant, le diplomate prussien se pose généralement bien dans une négociation : par la pensée, il prend d'abord ses avantages, mais il les perd ensuite par ses manières ; il se pénètre par trop de sa dignité, s'exagère son importance, et se crée lui-même des difficultés. Le diplomate prussien a de l'esprit autant que le russe, peut-être sans en avoir la flexibilité : il blesse quand il ne faudrait que parer les coups que son adversaire cherche à lui porter. Sa susceptibilité est grande et sa roideur extrême ; il se croit toujours au temps de Frédéric, et depuis lors pour la Prusse, comme pour beaucoup d'autres états, bien des choses ont changé... Un fait qu'il faut cependant reconnaître, c'est que la diplomatie de la Prusse a sauvé cette monarchie en paralysant, par une politique adroite, les effets de la haine de Napoléon, et cela jusqu'au moment où les désastres de Russie sont venus rendre vaine cette antipathie. C'est de tous les cabinets de l'Europe celui qui a le plus adroitement flatté, le plus inhumainement insulté, et le plus profitablement attrapé l'Empereur. C'était son jeu, la diplomatie ne peut guère servir qu'à cet usage. Enfin, le diplomate prussien a les coudées plus franches que l'autrichien. Son cabinet, jusqu'ici moins défiant que celui de Vienne, laisse plus de liberté à ses agents, et c'est avec raison : le plénipotentiaire prussien, ne manquant ni d'esprit ni d'adresse, sait mieux comprendre les hommes et s'ajuster avec les nécessités du temps.

Les diplomates existent bien aussi en Italie, dans l'Allemagne et dans le nord, mais tous se ressemblent ; car les diplomates forment à eux seuls une classe distincte d'hommes cosmopolites, obéissant à une force centripète et dont la sphère d'action est toujours hors de leur pays. Pour en voir le menu, il faut se rendre à Francfort-sur-le-Mein, et tâcher d'assister à l'une des séances de cette diète germanique qui fut créée pour faire croire aux peuples qu'ils sont libres, aux princes qu'ils sont souverains, et qui ne persuade ni les uns ni les autres.

Quant au diplomate anglais, il a son caractère à lui et ses formes particulières ; tout à la fois grand seigneur et marchand, il est insolent et avide ; rarement l'instruction lui fait faute, il unit et concilie même fort ordinairement les connaissances d'un homme d'état avec le savoir d'un boutiquier ; le droit n'est que secondaire pour un diplomate anglais, le commerce passe auparavant ; pour lui, les traités ne sont obligatoires qu'aussi longtemps qu'ils profitent, l'alliance vaut ce qu'elle rapporte ; la balance politique de l'Europe est celle de son intérêt, et toujours le plateau qui l'emporte est celui qu'il doit charger de marchandises. Si l'instruction ne manque pas au diplomate anglais, l'arrogance ne lui manque pas non plus. Sa marche est uniforme : d'abord il essaye d'exiger ce qu'il est envoyé pour demander; s'il réussit, ses prétentions n'ont plus de mesure ; quand on lui résiste, il marchande, il entreprend de mettre de l'or à la place des arguments ; enfin, si rien de tout cela ne produit son effet, ce qui est fort ordinaire, parce que les prétentions de l'Angleterre sont toujours injustes et vexatoires, alors il menace. Longtemps cette conduite lui a réussi, parce que John Bull avait alors de l'argent pour soudoyer des coalitions ; à présent que sa bourse est à sec, on se moque de ses menaces, on en rit chaque fois qu'il ne peut appeler à son aide ni le vol ni la dévastation, car là est à présent toute la force de l'Angleterre.

Du reste, la représentation du diplomate anglais est ordinairement belle, sa capacité grande, et ses ressources sont nombreuses. Tout à la fois mandataire du cabinet de Saint-James et de la bourse de Londres, deux puissances dont les prétentions n'ont de commun que leur énormité, il doit souvent concilier deux intérêts fort opposés : celui de la cour et celui du marché ; pour y parvenir il négocie peu, menace beaucoup, intrigue considérablement, et finit par acheter quelquefois jusqu'à des souverains en Europe tout aussi bien que dans l'Inde.

Quoique le sentiment des convenances se soit fort émoussé chez les Français, il est pourtant vrai de dire que c'est encore la nation où, le plus généralement, un homme s'ajuste sans effort avec la situation dans laquelle il se trouve placé. Aussi voyons-nous les diplomates de cette nation, quoique souvent improvisés par la faveur ministérielle, quoique pris dans toutes les classes de la société, revenir sans trop d'encombre des pays où on les a envoyés : à la vérité, ils n'ont rien fait dans l'intérêt du pays, mais ils ont joué la comédie diplomatique au milieu de talents exercés, sans pourtant prêter au ridicule : n'est-ce donc rien ? Rarement l'adresse leur manque, mais la science et la pratique font souvent défaut: on le sent, et pour ne point le laisser voir on se donne de l'importance ; d'où il résulte, comme on l'a souvent remarqué, que rien ne surpasse la gloriole d'un attaché français, si ce n'est celle du secrétaire d'une ambassade de France, laquelle est pourtant inférieure à l'importance du ministre résident. Les moins prétentieux sont ordinairement ceux d'entre les ambassadeurs qui ont le bon esprit de faire effort pour rehausser leur illustration par de l'urbanité.

La nature du diplomate français a nécessairement dû varier avec les régimes, et sous ce rapport encore nous avons merveilleusement été servis par la légèreté de notre caractère : lorsqu'avant la révolution on annonçait quelque part un ambassadeur français, c'était Zéphire qu'on s'attendait à voir entrer : nul autre ne l'égalait en bonnes manières, en élégance, en prodigalité. Plus tard, quand vinrent les jours où nous prenions la licence pour la liberté, peu de Torquatus furent envoyés dans les cours étrangères : les canons surtout étaient alors chargés de négocier ; mais le temps marcha, Bonaparte fut consul, et quoiqu'il employât bien lui aussi de ces négociateurs de bronze, il rassembla pourtant les chaînons diplomatiques que le régime de la terreur avait brisés : alors ce ne fut plus Zéphire, ce fut Mars que dans les cours on vit arriver comme pour annoncer à l'Europe que les temps allaient changer. Ils changèrent en effet : le consul Bonaparte devint l'empereur Napoléon, et par lui la tâche fut rendue facile aux diplomates français : ce ne furent plus des propositions, ce furent des ordres qu'ils eurent à porter, et les cabinets ne tardèrent point à se convaincre que ce genre de négociation est celui où, plus particulièrement, excellent les Français. Autres temps, autres mœurs : depuis lors nous sommes rentrés dans

Diplomates. Dessin de Pauquet.

les voies suivies par toutes les autres puissances ; et le Français, qui dans tous les temps sut s'ajuster avec sa situation, négocie maintenant au lieu de prescrire.

Il est reconnu que les peuples lourds s'attachent au positif quand ils négocient, tandis que les peuples chez lesquels l'imagination prédomine, et les Français sont de ce nombre, ne répugnent point à mêler de l'illusion à la réalité, colorent leurs succès. Chaque nation a son caractère : le Russe, en mission, veut fortement ce qu'il veut, et veut tout ce qui peut le conduire à son but ; l'Autrichien, peu confiant dans sa réussite, l'attend avec une patience que rien ne saurait ébranler ; le Prussien entreprend toujours d'escamoter son succès, et l'Anglais de l'acheter ; pendant que le Français, légèrement pénétré de son affaire, impatient de la finir, souvent plus franc et plus désintéressé que diplomatie ne comporte, se résout volontiers à recevoir peu, après avoir demandé beaucoup, chaque fois qu'il lui est possible d'attacher à sa réussite une importance plus grande qu'elle n'en a véritablement : le Français sait l'art de donner du prix aux moindres objets, de la valeur aux plus petites choses, et de s'illusionner sur les effets. Par exemple, une mission coûteuse s'achemine-t-elle vers l'Asie : elle va, dit-on, ravir à l'Angleterre et à la Russie l'influence que de longue main ces deux puissances exercent sur la Perse, c'est chose dont personne ne doute, et le cabinet en reçoit déjà les félicitations. Un jour retournent inopinément ministre, secrétaire et attachés. Qu'ont-ils obtenu du schah ? ils en ont obtenu quelques épaulettes pour des sous-officiers, et pour des moins la restitution d'une église... Ailleurs, cela ferait pouffer de rire, tandis qu'en France, chez ce peuple autrefois si rieur, c'est un succès fort important, une réussite dont la diplomatie peut, à bon droit, se glorifier. Le Français fait au dehors comme au dedans de la politique légère et toujours excellente, quand elle fournit l'occasion de se vanter.

Ceci explique comment en France on parvient si facilement à se dispenser des études approfondies que font les diplomates des autres nations : chez nous, ce n'est point l'habileté, ce n'est point l'expérience, c'est le vent de la faveur qui pousse aux légations ; aussi arrive-t-il que les cours étrangères voient successivement apparaître des courtisans, des officiers, des professeurs ou des bourgeois revêtus du harnais diplomatique, suivant que la bise a soufflé sur le château, l'armée, les écoles ou la ville. Aucun d'eux n'a fait les études qui partout ailleurs sont jugées indispensables pour négocier les intérêts des empires, et pourtant tous s'en tirent, non pas avec avantage pour la France, mais sans ridicule pour eux-mêmes, tant est grande la flexibilité du caractère national, et tant est riche la monarchie qui peut, sans seulement paraître en faire la remarque, satisfaire à d'aussi nombreuses et d'aussi inutiles prodigalités. Cependant bien grande est l'influence que la diplomatie exerce sur la prospérité d'une monarchie : sa mission est de voir en tout pays ce qui peut profiter, ce qui peut nuire à la nation qu'elle représente, de favoriser l'un, d'entraver l'autre, de créer des voies nouvelles au commerce et des débouchés à l'industrie. La diplomatie donne forme aux affaires politiques dès leur naissance, et de son adresse comme de sa gaucherie peuvent résulter la paix et la guerre. C'est de quoi ne semblent guère se douter bon nombre de diplomates français ; leur vanité les lance dans la carrière, l'esprit de parti les soutient, et, pour y rester, ils souffrent et dissimulent au dehors beaucoup de choses qui, plus tard, entraîneront de grands inconvénients et coûteront bien cher.

Le moins redouté des ministres, en chaque cour, est celui de France ; on connaît le moyen de le distraire des affaires, on sait que c'est à sa vanité qu'il sacrifie infiniment plus qu'aux intérêts de son pays. Souvent on regarde aussi dans l'étranger la mission d'un diplomate français comme une honorable déportation, et l'on pense que le cabinet de Paris, plus intéressé à le laisser au dehors qu'à le faire revenir, sacrifiera beaucoup à cette nécessité. Ailleurs on sépare, à tort sans doute, mais il est certain qu'on le fait, les intérêts du trône de ceux du ministère français, et l'on se demande alors de la défense desquels le ministre résident est chargé. Ces inconvénients donnent partout aux légations des autres pays un grand avantage sur celle de France.

Les ministres étrangers, généralement pris dans la classe privilégiée, semblent coulés dans le même moule : c'est toujours un corps droit, dont l'épine dorsale est flexible, le pas ferme, la tête levée, un être chamarré de cordons et richement habillé ; c'est sous cette forme que partout l'on compte voir arriver un diplomate, quand on l'attend. Ceux qui viennent de France rompent eux seuls cette uniformité ; jamais ils ne se ressemblent : un jour c'est un soldat, un autre jour c'est un législateur ; puis viennent les professeurs, littérateurs, auteurs, toutes personnes fort respectables sans doute, mais dont l'extérieur diffère inimaginablement, quoique leur conduite soit la même : tous, admirateurs de la France, ils frondent les usages du pays où ils résident, et rien ne déplaît plus aux étrangers ; enfin le diplomate français oublie trop souvent que ce n'est pas un intérêt de parti, mais un intérêt national qu'il est chargé de défendre ; que ce n'est pas lui, que c'est son souverain qu'il a mission de représenter ; enfin qu'un homme d'état estimable ne doit ni abuser ni se laisser tromper. Il va sans dire qu'il existe de nombreuses exceptions dont vous faites nécessairement partie, ô diplomates qui lisez cet article.

Le gouvernement français, comme celui de

la Russie, a partout des agents secrets, et cette foule de mystérieux personnages embarrasse à tel point voyageurs et diplomatie, que tout Français, comme tout Russe, est suspect d'abord à son ministre et ensuite au gouvernement du pays où il va voyager; mieux vaudrait ne choisir que des hommes capables et auxquels on pût complètement se fier, que de morceler ainsi sa confiance. On rend le bien impossible à faire aux diplomates français, en en faisant une classe de suspects, en les forçant à rougir devant les gouvernements auprès desquels ils sont accrédités; ne sachant que la moitié des faits, ignorant les volontés précises de leur gouvernement, ils ne peuvent jamais favorablement négocier, jamais défendre avec sécurité l'intérêt français; toutes ces supercheries sont une arme mise aux mains des premiers ministres étrangers, qui ne manquent jamais de s'en servir : ils révèlent au résident ce qu'on croit faire à son insu, et le font, par ce moyen, entrer dans l'intérêt de leur pays au préjudice de la France. Ce sont manigances indignes d'une large politique, qui partent d'esprits étroits et ne peuvent avoir que des conséquences funestes.

Du reste, encore qu'il n'existe plus de préséance disputable, rien ne prête plus à rire que les calculs minutieux que la vanité fait faire aux diplomates partout où il s'en trouve de réunis. Les quartiers, le titre, le pas et le rang sont perpétuellement mis dans la balance. « Mes amis, mes amis, disait à Dresde un envoyé du Hanovre, dans un état d'exaspération difficile à décrire, on m'a refusé l'excellence! croiriez-vous qu'on m'a refusé l'excellence! oh! vengez-moi, vengez votre ami, jurez-moi de n'en point donner au premier ministre! » Ce serment fut fait sans que personne eût envie de rire! C'est une nature à part que celle des diplomates, une nature de convention.

Il faut croire que les diplomates improvisés dont la France abonde maintenant ne se font pas une idée bien précise de la position franche qu'il est indispensable d'avoir dans une cour pour y négocier avec avantage; sans cela les verrait-on se laisser dominer par la fureur d'anoblissement qui semble les posséder tous? Ce ne sont pas des titres, c'est du talent qu'il faut pour bien faire les affaires d'un pays. L'Angleterre, la Hollande, et souvent même les états despotiques sont représentés, dans les petites comme dans les grandes cours, par des hommes qu'anoblit leur capacité, qui n'ont de titres qu'à la considération publique, et qui n'en sont pas moins respectés chaque fois qu'ils le méritent personnellement. Avant que les préséances fussent invariablement réglées par les traités qui ont fondé le droit public actuel de l'Europe, il se rencontrait des circonstances où les diplomates résidant dans une cour pouvaient avoir à compter entre eux; mais ce n'est plus possible, et maintenant personne n'y songe, à moins qu'un nouveau débarqué ne vienne donner l'éveil aux prétentions nobiliaires; ce qui ne saurait manquer d'arriver toutes les fois qu'on apprend qu'un envoyé de France a senti le besoin de se faire titrer pour se rendre présentable. Alors on se demande qu'est-ce que c'était donc que cet homme-là? d'où sort-il? et l'on écrit pour s'en informer : après quoi on glose sur son compte, et l'ineffaçable ridicule se répand provisoirement à pleines mains sur sa personne. L'un dit : Sa noblesse durera longtemps, elle est toute neuve; l'autre prouve que son titre ne vaut rien, par la raison que la loi française, qui permet à tout le monde d'en prendre, défend d'en recevoir et n'autorise personne à en donner. C'est un titre de contrebande, dit un troisième, il devra le déposer à la frontière en retournant chez lui. Le résultat de tout ce caquetage diplomatique est qu'on croit au nouveau venu une bassesse d'origine qu'il n'a point, qu'on lui reconnaît une petitesse d'esprit dont sa nouvelle prétention témoigne, et que son titre devient un sobriquet. Ces vaniteux babillages restent ignorés du nouveau baron, parce qu'on est poli et qu'on sait dissimuler dans les cours; mais ils ne le sont pas du gouvernement auprès duquel cette excellence réside, et il en résulte que la considération lui échappe, que l'intimité lui est refusée, que le ridicule le gagne, et que rien de profitable à son souverain ne peut plus être négocié par lui. Voilà ce que produit au cabinet français la manie qu'il contracte d'affubler d'estimables citoyens de titres que n'osent avouer en France ni ceux qui les donnent ni ceux qui les reçoivent, et que l'étranger place infiniment au-dessous de la qualification de *sir* et d'*honorable* que portent en tous pays la plupart des diplomates anglais : ceux-ci se font estimer en prouvant qu'ils s'estiment eux-mêmes, et au lieu d'engager une lutte de vanité entre les diplomates résidant à la même cour, ils se lient avec les autres envoyés, gagnent la confiance du gouvernement auprès duquel ils sont accrédités, et rendent facile la défense des intérêts de leur patrie, pendant que nos comtes et nos barons de fraîche date sacrifient notre commerce et notre considération à l'orgueilleuse satisfaction de s'entendre qualifier par des gens qui se moquent d'eux.

Le Français est de tous les peuples celui dont la tête est généralement la moins politique ; tant d'autres avantages lui sont accordés par la nature, qu'il peut bien s'avouer faible de ce côté-là : on ne remarque pas non plus assez en France que l'esprit de notre temps, cet esprit qui rend la parole plus féconde que substantielle, excellent dans une chambre, est détestable dans un cabinet, par la raison qu'on n'étourdit point des ministres d'état, de longue main accoutumés aux affaires, aussi facilement que des législateurs qui n'en entendent parler qu'une fois par an : ces derniers sentent que leur savoir n'est pas en harmonie avec le désir qu'ils ont de rendre leur patrie heureuse, et sont bien aises qu'on leur indique le moyen d'y parvenir. Avec eux la faconde est de mise ; elle ne saurait l'être dans une négociation politique où chacun connaît parfaitement son affaire, sait ce qu'il veut obtenir et ce qu'il peut concéder, où tout se réduit en réalité à un honorable marché qu'il faut débattre et conclure. L'esprit ne nuit à rien assurément ; une facile élocution sert en toute occasion, c'est encore certain ; mais un sens droit et un langage clair suffisent pour conduire à bien la plus épineuse des négociations diplomatiques. Un bon négociateur doit viser à conquérir et non pas à filouter ses succès : il peut s'ingénier à créer des nécessités à son adversaire, et doit habilement profiter des avantages que celui-ci lui laisse prendre. Tout ce qui peut contribuer à pousser son antagoniste dans les voies où il a intérêt à le faire entrer est de franc jeu ; mais c'est de la finesse et non de la fourberie qu'il faut à celui qui négocie des intérêts aussi sacrés que le sont ceux d'une monarchie : mieux vaut pour lui faire croire à sa parole que la faire admirer.

La diplomatie, d'ailleurs, n'est plus ce qu'elle a été pendant longtemps : les souverains l'ont dédoublée, ils s'en réservent maintenant la meilleure part, le menu seul reste aux ministres. C'était toujours par trucheman qu'un monarque s'entretenait autrefois avec un autre ; ils ne se voyaient jamais. C'était le bon temps pour les diplomates, alors ils savaient tout ; tandis que de nos jours le roi qu'ils servent leur fait des cachotteries, ne leur dit que ce qu'il est impossible de leur cacher. Les souverains d'à présent courent la poste, et se piquent de le faire mieux que leurs sujets ; il ne faut plus un camp de drap d'or pour conclure les grandes affaires ; sans façon empereurs et rois se réunissent dans une ville de bains, et traitent là de leurs plus chers intérêts, sans que la diplomatie connaisse le fond des choses : il n'y a d'exception qu'aux lieux où le chef royal se trouvant trop étroit pour tout contenir, force est de déverser ce qui surabonde dans la tête de son premier ministre. Partout ailleurs le souverain a son quant à soi, se concerte avec les autres, et ne laisse à ses diplomates que les dîners, les visites et les révérences à faire. Les temps sont devenus pénibles pour les maîtres du monde ; on ne fait plus sans peine ce que Frédéric appelait le métier de roi. Instruits par le passé, inquiets du présent, épouvantés de l'avenir, ceux qui sont maintenant à la besogne travaillent à se mettre en sûreté, et n'y parviennent pas toujours. Si les rois n'avaient encore à se défier que de leurs fidèles sujets, ils seraient certains de se tirer d'affaire : les peuples ne sont pas si diables qu'ils en ont l'air, on s'arrange avec eux chaque fois que quelque intriguant n'en fait pas l'instrument de ses ambitieux projets. C'est de cette certitude qu'est née la défiance qu'ont à présent les souverains et l'accord qui s'établit entre eux au préjudice de la diplomatie. Talleyrand, ce diplomate frondeur que ses contemporains font profond en attendant que l'histoire le fasse superficiel, est le fondateur d'une école de rouéries diplomatiques dont tout monarque peut à bon droit s'épouvanter : ils ont appris de lui qu'en livrant toute sa confiance on peut se livrer soi-même, qu'il y a péril dans un abandon complet ; et depuis lors ils font leurs réserves : les cabinets ne sont plus chargés que de faire les promesses qu'on n'a pas la volonté de tenir, de dresser les protocoles qu'on ne veut point signer ; s'ils peuvent encore choisir ceux des ambassadeurs qui ne doivent que parader, c'est parce que des agents secrets font les affaires, quand les souverains ne les font pas eux-mêmes. De nos jours, le rôle de la diplomatie est d'amuser le tapis, de peloter en attendant partie : un ministre intrigant lui a fait perdre la moitié de sa besogne ; vienne un ministre ambitieux, et le reste lui sera ravi.

Comte de la Rivalière Frauendorff.

LA MISÈRE EN HABIT NOIR

Par B. MAURICE

ILLUSTRATIONS DE J.-J. GRANDVILLE, H. DAUMIER, GAVARNI, ETC.

L'HABIT noir, c'est l'habit le plus essentiellement français depuis qu'on ne porte plus en France l'habit à la française. L'habit noir, c'est celui que nous revêtons pour le mariage, le baptême et l'enterrement; pour la présentation aux parents de la demoiselle, comme pour la visite de condoléance à la veuve. L'habit noir, c'est l'habit du solliciteur, comme celui du sollicité : c'est l'habit de tenue, l'habit habillé. L'habit noir, c'est l'habit de ceux qui en ont tant qu'ils en veulent comme de ceux qui n'en ont qu'un. L'habit noir, c'est aujourd'hui chez nous l'habit de luxe et l'habit de misère.

Entre ces deux familles d'habits noirs, il y en a bien encore une autre, l'habit ridicule; mais celle-là se distingue facilement des deux autres. C'est dans cette classe que nous rangeons cette foule d'habits noirs que le dimanche seul est en possession de produire à la lumière.

Cet habit est trop court ou trop long, les basques en sont trop carrées ou trop arrondies; peut-être il a déteint, mais il n'est pas usé. Regardez attentivement les dépendances de cet habit : voyez ce pantalon bleu d'uniforme ou ce pantalon de nankin passé, ce col de chemise qui nous rendrait l'angle droit dans toute son exactitude, si par malheur l'équerre venait à se perdre; ces boucles d'oreilles, cette cravate empesée, ces bottes à clous ou ces escarpins à larges rubans; ces grosses mains veuves de gants, ou que les gants semblent gêner; regardez surtout cette chaîne à laquelle append un trousseau de breloques d'or. Tout vous dit que cet habit-là n'est point une livrée de misère. C'est l'habit ridicule, l'habit dans lequel s'est marié il y a cinq ou six ans le petit marchand ou le maître-ouvrier. Il le portera encore cinquante-deux fois l'an pendant cinq ou six autres années, jusqu'à ce qu'il en affuble au jour de sa première communion ce florissant gamin qui l'appelle P'pa et lui marche sur les pieds en costume d'artilleur.

Pour mon compte particulier, je n'aime pas

l'habit noir, parce que longtemps on me l'a imposé par état. Toutefois, j'en conviendrai, l'habit noir est beau, très-beau même : je ne lui connais qu'un défaut, capital il est vrai, c'est que de tous c'est celui qui s'use le plus vite, et qu'entre tous c'est celui qui aurait besoin d'être constamment neuf. Règle générale : mettant l'habit ridicule de côté, tout habit de misère a été dans l'origine habit de luxe. Si l'on achète pour s'en vêtir les redingotes et les habits de couleur, on n'achète l'habit noir que pour s'habiller. Lors donc que l'habit noir tombe à l'état de simple vêtement, il n'est pas loin de devenir un habit de misère.

Le proverbe « l'habit ne fait pas le moine » peut être très-vrai de tous les autres habits, il ne l'est pas de l'habit noir usé. Il peut y avoir beaucoup d'aisance sous la veste brune de l'Auvergnat, de courage sous la soutane du prêtre, de lâcheté sous le dolman du hussard, de vertu sous le tablier de la modiste, d'esprit même sous la casquette de l'épicier; mais sous l'habit noir usé vous ne trouverez toujours et invariablement que les mêmes choses : éducation incomplète, existence manquée, paresse, vice et misère.

La province, qui aboie sans cesse contre Paris, lui fournit bon an, mal an, les deux tiers des habits noirs qui l'attristent et le déshonorent. En effet, après avoir consacré dix ans aux belles et utiles études que vous savez, quand le jeune collégien quitte enfin l'uniforme universitaire, le premier habit bourgeois qu'il endosse, c'est invariablement l'habit noir. Puis il s'en vient frapper aux écoles de droit ou de médecine, car on l'a élevé comme s'il n'y avait au monde que deux professions, celle de défendre ses concitoyens en justice, et celle de les empêcher de mourir.

En général, au bout de six mois de séjour à Paris, l'étudiant est endetté d'une année de son revenu. Il y a bien quelques exceptions, des piocheurs, des Catons de vingt ans, qui ne sont amoureux que de la science, qui dévorent plus de gros livres que de petits beef-steaks. Mais, tenez, je n'aime pas trop ces gens-là; la jeunesse est une heureuse maladie de l'âme qui doit venir en son temps pour assurer le bien-être du reste de la vie. Ceux qui n'ont pas eu de maîtresse à vingt ans font à quarante la fin la plus ridicule du monde : témoin sept professeurs du collège de France, sur dix, qui avaient épousé leur cuisinière ou leur blanchisseuse.

Au bout de six mois de séjour à Paris, l'étudiant ne possède souvent plus que son habit noir, de tout le trousseau que la tendresse de sa famille avait empilé dans sa malle. Il a *lavé* sa montre; à quoi lui servait-elle? N'y a-t-il pas des horloges partout? Il a mis son manteau au mont-de-piété un jour où il faisait trop chaud, et ses pantalons d'été un jour où il faisait grand froid. Mais son habit noir, il l'a gardé parce qu'il est de toutes les saisons, parce qu'avec l'habit noir on peut aller partout, et puis parce que c'est de tous les vêtements celui que les brocanteurs prisent le moins, celui sur lequel on prête le moins au Mont-de-Piété. Il a donc gardé son habit noir, mais le soyeux sedan a bien perdu déjà de son éclat et de son lustre; le temps a marqué son passage à l'extrémité des poignets d'abord, puis il a graissé le haut du col, aminci le coude et blanchi les coutures. Le premier habit de misère, c'est l'habit de l'étudiant qui va prendre pour 17 et 18 sous chez Rousseau et autres fabricants de produits chimiques une nourriture insuffisante et malsaine. Quand le chansonnier a dit :

Dans un grenier qu'on est bien à vingt ans!

il a sous-entendu : « Pourvu qu'on y ait le ventre plein; » et malheureusement ce n'est pas toujours le cas; qu'on s'y porte bien, et trop souvent la maladie vient de bonne heure punir une vie d'excès, une vie où les extrêmes se touchent, où l'abus succède trop rapidement à la privation. Aussi, moi qui ai vu cette vie de près, je vous déclare qu'elle est beaucoup moins heureuse qu'on ne nous la fait dans nos romans, dans nos vaudevilles; et qu'il y a parfois bien de la souffrance, bien de la misère sous l'habit noir râpé de l'étudiant. A qui la faute? à l'imprudence des parents, qui, l'envoyant à Paris, lui ont donné trop peu d'argent et beaucoup trop de liberté. Cette misère, je le sais, ne dégrade pas toujours l'âme, ne gâte pas toujours un avenir; au contraire, on aime plus tard à se la rappeler :

Nous n'avions pas le sou; c'était là le bon temps.

Mais tous ne sortent pas victorieux de la lutte, tous n'obtiennent pas le fortuné diplôme, à supposer que ce soit un état que d'avoir un diplôme dans sa poche, quand on n'a ni un procès à plaider, ni un malade à traiter. Un tiers au moins de ceux qui ont pris la première inscription ne prennent pas la dernière. Il est bien rare que ceux qui composent ce tiers-là réparent jamais le temps qu'ils ont ainsi perdu, qu'ils se fraient un chemin dans une carrière utile. Ce sont presque autant d'éducations incomplètes, d'existences manquées, de gens condamnés à porter toute leur vie l'habit noir râpé du vice et de la misère.

Ceux auxquels l'imprudente tendresse des parents ou l'imprévoyante munificence du gouvernement a fait le cadeau d'une éducation de collége, et qui ne possèdent pas le sou le jour où ils en sortent, ceux-là, s'ils veulent arriver comme les autres au diplôme d'avocat ou de médecin, sont obligés de passer par un terrible purgatoire; il faut qu'ils soient quatre ou cinq ans maîtres d'études, répétiteurs dans les pensions de garçons ou *professeurs* dans les institutions de demoiselles. Il est quelques âmes fortement trempées dont cette circonstance, si pénible d'abord, assure à jamais les succès et la supériorité. Quelle chance, en effet, pour l'avenir d'un homme, que ces quatre ou cinq ans où il est forcé pour ainsi dire de travailler, quand ce ne serait que pour tromper ou prévenir l'ennui! Aussi consultez la biographie des hommes éminents au barreau, en médecine, dans la science et dans les lettres, vous verrez que la moitié au moins ont traversé ces positions difficiles. Mais à côté du maître d'études, du répétiteur et du *professeur* destinés à devenir quelque chose de mieux, il y a ceux condamnés à l'être toujours ou à tomber bien plus bas, et ceux-là nous appartiennent de droit.

Les Français ont déjà donné à leurs lecteurs un fidèle portrait du maître d'études. Le répétiteur en est une variété plus intelligente et plus distinguée : c'est chez celui-là surtout qu'il y a de la science et de l'avenir. Le professeur de collège, quand il trône dans sa chaire, a choisi son sujet; il a pris son temps, il a consulté à loisir les commentateurs et les traductions; il a le *corrigé* de tous les devoirs qu'il donne, les vers latins de toutes les *matières*. Mais le pauvre répétiteur n'a rien de tout cela: quand, à six heures du matin, il arrive en hiver à la pension, il faut qu'il soit prêt à expliquer à la simple lecture un chœur d'Eschyle, un morceau de Pline le Naturaliste; à traduire en latin du Bossuet, du Buffon, du Chateaubriand; à improviser en français ou en latin une narration, un discours sur un sujet quelconque. Ce n'est pas tout : il faut qu'il soit poëte et toujours inspiré, toujours prêt à corriger, c'est-à-dire à faire, vingt-cinq, trente, cinquante vers latins sur quoi que ce soit, sur les ballons, la vaccine, les bateaux à vapeur, les fusils à percussion, les chemins de fer, sur tout ce qu'il y a de moins latin dans le monde. L'année dernière, un jeune répétiteur de mes amis a perdu une excellente place de 40 francs par mois pour n'avoir pu faire passer en latin, à moins d'une périphrase de cinq hexamètres et demi, les mots *paletot en caout-chouc*. Il porte l'habit noir râpé, le malheureux répétiteur, parce qu'il en achète moins que de livres et qu'il est peu payé; mais il travaille si longtemps et si bien qu'il franchit à la fin les thermopyles de l'agrégation, et nous échappe pour se reposer désormais dans l'aisance modeste du professorat.

Eunuque de la littérature et de l'enseignement, le *professeur* dans les pensions de demoiselles s'efface tant qu'il peut, et tâche de n'être homme que le moins possible; il se rase de frais tous les jours, et ne porte pas de favoris. Contempteur de l'Université, dans laquelle il n'aurait pu occuper la place la plus infime, il a sa méthode à lui, et d'ordinaire il lui accole une épithète creuse et sonore : c'est la méthode naturelle, la méthode intellectuelle, la méthode paternelle, maternelle surtout, car le professeur a sans cesse la mère de famille présente à sa pensée; il ne parle que de la mère : on dirait qu'il regrette de n'être pas mère lui-même. A l'aide de sa méthode, et pour une somme qui varie de 15 à 50 francs par mois, le professeur enseigne avec un égal succès l'écriture, qu'il appelle calligraphie, la grammaire, l'arithmétique, l'analyse logique, le style épistolaire, la rhétorique, la géographie, l'histoire, la physique et la chimie, sans oublier la lecture à haute voix. Ce qui distingue l'enseignement du professeur, c'est son irréprochable pureté; il a *expurgé* la Bible, et je ne saurais l'en blâmer; mais il ne s'arrête pas là : il y a certains passages qu'il saute dans Télémaque! jusque dans Paul et Virginie! et la Mythologie lui fait monter le rouge au visage quand il glisse dessus au lieu de l'expliquer.

L'Habit de luxe et l'Habit de misère.
Dessin de J.-J. Grandville.

Mais le jour où il fait beau voir le professeur, c'est celui de la distribution solennelle des prix, lorsque, entre deux morceaux de piano, il récite son fameux discours éternellement adressé aux mères de famille, discours où la pudeur et la vertu ne brillent pas moins que le complet mépris de la langue et du sens commun. Ne vous étonnez pas de l'hésitation, de l'irrégularité de son débit : tandis qu'il énumère à ses jeunes élèves les plaisirs que leur amènent les vacances, il pense, lui, qu'elles vont le priver pendant six semaines

Les Habits noirs ridicules. Dessin de J.-J. Grandville.

ou deux mois de ses chétifs appointements.

Pendant ces loisirs forcés, et dans l'intervalle de ses leçons, le professeur tient les livres de la fruitière et de l'épicier, copie des exploits à 5 centimes le rôle, met au net les mémoires des entrepreneurs, des architectes et des maçons, transcrit des pièces de théâtres, dessine pour les brodeuses et fait tout ce qui concerne son état, lequel consiste précisément à n'en pas avoir.

Heureux celui à qui ses moyens ont permis d'acheter une échoppe d'écrivain public, plus

La misère en habit noir. Dessin de J.-J. Grandville.

heureux celui à qui ses protections ont valu une table, un fauteuil et une chaise dans la grand'salle du Palais! Recruteur d'affaires pour les avocats infimes de la police correctionnelle ou des assises, il prélève 25 et quelquefois 50 pour 100 sur les causes qu'il leur procure. Lui-même donne des consultations de droit civil et de droit criminel, et pourquoi pas? N'a-t-il pas été étudiant de première année? n'a-t-il pas subi, il y a quelque vingt ans, son examen de capacité? Les efforts rivaux des ignorantins et de la mutuelle vont chaque jour sapant l'existence de l'écrivain public ordinaire. Pour qui écrira-t-il quand chacun saura écrire pour soi-même? Mais l'écrivain du Palais a devant lui un long avenir encore; quand tout le monde saurait écrire, tout le monde ne saurait pas rédiger en trois feuillets, folio et verso, une plainte ridicule. Tout le monde ne posséderait pas la formule suivante qu'il déclare sacramentelle et nécessaire au succès :

« A son excellence monsieur le procureur du roi, en son parquet,

« Monseigneur,

« L'exposant a l'honneur de vous exposer que, etc. »

Tout le monde ne saurait pas non plus terminer un troisième feuillet par cette autre formule non moins sacramentelle :

« En conséquence, votre exposant a l'honneur de vous demander que le sieur N*** soit condamné à faire amende honorable à sa réputation et en 20,000 francs de dommages-intérêts, sauf à votre grandeur, à requérir telles peines qu'il appartiendra dans l'intérêt de la vindicte publique et des bonnes mœurs. »

Notez qu'il s'agit du chat d'une voisine qui s'obstine à choisir le paillasson du plaignant pour y terminer l'œuvre de ses digestions, ou d'un duelliste de barrière, qui, le dimanche

précédent, a reçu, bien malgré lui, juste un coup de poing de plus qu'il n'en a donné.

Après avoir reçu de vous 50 centimes pour la lettre, 5 centimes pour la feuille de papier, 5 centimes pour l'enveloppe et les pains à cacheter, l'écrivain du Palais vous demandera si vous avez des témoins; mais là... de bons témoins. En cas de négative, il vous en vendra d'éprouvés; ce n'est pas pour rien que le marchand de vin, dont la boutique touche le café d'Aguesseau, a pris pour enseigne : « Au rendez-vous des témoins. » Il va sans dire que si d'aventure votre affaire est en cour royale, la moindre lettre, la moindre note vous coûtera, non plus 50, mais 75 centimes; le style s'élève avec le degré de juridiction.

L'écrivain du Palais a encore quelques autres moyens de gagner honnêtement sa vie. Malheur au provincial, au campagnard qu'il avise dans la grand'salle, les yeux en l'air et un papier à la main. Il l'aborde, et ne fût-il porteur que d'une assignation à témoin : « Diable, c'est grave, dit-il, vous arrivez bien tard, mon cher; c'est égal, je dirai un mot au président, suivez-moi. » Il le conduit précisément jusqu'à la porte ouverte au public; pour ce petit service, il ne lui demande qu'un franc, et se contente au besoin de 15 centimes. Aperçoit-il quelque jobard cherchant le bureau où se paye la taxe des témoins : « Le bureau est fermé, lui dit-il, ou bien : Vous tombez mal, l'employé ne viendra pas aujourd'hui, sa femme est en couche. Il faudra que vous repassiez à huitaine, ça vous fera encore perdre une journée; tenez... je suis un bon enfant, signez-moi ça derrière, je vous l'achète 25 sous. » Le jobard signe, et deux secondes après, l'écrivain a réalisé un bénéfice de 37 et demi pour 100.

Il n'est pas qu'en passant rue Montorgueil, le dimanche ou le lundi matin, vous n'ayez remarqué un grand rassemblement d'hommes devant la porte du marchand de vin qui fait presque le coin de la rue Thévenot. Ne vous êtes-vous pas demandé ce que c'étaient que

Le Musicien. Dessin de J.-J. Grandville.

ces gens-là : ne vous êtes-vous pas surpris de la longanimité de la police qui tolère deux fois par semaine un attroupement si nombreux? Tranquillisez-vous ; elle sait ce qu'elle fait, la police ; loin de vouloir troubler l'harmonie publique, ces braves gens font de l'harmonie tant qu'ils peuvent, ce sont... les musiciens des guinguettes *extra muros* qui attendent un engagement pour la soirée. Les petits instruments sont dans la poche, les gros chez le marchand de vin, et ces malheureux musiciens, le nez au vent, interrogent chaque nuage qui passe, pour lui demander si le soleil de midi finira par prendre le dessus, si l'on dansera ce jour-là et s'ils auront à manger le soir. Le fermier des chaises du Palais-Royal et l'entrepreneur hasardeux des fêtes de Tivoli ne s'intéressent pas plus vivement au beau temps.

Que d'habits noirs râpés parmi ces Amphions de barrière! Les uns ont quitté le régiment dès qu'ils ont su tant bien que mal jouer la *Marseillaise* ou sonner le boute-selle ; les autres, honnêtes ouvriers, avaient eu le malheur d'apprendre à racler du violon pour leur agrément, ou à faire crier un flageolet pour le supplice de leurs voisins : la tête leur a tourné ; ils ont laissé là l'enclume ou le rabot paternels, ils ont voulu être artistes. Pauvres diables! Dieu les prenne en pitié! Quand les orchestres de nos théâtres secondaires sont gorgés de premiers prix du Conservatoire, à raison de 600 francs la pièce, répétitions comprises, que voulez-vous que deviennent des musiciens d'un talent problématique? Resteraient les leçons en ville ; mais pour en trouver, pour en conserver surtout, il faudrait de l'exactitude, de la conduite, il faudrait un vêtement décent, et les malheureux n'ont plus rien de tout cela.

Le Pauvre honteux. Dessin de Gavarni.

L'Écrivain public. Dessin de H. Daumier.

Au premier abord le métier est séduisant ; on a en perspective les appointements fabuleux des Collinet, des Musard et des Jullien, et puis, en attendant, c'est quelque chose que de gagner 6 francs par soirée et 12 francs par chaque nuit des jours gras. Malheureusement l'on ne danse aux barrières que deux fois par semaine, et il n'y a que quatre jours gras dans l'année. D'un autre côté, il faut manger tous les jours, il faut boire surtout, et l'ivrognerie aidant à surmonter un reste de pudeur, le musicien des barrières devient musicien des rues. Alors il tombe en pleine mendicité, et il ne nous appartient plus, parce que, remontant sa garde-robe au Temple ou au Marché des Patriarches, il n'affecte plus de prétentions à l'habit noir.

Maintenant qu'on achète un château avec les produits d'un vaudeville, nos auteurs dramatiques ont jeté bien loin derrière eux l'habit noir râpé qui fut si longtemps la livrée des serviteurs d'Apollon. Pour la retrouver, il faudrait remonter jusqu'aux auteurs de tragédies en cinq actes et en vers du futur second Théâtre-Français, ou descendre jusqu'aux orgueilleux fournisseurs de Comte ou de Bobinot. Les mauvais acteurs, ceux même de province, ne rentrent pas non plus dans notre galerie; ils sont bien misérables sans doute, mais le costume qu'ils affectent le plus volontiers ce n'est pas l'habit noir, c'est plutôt la redingote de castorine en été et de mexicaine en hiver, mais toujours avec des brandebourgs, de larges boutons, une immense cravate, un gilet bien voyant. Ce qui les distingue surtout, c'est le plaisir qu'ils trouvent à se laisser pousser moustaches et favoris dès qu'ils sont sans emploi, comme les abbés défroqués à laisser croître leur tonsure.

Quand un premier omnibus vous a déposé dans l'espèce de cave ornée de banquettes qu'on appelle fastueusement « bureau de correspondance, » avez-vous remarqué l'habit du buraliste qui vous a conféré, sous forme d'un morceau de carton sale, le droit d'attendre une demi-heure qu'un second omnibus veuille bien vous conduire un peu plus près de votre

Le Rapin

Le Gascon

L'Employé

destination? Encore un habit noir râpé! encore un pauvre diable qui aurait pu gagner 5 ou 6 francs par jour comme ouvrier, et qui fait une journée de seize heures pour 3 francs 3 sous. Il a voulu être employé, ce monsieur; il en résulte qu'il prend la galère à huit heures du matin, qu'il n'en est pas toujours quitte à minuit, qu'il mange froid trois cent soixante-cinq jours de l'année ce qu'il plaît à sa femme de lui mettre le matin dans sa petite boîte de fer-blanc. Pas cinq minutes à soi pour lire le journal ou penser à quelque chose, toujours le public là, questionneur, grondeur et mécontent. Et si d'aventure il est jaloux, monsieur le buraliste, vous figurez-vous ce qu'il doit souffrir pendant cette petite faction de seize heures? Pas de repos, pas de congés, les fêtes et les dimanches sont précisément les jours où l'on fatigue le plus. Force est bien cependant au buraliste des omnibus de se faire remplacer quelquefois, mais alors il abandonne les 3 francs 3 sous de la journée à monsieur le surnuméraire, car pour ces beaux emplois-là, il y a des surnuméraires et des aspirants à la position de ces derniers.

Le militaire français, en disponibilité ou en retraite, conserve invariablement son goût pour la redingote bleue; le réfugié politique affecte plus volontiers l'habit noir, et comme les 45 francs que nous lui octroyons par mois ne lui permettent pas de le renouveler très-souvent, il tombe naturellement dans notre domaine. D'ailleurs il nous appartient de droit comme maître de langue au cachet; trouvez-moi donc un réfugié, eût-il été épicier ou tambour dans son pays, qui n'enseigne pas sa langue dès qu'il se trouve à l'étranger.

Les cafés, surtout ceux où l'on fait la poule,

sont peuplés d'habits noirs râpés; c'est si commode lorsqu'on ne sait rien faire, ou qu'on ne veut pas travailler, de trouver de vastes locaux où l'on a frais en été, chaud en hiver; où l'on a pour rien de la lumière, des journaux, un cure-dent, des dominos et des cartes. Et puis on trouve de temps à autre moyen d'emprunter 5 francs à une connaissance, de promettre une petite partie à un novice, de se faire inviter à prendre part à quelque consommation. Tel que vous voyez là, en apparence si gras et si joyeux, attend que la dernière poule lui apprenne s'il pourra rentrer à son garni, rue de la Bibliothèque, ou s'il passera la nuit sur le billard, en compagnie des deux derniers garçons. Tel en est à son cinquième verre de punch, qui n'a pas goûté de pain depuis la veille, et ceux qui entrent pour la première fois dans un estaminet, ou qui entendent du dehors leurs bruyants éclats de rire, se disent : « Dieu, la joyeuse vie! et que voilà des gens bien heureux! »

L'estaminet est l'une des routes qui conduisent le plus sûrement au grand hôtel de la rue de Clichy. A la suite du garde du commerce se présentent encore des habits noirs râpés, il les décore du titre de praticiens; mais le peuple les appelle tout uniment *galopins* ou *pousse-culs*. Petits clercs d'huissiers, vieillis au métier, mouchards chassés des rangs de la police, ces gens-là ont tellement le travail en horreur, qu'ils lui préfèrent ce honteux métier, et que, moyennant 6 francs par *expédition*, ils acceptent avec plaisir les coups de pied et coups de poing qui, en moyenne, s'élèvent à plus de six par affaire.

Vous vous mariez demain, et vous avez déjà dépensé précisément le double de ce que vous aviez calculé. Mais enfin vous avez payé d'avance la corbeille, l'église et la mairie; vous avez reçu les compliments de votre portière, les bouquets des dames de la halle, vous vous en croyez quitte. On sonne, et vous allez ouvrir, croyant que ce peut être le tailleur, si impatiemment attendu, ou tout au moins le notaire. Entre un monsieur en habit noir râpé, qui vous salue jusqu'à terre et vous offre un rouleau de papier blanc, entouré de faveurs roses. « Monsieur, vous dit-il, voilà de petits vers que j'ai pris la liberté de composer à l'occasion de votre illustre hyménée; vous plairait-il accepter ce faible hommage de ma muse timide? » Ou bien : « Monsieur, j'ai pensé qu'il vous serait peut-être agréable de présenter à votre aimable future un petit acrostiche fait sur ses jolis noms : vous observerez que ce travail réunissait des difficultés d'autant plus grandes, que si mes vers offrent à gauche les noms de madame, ils donnent les vôtres à droite, et même ceux du beau-père dans le sens diagonal, à cela près de deux *e* muets que, nous autre poëtes, comptons ou supprimons à volonté. » Allons, mon bel épouseur, encore cette contribution indirecte, mettez la main au gousset, donnez 40 sous à l'épithalamiste de votre mairie, à cet imbécile qui, au lieu de faire de bonnes bottes ou de bons chapeaux, a passé sa vie à faire de mauvais vers aux dépens de tous ceux qui, depuis trente ans, se sont mariés sur le troisième arrondissement de Paris.

La garde qui veille aux grilles des Tuileries n'en exclut pas bien complétement les chiens errants, comme vous savez; elle n'en exclut pas non plus absolument la mendicité; on n'y entre pas avec la veste du travail; mais elles s'ouvrent pour l'habit noir râpé de la paresse et du vice. Fuyant la tourbe des promeneurs à la mode, vous vous êtes enfoncé dans l'allée des Soupirs; vous entendez quelqu'un marcher derrière vous, machinalement vous doublez le pas, on vous appelle : « Monsieur, monsieur, » et vous, tout entier à vos réflexions, vous n'y prenez pas garde. Tout à coup un grand individu, vous mettant la main au collet, vous force à le regarder en face : « Monsieur, je suis un pauvre honteux. » Vous lui donnez 2 sous, et croyez n'avoir à craindre que l'expression prolongée de sa reconnaissance. « Monsieur, monsieur, qu'est-ce que vous faites donc? prenez donc garde. — Eh bien! est-ce que vous ne m'avez pas demandé?... — Sans doute; mais vous me donnez 2 sous comme à un pauvre ordinaire, et moi je suis un pauvre honteux! » Et c'est donc pour arriver à cette profession de pauvre honteux que cet homme a passé autrefois dix années au collége! En vérité, je vous le dis, si vous n'avez pas de fortune à laisser à vos enfants, faites-les vaudevillistes ou faites-leur apprendre l'épicerie.

Cette galerie n'est pas complète; mais l'espace me manque, sans quoi nous aurions pu vous montrer encore le surnuméraire, l'employé à 1,000 francs, le sous-courtier d'annonces, le voyageur en librairie pour l'intérieur de la capitale, le placeur de vins à la sonnette, et ce pauvre diable enfin, qui vient présenter son *habit noir râpé* à *l'éditeur des Français* pour savoir si messieurs du comité de lecture voudront bien lui permettre d'en changer.

B. MAURICE.

Le dernier chant de Gilbert. Dernier dessin de Tony Johannot.

LES BANQUISTES

Par M. Émile de la Bédollière

ILLUSTRATIONS : TABLEAUX DE MEISSONIER ET BIARD — DESSINS DE PARENT, GAVARNI
J.-J. GRANDVILLE, RAYMOND PELEZ ET PAUL GIRARDET

Il n'y a rien de politique dans cet article : il n'a pour objet que les saltimbanques de la rue, les charlatans des places publiques : sauteurs, jongleurs, faiseurs de tours, montreurs de curiosités, sauvages, nains, géants, hercules, prestidigitateurs, acteurs et directeurs de théâtres forains, vendeurs d'orviétan, arracheurs de dents, acrobates, tireurs de cartes; race vagabonde, race de bohémiens et de parias, qui court les foires et les fêtes, saute, chante, danse, babille, bat la grosse caisse, mange des cailloux, s'échine et s'écartèle pour l'*esbatement* de la population française.

Le Dynamomètre. Dessin de Gavarni.

L'usage a prévalu d'appliquer comme un outrage le terme de banquiste. Un député passe-t-il trop brusquement des extrémités au centre, on le traite aussitôt de banquiste. Un médecin court-il toute la journée en tilbury pour visiter les malades qu'il n'a pas, les passants qu'il éclabousse disent : quel banquiste. Un journal entreprend-il le panégyrique du ministère qu'il dénigrait la veille, le mot de banquiste erre sur les lèvres des lecteurs. Un sectaire se proclame-t-il le régénérateur de l'humanité, ses concitoyens ingrats lui décochent l'épithète fatale. Bref, la qualification de banquiste se donne à des avocats, à des députés, à des savants, à des docteurs, à des académiciens, à des philosophes, à des administrateurs; et pourtant il est, parmi les banquistes, parmi ces gens dont le nom est une injure, des individus estimables dans leur vil métier, honorables dans leur dégradation; bons pères, bons époux, bons citoyens, qui ne voleraient pas une obole, qui vivent en patriarches, qui demandent à leur profession seule de quoi soutenir leur misérable existence, se disloquent avec toute la conscience possible, et gagnent loyalement leur vie à se rompre le cou.

Les banquistes ont été calomniés, comme tant d'autres pauvres hères, qu'on a gratuitement supposés incapables de résister aux provocations de la détresse. Certes, ils ont des défauts ; mais ces défauts se retrouvent dans de plus hautes classes, d'où l'éducation aurait dû les bannir. On leur reproche d'exagérer leurs talents, d'allécher les badauds par des images mensongères, par des déclamations ampoulées ; mais n'est-ce pas aussi le fait des créateurs d'entreprises industrielles, des marchands de cachemires, des inventeurs de panacées, des donneurs de consultations gratuites ? N'est-ce pas en quelque sorte une nécessité dans une époque où tant d'intérêts se heurtent, où tant de rivalités sont en présence, où il faut moins de capacité pour enfanter un chef-d'œuvre, que pour le faire accepter par un public blasé et tiraillé en tous sens ? Le journaliste, qui consacre un pompeux article à un roman qu'il n'a pas lu, est le frère du Paillasse qui tambourine à la porte d'une baraque. De la réclame à la parade il n'y a qu'un pas.

On a accusé les saltimbanques de voler des enfants ; de pareils rapts ont eu lieu en Angleterre, mais, en France, il serait difficile d'en citer un seul. La race des saltimbanques est assez prolifique pour n'avoir pas besoin d'enlever la progéniture d'autrui. Les femmes des banquistes sont fécondes, malgré les fatigues d'une vie nomade, et les dérangements que peut apporter dans la gestation de quelques-unes la funeste habitude de se faire casser des moellons sur l'abdomen. On naît saltimbanque comme on naît prince ; la profession se transmet héréditairement comme un titre de noblesse. Sans chercher des recrues ailleurs que dans sa famille, le père saltimbanque dresse ses enfants dès l'âge le plus tendre, et suit leurs progrès avec sollicitude. Quand on leur a suffisamment démanché les membres, brisé les reins, désarticulé les jointures, ils sont aptes à leur métier. Ils iront !

Examinés sous un point de vue de métaphysique transcendante, les banquistes sont, de tous les industriels, ceux qui démontrent le plus évidemment qu'il y a dans l'homme un principe spirituel, actif et libre, doué du pouvoir de subalterniser la nature paisible. Quels hommes sont plus que ceux-là maîtres de leur corps, quels hommes soumettent leurs organes matériels avec plus d'énergie, et luttent avec plus de spontanéité contre les instincts et les exigences de la chair ! L'un marche sur la tête, donnant ainsi un démenti au vers d'Ovide : *Os homini sublime dedit*. Cet autre s'introduit dans l'œsophage une lame d'épée. Un troisième fait l'exercice en se servant de sa jambe en guise de fusil ; un quatrième jongle avec des barres de fer. Celui-ci vomit des étoupes enflammées, celui-là parle avec le ventre. Non contents de se dompter eux-mêmes, les banquistes triomphent des quadrumanes, des quadrupèdes, des oiseaux, des reptiles, des insectes, et les forcent à contribuer aux plaisirs des amateurs. Au commandement d'un maître habile, les chiens jouent aux dominos, les ânes font des additions ; les chevaux disent l'heure exactement et désignent la personne la plus curieuse de la société ; les serins tirent le canon, les singes dansent sur la corde, les lièvres battent le tambour, les puces traînent des carrosses, et les éléphants sonnent de la trompette. Les banquistes ont seuls des droits incontestables au titre glorieux de rois des animaux.

Malgré ces ressources, l'existence des banquistes est précaire : aussi sont-ils chétifs et rabougris, quand leur profession n'exige pas qu'ils pèsent trois cents livres ou qu'ils aient huit pieds de hauteur. Un arracheur de dents entre dans une petite ville, escorté de son Paillasse indispensable et de ses musiciens ordinaires. « Dînerons-nous aujourd'hui ? » de-

Banquiste. Dessin de Gavarni.

Bobêche et Galimafré. Dessin de J.-J. Grandville.

mande la troupe affamée. « Nous allons voir ça, » répond le chef, et il court chez le maire. Si le magistrat, mécontent de sa femme ou de son déjeuner, refuse l'autorisation demandée, il faut plier bagage et chercher fortune ailleurs. Admettons qu'il ait été bénévole, que le tambour de la ville ait convenablement proclamé l'arrivée de l'incomparable dentiste, que les commères et les enfants de l'endroit se soient déjà attroupés pour écouter les lazzis de la *Queue rouge*, vienne une averse, et toute espérance de recette disparaît avec le beau temps. La question est résolue négativement : on ne dînera pas.

La misère toutefois n'est point la compagne inséparable du banquiste. En remontant au dix-septième siècle, on voit que Tabarin, Turlupin, Gaultier-Garguille et Gros-Guillaume, ces Christophe Colomb de la parade, battirent monnaie dans leur jeu de paume de la porte Saint-Jacques. Bobêche est mort dans l'aisance, tout grand homme qu'il était. Des charlatans trouvent dans la vente du vulnéraire suisse assez de bénéfices pour entretenir un nombreux domestique, et se retirer à la fin de leur carrière dans une métairie payée de leurs deniers. Malheureusement c'est le petit nombre qui jouit de ces doux loisirs, car la plupart, après avoir rôdé de contrée en contrée, essuyé mille revers, mille insultes, mille rebuffades brutales, arrivent un jour, las et ridés, à une dernière étape, y meurent de fatigue et d'épuisement, et sont jetés dans un coin d'un cimetière étranger, à cent lieues de leur pays natal.

Isolés par leur genre de vie du reste de la société, il semblerait que les banquistes doivent former une communauté compacte et fraternellement unie ; mais la concurrence les divise. Rien de plus faux que ce proverbe : les loups ne se mangent pas entre eux. Les animaux de même espèce, au contraire, cherchant par les mêmes moyens à satisfaire leurs appétits, se livrent une guerre civile acharnée. Les banquistes vivent par groupes, et chaque compagnie est ennemie et rivale de toutes les autres. Dans une fête de village, les baraques alignées se touchent et s'engrènent, mais leurs habitants s'évitent. Le funambule ne donne pas la main à l'Alcide du nord, le directeur du théâtre des marionnettes regarde de travers l'éducateur d'animaux savants. Chacun envie la place octroyée à son voisin par l'autorité municipale. Celui dont la tente n'est pas surmontée d'un tableau trouve toujours moyen de glisser dans son annonce une phrase dépréciatrice dirigée contre des rivaux plus heureux. « Il ne faut pas vous fier aux tableaux, messieurs et mesdames; vous voyez souvent de magnifiques peintures à l'extérieur, et au dedans il n'y a rien. » A la jalousie haineuse que se témoignent les banquistes, on les prendrait pour des hommes de lettres.

Entrons dans le champ de foire un jour de fête patronale, et passons en revue cette grande légion des banquistes, saltimbanques et marchands forains. La multitude est nombreuse. Paysans et bourgeois, ouvrières en bonnets, dames en chapeaux, hommes en blouse, dandys en frac, se mêlent, se pressent, se heurtent, se culbutent, alléchés par une égale curiosité. Mille bruits divers se confondent : le nasillement des clarinettes, le mugissement des grosses caisses, le cliquetis des cymbales, le grincement des mirlitons, le rire des jeunes filles, l'explosion des pétards, les invitations séduisantes des marchands. « Boum ! boum ! boum ! — Voyons, mademoiselle, qu'est-ce qu'on va vous vendre ? — Czing ! czing ! czing ! — Allons, madame, mes six derniers numéros pour un sou. — Pif ! pan ! pan ! — Par ici, messieurs, à tous coups l'on gagne. — Trom ! trom ! trom ! — Une partie de bagues en passant, messieurs. — Crin, crin, crin ! — Une, deux, trois, partez, muscade ! — Psim ! psim ! psim ! baound ! — Voilà, messieurs, six macarons pour un sou ! »

Que de boutiques, de tentes, de baraques, d'industries variées, de spectacles et de spectateurs ! Voulez-vous essayer la force de vos poings, de vos reins, de vos poumons ; frappez sur ce tampon, en ligne verticale ou horizontale, appuyez l'épine dorsale contre ce coussin, soufflez dans ce tube, et un cadran indiquera en kilogrammes le résultat de l'expérience ; vous pourrez même voir surgir du dynamomètre un Hercule en bois peint, auquel il vous sera loisible de vous comparer. Avez-vous envie de chanter ; vous trouvez selon vos goûts des cantiques, des complaintes, des chansons militaires ou grivoises : le *Juif errant*, *Pyrame et Thisbé*, le *combat de Mazagran*, ou *la pauvre Bourbonnaise*. Désirez-vous exercer fructueusement votre adresse, lancez un anneau dans une des neuf quilles solidement fixées sur ce tréteau, couvrez une de ces plaques avec des palets de même dimension, et vous allez gagner des chandeliers, des couteaux, des porcelaines de Nevers, des gravures enluminées au bas desquelles on lit : « Que les sons de la guitare font éprouver de plaisir à des cœurs faits pour se comprendre, surtout lorsque c'est l'objet aimé qui les fait vibrer ! »

Ou bien prenez cette arbalète, et visez à la poitrine cet Arabe à l'air féroce, à la face basanée, que vous aurez le plaisir patriotique de voir renversé sous vos coups, tandis qu'un Amour, glissant le long d'une ficelle, viendra déposer sur votre tête une couronne de roses.

Aimez-vous mieux connaître votre future destinée, approchez l'oreille du long tuyau que vous présente ce magicien, et recueillez religieusement les graves arrêts qu'il prononce : « 1, 2, 3, 4, 5, vous aurez du bonheur. — 1, 2, 3, 4, 5, d'ici à peu de jours vous changerez de position. — Dame de cœur, une femme blonde. — 1, 2, 3, 4, 5, une lettre de Paris ; vous saurez ce qu'elle vous apprendra. — Dame de pique, une femme brune. 1, 2, 3, 4, elle est jalouse d'un jeune homme blond. — 1, 2, 3, 4, argent. — 1, 2, 3, vous ne le recevrez pas. »

Êtes-vous malades, adressez-vous à ce charlatan qui, du haut d'une calèche à deux chevaux, distribue des médicaments au bruit d'un orchestre formidable. C'est avec empressement qu'il se présente devant vous, avant de se rendre auprès de plusieurs souverains qui l'ont revêtu de leurs pouvoirs, et désirent vivement sa présence. Si vous craignez la calvitie, il vous vendra une pommade capable de faire pousser des cheveux à une tête à perruque. « Cette pommade, messieurs, pénètre jusqu'à la racine des cheveux, et comme elle nourrit l'intérieur, il s'ensuit que l'extérieur se porte bien. Elle est d'une odeur délicieuse, qu'on ne saurait comparer qu'aux parfums d'un jardin dont l'air est embaumé par la réunion des fleurs les plus suaves. Je l'ai toujours vendue à Paris 20 francs le pot, mais... je n'ai jamais étrenné ; aussi, désirant propager cette incomparable découverte, je me contenterai de la vendre 10 centimes. »

On peut, à cette fête, s'instruire en s'amusant. La lanterne magique vous promène dans les cinq parties du monde, en révèle les mœurs, les costumes, les époques historiques. « Vous y voyez l'empereur de Russie au moment où il passe la revue de son armée, en culotte de peau. Des cavaliers s'éloignent de la ville ; ils paraissent se diriger vers la campagne. Une jeune fille s'approche de l'autocrate et lui dit : « Sire, mon père veut me faire épouser un dégraisseur, tandis que je suis amoureuse d'un teinturier. » L'empereur lui répond par ces paroles remarquables : *Altenkirhoff;* ce qui veut dire que, lorsque l'humanité souffre, les souverains doivent être compatissants. »

La lanterne magique s'en va. Elle est remplacée par le panorama, le diorama, le géorama, le cosmorama, et les tableaux mobiles de la chambre noire, *où l'on voit ce que Dieu n'a jamais vu* (son semblable), et qui s'intitule actuellement *Daguerréotype présenté à l'Institut.*

La physionomie la plus scientifique de la fête est celle du personnage qui se proclame *physicien ordinaire du peuple français*. C'est un homme d'un âge mûr, d'un extérieur prévenant, d'une figure douce et honnête. La propreté factice de son habit râpé décèle de longues luttes entre l'orgueil et le dénûment. Ancien préparateur d'un cours, où il a ramassé quelques bribes d'instruction, il se livre à des essais de physique expérimentale, au grand ébahissement des paysans, qui se demandent comment ce monsieur s'y prend pour mettre le tonnerre de Dieu en bouteilles. Le théâtre de ses travaux est soigneusement entouré d'une ficelle maintenue par des piquets. Au milieu, un autel couvert de drap rouge porte une cabane de zinc surmontée d'un paratonnerre, deux obélisques en fer-blanc, des bouteilles de Leyde, des isoloirs, une machine pneumatique, une pile de Volta, des aimants, un éolipile, des diables cartésiens, et divers accessoires de la machine électrique. La voix du physicien a des accents plaintifs et mélancoliques, quand il dit : « Avec mes connaissances, je pourrais travailler dans le palais des princes. » Il le croit peut-être : il conserve encore des illusions dans sa tête chauve, il se persuade qu'il était appelé à de hautes destinées scientifiques, et le voilà forcé

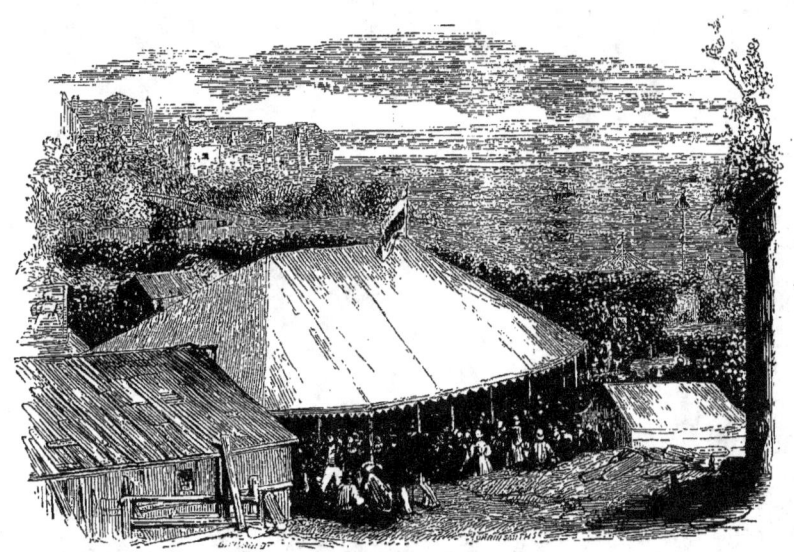

La Fête de Montmartre. Dessin de Gavarni.

d'entrer en concurrence avec des bateleurs, de prodiguer son savoir à des ignorants incapables de l'apprécier ; d'exposer à l'intempérie des saisons sa belle machine électrique, d'être le Gay-Lussac des carrefours, et d'électriser pour 2 sous !

La multitude dédaigne le pauvre physicien, et va grossir le cercle qui s'est formé autour d'une famille de sauteurs. Le père, en se dépouillant de sa houpelande, a laissé voir un costume de turc, tel que tout le monde est susceptible d'en porter, excepté les Turcs. Deux enfants jouent sur un tapis, avec autant d'insouciance que s'ils n'étaient pas destinés à se tenir tout à l'heure en équilibre sur le menton paternel. La femme tourne comme un cheval de manége, et repousse les assistants, en disant d'une voix rauque : « En *errière*, messieurs ; un peu de place, s'il vous plaît. »

Le père débute par faire voltiger des boules de cuivre et des assiettes, initiant ainsi les assistants aux jeux kirguises, hurons, malabrais et chinois. De temps en temps, il s'interrompt pour s'écrier : « Messieurs, je suis le seul qui voyage en France ; vous n'en verrez pas beaucoup faire le tour que je fais. Allons, messieurs, un peu de courage à la poche ! » Les enfants travaillent ensuite, exécutent le *saut*

Musée du Luxembourg. — Les Comédiens ambulants. Tableau de M. Biard.
Dessin de Paul Girardet.

de carpe, le *saut du tremplin*, l'*écart des chaises*, l'*équilibre du verre*, etc. Il est à remarquer que ces atroces contorsions sont accompagnées d'une musique douce et harmonieuse. Pendant que ces malheureux adolescents se suicident, épuisent en pénibles efforts le peu qu'ils ont de vigueur, l'orchestre joue les airs de contredanses les plus divertissants. Quelle affreuse ironie!

« Messieurs, dit le chef de la famille, mon épouse ici présente, surnommée la femme hercule, va terminer nos exercices en portant sur son ventre ce tonneau qui pèse cinq cents livres. Mais auparavant, messieurs, je vais me permettre de faire le tour de l'aimable société. »

C'est, hélas! celui de ses tours qui lui réussit le moins. L'aimable société se disperse, et va porter ailleurs le tribut de ses applaudissements, le seul tribut qu'elle prodigue avec une inépuisable munificence. Elle suit un moment des yeux la canne que le bâtonniste envoie à vingt mètres du sol, et qu'il reçoit gracieusement derrière le dos. Elle donne un coup d'œil au cul-de-jatte qui pirouette avec des béquilles. Elle admire l'homme-orchestre, bipède musical, dont la tête joue du chapeau chinois, la bouche de la flûte de Pan, les mains de la grosse caisse et les genoux des cymbales, et se répartit en groupes épais devant les baraques qui forment dans le champ de foire une longue avenue bigarrée.

Arrêtons-nous auprès de la plus voisine.

L'orchestre vient d'achever son vacarme accoutumé. Le Paillasse, personnage maigre et efflanqué, que son patron appelle Gras-Boyaux, s'est signalé par l'agilité avec laquelle il a fait passer son bras par-dessous sa jambe droite ou gauche, avant de le laisser retomber sur la grosse caisse. Il se promène de long en large, les mains dans ses poches, en chantant l'amphigouri suivant :

> Trois p'tits cochons sur un fumier
> S'amusaient comm' des port' cochères...
> J' lui dis : Sansonnet, mon petit,
> J' voudrais avoir un' liv' de beurre...
> J' te mettrai d' l'huile sur tes sabots
> Pour fair' friser tes papillottes...
> Ma veste est percée aux genoux...
> Ah! rendez-moi mon bout d' chandelle!..

Eh ben, not' maître, êtes-vous content de ma musique ?

LE MAÎTRE

Mais, oui, tu ne travailles pas mal.

GRAS-BOYAUX

Qu'est-ce c' que vous allez m'donner pour ma peine ?

LE MAÎTRE

Je vais t'acheter un morceau de pain d'épice.

GRAS-BOYAUX

Ah! non, j'en veux pas.

LE MAÎTRE

Pourquoi cela ?

GRAS-BOYAUX

Parce que c'est d' la couleur du visage de vot' femme.

LE MAÎTRE

Impertinent!.. *(Il lui donne un soufflet.)*

GRAS-BOYAUX *(criant).*

Oh! là! là! là! là!

LE MAÎTRE

Drôle, je te chasserai, d'autant plus que tu es aussi maladroit qu'insolent. *(S'adressant au public)* : Croiriez-vous bien, messieurs, que, l'autre jour, je lui dis : Gras-Boyaux, va me chercher deux sous de tabac et un sou de sel. L'imbécile fait ma commission, et met le tabac dans le pot-au-feu et le sel dans ma tabatière.

GRAS-BOYAUX

Eh bien, oui! j' l'ai fait exprès pour vous déshabituer de prendre du tabac. R'gardez comme ça vous enfl' le nez; vous êtes bien heureux de vot' femme soit enceinte !

LE MAÎTRE

Pourquoi, maraud ?

GRAS-BOYAUX

Parce qu'elle vous donnera un nouveau-né.

LE MAÎTRE

Poisson! voilà qui t'apprendra à plaisanter *(Il lui donne plusieurs soufflets successifs.)*

GRAS-BOYAUX

Aie! aie! aie! Ça m'impatiente, à la fin! Je ne veux plus rester chez vous; j'en ai assez. Donnez-moi mon compte.

LE MAÎTRE

Mais, malheureux, si tu m'abandonnais, que deviendrais-tu ? tu n'as pas de profession.

GRAS-BOYAUX

Si fait, j'en ai une... et une fameuse encore !

LE MAÎTRE

Et laquelle? *(Gras-Boyaux se promène sans répondre.)* Qu'est-ce que tu fais là ?

GRAS-BOYAUX

Je vous prouve que j'ai une profession; je suis marchant.

Le Physicien. Dessin de Gavarni.

LES CHIENS SAVANTS. — M. et Mme Denis, avec leur Jockey et le Serin de Madame.
Dessin de J.-J. Grandville.

LE MAÎTRE

Tu veux faire le farceur, fripon; mais tu n'y réussis pas. C'est pour cela que tu vas me faire le plaisir d'annoncer à la nombreuse société que le beau temps a attirée à cette fête...

GRAS-BOYAUX

Oui, il fait un temps détestable.

LE MAÎTRE

Qu'est-ce que tu dis?

GRAS-BOYAUX

Je dis qu'il fait un temps d'été stable.

LE MAÎTRE

A la bonne heure. Annonce donc à ces messieurs et à ces dames que le sieur Van Betten, si connu dans toute la France...

GRAS-BOYAUX

C'est pas la peine de vous montrer, si vous êtes si connu.

LE MAÎTRE

Vit-on jamais un pareil animal? *(Il lui détache divers coups de pied.)*

GRAS-BOYAUX

Hi! hi! hi! *(Il pleure, et pour s'essuyer les yeux, tire de sa poche les débris d'un vieux mouchoir de toile à carreaux rouges.)*

LE MAÎTRE

Tais-toi, misérable, et laisse-moi parler. *(Au public.)* Messieurs et dames, avec la permission des autorités constituées...

GRAS-BOYAUX *(à voix basse).*
Constipées.

LE MAÎTRE *continue après avoir lancé à son vassal un regard de menace :*

Nous allons avoir l'honneur de vous donner la première et brillante représentation des exercices de MM. Van Betten, d'Amsterdam en Hollande... Mes cinq enfants...

GRAS-BOYAUX *(au public).*

Il dit qu' ce sont ses enfants: mais c'est pas vrai; c'est sa femme qui lui fait accroire ça.

LE MAÎTRE *(d'un ton furieux).*

Mais tu veux donc que je t'extermine? *(Il tire les oreilles du paillasse, et reprend d'un ton emphatique :)* Mes cinq enfants exécuteront devant vous les scènes de dislocation les plus surprenantes, le *grand écart*, la *tortue*, et autres tours merveilleux dont le détail serait trop long. Madame Van Betten offrira à vos regards des poses extraordinaires et au-dessus de la portée d'une femme. Puis elle exécutera sur la corde le *pas des drapeaux*, la *chaise terrible*, le *pas de Terpsichore, dieu de la danse,* telle qu'elle l'a créé sur le grand théâtre de Bruxelles, le *pas du schall*, tel que le danse à Paris mademoiselle Taglioni. Elle terminera par la *danse sans balancier*, qui l'a fait surnommer la REINE DES ACROBATES! Oui, messieurs, elle a des brevets, en cette qualité, de LL. MM. Léopold, roi des Belges, et Louis-Philippe, roi des Français. C'est elle, messieurs, qui a opéré la dernière ascension à Tivoli, et c'est moi qui, le premier, ai exécuté le *moulin d'Auriol*. Vous ne verrez pas ce tour aujourd'hui, parce que nous n'avons pas de moulin, mais nous pourrions en avoir un. Enfin, messieurs, en sortant, si vous êtes contents et satisfaits, vous paierez, non pas vingt francs, non pas dix francs, mais deux sous!... deux sous par personne!!... et un sou pour les enfants et messieurs les militaires!..

A peine le sieur Van Betten a-t-il terminé sa harangue, que d'autres musiciens attirent par leur tintamarre l'attention de ses ci-devant auditeurs. La toile de fond de ce second théâtre en plein vent est formée de deux immenses tableaux, que tout jury pourrait certainement refuser sans se compromettre, mais qui n'en sont pas moins dignes d'intérêt. Le paillasse de l'établissement est un gaillard de haute taille et de bonne mine, taillé plutôt pour donner que pour recevoir des soufflets. A la requête de son maître, il raconte complaisamment l'histoire de sa vie.

LE MAÎTRE

Dis-moi, paillasse mon ami, quel est le pays qui t'a donné le jour?

PAILLASSE

Je suis né au village de Vas-y-voir.

LE MAÎTRE

Vas-y-voir! est-ce en France, ce pays-là?

PAILLASSE

Non; c'est du côté de la ville de Cherche-z-y.

LE MAÎTRE

Je n'ai pas la moindre connaissance de ces contrées; et tes parents étaient-ils haut placés?

PAILLASSE

Mais, oui; mon père était sonneur, et mon grand-père avait été pendu.

LE MAÎTRE

Et pourquoi l'avait-on pendu?

PAILLASSE

Pour une bêtise; on lui avait trouvé des défauts.

LE MAÎTRE

Comment cela?

PAILLASSE

Il tenait une maison de jeu; la police fit une descente chez lui; on examina ses dés, et on reconnut qu'il avait des dés faux.

LE MAÎTRE

Je conçois; je ne te conseille pas, mon ami, de te vanter de ta parenté.

PAILLASSE

Mais, dam! le jour où on pendit mon grand-père, tout le monde convenait qu'il était bien élevé.

LE MAÎTRE *(souriant avec fatuité).*

Oui; mais personne, je crois, n'était tenté d'envier son élévation. Dis-moi maintenant, paillasse, ce que tu faisais avant d'être à mon service.

PAILLASSE

J'étais guérisseur de bossus.

LE MAÎTRE

Et comment t'y prenais-tu pour délivrer tes clients de leur fâcheuse infirmité ?

PAILLASSE

Je les mettais sous un pressoir, et je tournais la vis, ça leur réussissait. Le premier qui m'tomba sous la main, je l'place sous ma vis ; j'donne un tour, et j'lui d'mande : « Eh ben, comment ça va-t-il ? — Pas mal, pas mal, » qu'i

L'Hercule et la Naine.

m'dit. J'donne un second tour : « Vous sentez-vous mieux ? — Oui, ma bosse s'aplatit à vue d'œil. » Au troisième tour, v'la mon bossu qui s'met à crier. « C'est rien, c'est rien, que j'lui dis, un peu de patience. » Je tourne, je tourne, je tourne, et quand j'ai bien tourné, je regarde... n'y avait plus de bossu ; il avait disparu !

LE MAÎTRE

Voilà un malade singulièrement guéri !

PAILLASSE

Je n'sais pas où il est passé. Si c'n'avait pas été un bossu, je l'aurais retrouvé ; un bien fait... n'est jamais perdu.

Le roi des Caraïbes.

LE MAÎTRE

Aussi en reconnaissance de ceux dont je te comble journellement, vas-tu me rendre le service d'annoncer à ces messieurs et à ces dames la première et brillante présentation que nous allons donner au spectacle forain des phénomènes vivants.

PAILLASSE

C'est convenu ; et vous aller voir comme je vais dégoiser

« Messieurs et dames, à l'instant même et sans aucune préparation, nous allons avoir l'honneur de vous montrer la jeune et belle Adelina, le phénomène le plus intéressant que ce siècle ait produit en France et dans les pays étrangers, depuis les temps les plus reculés. Cette jeune personne, âgée de onze ans et demi, n'a que trois pieds de hauteur, et pèse deux cent quatre-vingt dix livres ; elle est toutefois bien proportionnée, et d'un physique agréable. Son frère, le

Les Equilibristes.

Le Jongleur.

Les Casseurs de cailloux.

Tir à l'Arbalète.

Polichinelle.

Le corps de Poniatowski.

Le Lutteur.

Le Magicien disant la destinée.

L'Homme-Orchestre.

Neuf dessins de Raymond Pelez.

jeune et bel Alexandre, jouit d'une taille de deux mètres cinquante centimètres, c'est-à-dire de deux pieds au-dessus du niveau des plus grands tambours-majors. Ne croyez pas que ces deux remarquables produits de la nature soient empaillés ; non, messieurs, on peut leur adresser la parole ; ils parlent plusieurs langues, chantent, jouent du bâton, de la guitare et possèdent divers autres talents de société. Ils ont été présentés à la famille royale, qui les a accueillis avec les honneurs dus à leur mérite. Le prix des places est à la portée de toutes les bourses : il est de deux sous pour les premières, et d'un sou pour les secondes ; etc., etc. »

Les parades perdent à être écrites : elles doivent la meilleure partie de leur gaieté bouffonne à des grimaces, à des gestes, à des contorsions indicibles; et puis le système graphique rend les paroles, mais non l'intonation. Il faudrait des signes analogues aux notes de musique, des signes au moyen desquels on reproduirait tous les sons, un clavecin sur

La petite fille qui ne pleure jamais.

Jeu de quilles et Jeu de palets.

Curtius.

L'Arche de Noé des Banquistes.

La Lanterne magique.

Paillasse dit Gras-Boyaux.

Six dessins de Raymond Pelez.

lequel on pourrait jouer une conversation, pour donner une idée des inflexions diverses de la voix des banquistes, sourde, perçante, claire, enrouée, lente, rapide, calme, furieuse, au même instant. Dans leur bouche, la langue française devient prosodique comme le latin : elle a des brèves et des longues, des dactyles et des spondées alternés. La phrase du maître est sentencieuse, savamment construite, correctement articulée; celle du valet est antigrammaticale, triviale, et rendue confuse par de nombreuses abréviations. Le maître est une parodie des Gérontes et des Orgons; Paillasse est un bâtard de la famille des Crispins et des Mascarilles.

Les farces préliminaires des tréteaux sont plus intéressantes que ce qui se passe à l'intérieur des baraques, la broderie est plus riche que l'étoffe, la forme emporte le fond. Ce cirque, où la même femme, sous des noms et des costumes différents fait tous les frais de la voltige, est un spectacle assez maussade. A en juger par les rugissements qui sortent de cette ménagerie, il semblerait qu'elle contient toutes les bêtes de la création; mais ces bruits effrayants sont produits simplement par un habile joueur de contrebasse, et la collection zoologique se compose en réalité d'un boa engourdi, d'une tortue dans l'esprit-de-vin, et d'un crocodile dans un baquet. Nous aimons mieux les figures de cire réunies dans ce grand parallélogramme de planches. C'est le *salon de Curtius* (tous les propriétaires de figures de cire s'appellent Curtius, comme tous les écuyers, Franconi). Une image de gendarme, parfaitement exacte, est campée fièrement sur le seuil, que franchissent une foule de curieux. Suivons-les.

Le propriétaire de l'établissement nous montre, la baguette à la main, tous les souverains de l'Europe attablés autour d'un banquet de carton, aux délices duquel ils semblent assez indifférents. D'autres groupes représentent des sujets historiques ou fabuleux. « Voici Henri IV chez la famille Michaud. Observez comme ils sont tous contents et satisfaits. Michaud dit : « A la santé de notre bon roi ! »

« L'Amour et Psyché, tirés de la Mythologie au moment que Psyché va poignarder l'Amour.

« Scène de mœurs orientales. Le grand sultan entouré de ses odalisques. La femme du pacha de Scutari implore la grâce de son mari condamné à mort. Le sultan lui répond : « Ton époux connaît à l'heure qu'il est l'effet de ma clémence. » En rentrant chez elle, elle apprend que son mari vient d'être étranglé.

« Frédéric II, roi de Prusse, ayant à ses côtés M. de Voltaire, un grand philosophe.

« Le corps de Poniatowski retrouvé dans l'Elster. Un grand nombre de généraux contemplent avec douleur le cadavre de l'infortuné Polonais. Remarquez la figure de Poniatowski : ne dirait-on pas qu'il est vivant et animé ?

« Une jolie petite fille qui ne pleure jamais.

« Le tombeau de Napoléon à Sainte-Hélène. Le brave grenadier Hubert monte la garde avec vigilance auprès des cendres de son empereur. Cet ami sincère s'étant endormi, l'empereur lui apparaît en songe. La France est derrière lui sous la figure d'une femme éplorée. »

Puis des scènes plus récentes : la bataille de Mazagran, le mariage du duc de Nemours, etc. Les Curtius modernes sont à la piste de tous les événements propres à éveiller la curiosité publique, et vite ils exploitent la circonstance. Avant que le duc de Nemours épousât la princesse de Saxe-Cohari, il y avait plusieurs jours que les fabricants de figures de cire l'avaient marié en effigie. Sitôt qu'un crime a été commis, ils ornent leur collection du portrait de l'assassin, même avant que celui-ci soit arrêté. Avec de légères modifications dans le costume et la chevelure, la même tête de femme est tour à tour la belle écaillère assassinée par son amant, la bergère d'Ivry, la régente d'Espagne ou la reine d'Angleterre. Le même buste, avec ou sans moustaches, a servi à représenter Jausion, Castaing, Papavoine, Fieschi, Lacenaire et Soufflard; *cereus ad vitium flecti*, comme dit Horace.

Au moment où nous sortons du salon de Curtius, M. Adolphe, alcide français et modèle de l'Académie royale, énumère les exercices dont il divertira ceux qui lui feront *l'honneur de leur présence*. « Je commencerai par la *colonne en arrière*, suivie de la *colonne de côté*, de la *chaise romaine*, des *poses* mythologiques et académiques. C'est moi, messieurs, dont on peut voir le portrait dans les expositions du

Monsieur Polichinelle. Tableau de Meissonier. Dessin de Parent.

Les Insectes musiciens. Dessin de J.-J. Grandville.

Muséum et du Luxembourg. C'est moi qui ai lutté contre le célèbre M. Lambert; moi seul enlève, à bras tendu, un poids de cinquante kilogrammes, que je me laisse retomber ensuite sur l'omoplate, c'est-à-dire au milieu des reins ! »

A côté, un tambour, *ancien* sauvage, exécute sur douze caisses, avec *deux baguettes seulement !*... la bataille d'Austerlitz. « On comprend les plaintes des mourants et des blessés, l'exaltation de l'armée, les cris de la victoire et le tumulte des ennemis en déroute. » Plus loin se montre un véritable sauvage, un roi des Caraïbes, fait prisonnier par *un fameux navigateur français*, dans l'île de Saint-Vincent, et mis aux fers en dépit de l'axiome : *Nul n'est esclave en France*. Ce personnage mérite d'être vu, car la majorité de ses collègues a été obligée peu à peu de rentrer dans le monde civilisé. Le dernier des Mohicans est garçon marchand de vin. On rencontre des ex-Groëlandais parmi les savetiers, des ci-devant Hurons dans l'infanterie légère, et des femmes sauvages dans les endroits où elles le sont le moins.

Un rideau se tire en grinçant : le monarque caraïbe paraît brusquement, tenu en laisse par son patron. Le sauvage est demi-nu, d'une coloration terreuse, tatoué d'arabesques en vermillon. On lui présente un pigeon vivant, dans les entrailles duquel il plonge des dents acérées, et cette agréable nourriture semble lui faire oublier un moment sa captivité. Mais bientôt il reprend son air farouche, trépigne, se débat, et cause une vive perturbation parmi les spectateurs placés aux premières.

Un seul est inaccessible à l'effroi. A son air d'audace et de bonne humeur, à sa tournure dégagée, à ses longs cheveux, à sa barbe en pointe, à la bizarrerie de son accoutrement, il est aisé de le reconnaître pour un artiste parisien, attiré dans cette enceinte moins par la curiosité que par le désir de *faire une charge*. Quand le patron demande s'il y a quelqu'un dans la société qui parle caraïbe, l'artiste prononce un *oui* retentissant. Le patron est stupéfait, le sauvage paraît interdit, le public chuchote. « Tiens, ce monsieur parle caraïbe ! — Comment peut-on savoir le caraïbe ? — Où donc l'a-t-il appris ? — Je le sais d'enfance, répond l'artiste, j'ai vécu longtemps dans le pays des sauvages. » La conversation s'entame : « Nior chamara istoc croc, » dit l'artiste. « Ristoc chnifama, » réplique le Caraïbe avec aplomb. « Can you speak english ? — Malaboba. — Buogi giorno, signor, come istà lei ? — Pantaloni loustic maritou. » Ils continuent ainsi pendant quelques minutes à échanger des paroles incohérentes, mais le sauvage semble s'impatienter, grince des dents, et menace du poing son interlocuteur. « N'approchez pas, dit à ce dernier le patron, n'approchez pas ; vous l'avez mis en colère ! — Moi ! répond l'artiste, je lui ai demandé paisiblement des nouvelles de sa famille. » Et, malgré la représentation du patron, il s'avance vers le sauvage : mais celui-ci, exaspéré, gesticule avec furie, et, en se démenant, frappe au visage le linguiste importun. « Ah ! c'est comme ça que tu le prends ? s'écrie l'artiste : eh bien ! nous allons voir. » Et il se précipite sur le Caraïbe. Une lutte s'engage ; l'intervention du patron, les clameurs des assistants, n'arrêtent point le bras de l'offensé, et le Caraïbe renversé, meurtri, déteint, crie d'une voix suppliante : « Laissez-moi donc ! vous allez m'assommer. » Ces mots sont accueillis par des éclats de rire et des battements de mains. Le vainqueur lâche sa victime ; le pseudo-sauvage s'enfuit dans la coulisse, et le public se retire, en devisant sur cet événement tragi-comique, que de nouvelles scènes lui feront bientôt oublier.

Les théâtres de marionnettes sont nombreux ; les uns, propagateurs de la gloire française, habillent leurs musiciens en Arabes avec des burnous de calicot, et nous exhibent la prise de Constantine, *animée par quantité de figures mécaniques*. Les autres, émules des manufactures dramatiques du boulevard, font représenter par leurs comédiens de bois, *Paul et Virginie* ou *les Amants de l'île de France*, la

Tour de Nesle ou *les Mœurs au moyen âge*, et *le Tremblement de terre de la Martinique*. Arlequin a été métamorphosé en Buridan, Cassandre a été promu à la dignité de roi de France, et Colombine est devenue Marguerite de Bourgogne. Les petits automates rachètent par un grand déploiement de gestes anguleux l'immobilité de leur visage. Ils s'agitent convulsivement, et déclament par procuration des tirades ampoulées, non exemptes de fautes de français. On croirait voir de véritables acteurs : ils ont de moins le jeu de la physionomie, mais les spectateurs n'y perdent pas.

Où diable le drame va-t-il se nicher ! Polichinelle n'est-il pas cent fois plus récréatif, avec sa voix modifiée par la *pratique*, sa gaîté franche, ses allures de tapageur, et les malheureux échantillons de l'espèce féline assoupis aux angles extérieurs de son local ? Des gens qui font d'une pointe d'aiguille le pivot d'une théorie ont présenté ce joyeux et méchant bossu comme un mythe, un symbole, une démonstration scénique de l'éternelle lutte du bien et du mal. Sans chercher à une farce d'aussi graves interprétations, les grands et petits enfants se rassemblent volontiers autour du spectacle portatif de Polichinelle.

La toile se lève ; le théâtre ne représente rien du tout. Le héros paraît, armé de son indispensable bâton, dont il frappe les deux chats et la balustrade de la scène. Un second personnage ne tarde pas à venir ; c'est le Matamore de l'ancienne comédie, le Chateaufort de Cyrano de Bergerac, le Dom Gaspard de Scarron, le capitan de *l'Illusion comique;* il a le verbe haut et parle par saccades.

LE MATAMORE

Bon-jour, Po-li-chinelle.

POLICHINELLE *(donnant un coup de bâton sur le chapeau du Matamore).*

Bonjour.

LE MATAMORE

Aie la bon-té, mon ami, de ne pas recommencer.

POLICHINELLE

Oui, oui, oui. *(Il lui donne un second coup de bâton.)*

LE MATAMORE *(avec volubilité).*

Sais-tu bien à qui tu as affaire ? Je suis le fameux Tranche-Montagne, le grand exterminateur, vainqueur et triom-pha-teur en cent mil-lions de com-bats.

POLICHINELLE

Bah ! *(Troisième coup de bâton.)*

LE MATAMORE *(chantant).*

Tous les mur-*res* de mon pa-lais
Sont bâ-tis des os des An-glais ;
Tou-tes mes cours en sont pa-vées,
Des têt' des gé-né-raux d'ar-mée,
Que j'ai tués dans les com-bats.

POLICHINELLE

En r'niflant, papa. *(Quatrième coup de bâton.)*

LE MATAMORE *(reprenant sa déclamation saccadée).*

As-sez de coups de bâ-ton, co-quin ! tu fi-ni-rais par me fâ-cher.

POLICHINELLE

Tiens, en voilà encore !

LE MATAMORE

J'ai pris—la résolution de ne pas—me mettre—en colère ; sans ce-la, ver de terre, il y a longtemps—que je t'aurais—exterminé.

POLICHINELLE

Pan ! pan ! *(Coups de bâton multipliés.)*

LE MATAMORE

Com-ment, traî-tre, tu a-bu-ses de ma com-plai-san-ce !

POLICHINELLE

Pan ! pan !

LE MATAMORE

A la garde !

POLICHINELLE

Pan ! pan !

LE MATAMORE *(pliant la tête sous les coups).*

Au voleur !... à l'as-sas-sin !... au meur-tre !... je suis mort.

LE COMMISSAIRE

C'est donc toi, polisson, qui se permet d'assassiner les passants ?

POLICHINELLE *(effrontément).*

Oui, c'est moi !

LE COMMISSAIRE

Eh bien ! coquin, tu vas être pendu.

POLICHINELLE

Alors, ce n'est pas moi.

LE COMMISSAIRE

En ce cas, tu ne seras pas pendu.

POLICHINELLE

Alors, c'est moi.

(Afin de couper court aux dilemmes, un soldat apporte la potence. Polichinelle la considère avec étonnement, et demande des explications sur la manière de s'en servir).

LE SOLDAT

C'est donc la première fois que tu es pendu ?

POLICHINELLE

Ma foi, oui.

Polichinelle feint de vouloir placer sa tête dans le nœud coulant ; mais, par une adroite maladresse, il a soin de la poser toujours au-dessus ou au-dessous du cercle fatal. Pour mieux lui faire comprendre le jeu de la machine, le soldat se met complaisamment la corde au cou; funeste bonne foi, car le bourreau est pendu par le criminel! Le diable intervient pour châtier tant de forfaits, et emporte Polichinelle après une lutte de quelques instants. La morale est satisfaite, le crime puni, la société vengée, et les spectateurs s'en vont non moins édifiés que réjouis.

Le soir vient; le charivari de la fête atteint son apogée : les verres de couleur s'allument, les quadrilles se forment sous des tentes pavoisées; les fusées volantes sifflent dans l'air ; la fumée des pétards rougit le ciel sombre, les clarinettes enrouées jettent au vent leurs derniers sons. Plus d'un paillasse, qui n'a pas soupé, rit, le cœur gros et l'estomac vide. Les banquistes donnent leurs dernières et toujours brillantes représentations. Le lendemain, ils décloueront les baraques, rouleront les tableaux, s'emballeront pêle-mêle avec les ustensiles de leur métier, consulteront l'almanach, et prendront le chemin d'une autre ville. Une longue file de charrettes oblongues, arches de Noé roulantes, pareilles à des voitures cellulaires, emportera loin du lieu de la fête les différents microcosmes de bateleurs.

Pauvres banquistes, Dieu vous conduise !

ÉMILE DE LA BÉDOLLIÈRE.

L'Ours escamoteur. Dessin de Moreau.

LE MÉDECIN

Par L. Roux

ILLUSTRATIONS : TABLEAU DE METZU — DESSINS DE GAVARNI, FRANCK
DE LA CHARLERIE, MANCHE ET CH. RAMBERT

Ne pas croire au médecin, cela est permis; douter de la médecine, c'est marcher sur les traces de Don Juan; mais dans un siècle aussi positif que le nôtre, le scepticisme ne saurait aller jusque-là ; il n'y aurait qu'un cas où il serait permis de se montrer *impie en médecine*, ce serait celui où le médecin lui-même vendant (chose impossible) le secret de l'art, paraîtrait abjurer sa propre religion.

Il y a pour le médecin une époque problème : muni d'un excellent titre, il ne jouit encore que d'une médiocre position. La médecine est sa première croyance, comme elle est sa première étude; mais il ne tarde pas à ne croire qu'aux malades et à n'étudier que la clientèle. On est médecin à diplôme et on se dispose à en faire les honneurs à qui de droit. Néanmoins le client étant un mythe, le genre humain paraissant se porter à merveille, on serait tenté de se faire astronome en attendant : c'est l'époque du cumul, celle où le médecin accepte toutes sortes d'emplois pour s'emparer complétement du sien; se fait l'éditeur responsable des fautes d'un grand maître; entre dans un journal de médecine comme correcteur; édite des maladies jusqu'à ce qu'il en puisse guérir; quoi qu'il en soit, il débute.

Le médecin qui débute va voir le député de son département; soigner les débuts d'un jeune médecin et se faire traiter par lui est pour l'homme du Palais-Bourbon une clause tacite de son mandat, la Chambre des pairs reçoit les médecins tout formés avec les projets de

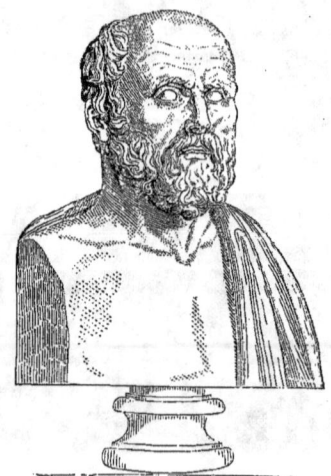

Hippocrate. Dessin de Manche.

lois des mains de sa cadette. Puissamment recommandé, en outre, à un confrère fort en clientèle, le médecin qui débute lui rend une visite, il en reçoit un malade à titre d'encouragement, bien entendu qu'il doit le guérir dans l'intérêt de l'espèce ; il n'a garde d'y manquer dans celui de sa réputation. C'est la route battue, l'idée qui vient à tout le monde, ces précautions parlementaires tiennent au début; le succès tient à autre chose. Il suffit d'user des procédés reçus pour être médecin ; mais pour être célèbre, il faut avoir une méthode à soi.

Faire son chemin à pied quand on a la renommée pour but, c'est vouloir arriver tard, ou plutôt n'arriver jamais ; on prend donc une voiture. On avait un habit neuf, on s'adjoint un paletot ; on habitait un troisième, on monte au premier. C'est une avance sur la clientèle à venir ; les malades ne vous prennent qu'à moitié chemin. On fait meubler un appartement splendide et l'on accroche dans son cabinet la gravure d'*Hippocrate refusant les présents d'Artaxerces* afin de pouvoir dire avec conscience : Il y a chez moi du désintéressement.

N'est-on pas connu ? c'est un avantage : on a tout à gagner du moment que l'on n'a rien à perdre ; les malades attendent la santé de même que vous attendez... la maladie. Ce que d'autres oseraient à peine tenter de peur de compromettre une réputation, on l'exécute de sang-froid pour faire la sienne. Viennent alors les grandes maladies, celles qui impriment tout d'un coup le sceau à la réputation d'un médecin, ces bonnes complications de l'*aigu* et du *chronique*, ces bonnes fractures qui emportent le quart d'un individu et sauvent son médecin aux trois quarts, ces bons empoisonnements qui l'établissent profond chimiste et criminaliste distingué, et lui font découvrir dans les traces d'un crime ancien la route d'une renommée nouvelle, et le médecin triomphe, le char de la médecine se transforme en une *demi-fortune* qu'il vient de se donner. Ne pouvant se constituer de prime abord une célébrité de talent, il unit son savoir à quelque riche héritière du commerce parisien qui l'établit une célébrité d'argent. A-t-on peu de malades ; c'est le moment de concentrer tous ses soins sur un seul, de suivre son idéal, si on en a un en médecine, de se montrer le médecin modèle. Celui-ci arrive à heure fixe ; il reste près d'un quart d'heure chez ses clients, s'informe de la qualité des remèdes, se fait exhiber les déjections plus ou moins louables, passe les nuits, au besoin pose les sangsues, suit une maladie à la campagne, et donne des consultations gratuites aux gens de la maison. Le médecin qui débute ne connaît aucune saignée qui lui répugne ; parfois il se saigne lui-même, pécuniairement parlant. On vend une propriété pour avoir une clientèle ; la clientèle est une propriété. On l'achète souvent toute faite. Un bon moyen de s'en créer une, c'est de supposer qu'elle existe ; beaucoup de médecins commencent par être célèbres afin d'arriver à être connus. Faites réveiller vos voisins, que l'on vienne vous chercher à toute heure de la nuit au nom de telle duchesse qu'il vous plaira, prise dans le nobiliaire de d'Hozier, que la santé du faubourg Saint-Germain tienne, s'il se peut, à une de vos minutes ; qu'une file de voitures armoriées stationnent devant votre porte ; alerte ! valets de pieds, chasseurs, livrées de toutes sortes ; que l'on fasse queue devant chez vous, que l'on s'y égorge comme aux mélodrames : vous tenez déjà l'ombre, la réalité est à deux pas.

Le médecin affectionne la presse périodique, comme moyen de publicité et de diffusion. S'il parvient à fonder un journal de sciences médicales, chirurgicales, médico-chirurgicales ou chirurgico-médicales, c'en est fait, il a posé les fondements d'une renommée sans bornes, c'est pour lui le levier d'Archimède, et la science ne saurait faire un pas sans sa permission ; il n'existe pas de maladie qui n'ait paru dans sa gazette ; les jeunes médecins recherchent son appui, les vieux le ménagent ; tous le craignent ;

il est capable de donner la fièvre même à la Faculté.

Planter des dahlias, c'est pour un médecin un moyen d'avoir bientôt une clientèle en pleine fleur ; exceller sur un instrument de musique, c'est apprendre aux clients qu'on doit avoir, qu'on connaît les touches les plus délicates et les plus nerveuses de la fibre organique ; se faire l'ami des artistes, c'est être avant peu leur médecin ; collectionner des médailles, des tableaux, des bronzes antiques, c'est s'exposer à avoir prochainement une collection de malades, espèce précieuse, et qui mérite comme une autre d'être embaumée.

C'est surtout lorsqu'on a le plus de temps à soi, qu'il est le moins permis d'en perdre. Il est des cas où un médecin doit être ubiquiste ; le matin c'est à son hôpital, le jour chez les malades de la campagne, le soir c'est à une réunion de médecins qu'il doit être retenu. Sa consultation a dû retarder ses visites ; il arrive tard dans son cabinet ; la clientèle a ses exigences. Il ne prend rien aux pauvres pour commencer ; il se contente de traiter des malades, afin d'avoir plus tard des clients.

La renommée marche d'abord au petit pas ; survienne une épidémie, elle prendra la poste. Le choléra a fait quelques victimes, il est vrai, mais aussi que de médecins n'a-t-il pas créés ! Beaucoup se sont improvisés médecins attendu l'urgence du fléau, il y eut à Paris quelques médecins de plus et quelques hommes de moins : en tout deux fléaux.

Ce sont les circonstances qui font les médecins, a-t-on dit souvent ; il y a des maladies obscures, des sciatiques que l'on guérit *incognito* ; groupées, elles représentent à peine un rhume d'élite. Lier une artère, fût-ce l'artère iliaque, à un pauvre dans un carrefour, c'est avoir fait beaucoup pour l'humanité, pour sa réputation peu de chose ; mais une angine que l'on réussit chez une comtesse rétablit l'équilibre ; tout se compense. Le médecin voit d'abord des sujets dans les hôpitaux ; puis il fait des visites n'importe où ; il examine la maladie quand il débute, il examine le malade quand il a débuté. Dans la première époque, « il n'y a guère à ses yeux que des réputations usurpées ; les grands médecins sont des charlatans, le savoir est méconnu ; la conscience est un empêchement ; il se reproche d'avoir des scrupules ; » a-t-il pris position : « Défiez-vous, dit-il incessamment, de ces jeunes gens systématiques, à qui la saignée ne coûte rien, qui vont tranchant à droite et à gauche toutes les questions et tous les membres qui leur tombent sous la main. L'expérience a prévalu, le grand médecin est seul digne d'être appelé. »

Aujourd'hui on ne meurt plus *dans les formes*, mais d'après la méthode. *Il est mort guéri*, dit un grand chirurgien de notre époque. Ce mot peint tout le chirurgien ; sa passion est de rogner, disséquer, cautériser et de pousser une opération jusqu'à ses plus extrêmes conséquences ; comme il n'a que Dieu pour juge, c'est à lui qu'il présente ses opérés assez bien pansés pour des morts qu'ils sont. Il y a, au contraire, parmi les médecins, une espèce bénigne qui laisse mourir avec le plus grand sang-froid et la plus complète philanthropie.

La consultation réunit d'ordinaire deux médecins rivaux : la jeune et la vieille école, c'est une position délicate, le jeune médecin a seulement voix consultative ; le consultant jouit au contraire du double vote, et résout les questions que l'autre n'a fait que poser ; l'accessoire l'emporte sur le principal. Le jeune médecin mandé le premier prend moins cher et guérit quelquefois. On a vu de grands médecins enterrer à grands frais leur client. Dernièrement un jeune médecin se trouva en face d'un professeur chez un riche malade ; leurs méthodes étaient opposées, le jeune médecin était celui de la maison, l'autre avait pour lui l'autorité d'un grand nom. Le consultant blâma ouvertement le système suivi par son confrère, il fut écouté ; le jeune médecin, éconduit ; on lui demanda son mémoire le même jour. Le malade jouissait encore d'une apparence de santé. « Sachez bien une chose, dit le jeune

Le Médecin. Dessin de Gavarni.

La Malade et le Médecin. Tableau de Metzu. Dessin de De la Charlerie.

médecin en remettant son mémoire : c'est que, tout professeur qu'est monsieur, son malade mourra cette nuit. » Le médecin fut repris par la famille : qu'avait donc fait son malade ? il était mort. L'art proprement dit consiste à ne prédire qu'à coup sûr, à faire craindre bien plus qu'à faire espérer. Les malades qui viennent de loin mènent toujours loin leur médecin, croire beaucoup aux remèdes est un moyen d'imposer le savoir, des fièvres quartes ont été guéries par des pains à cacheter. Il n'y a que la médecine qui nous sauve.

Parlons d'abord du médecin en général, il sera temps ensuite de le considérer dans ses divers attributs. On voit le médecin apôtre prétendu de la seule religion qui existe encore, sans croire précisément à son art, le maintenir à la hauteur de toutes les croyances et l'asseoir même sur les débris du genre humain. Une société où le médecin existe seul est assurément une société malade. Néanmoins la médecine est impérissable, par la raison éminemment péremptoire

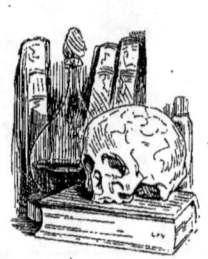

Dessin de Gavarni.

qu'il y aura toujours des médecins, que si l'homme sain a besoin de croire à quelque chose, l'homme malade croit à tout aveuglément, et que, de toutes les maladies la plus invétérée, c'est la maladie des médecins. Pénétrer dans la conscience du médecin serait au reste entrer dans une vaste infirmerie où toutes nos passions seraient numérotées, plus celles que le médecin tient en réserve et qui lui sont personnelles. Ceux d'entre les médecins qui s'élèvent dans les hautes abstractions de l'art, réduisant la médecine à un petit nombre de symptômes, se sont fait de bonne heure une philosophie pratique où ses préjugés trouvent une bonne place. Ceux-ci, en effet, ne sont-ils point des maladies ? En général, le médecin cherche son milieu comme les autres hommes. Il faut le voir, lorsque retranché dans un faubourg, il adopte par nécessité les sobriquets bizarres que la foule donne aux maux qui l'affligent, accepter en dernière analyse un vocabulaire complétement hérétique pour ne pas s'aliéner des clients absurdes. Les malades veulent être traités pour les maladies qu'ils se supposent et par les remèdes qu'ils ont prévus d'avance ; de là naissent les *coups de sang* et les *grands échauffements ;* de même les remèdes ont divers noms afin que les malades puissent choisir ; par exemple, on administre avec avantage l'*extrait de thébaïque* à ceux qui redoutent l'opium. C'est ainsi que Paracelse, pour ne point faire appel au mercure, inventa le *sublimé*. Dans une sphère plus élevée, le médecin crée, au contraire, une foule de maladies, celles qui existent ne suffisant pas aux besoins hyperboliques de ses clients du grand monde. Il possède en outre pour lui-même un code exceptionnel ; il n'est point malade comme tout le monde, et les remèdes qui guérissent un client tueraient infailliblement un médecin. Le médecin n'est jamais plus à l'aise que lorsqu'il exerce sur ses propres données et que la maladie qu'il combat n'a pas été autorisée par l'expérience des siècles, ou prévue par les décrets de la Faculté. Celle-ci évite surtout de consacrer aucune doctrine, ce n'est pas un pouvoir responsable, parce que peut-être il y aurait trop de danger à l'être. Les fautes sont personnelles en médecine.

Les philosophes et les médecins eux-mêmes affirment que la médecine use l'âme au profit du corps ; en d'autres termes, qu'elle perfectionne le corps en vertu d'un certain épicuréisme philosophique. Au moral le médecin vit beaucoup pour lui-même, il se fait d'ordinaire une religion de son égoïsme ; le reste de l'humanité n'existe pas pour lui, attendu que tout le monde n'a pas l'honneur d'être médecin. Cet amour du positif se formule en idolâtrie pour l'argent. Suivez un médecin depuis son entrée dans la carrière pratique, souple d'abord et insinuant, il prendra insensiblement le ton sec, tranchant, d'un homme dont la réputation s'augmente et dont la caisse s'emplit. Bientôt maître de sa clientèle et de son entourage, sa parole sera celle d'un maître ; elle coûtera aussi cher que celle d'un procureur ; la vie et la mort s'échapperont de ses

Une Visite. Dessin de Gavarni.

lèvres selon son bon vouloir : mais il fera plus de cas d'un écu que d'un homme ; l'argent sera le point de mire de toutes ses actions.

A cette époque, s'il n'a pas la croix, — et ceci est une grande question pour le médecin, il l'achète ou la fait acheter ; si le grand chancelier de la Légion-d'Honneur le rejette de son Eldorado, il a recours à quelque ordre équivoque qui se rapproche par la couleur de ses insignes du ruban si désiré, non qu'il y tienne comme à une distinction, mais parce qu'il y voit un supplément de clientèle au bout d'un ruban. Le médecin n'oublie jamais d'être *de* quelqu'un ou *de* quelque chose, le public veut savoir d'où viennent les grands médecins.

Avant même d'être une sommité, un méde-

Trois Malades. Dessin de Gavarni.

cin est devenu profondément sensualiste ; l'étude et la vue des souffrances, en lui donnant le moyen de les éviter, lui ont rendu la jouissance plus précieuse ; aussi excelle-t-il à user, tempérer ou développer tout ce qu'il est donné à l'homme d'en éprouver. C'est le médecin qui brûle lui-même son moka, qui choisit ses perdreaux truffés chez Chevet ; c'est lui qui a inventé la salade d'ananas, la plupart des raffinements culinaires dérivent de la médecine. Quand l'humanité est au plus mal, le médecin nage dans les jouissances sociales.

Il faut l'avouer aussi, du sein de la médecine surgissent de temps à autre de grandes individualités qui ont nom Dupuytren, ou quelques autres qu'il serait imprudent de citer parce qu'elles existent encore. Quand un médecin parvient à échapper au petit mercantilisme de sa profession et aux soins exclusifs de sa clientèle, disons mieux, à l'individua-

Quatre types de Médecins observés par Molière. Dessin de Franck.

lisme qui nous ronge, il peut tout comme un autre devenir un grand homme. Observons cependant que, même dans cette hypothèse, son action a été jusqu'à présent purement individuelle. La médecine manque de ces vues générales qui embrassent tout un peuple, toute une nation. Tout se fait chez nous dans des intérêts de personnes, de famille tout au plus.

Un médecin ne comprendra jamais qu'on puisse travailler à perfectionner l'hygiène d'une grande ville, et à réformer les abus qui compromettent la santé de toute une classe d'hommes. Il est vrai que c'est l'affaire des philosophes qui n'entendent rien à la médecine, ou des académiciens qui l'envisagent à un point de vue par trop constitutionnel. Aussi les grandes questions d'hygiène et de salubrité publique sont-elles moins avancées chez nous que chez les anciens, généralement dépourvus de grands médecins. Je m'éloigne ici de mon cadre, mais il me semble que je me rapproche de la vérité.

Entrons maintenant dans le monde à la suite du médecin, comme lui, le chapeau à la main, mais avec l'intention perfide d'anatomiser chaque individualité. Sur le premier degré de l'échelle médicale est placé le médecin de cour, personnage multiple. — La cour a plusieurs médecins, l'habit à la française est placé en première ligne dans sa thérapeutique, il ne le quitte point tant que sa clientèle le retient dans le faubourg Saint-Honoré ou dans les riches hôtels de la Chaussée-d'Antin. Tout ce qui peut payer noblement veut être traité de même. Grâce au médecin de cour, l'anecdote de salon pénètre jusqu'au château, il ne dit jamais que la moitié de ce qu'il sait. Sa clientèle de Paris est toujours malade autre part, et on le consulte moins sur les maladies que l'on a que sur celles qu'il a dû guérir ailleurs; un mot de lui contient le bulletin des affections que l'on doit se permettre, ses ordonnances sont des ordres du jour. Quiconque n'est pas médecin de cour l'a été du premier consul, ou espère l'être tôt ou tard d'un dictateur.

Cette distinction se confond fréquemment avec celle du médecin professeur. Aucune existence que nous sachions n'est plus variée, plus complète, que celle d'un médecin professeur. Faire marcher de front les intérêts de la science et ceux de sa fortune, avoir une clientèle et un auditoire, être obligé de révéler mille secrets au nom de l'art, n'en laisser échapper aucun par égard pour ses clients, avoir sa popularité de professeur et sa renommée de médecin à faire fleurir l'une par l'autre, être profond à la Faculté, léger et superficiel dans un salon, tel est son rôle de tous les jours. Le médecin professeur possède, outre sa chaire, une clinique dans un hôpital; il est au moins chef de service. La douleur lui apparaît sous toutes les faces, hideuse et agonisante sur un grabat, coquette et parée dans le boudoir d'une femme élégante. D'un hôpital, ce purgatoire de la souffrance physique et morale, il passe dans un somptueux hôtel, Éden de la maladie. Cette vie si contrastée de Paris, il la sait tout entière, les tableaux les plus sombres de Ribeira sont à ses yeux une réalité, il connaît également les touches religieuses et mélancoliques de Murillo. Un palais et une léproserie, voilà le monde pour lui. Il est médecin dans son hôpital, sec, dur, brutal par nécessité; il est médecin de bonne compagnie près du lit d'une grande dame. Dans ses salles, le matin, il est roi; dans ses visites du soir, c'est une royauté constitutionnelle tout au plus.

Le grand monde possède encore dans le médecin des eaux une garantie pour ceux qui s'aventurent sur la foi des sites et des douches sulfureuses jusque dans le sein des Pyrénées. Le médecin des eaux part avec ses malades dès les premiers jours du mois de juin, il est chargé de procurer des eaux à ses malades, et des malades à ses eaux. Moitié administrateur, moitié savant, il a plus à faire que Moïse au sein du désert. La parole de celui-ci était commode; pourvu que les Hébreux eussent un puits, ils ne s'informaient pas si l'eau était plus ou moins carbonatée. Pour le médecin des eaux, l'analyse chimique le regarde, il est en outre chargé de l'hygiène du local. Les petites brochures se succèdent entre ses mains; il s'agit de prouver que sa fontaine est une piscine, et qu'elle l'emporte sur tous les philtres connus. Des gens ont la témérité de prétendre que cette place est une sinécure. Il est vrai que le gouvernement qui en octroie le brevet donne rarement les connaissances requises pour en faire usage, mais trouver un homme qui soit à la fois physicien, botaniste, géologue, chimiste et voyageur, n'est pas chose facile; on prend un homme politique, et tout est dit. Quand on n'est rien par ses emplois ou par ses titres, on peut encore s'établir homœopathe, phrénologue ou magnétiseur; on ne parvient pas toujours à fonder ainsi une science, mais on fonde une réputation.

Le médecin prosecteur, aide ou professeur d'anatomie, jouit d'une grande importance, aujourd'hui qu'aucun homme ne meurt sans que l'on sache ce qu'il aurait fallu faire pour le guérir.

Dans quelle classe rangerons-nous celui qui se complaît dans les phénomènes de la nature anormale? Sa maison est un musée assez semblable au musée Dupuytren. La Vénus hottentote y donne la main à l'Apollon de Paris ; un squelette type, un Quasimodo chevillé en laiton ; l'embryon acéphale et le fœtus à trois têtes, Rita et Christina, une deuxième édition des frères Siamois se rencontrent dans son répertoire. L'espèce humaine est sublime et ridicule sous le scalpel de l'anatomiste. Il réunit les deux extrêmes et il occupe lui-même la région moyenne dans son muséum.

Laissons cet amateur passionné de la nature morte s'ensevelir prématurément dans son ossuaire, occupons-nous du médecin des pauvres. On n'est encore mort qu'à demi quand on a recours au médecin du dispensaire, il donne des soins à ceux qui n'en peuvent attendre que de l'humanité. La philanthropie a ses apôtres, pour ne pas dire ses martyrs : escalader des maisons de tous les étages, pénétrer dans des bouges quelconques, prescrire de la limonade citrique à ceux que des pains de quatre livres rétabliraient infailliblement, telle est l'ingrate mission du médecin philanthrope. L'administration doit les choisir jeunes pour les avoir sensibles, à force de s'attendrir, le cœur se pétrifie, le médecin se forme aux dépens de l'être sensitif ; l'âme sympathique s'évanouit. Le corps n'apparaît plus que comme une matière plus ou moins organique que l'on traite indifféremment selon telle ou telle méthode ; on fait de la médecine, la philanthropie n'est plus qu'une tradition.

Le médecin-affiche existe de compte à demi avec les afficheurs, les distributeurs d'adresses sur la voie publique, qui accostent les passants dans les carrefours, et toute cette nation fauve et avinée dont Robert Macaire est le patriarche. La publicité n'a pas pour le médecin-affiche de formes dégoûtantes : les pièges les plus grossiers sont ceux qui prennent le plus de monde. Il spécule sur un procès ; quand la publicité l'emporte sur l'amende, c'est autant de gagné ; le réquisitoire est une réclame pour lui. Il aurait fait sa fortune si tout le monde était informé qu'il a été condamné à quelques mois de prison, sans préjudice de ses mérites et qualités individuelles. Il sait ce que la condamnation rend chaque année et combien il gagne par jour à être en prison. Son exploitation ne se borne point aux limites d'une rue de Paris.

Pour peu que son industrie ait prospéré, son hygiène se répand bientôt sur tous les continents. Néanmoins Paris, la ville du monde la plus médicale et la plus éclairée, est encore le paradis terrestre de ce charlatan, c'est là qu'il enterre le plus de clients.

On peut être médecin d'un théâtre sans cesser d'être médecin. Là, on doit constater jusqu'à quel point une toux peut être légale. Le médecin d'un théâtre est un lynx pour les malades imaginaires. La prima donna déteste le médecin, qui l'oblige de temps à autre à se bien porter. Aussi a-t-elle toujours dans ses bonnes grâces un jeune docteur choisi par elle pour plaider la migraine contradictoire.

Le médecin d'une compagnie d'assurance est chargé de constater l'entité physique, la parfaite intégrité corporelle des remplaçants soumis à son examen. Il doit se montrer plus sévère que la loi même, le gouvernement étant plus méticuleux pour un remplaçant que pour un simple soldat. Qu'est-ce que l'homme, physiquement parlant ? Demandez à ce médecin ; ceux qu'il accepte peuvent dire avec vérité : « Je suis un homme. » Saint Pierre n'est pas plus difficile sur le choix des âmes que le médecin de recrutement sur l'admission des maréchaux de France. Il y a un médecin pour les vivants ; pour les malades ; il y a de plus le *médecin des morts*. Celui-ci n'est appelé que pour s'assurer de la non-existence de ses clients. On éprouve le besoin de vivre pour ne pas recevoir sa visite, car il donne des visas pour l'autre monde, le moindre symptôme d'existence rend son ministère inutile. Les décès, les inhumations se font par son ordre. Enfin on ne meurt pas sans sa permission. Le médecin des morts est gai comme un catafalque, vêtu de noir des pieds à la tête, il existe comme garantie pour les vivants et les morts, les collatéraux lui doivent des remercîments.

Parmi ceux que la Providence veut affliger, elle envoie aux uns une maladie, aux autres un médecin : c'est un trésor inestimable ou un mal sans remède ; on guérit d'une maladie, on ne guérit pas d'un médecin. Ayez un médecin pour ami, sinon un ami pour médecin : il aura le courage de vous mettre tout de suite au courant des secrets de l'art, et de ne point vous trouver malade si vous n'êtes qu'indisposé. Il y a des familles où le médecin est héréditaire, et où le même homme guérit, en très-peu de temps, de père en fils une foule de générations.

De nos jours, le médecin doit être ambidextre. Il a perdu de ses préjugés aristocratiques, qui ne lui permettaient pas d'être confondu avec un chirurgien, ou plutôt le chirurgien a acquis ces connaissances internes qui l'élèvent au rang de son confrère, il pratique la percussion ; en Angleterre, un médecin laisse mourir un de ses amis frappé d'apoplexie à ses côtés, pour ne pas se déshonorer... en le saignant.

Depuis que les croyances sont affaiblies, le médecin et le notaire semblent avoir hérité de la société. Ce que l'on n'avoue plus au prêtre, la souffrance oblige de le confier au médecin, ou l'intérêt le fait dévoiler au notaire ; le médecin est le dépositaire forcé des mystères de l'alcôve, du boudoir et des affections intimes ; confident obligé de toutes les faiblesses, il élève sa profession en sauvant l'honneur des familles, le secret de la confession est devenu le secret de la médecine. Le médecin assiste à la naissance ; pendant la vie est-on jamais sûr de pouvoir s'en passer ? Aussi après celui de se bien porter, il n'est pas de plus grand bonheur au monde que d'avoir un bon médecin.

L. Roux

Vase de Benvenuto Cellini. Dessin de Ch. Rambert.

LA MARCHANDE DE POISSON

Par Joseph Mainzer

ILLUSTRATIONS : TABLEAUX DE DUVAL-LECAMUS ET VAN-DER-VERF — DESSINS DE M. DE BAR, PAUQUET, CATENACCI, ETC.

Dans notre insatiable désir de voir et de connaître, nous allons quelquefois bien loin à la recherche des peuplades échappées à l'œil indiscret de la génération qui nous a précédés. Avons-nous fait la découverte de quelque tribu de montagnards ou de pêcheurs, nous nous empressons, après une étude minutieuse, d'en raconter l'histoire, d'en décrire le costume et les usages. Les mœurs et le vêtement d'un insulaire excitent notre enthousiasme; nous éprouvons une vive satisfaction à mesurer la distance que la civilisation et l'Atlantique ont mise entre nous et l'objet de notre curiosité. Et cependant échappent chaque jour à notre attention des classes populaires, vivant sous nos yeux, habitant notre sol, notre cité, qui n'ont ni nos mœurs, ni nos habitudes, parlent, pour ainsi dire, une langue différente de la nôtre, et forment depuis des siècles une caste à part, un État dans l'État. Une des plus nombreuses de ces classes, et des plus dignes d'être étudiées, est sans contredit celle qui se consacre à la vente des poissons, des moules et des huîtres.

Ce n'est pas que la halle, séjour ordinaire de cette classe intéressante, n'ait eu de tout temps ses observateurs et ses historiens; plus d'un écrivain spirituel y a puisé ses inspirations. En 1552, Berthod di-

Dessin de Pauquet.

sait, dans une inscription en vers burlesques :

> Or sus voicy la halle illustre ;
> Elle est aujourd'huy dans son lustre ;
> Voilà quantité de poisson :
> Nous rirons de bonne façon
> Si tu veux prendre patience,
> Car c'est ici le lieu de France
> Où se disent les meilleurs mots ;
> On fait les contes les plus sots,
> Surtout parmy ces poissonnières,
> Qui ne sont jamais les dernières
> A dire le mot en passant,
> Quand elles attrapent marchand
> Qui leur fait un tant soit peu teste ;
> Alors elles font belle feste ;
> Elles lui donnent son paquet
> En disant quelque sobriquet, etc.

C'est en se faisant acteur lui-même sur ce théâtre d'un genre tout particulier, que Vadé, le poëte poissard par excellence, s'est acquis une célébrité qui dure encore. Aujourd'hui même tout le monde vous dira qu'il y a, dans les mille petites scènes qui se passent à la halle, et dans les mœurs de la population qui l'habite, matière à de curieuses observations ; mais il ne vient à personne l'idée d'en faire une étude consciencieuse et grave. Lorsqu'on voit cependant, grâce au mouvement d'ascension qui s'opère, toutes les classes se rapprocher et se confondre, les différences s'effacer, et tout passer sous un niveau commun, ce devrait être quelque chose de rencontrer une classe qui vit à part, sous l'influence des mêmes idées, avec ses mœurs, son organisation et ses lois, sans rien emprunter, sans rien sacrifier à ce qui l'entoure.

Vue à vol d'oiseau, la halle offre déjà un spectacle piquant dont vous chercheriez en vain l'équivalent à Paris. Ce flux et ce reflux d'hommes et de femmes qui se pressent et se coudoient, ces cris qui viennent se confondre dans votre oreille, ces gestes animés, tout ce mouvement, toute cette variété, tout ce bruit tranche sur la monotonie de la vie parisienne.

L'histoire de la halle remonte bien haut ; il faut la démêler dans l'obscurité des premiers siècles. Placée au centre du vieux Paris, elle devait être naturellement un point de réunion pour les transactions commerciales ; aussi fut-elle d'abord sans distinction le théâtre de toutes les industries en plein air. Peu à peu et par degrés, une branche de commerce l'emporta sur toutes les autres, et, sous la Ligue, nous trouvons la halle presque exclusivement réservée à la vente des provisions de bouche. Le règne d'Henri IV, succédant aux fureurs de la Ligue et aux agitations de la guerre civile, donna une grande impulsion au commerce : en peu d'années, la population de Paris s'accrut dans une progression remarquable, et la halle acquit tous les jours plus d'importance. Mais nulle loi ne réglait encore les rapports commerciaux : la confusion était au comble ; l'arrivée de la marée devenait tous les jours la cause d'un nouveau désordre. On sentit le besoin de régulariser ce mouvement : on établit des corporations et des privilèges. Aux dames de la halle fut donnée la faculté exclusive de vendre au consommateur, et il fut décidé que la marée leur serait vendue aux enchères. Deux commissaires furent nommés pour présider à l'opération, et, après eux, deux *facteurs* et deux *factrices* pour la mise à prix ; enfin cinq femmes les secondaient, chargées d'enregistrer les ventes, et d'en percevoir le produit : celles-ci reçurent le nom de *donneuses de perroquets*. Dès trois heures du matin, pendant l'été, à sept pendant l'hiver, trois bureaux étaient dressés dans la halle ; la marée y était distribuée avec les mêmes formalités qu'à une vente aux enchères. La mise à prix, proclamée par le facteur, était ordinairement suivie d'un moment de silence, qui n'avait d'autre but que de la faire descendre. A voir cet accord unanime, vous auriez juré que, dans toutes ces marchandes, il n'y avait qu'une seule volonté, et que, fermes dans cette première décision, elles finiraient par traiter à un prix inférieur, et fixé d'avance par elles-mêmes. Le facteur baissait, en effet, son estimation ; mais, à peine une timide enchère s'était-elle fait entendre, que cent su-

La Marchande de Poisson. Dessin de Pauquet.

renchères arrivaient dans une succession rapide; l'émulation était éveillée; on se piquait au jeu; l'intérêt personnel l'emportait sur l'intérêt commun, et le facteur, favorisant cette heureuse disposition de toute la force de ses poumons, ne tardait pas à proclamer, d'une voix triomphante, un prix infiniment supérieur à l'estimation qui d'abord avait été repoussée. Lorsque enfin tous les désirs se taisaient devant une offre trop hardie pour être dépassée, la marchande à qui demeurait la victoire jetait aussitôt sa médaille sur le lot qu'elle avait conquis, et un nouveau lot était sur-le-champ mis en adjudication. Cette coutume est venue jusqu'à nous sans modification : c'est ce qu'on appelle *la criée du point du jour*.

Les Poissonniers. Tableau de M. Duval-Lecamus.

Réunies en corporation, les dames de la halle acquièrent une très-grande importance ; la cour même ne dédaigna pas de les admettre, et il se fit constamment entre ces deux puissances un gracieux échange de politesse et d'amitié. A la naissance du dauphin, les dames de la halle s'empressaient d'aller complimenter la reine ; il n'y avait point d'avénement au trône, point de couronnement, point de mariage princier, qui ne fût l'occasion d'une députation et d'un compliment. On les a vues même, à la mort des rois, prendre le deuil de cour, et substituer les parures de jais aux bijoux de fantaisie. Mais, hélas ! il faut bien l'avouer, quelques âmes intéressées (il s'en trouve partout, même à la halle) ont fait de cette prérogative une véritable spéculation ; il ne vous est plus permis d'avoir un héritier, d'obtenir un succès au théâtre, ni même de recevoir la croix d'honneur, sans ouvrir votre porte à une députation de ces dames, dont certainement les félicitations ne sont pas dictées par le seul amour que vous leur inspirez.

Henri IV, le roi populaire, avait encore resserré, par l'octroi de nouvelles faveurs, le lien qui unissait la cour à la halle : aussi chaque année, au jour de Saint-Henri, les forts et les poissardes ne manquaient-ils pas de se réunir, en grand costume et parés de bouquets, sur le terre-plein du Pont-Neuf ; et là ils improvisaient un bal en l'honneur du vert galant et du diable à quatre.

Cette alliance des rois de France avec la halle nous rappelle celle du doge avec l'Adriatique : la fiancée a failli au doge ; le doge a failli à sa fiancée. Le superbe Bucentaure, témoin discret de tant de serments félons, cache sa splendeur passée sous les voûtes de l'Arsenal, et n'ose plus regarder en face la fiancée délaissée, dans la crainte sans doute que sa pudeur ne s'alarme, que son orgueil ne se réveille, et qu'elle ne punisse dans l'esclave l'infidélité du maître. Mais la halle continue d'être ce qu'elle a toujours été : elle porte la tête haute, maintenant avec ténacité ses glorieuses prérogatives, qu'elle a su faire respecter et passer intactes à travers toutes nos révolutions.

Peut-être les dames de la halle doivent-elles à ce contact royal la fierté qui les distingue de toutes les classes de marchands, et l'originalité qui les caractérise. Regardez-les assises entre leurs barils de morues et de sardines, comme des reines qui planent du haut de leur trône sur les pages et les courtisans en livrée, et vous comprendrez qu'il ne s'agit pas d'une caste commune entre les mortels. Tout en parant le maquereau, la raie et la limande ; tout en pesant l'anguille de mer et le hareng frais, elles sont incessamment préoccupées de la noblesse de leur race. Dans l'orgueil de leurs prétentions, elles se disent les premières et vraies Françaises, comme les Transtévérins de Rome se croient les vrais descendants des anciens Romains. Partout ailleurs le marchand est humble et poli devant l'acheteur : à la halle, c'est l'acheteur qui tremble, tandis que la marchande trône et commande. Toutefois, cette humilité de l'acheteur est encore justifiée par une autre cause que celle dont je viens de parler, et c'est ici le cas de mentionner un singulier privilége, un privilége unique dans l'histoire, lequel a de si profondes racines, que nous ne doutons pas qu'il résiste éternellement à tous les efforts du temps et des révolutions ; nous croyons même que les commotions sociales les plus violentes ne feraient que le retremper, et qu'il acquerrait force et accroissement là où viendrait s'engloutir toute autre institution humaine. Ce privilége consiste dans l'emploi d'un vocabulaire dont les termes énergiques froisseraient les oreilles les moins délicates, et feraient monter la rougeur aux fronts les moins chastes. Soyez assez malavisé pour laisser échapper un geste, un regard de dédain à l'endroit de cette tanche ou de ce brochet qu'on vous déclare admirable de fraîcheur et de finesse, et soudain pleuvra sur vous un déluge de phrases, dont je me garderai bien de vous donner un échantillon, auxquelles vous empêchera de répondre la volubilité qu'on met à les prononcer, et qui vous escorteront d'échoppe en échoppe jusqu'au moment où, confus et vous faisant le plus petit possible, vous aurez disparu de la halle au milieu d'un hourra général.

La poissarde, il faut en convenir, est peu recherchée dans ses manières : elle a toujours l'injure à la bouche, et son nom est devenu même le synonyme de la grossièreté ; mais il y a du vieux sang populaire dans ses veines, son cœur est ouvert à toutes les nobles impressions du désintéressement et de la pitié, et, au fond de son âme, vit ce sentiment de dignité humaine qui fut toujours la sauvegarde des nations et des individus. A voir d'abord, avec ce costume qui n'est qu'à elle, les proportions effrayantes de sa taille, le développement presque monstrueux de sa personne, on est tenté de rire ; mais on trouve bientôt en elle quelque chose de viril et de fort qui étonne et qui commande l'attention. Nous avons observé qu'un grand nombre d'entre elles ont, à un certain âge, les lèvres couronnées d'une moustache assez prononcée.

La halle, autrefois garnie d'autant de gibets qu'elle compte aujourd'hui de réverbères, s'est transformée souvent en champ de bataille, aux jours d'émeutes et de révolutions. Mais que la voix de l'émeute se taise, étouffée sous des monceaux de cadavres, ou que la révolution grandisse, s'enfle, et, comme un fleuve immense, descende de la halle sur toute l'Europe, balayant les trônes et les dynasties, les poissardes, à cheval la veille sur des canons, après avoir fait de la charpie, distribué des bouillons, soigné les blessés, enterré les morts, se retrouvent le lendemain, la bouche encore noircie par la poudre, assises au milieu de leurs tonneaux, calmes et impassibles, sous le noir donjon de leurs ancêtres, sans craindre ni coup de main ni prétendant, entourées qu'elles sont de l'inviolabilité populaire.

Sous le rapport de la versatilité politique, la halle, il faut bien le dire, n'est pas tout à fait à l'abri du reproche. Que le sentiment de son importance lui ait fait une loi de jouer un rôle dans tous les grands événements, rien de plus simple ; mais qu'elle ait tour à tour adoré et brisé les mêmes idoles, voilà ce qu'on a peine à comprendre ; à moins qu'on ne l'explique par une lutte continuelle de l'esprit et du cœur : de l'esprit, qui la porte à s'associer vaniteusement au triomphe du pouvoir qui la traite d'égal à égal ; du cœur, qui la fait sympathiser avec le peuple dont la cause est aussi la sienne. C'est ainsi qu'on a vu successivement les dames de la halle aux Tuileries avec des bouquets, et sur la route de Versailles, entourant la voiture de Louis XVI, adorant le soleil de l'Empire, et haranguant les souverains alliés à leur entrée dans Paris. Mais nous les avons vues aussi conserver dix années dans leur enceinte, et couvrir pieusement de couronnes et de fleurs chaque jour renouvelées, le simple monument des nobles victimes de Juillet ; mais nous les avons entendues plus d'une fois raconter avec un enthousiasme vraiment poétique leurs souvenirs des trois journées populaires, et nous sommes convaincus que chez elles, malgré quelques circonstances qui sembleraient prouver le contraire, le cœur est encore plus fort que la vanité.

Pour connaître parfaitement la dame de la halle, il ne suffit pas de l'observer dans sa vie extérieure, il faut encore avoir accès chez elle et la suivre dans les détails intérieurs de son ménage ; de même que, pour bien juger son caractère, on ne doit pas s'arrêter seulement à l'écorce : c'est en cherchant au fond de son cœur qu'on découvrira les bons sentiments qui l'animent. Ici, je suis heureux de n'être pas réduit à faire une de ces descriptions qui frappent quelquefois de sécheresse et d'aridité les sujets les plus intéressants : j'offrirai aux lecteurs le simple récit de deux faits qui me semblent de nature à remplir complétement le but que je me propose, en même temps qu'ils présentent mes héroïnes sous un jour plus favorable que cette rudesse de manières et de langage dont, historien fidèle, je n'ai pas dû me permettre d'adoucir le tableau.

Madame D..., après avoir figuré dans le monde d'une manière assez brillante, s'était vue, par un revers de fortune, jeter tout à coup au bas de l'échelle dont elle avait occupé le faîte. Par un reste d'amour-propre bien excusable, madame D... avait voulu conserver dans sa mise un souvenir de son ancienne splendeur ; pour cela, il lui avait suffi de sauver du naufrage quelques débris de ses riches toilettes, et d'apporter à leur entretien le soin le plus minutieux. Mais il n'en pouvait être de même du train intérieur de sa maison : confinée dans un réduit plus que modeste, elle était bien obligée d'aller elle-même acheter son ordinaire, et Dieu sait quel mince ordinaire ! La pauvre dame se rendit donc une

La Marchande de Marée. Tableau de Van-der-Werff. (Musée du Louvre.

première fois au marché Saint-Honoré, et, d'une voix timide, demanda *du beurre pour* *deux sous*. La marchande à laquelle elle s'était adressée leva aussitôt la tête, et, apercevant le

Le Carreau de la Halle. Dessin de Pauquet.

chapeau de sa nouvelle pratique, partit d'un éclat de rire ; puis, se tournant vers une autre marchande sa voisine, elle lui dit du ton le plus goguenard qu'elle put prendre :

La Marchande d'Huîtres sous Louis XV.

La Marchande de Poisson sous Louis XV.

« Dis donc, Marie, te dérangeras-tu pour servir deux sous de beurre à madame ? »

Autre éclat de rire de la voisine, lequel se communiqua rapidement tout le long de la file. Madame D... était toute déconcertée.

« Mon Dieu ! dit-elle avec douceur, si je vous demande pour si peu, c'est que je n'ai que cela dans ma bourse. »

Ce peu de mots et une larme que la malheureuse dame ne put retenir arrêtèrent soudain l'accès de gaieté de la marchande ; elle se leva précipitamment, sépara de sa meilleure motte un morceau de beurre deux fois plus gros qu'elle ne l'eût fait pour tout autre, et lui dit avec émotion :

« Vous n'êtes donc pas heureuse, madame ? excusez-moi ; c'était seulement histoire de plaisanter ; je suis bien aise que vous m'ayez donné la préférence, et je vous demande en grâce de me continuer votre pratique. »

L'autre fait n'est pas moins caractéristique, et pourra donner en outre une idée de la richesse de ces femmes, qu'au premier abord on croirait tout à fait étrangères à l'amour du luxe et du confortable.

Madame S... venait de marchander un poisson. Le prix qu'elle en offrait n'étant pas d'accord avec celui de la marchande, celle-ci, furieuse, lui jeta le poisson à la figure, appelant à son aide les expressions les plus injurieuses du vocabulaire poissard. Mais aussitôt retentit autour d'elle un cri général d'indignation : ses voisines s'étaient aperçues que madame S... était enceinte, et il n'est pas de position qui, plus que celle-là, soit entourée à la halle d'égards et de respect. La marchande, assaillie par ses propres compagnes, accablée de coups et d'injures, ne savait plus où donner de la tête, lorsqu'elle s'aperçut enfin de la circonstance qui avait rendu sa faute si grave. Alors, changeant de ton, elle s'empressa d'elle-même de demander pardon à madame S... Non contente d'avoir fait des excuses publiques, elle se rendit chez l'offensée, et la supplia d'accepter chez elle un dîner de réparation, avec tant d'instance, que madame S... accepta, dans la crainte de paraître persister dans un ressentiment déplacé.

Madame S... pensait faire un acte de condescendance, et ne s'attendait certainement pas à la réception qu'on lui préparait. Introduite d'abord dans la chambre à coucher, elle fut frappée de l'air d'aisance qui y régnait. Elle considérait curieusement et les bergères en bois d'acajou sculpté, et les riches dorures des cadres, et le magnifique cabaret de porcelaine qui décorait la commode, et la couchette garnie de tant de matelas, de lits de plume et d'édredons, qu'une échelle semblait indispensable pour y atteindre. Elle se demandait comment la même personne qui possédait ce lit si moelleux, ces siéges si douillets, pouvait avoir le courage de se lever avant le jour pour aller s'asseoir sur une chaise durement empaillée, lorsque la marchande vint à elle, suivie de quelques-unes de ses amies en habit de gala. Elles étaient tout or et bijoux : de longs pendants scintillaient à leurs oreilles ; des chaînes à trois ou quatre rangs entouraient leur cou, et retombaient sur leur poitrine ; de superbes épingles attachaient leur fichu, et la riche dentelle de chacun de leurs amples bonnets aurait suffi pour décorer deux ou trois robes de bal. La dame de la halle ne connaît pas cette délicatesse ni ces raffinements de la vanité qui consistent à se cacher pour mieux paraître, et à couvrir sa fortune d'un voile transparent de simplicité. Elle ne se contente pas d'être riche, elle veut encore que cela soit écrit dans ses actions et sur les objets qu'elle possède. Au spectacle, où elle va souvent, n'ayez peur qu'elle prenne une place inférieure ; lorsqu'elle marie sa fille, elle se signale par le chiffre de la dot. Demandez à un bijoutier ce qu'il compte faire d'un riche bijou dont le placement vous semble difficile, il vous répondra : « Je n'en suis pas embarrassé ; les dames de la halle se le disputeront. »

Quand vint l'heure du dîner, madame S... fut bien autrement surprise. Elle aurait pu désirer dans l'ordre du service une régularité de meilleur ton, mais non plus de délicatesse dans le choix des mets dont il y avait abondance. Ajoutez à cela une profusion de solide argenterie, de la porcelaine d'une admirable transparence, du linge damassé de premier choix, et vous comprendrez que madame S...

aurait pu se croire assise à une table royale, si la franchise un peu excentrique des gestes et des paroles dont les convives s'évertuaient à embellir la fête n'était venue à chaque instant lui rappeler l'origine de son hôte.

Si nous voulons étudier la marchande de poisson sous le point de vue musical, il faut que nous sortions avec elle de la halle, son royaume, et que nous la suivions dans les rues de Paris.

> Puis après orrez retentir
> De cels qui les frès harencs crient,
> Or au vivet li autres dient.
> Sor et blanc harenc frès poudré,
> Harenc nostre vendre voudré,
> Menuise vive orrez crier,
> Et puis alètes de la mer.
>
> (GUILLAUME DE LA VILLENEUVE.)

J'ai trouvé dans la composition de Jannequin ce cri, qui était en usage sous François Ier : *Hareng de la nuit! hareng de la nuit!*

Les chars de Brest, de Calais, de Dieppe, ont amené en poste la morue et le cabillaud; les facteurs et les factrices ont présidé à la distribution; le jour va poindre, et chaque marchande en détail a enlevé le lot qui lui est dévolu. Alors, dans tous les quartiers, on rencontre la sole et la limande; l'arrivée du saumon, de la raie, de l'anguille de mer, est célébrée par mille voix, comme l'arrivée d'un prince. La nouvelle part de la halle pour se propager vers l'orient et vers l'occident de la capitale. Bientôt on entend crier dans les rues Dauphine, de Seine, Saint-Martin et Saint-Denis :

On annonce en même temps dans les faubourgs Saint-Jacques et Montmartre l'anguille de mer :

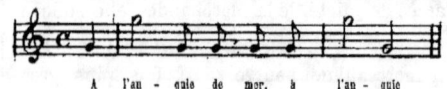

ou le hareng : *Hareng qui glace, tout nouveau! hareng nouveau!*

Dans le quartier des Tuileries, tout le monde connaît la *mère Marianne*, son bonnet rond, sa figure enluminée, son bâton qui vient en aide à sa jambe boiteuse, sa manne remplie d'aloses, sa hotte chargée de morue, et son cri : *Morue d'Hollande! à l'alose! à l'alose!*

Aux marchandes de poisson succèdent les marchandes d'huîtres avec leur chant expressif : *A la barque! à la barque!*

Puis les marchandes de moules : *La moule au caillou!*

Le caractère original des poissardes ne perce pas médiocrement dans les mélodies de leur invention, ou plutôt dans leur manière de les chanter. Jamais voix humaine n'a produit des sons plus bizarres, plus criards, plus sauvages; une mélodie de quelques notes contient des sons de toutes les qualités. Ce qu'il y a de remarquable surtout, c'est la transition brusque du son de poitrine au son de tête. Le cri de ces femmes a tant de rapport avec celui des marchandes de cerneaux, que je croirais volontiers qu'il s'en trouve parmi elles qui cumulent, et qui, après avoir crié pendant une partie de l'été : *Merlan du jour! merlan à frire, à frire!* se mettent à vendre des cerneaux pendant l'automne.

La mélodie des *maquereaux salés* est une des meilleures et des mieux chantées :

Maqu'rau, maqu'rau, maqu'rau sa-lé, maqu'rau sa-lé, maqu'rau sa-lé.

La marchande de *moules au caillou* doit rappeler au voyageur la reine des marchandes, la gloire des halles, la fameuse marchande de moules de Bruxelles. Assise sur son char, qui ressemble beaucoup à un char de triomphe romain, entourée de paniers remplis de moules, l'épaisse Flamande forme, dans ce cortége, une des curiosités les plus pittoresques de la capitale de la Belgique. On serait tenté de la prendre pour une apparition fantastique : à telle heure du jour, elle parcourt les rues de Bruxelles ; à telle autre, celles d'Anvers ; et souvent on la voit, sur la route de Malines, glisser comme une ombre avec la rapidité de l'éclair. Son char mystérieux semble être entraîné par une force magique, et les nuages de poussière qui l'environnent ne permettent pas à l'œil de distinguer quelle puissance lui fait dévorer l'espace avec une telle rapidité. On n'aperçoit, au milieu de ce tourbillon, qu'un bonnet blanc, une face rubiconde, et le mantelet noir classique des Flamandes. Les uns pensent reconnaître dans ce cortége celui du corsaire noir, cet effroi des marins, ce présage de grands désastres, qui aurait momentanément abandonné pour la terre son maritime empire. D'autres font le signe de la croix, persuadés qu'ils ont vu galoper sur le manche d'un balai quelque sorcière pressée d'arriver au sabbat. Inutile de faire observer que ces deux opinions appartiennent aux romantiques. Quant aux classiques, ils prétendent avoir vu la conque de Neptune traînée par des dauphins terrestres, ou des panthères de Naxos emportant une nouvelle Ariane. C'est tout simplement notre marchande de moules fièrement et glorieusement assise au milieu de ses coquilles, comme Vénus au sein des roses. Son attelage se compose de huit chiens énormes qui semblent voler de relai en relai, et donner des ailes aux moules dont elle approvisionne presque toute la ville de Bruxelles. Je ne connais pas de voyageur qui n'ait emporté comme impression de voyage un croquis de la célèbre marchande de moules, et de son équipage si singulier et si original.

JOSEPH MAINZER.

L'AME MÉCONNUE

Par Frédéric Soulié

ILLUSTRATIONS DE GAVARNI ET TRIMOLET

Voici un état tout à fait nouveau, une existence qui n'a pas d'antécédents, comme la plupart de celles dont on s'occupe dans ce livre. L'écolier de la Sorbonne du quinzième siècle est l'ancêtre pittoresque de l'étudiant; l'avoué descend en ligne directe du procureur et a recueilli exactement tout l'héritage; le dandy n'est qu'une transformation du raffiné, du muguet, du roué, de l'homme à la mode, de l'incroyable et du merveilleux; et l'académicien de nos jours n'est qu'un dérivé très-altéré des grands écrivains du dix-septième siècle. Mais l'âme méconnue ne se trouve pas au delà de notre époque, j'ose même dire, au delà de notre littérature. Ce n'est pas non plus une importation comme le lion, le touriste, l'amateur de courses; c'est un produit indigène de notre industrie littéraire : l'âme méconnue appartient à la France; elle appartient au peuple le plus gai et le plus spirituel de la terre, à ce qu'il dit.

Peut-être que, si les Anglais étaient moins occupés à nous souffler nos plus petites inventions mécaniques pour en faire des moteurs colossaux de fortune; peut-être que, s'ils n'avaient pas à nous enlever notre commerce des lins, notre fabrique de soies, et que s'ils n'étaient pas en quête de quelque lentille monstrueuse pour donner aux rayons de leur mauvais soleil borgne une chaleur qui pût mûrir la vigne, et transplanter dans les marécages d'Écosse les récoltes de Bordeaux; peut-être, dis-je, que, s'ils n'étaient pas occupés à tout cela, ils pourraient encore nous disputer la vocation

Lecture et Rêverie.

de l'âme méconnue. En effet, le premier germe de cet être réel, et fantastique tout à la fois, se trouve peut-être dans les œuvres de leur grand Byron. Mais, il faut le reconnaître, c'est la fleur d'une graine poétique que nous avons seuls recueillie; et tandis que ces pauvres gens, tout préoccupés d'intérêts vulgaires et matériels, ramassaient à nos pieds les inventions de toute sorte de M. Brunel, que nous y avons laissées dédaigneusement, nous enlevions à leur barbe cette admirable semence pour la répandre et la propager sur notre sol.

Il faut le reconnaître, la culture a été bonne; il y a eu de profonds sillons tracés à bec de plume; il y a eu engrais de poésies mélancoliques, fumier de romans : aussi comme elle a grandi, prospéré, multiplié! L'ivraie le dispute au bon grain, et l'étouffera bientôt. Qu'est-ce donc que l'âme méconnue? Je vais tâcher de vous l'expliquer.

Ce n'est pas sans intention que je l'ai comparée à une fleur (il y a des fleurs très-laides et qui sentent mauvais). En effet, comme la fleur, elle est des deux sexes : il y a l'âme méconnue-homme, et l'âme méconnue-femme.

L'âme méconnue-homme est assez rare, et ne pousse guère que dans la zone littéraire. On la qualifierait mieux peut-être en l'appelant génie méconnu, attendu que les individus de cette espèce appellent *génie* tout ce qu'ils pensent, tout ce qu'ils sentent, tout ce qu'ils disent. Cependant ce nom n'est pas généralement adopté. Les pères de famille les appellent des fainéants; les gens d'affaires, des imbéciles, et les marchandes de modes les confondent quelquefois avec les poëtes. Donc, si nous en avons parlé, c'est pour prier nos confrères en botanique morale de vouloir bien diriger leurs observations sur ce genre de végétaux, si par hasard il en tombe quelque individu sous leur loupe.

Je ne m'occuperai donc que de l'âme méconnue-femme, dont la multiplication mérite de fixer les regards du philosophe.

L'âme méconnue-femme est, en général, d'un aspect plutôt bizarre qu'agréable. Elle affecte des formes insolites et cependant très-diverses. Toutefois, la plus commune se reconnaît aux signes extérieurs suivants : des robes d'un taffetas bistre passé, ou de mousseline-laine noire et rouge, un chapeau de paille cousue orné de velours tranchant, des gants de filets, très-peu ou point de cols ou de collerettes : tout ce qui est linge blanc lui est antipathique; un lorgnon d'écaille suspendu au cou par un petit cordon de cheveux, une broche avec dessus de cristal où il y a des cheveux, bague où il y a des cheveux, bracelets tissus de cheveux, avec fermoir enfermant d'autres cheveux : l'âme méconnue a énormément de cheveux, excepté sur la tête. Le peu que les profondes rêveries lui en ont laissé pend à l'anglaise le long de joues creuses et d'un cou remarquablement long et fibreux. L'auréole des yeux est d'un jaune sentimental et terreux, que les larmes ne lavent pas toujours suffisamment; la main est blanche, tachetée d'encre à l'index et au médius, et légèrement bordée de noir à l'extrémité des ongles. Quant à ce parfum de femme que Don Juan percevait de si loin, il nous a paru sensiblement altéré en elle par l'absence de toute espèce de parfums.

En général, l'âme méconnue ne prend tout son développement que fort tard, entre trente-six et quarante ans. C'est une fleur d'automne qui souvent passe l'hiver et résiste aux frimas qui blanchissent sa corolle. On cite cependant quelques exemples d'âmes méconnues qui ont fleuri au printemps, de dix-huit à vingt ans. Mais ce n'a pu être qu'à l'aide d'une chaleur factice, d'une culture forcée, chauffée de romans dévorés en cachette, qu'on a pu obtenir de pareils résultats. Et encore, le plus souvent, avortent-ils complétement à la moindre invitation de bal; et il suffit de les transporter à cet âge dans le terrain solide du mariage pour les transformer complétement.

Il n'en est pas de même de l'âme méconnue

L'Ame méconnue. Dessin de Gavarni.

qui s'est développée à son terme ; et celle-ci a cela de particulier que, lorsqu'au lieu d'être transportée dans ce terrain légitime dont nous parlions tout à l'heure, elle y vient d'elle-même, elle est d'autant plus vivace et plus dévorante.

Toutefois, avant d'aborder la partie philosophique de cette analyse, il convient de dire quelque chose des lieux où se plaît l'âme méconnue. Elle aime les chambres closes où les bruits de l'extérieur arrivent difficilement et d'où les soupirs intérieurs ne peuvent être entendus. La vivacité du jour lui est insupportable comme aux belles-de-nuit et elle se ferme comme elles sous un voile vert, si par hasard elle s'y trouve exposée ; mais elle s'arrange pour vivre presque toujours dans un clair-obscur profond : elle se le procure au moyen de jalousies constamment baissées, de rideaux de mousseline d'autant plus *propres* à cet usage qu'ils le sont moins. Pardonnez-moi ce calembour, c'est Odry qui me l'a prêté.

Dans ces mystérieux réduits il y a une foule de petits objets inutiles et précieux, et dont l'âme méconnue pourrait seule expliquer la valeur. Quelquefois un crucifix, souvent une pipe culottée, de ci de là un bouquet flétri, une boucle de pantalon, une image de la vierge, un nécessaire de travail dont on a enlevé la partie utile pour en faire une cassette à correspondance, des éventails ébréchés et un poignard en guise de coupoir, quoiqu'elle ne lise jamais de livres neufs et qu'elle les loue tout crasseux et tout déchirés au cabinet de lecture, ni plus ni moins que si elle était portière ou duchesse.

Maintenant que je crois avoir établi quelques-uns des éléments physiques de l'existence matérielle de l'âme méconnue, je crois pouvoir aborder les intimes secrets de son existence morale. Ici le champ est immense, par son étendue et par ses détails. La pensée de l'âme méconnue vole des régions les plus basses des affections illégales aux régions les plus éthérées des rêves d'amour mystique. Et dans ce vol à perte

de vue, chaque mouvement est un mystère, chaque effet une douleur, chaque mot un problème, chaque aspiration un désir illimité, chaque soupir une confidence. Qui pourrait dire en effet tout ce qu'il y a dans les paroles ou les gestes d'une âme méconnue, dans sa pantomime éloquente? Qui pourrait surtout comprendre les mystères et la sublimité de son immobilité et de son silence! C'est alors qu'elle ne remue pas et qu'elle ne dit rien, que tout ce volcan qu'elle porte en elle, gémit, brûle, se roule, s'embrase, la dévore, bondit, et finit par éclater par un regard jeté au ciel, comme une colonne de lave qui emporte avec elle les cendres de mille sentiments consumés dans cette lutte intérieure. Heureusement que l'âme méconnue en a tellement à consumer, que la matière ne manque jamais à l'incendie.

Quant à l'histoire de l'âme méconnue, avant d'arriver à sa perfection elle est toujours un abîme où l'œil cherche vainement à pénétrer : dans sa bouche elle se résume toujours en ces mots : J'AI SOUFFERT!!! mais quant à la nature de ces souffrances, c'est un mystère qu'on ne peut guère apprendre que de quelque sage-femme indiscrète, ou de la *Gazette des Tribunaux*. L'âme méconnue est indifféremment fille, femme ou veuve.

Mais quel que soit celui de ces états auquel elle appartienne, il y a toujours, dans son passé, un, souvent deux, quelquefois quatre ou cinq de ces grands malheurs qui pèsent sur son existence.

A l'état de fille, l'âme méconnue est le châtiment des vieux célibataires qui ont été libertins. Quand l'âge a usé leurs forces, trop vieux pour chercher un refuge assuré dans le mariage, ils demandent du moins le repos à une association où ils mettront la fortune et où elle apportera les soins. Leur vieille expérience croit avoir trouvé une compagne convenable en choisissant une fille plus que mûre, mais dont la modestie languissante a encore un certain attrait : ils savent ce qui en est de ses retours plaintifs sur le passé. Mais eux, dont la vie s'est passée à faire faillir les plus pures et les plus jeunes consciences, ne pensent pas devoir se montrer trop sévères pour des fautes dont ils auraient pu être les complices. Ils s'imaginent follement que ces pauvres filles vieillies ne demandent qu'à se reposer de leurs plaisirs, et sur la foi d'une résignation admirablement jouée ils leur ouvrent leur maison.

A partir de ce jour commence entre le vieillard cacochyme et la fille valide une lutte où le misérable subira toutes les tortures avant de succomber.

Et d'abord, avec une persévérance et une effronterie que rien ne peut troubler, elle insinue peu à peu que sa vie a été pure comme celle d'une vestale et que la calomnie seule l'a flétrie. Le vieux bonhomme, qui n'a plus même la force de discuter, la laisse dire et lui accorde cette satisfaction; car elle est prévenante, bonne, empressée. Peu à peu la vertu angélique de la sainte personne devient un fait établi, incontestable, reconnu par tout le monde, même par quelques amis qui ne veulent pas contrarier un pauvre fou. Alors les soins, sans cesser d'être empressés, deviennent impérieux; on règle la vie du vieux libertin. Peut-on refuser cet empire à la femme qui a si bien réglé la sienne! Bientôt ses soins toujours offerts sont cependant marchandés, les exigences paraissent, le vieillard cède une fois, deux; mais enfin un jour arrive où il tente une observation; alors l'âme méconnue éclate, comme ce cactus fantastique qui s'épanouit en une seconde avec un bruit pareil à celui d'un coup de canon : « Un noble cœur qui s'est sacrifié à un pieux devoir et qui n'en recueille qu'ingratitude. Ah! sa vie a commencé par le malheur et elle doit finir de même. » Que si le vieillard trop irascible veut discuter ces prétendues infortunes, c'est alors que l'âme méconnue triomphe. « Ce n'est pas ainsi qu'il parlait naguère : il appréciait alors cette âme candide et fière qui s'était donnée à lui; ou plutôt elle s'était trompée, il n'avait jamais compris quel trésor de vertu Dieu avait placé près de lui. Eh! comment pouvait-il en être autrement, lui qui n'a jamais vécu qu'avec des femmes de mœurs perdues, qu'avec des malheureuses dont elle rougirait de prononcer le nom. » Que si le vieillard, blessé dans son orgueil, veut défendre quelques-uns de ses bons souvenirs d'autrefois et réplique, alors, oh! alors, elle se tait; et c'est une dignité froide, implacable, silencieuse, un abandon fermement calculé qui répondent pour elle.

Le vieillard déjeune mal, dîne mal; tout lui manque : sa tisane, sa potion, son journal, son tabouret pour mettre son pied goutteux, son auditeur de tous les jours pour l'écouter. Il lutte, il veut être fort et se suffire, mais il ne peut pas; alors il se résigne, il rappelle celle qui lui fait mal et lui demande pardon, il l'a *méconnue*. Elle est proclamée âme méconnue. A partir de ce moment, ce malheureux appartient à cette femme, comme sa proie au vautour. Dès ce moment elle peut avoir un amant, qui boit le vin du vieillard, dîne avec lui, prend du tabac dans sa tabatière, s'il ne prend pas la tabatière. C'est un beau-frère, un cousin, un neveu, tout ce qu'il vous plaira; mais c'est un membre de cette vertueuse famille, dont l'âme méconnue est le plus bel ornement. La famille se trouve introduite. Elle est nombreuse, la famille; les cousins se succèdent et ils viennent quelquefois avec les cousines; alors on chasse la vraie famille du vieillard, devenu de plus en plus caduc et imbécile, pour recevoir cette famille ignoble qui n'a d'autre parenté que le vice. Du lit de souffrance où on laisse le malheureux, il entend quelquefois venir jusqu'à lui, du fond de son appartement, le bruit des verres et de l'orgie. Il tempête, il sonne; elle paraît, sévère, terrible. « Qu'a-t-il? que veut-il? — J'ai cru entendre..... il m'a semblé. — Quoi? — il balbutie ses griefs; s'il est assez fort pour se lever et aller vérifier ses soupçons, on pleure, on se lamente, on s'indigne; s'il est trop malade pour bouger, on menace de le quitter et on ne veut pas être plus longtemps

méconnue. Méconnue! toujours le mot toutpuissant! et le malheureux cède; qu'il soit dit avec des pleurs ou avec des menaces, c'est un talisman. Cela dure jusqu'à la mort du vieillard et à l'héritage, que recueille l'âme méconnue, auquel cas elle se fait dévote et épouse un marguillier, ou prend un établissement orthopédique, ou un cabinet de lecture. Celle-ci est de l'espèce la plus commune.

Passons à une espèce plus distinguée. A l'état de veuve, l'âme méconnue est la chenille vorace des petits jeunes gens. Les plus tendres, les plus naïfs, les plus gracieux, sont sa proie habituelle. L'âme méconnue veuve a presque toujours une espèce de petite existence assurée, quelques mille livres de rente accrochées à son mariage défunt. C'est cette variété surtout qui entend admirablement le romantique de l'intérieur et du clair-obscur. J'en pourrais citer qui ont des veilleuses en plein midi dans des lampes de porcelaine. C'est une de ces femmes qui a répondu à une de ses amies qui la trouva étendue sur une causeuse avec ce faible luminaire à l'heure de midi :

— Est-ce que vous êtes malade?
— Non, je l'attends.

Quel pouvait être l'infortuné? Malheureux enfant! que Dieu te fasse l'amant d'une marchande de pommes plutôt que d'une âme méconnue! Du moment qu'un malheureux bon jeune homme qui entre dans le monde a été aperçu par un de ces vampires dans le coin du salon où on le laisse, voilà le boa qui le guigne, qui s'approche doucement de lui, qui le couve des yeux, se l'assimile et l'absorbe par la pensée. C'est un incident de rien qui commence la conversation; un mouchoir qu'on laisse tomber et que le maladroit ramasse avec politesse. Alors on s'informe de lui, en moins de rien on sait ses habitudes, ses allures, sa façon d'être. Le jeune homme, quel qu'il soit, a bien un goût, une préférence. Il est bien sorti du collège où l'on apprend tout, en sachant un peu de quelque chose, ou il a touché du piano, ou dessiné des yeux, ou fait des vers qui n'avaient pas la mesure. Quoi que ce soit dont il parle, l'âme méconnue ne rêve pas autre chose : la musique est sa vie, ou bien elle a un album pour lequel il lui faut un dessin, ou des vers. Le jeune homme ne peut lui refuser cela. Qu'il vienne un moment dans le modeste ermitage de la recluse, et on lui montrera tous les trésors de poésie qu'elle possède; il doit aimer et approuver cela, lui! car son visage a le cachet des nobles sentiments, des goûts élevés. Pauvre petit! il se sent flatté, il croit qu'il est fait pour aimer hors du collége ce qu'il y détestait cordialement. Il promet et ira; il y va.

L'antre s'ouvre et se referme; c'est toujours le fameux clair-obscur, plus une tablette du sérail; c'est une femme dans un long peignoir blanc avec des bracelets de jais et un collier de même avec une croix qui se perd dans la ceinture. Elle souffre, elle est languissante; l'enfant inexpérimenté s'attendrit et la plaint.

— Oh! vous êtes bon, mais vous me faites bien au cœur.

Et on lui serre la main.

De deux choses l'une : ou le patient est tout à fait novice, et alors c'est lui qui devient entreprenant, c'est la belle qui succombe et qui

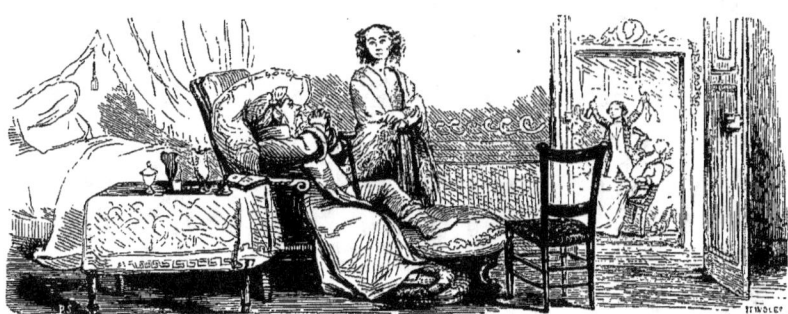

Il entend le bruit des verres. Dessin de Trimolet.

menace d'en mourir; ou il a quelque instinct du danger dont il est menacé, et il cherche à battre en retraite, et alors il est pris au collet de la façon la plus irrésistible. Il arrive qu'on se trouve mal, qu'on a une attaque de nerfs; l'urgence demande des secours; mais une femme sait-elle ce qu'elle fait dans son attaque de nerfs? sait-elle où elle s'accroche? c'est quelquefois au cou du visiteur; et comme cette femme n'est pas absolument affreuse, les dix-huit ans du jeune homme font le reste.

A partir de ce moment, l'infortuné est perdu; il appartient corps et âme à cette femme pour qui le ciel vient de s'ouvrir après tant d'années ténébreuses de douleur, et qui croit, à ces transports soudains et invincibles qui l'ont dominée, qu'elle a enfin trouvé celui qu'elle rêvait dans sa souffrance intime, dans son âme

brisée. Le jeune homme croit à tout cela; il se sent adoré, et la vanité lui tient lieu d'amour pendant une semaine ou deux. Mais bientôt la scène change : ce n'est pas lui qui a été violé, c'est cette femme qui a été indignement séduite; et à ce titre elle est exigeante, elle est jalouse; elle veut toute sa vie. Il veut essayer de secouer le joug, et demande un peu de liberté : ici l'âme méconnue se révèle. Il est bien difficile que le premier jour il ne soit pas échappé à l'imprudent quelques-unes de ces phrases que la politesse fait dire à toute femme qui se tord de désespoir dans vos bras de la faute qu'elle vient de commettre? On l'a rassurée, on lui a promis de l'aimer toujours. Voilà le point de départ de toutes les déclamations, le piédestal de l'âme méconnue; elle se pose en victime.

L'infortuné, qui n'a pas encore le féroce

courage des ruptures ouvertes, écrit une lettre où il croit avoir inventé un prétexte irrésistible; il l'envoie le soir par son portier, se couche et s'endort. Le lendemain matin, quand il s'éveille avec le vague sentiment de sa liberté rachetée, il voit au pied de son lit un visage en pleurs qui lui dit douloureusement : « Vous dormez, et moi je veille. » Le portier du petit jeune homme a donné la clef de son petit appartement à la femme qui s'est présentée le matin. Ce n'est pas que ce ne soit un homme de mœurs très-rigides; mais l'âme méconnue a si bien l'air d'une tante, qu'il croit faire acte de père de famille en introduisant près de son jeune locataire une personne raisonnable qui le tancera; car il commence à se déranger un peu.

Surpris au lit, le malheureux fait presque toujours tourner l'explication à son désavantage; il a été égaré par de faux amis, et il

retombe dans l'abîme auquel il avait voulu s'arracher. C'est alors que la vie devient un affreux supplice : ce sont des lettres tous les matins, des rendez-vous tous les soirs; il ne répond pas, il y manque; il va dîner gaiement au café Douix près d'une fenêtre; il rit, il parle, il boit. Tout à coup sa gaieté se ternit, son visage devient sombre : c'est que l'âme méconnue vient de lui apparaître au fond d'une citadine à un cheval : elle est folle, exaspérée, elle peut monter, faire une scène et le perdre; oui, le perdre, car elle le rendra ridicule. Alors il prend un prétexte pour sortir, il descend, et pour se débarrasser de cette funeste apparition, il promet tout ce qu'on veut. Il remonte, mais il n'a plus d'appétit; son dîner tourne, il a une indigestion; et quand il rentre chez lui où on l'attend, il faut qu'il remercie encore l'âme méconnue du thé qu'elle lui donne : horreur! En être réduit à avoir une indigestion devant une femme. Il y a de quoi l'étrangler.

Mais vouloir écrire tous les accidents d'une pareille histoire, ce serait entreprendre un livre de dix volumes : et les menaces de suicide, et l'honneur perdu pour lui seul, et les suppositions de grossesse impossible, et toute la fantasmagorie des sentiments faux, exagérés. Cela peut durer six mois, au bout desquels le malheureux déménage ou part pour les îles. Ce sont les âmes méconnues qui lèguent aux autres femmes ces cœurs d'hommes secs et impitoyables qui ne croient à rien, qui brutalisent les sentiments les plus délicats, ricanent des affections les plus tendres, et qui ont créé cette phrase : Elle est morte d'amour et d'une fluxion de poitrine.

Quelque ignoble que soit l'âme méconnue à l'état de fille, quelque féroce qu'elle soit à l'état de veuve, ce n'est rien encore auprès de ce qu'elle est à l'état de femme. Elle parvient à cet état par des voies bien différentes ; quelquefois elle y apporte les germes de cette espèce d'affection cérébrale chronique qui constitue l'âme méconnue ; c'est alors quelque sous-maîtresse de pension qui épouse un marchand de vin veuf, et qui veut donner une seconde mère à ses filles. Le gros gaillard continue à boire, à manger, à rire fort, tandis que la femme se renferme dans le dédaigneux silence de la supériorité, mangeant du bout des lèvres, parlant de même, rendant de même à son époux ses caresses et ses bons baisers d'affection. Il joue le piquet, tandis qu'elle lit Lamartine, et il ronfle dans son lit, tandis qu'elle rêve éveillée à côté de lui. Il est inutile de dire où doit aboutir une pareille union. D'autres fois l'âme méconnue est entrée en ménage avec toute l'envie sincère d'être une bonne femme ; alors il peut arriver que l'affection la gagne par les livres ou par le contact avec une personne gangrenée. Dans ces cas-là, comme nous l'avons dit plus haut, le développement de l'âme méconnue est énorme ; car c'est tout son passé sacrifié et perdu dont il faut qu'elle se venge, et le mari lui doit, en souffrances qu'elle lui inflige, toutes les joies ineffables d'un amour céleste qu'il ne lui a pas procurées. L'employé dans les administrations, qui laisse sa femme toute la journée dans la solitude, est très-sujet à la femme âme méconnue ; car en son absence, tout pénètre dans sa maison, amies, livres, consolations, et le mal s'y développe à l'aise, jusqu'à ce qu'il arrive à un degré d'intensité qui amène les querelles les plus violentes, et enfin les ruptures les plus scandaleuses. D'autres fois encore le mari accepte l'âme méconnue pour ce qu'elle est : c'est presque toujours quand elle s'est trouvée apporter une dot considérable dans la communauté ; alors c'est l'esclave le plus insulté, le plus bafoué, le plus déconsidéré de la terre : il n'a ni la volonté d'avoir une opinion, ni celle de rentrer quand il veut, ni de sortir, ni d'être indifférent, ni attentionné ; et avec cela il est réputé le tyran le plus insupportable et le plus barbare : il ne comprend pas ce qu'est une femme ; il ignore ces sentiments secrets de sensibilité qu'il blesse à chaque instant ; il a tué le rêve de ce cœur qui croyait en lui ; il écrase de sa vie vulgaire la vie ineffable de cette âme méconnue. Pour le mari qui a une pareille femme, le supplice est de tous les jours, de toutes les minutes, de tous les instants. S'il reste seul avec sa femme, elle rêve ; à la première question qu'il lui adresse, elle se détourne dédaigneusement : que vient-il faire dans ses pensées, lui qui ne saurait les comprendre ? S'il insiste, elle éclate : le brutal a posé son pied de bœuf sur cette âme méconnue qui ne peut même se réfugier dans le silence. S'il y a quelques amis à dîner, elle se tait encore, et lorsqu'il lui dit de servir la crème, elle essuie une larme, affecte une gaieté forcée et douloureuse et salit la nappe. Le dîner est gêné, ennuyeux. Le soir venu, le mari demande une explication, qui se résout toujours en une attaque de nerfs (ceci tient à la variété la plus élégante de l'âme méconnue). C'est tous les jours la même vie, jusqu'à ce que tout cela finisse par un procès en séparation intenté par la femme pour sévices graves, et prononcé contre elle pour adultère.

Enfin, quand l'âme méconnue a enterré son célibataire, ou perdu son dernier jeune homme, ou abandonné son époux, elle écrit un jour la lettre suivante à un homme de lettres quelconque :

« Monsieur,

« Vous qui savez si bien peindre les douleurs des femmes, vous me comprendrez. J'ai bien SOUFFERT, monsieur, et peut-être le récit de mes douleurs, retracé par votre plume, pourrait-il intéresser vos lecteurs. Si vous vouliez recevoir ces tristes confidences d'un cœur qui n'a plus d'espoir en ce monde, répondez-moi un mot, A madame A. L., poste restante.

L'homme de lettres, qui est un gros bonhomme très-rond, qui rit, et siffle la cachucha en corrigeant ses épreuves, prend la lettre, la tortille et s'en sert pour allumer son cigare, qu'il va fumer dans les allées de son jardinet en rêvant à quelque histoire bien touchante.

L'âme méconnue va à la poste huit jours de suite, et, ne trouvant pas de réponse, elle s'écrie en guignant un boisseau de charbon : « J'ai vécu méconnue et je mourrai méconnue! » Là-dessus, elle fait chauffer son café au lait et demande un gigot pour son dîner. O! âme méconnue !

FRÉDÉRIC SOULIÉ.

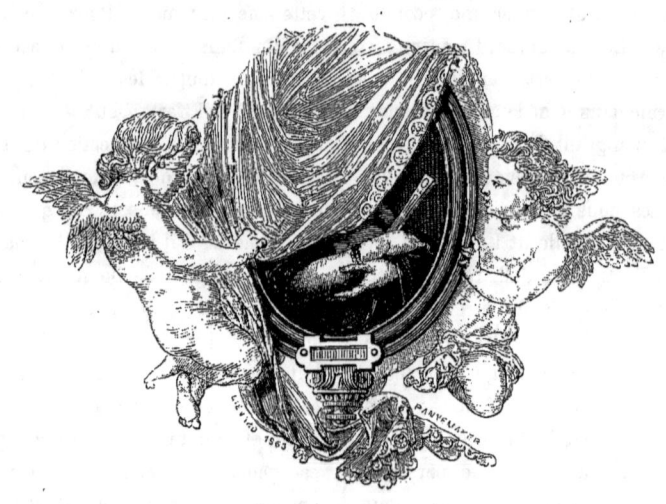

LA MARCHANDE DE FRITURE

Par Joseph Mainzer

ILLUSTRATIONS DE PAUQUET ET H. CATENACCI

Quand vous traversez la place de Grève, le quai des Tournelles, le pont au Change ou le pont Neuf, vous sentez venir à votre odorat un certain parfum de rissolé qui vous enveloppe et vous poursuit d'une manière plus ou moins agréable, suivant la disposition de votre estomac, l'état de votre bourse et la susceptibilité de vos organes. Si vous êtes de ceux pour qui le café Anglais et Véry agrandissent chaque jour, par de nouvelles conquêtes, le domaine de la science culinaire, je vous conseille de passer vite ; mais si votre mauvaise étoile a fait de vous un de ces pauvres diables qui sortent le matin de leur gîte sans avoir la certitude d'y pouvoir rentrer à la fin de la journée, et qui ne sauraient appliquer le mot *menu* à leur repas autrement que dans son acception qualificative, oh ! alors, arrêtez-vous, et que votre figure s'épanouisse : vous vous trouvez devant la ressource du malheureux affamé, le restaurant des bourses prolétaires, devant la marchande de friture.

Tandis que Chevet étale fastueusement, derrière ses vitraux, le savoureux saumon, la truite délicate, l'appétissante salicoque, le pâté de foie gras, et tout ce qui peut éveiller la sensualité du riche, la marchande de friture se tient modestement sur le pavé, avec ses mets de forme et de qualité peu séduisantes, n'ayant d'autre auxiliaire que l'impitoyable faim à laquelle les anciens auraient dû refuser la vue, l'odorat et le goût, comme ils ont refusé la vue à l'amour. Marchande des rues, elle n'a

Le Laboratoire.

La Marchande de friture. Dessin de Pauquet.

d'autre cri que le frémissement de sa poêle, d'autre enseigne que le nuage de vapeur épaisse qui lui tient lieu d'auréole. Elle n'attire le chaland ni par la grâce de son sourire, ni par la coquetterie de sa mise. Ses cheveux gris, dont un mouchoir trop étroit laisse échapper les mèches roides et inégales, ses yeux éraillés, ses mains osseuses et noires, son jupon, assemblage d'étoffes et de couleurs discordantes, ses larges pieds chaussés de sabots ou de souliers découpés dans une vieille paire de bottes, composent un de ces ensembles grotesques que nos peintres parviennent à rendre si réjouissants dans leurs caricatures. Elle porte un éventaire sur lequel, d'un côté, s'élève une pyramide de morceaux de pain, de l'autre, figure un réchaud surmonté d'une poêle où le feu grésille un pêle-mêle de saucisses, de boudins, de côtelettes de porc, et de tranches de lard. Alléchés par le fumet de ce ragoût qu'appète leur estomac en souffrance, on voit s'approcher tour à tour le maçon, le manœuvre, le terrassier, qui n'ont pu trouver à louer leur journée, et le *titi*, ce *lazzarone* de Paris, qui vit heureux s'il a de quoi payer son restaurant en plein vent et sa place d'amphithéâtre à la Gaîté. Chacun de ces consommateurs, en échange des deux ou trois gros sous qui se prélassent à l'aise dans ses vastes poches, se saisit d'un morceau de pain sur lequel il étale avec complaisance soit le boudin, soit la côtelette, et va s'asseoir sur la borne ou sur le parapet, pour se livrer à l'importante opération de la mastication, avec autant de recueillement que le ferait un gastronome assis aux tables de Véfour ou de Lemardelay.

Vous rencontrerez quelquefois de ces marchandes de friture qui sont établies à poste fixe dans les marchés ou aux barrières : celles-ci, outre la poêle classique, ont un gril sur lequel noircissent quatre ou cinq petits poissons d'une odeur plus que douteuse.

Vous les verrez encore aux Champs-Élysées, quand vient l'anniversaire des journées de Juillet. Mais alors elles sont, comme elles disent, requinquées ; elles ont, sous une tente de toile, trois ou quatre tables longues, entourées de bancs ; le soufflet communique au feu de leurs fourneaux une activité vraiment extraordinaire ; leur poêle, presque aussitôt vidée que remplie, suffit à peine à l'avidité des convives dont elles essayent de tromper l'impatience, au moyen d'un petit vin aigrelet qui a le triple avantage de rendre l'attente plus facile, de constituer une seconde source de bénéfices et d'augmenter la consommation en aiguisant l'appétit.

A côté de l'espèce que je viens de décrire, il en est une autre que l'on trouve partout et dont la clientèle est infiniment plus nombreuse ; je veux parler de la marchande de pommes de terre frites. Celle-ci est établie, elle a boutique ; mais quelle boutique ! Un recoin de porte quelquefois, le plus souvent une petite échoppe, trois pieds carrés enfin, dans lesquels il faut trouver la place du fourneau, du bois, du pot de graisse, des pommes de terre et de la marchande. Je dois dire aussi que, comparée à la débitante de boudins et de saucisses, la marchande de pommes de terre frites est en progrès ; il y a dans son modeste costume quelque chose de moins déguenillé ; sa physionomie est plus avenante ; sa voix a des inflexions moins rauques. Cela tient à ce que ses clients n'appartiennent pas uniquement à la classe malheureuse ; la petite bourgeoisie a recours à son ministère, dans plus d'une occasion, pour compléter un dîner écourté, ou se procurer l'hiver, au coin du feu, la jouissance d'une frugale collation ; et, dans ce frottement accidentel avec une classe supérieure, elle n'a pu manquer d'acquérir un certain degré de civilisation et de politesse. Son existence offre, du reste, la plus constante uniformité.

Accroupie plutôt qu'assise sur son escabeau, pour elle tous les instants de la journée se passent dans une suite invariable de mouvements alternatifs. Elle prend l'une après l'autre toutes les pommes de terre qui composent sa provision du jour, en enlève la peau avec toute l'économie possible, les découpe en capricieuses losanges, les verse dans la graisse qui frémit, les tourne et retourne en tous sens à l'aide d'une large écumoire, et les retire enfin lorsqu'elles se sont empreintes de cette couleur dorée qui les rend si appétissantes. C'est alors que, de la poêle, elles passent dans la feuille de papier de l'ouvrier, dans l'assiette de la ménagère, dans la casquette du petit friand dont les ardentes sollicitations viennent d'arracher un sou à la munificence paternelle. D'ordinaire, le soir, aussitôt que l'ombre de la nuit s'est abaissée sur Paris, on voit se glisser jusqu'à elle, comme des ombres, le jeune homme à l'habit noir râpé, qui s'est imaginé qu'il suffisait d'habiter Paris pour devenir poëte ou diplomate, et le vieillard ruiné, dont la misère n'ose se produire au grand jour, heureux, après avoir compté lentement dans la souffrance les longues heures de la journée, de trouver là, pour l'obole douloureusement prélevée sur le produit de quelques hardes, de quoi calmer sans trop de dégoût les tortures de la faim.

Mais comme il est de règle générale, en alimentation aussi bien qu'en ameublement et en toilette, que l'objet de luxe finisse toujours par venir s'adjoindre à l'objet de première nécessité, il s'est formé une troisième industrie plus élevée d'un degré que les deux premières, et qui représente à leur égard ce qu'était autrefois le marchand de gâteaux au boulanger, ce qu'est aujourd'hui au boucher le somptueux marchand de comestibles. Cette industrie est celle de la marchande de beignets.

Alerte, sémillante et coquette, la marchande de beignets n'a de commun avec les deux espèces déjà décrites que le fourneau, la poêle et le saindoux. Elle va jusqu'à se permettre d'être jeune et jolie; elle affectionne les passages les plus fréquentés : le pont Neuf et la porte Saint-Denis sont ses résidences favorites; il y a même dans ce dernier endroit un établissement dont la vogue rappelle les beaux jours de la galette du boulevard Saint-Denis. La marchande de beignets tient, pour ainsi dire, à honneur de fonctionner en présence des passants; son fourneau, placé sur le trottoir, le plus en vue possible, semble être disposé pour attirer les regards, et il faut dire, du reste, qu'elle fonctionne avec une dextérité merveilleuse. Ses beignets sortent, comme par enchantement, dorés et splendides de l'appareil créateur, et, par leur odeur et leur apparence, sollicitent à la fois les deux sens les plus avides et les plus faibles. Son débit est incalculable, car elle s'adresse à la sensualité, qui s'accroît à mesure qu'on lui cède, et il faut bien que ses bénéfices aient une certaine importance, puisque son loyer, sur le pont Neuf, par exemple, s'élève jusqu'à une somme annuelle de mille francs.

JOSEPH MAINZER.

Les Pommes de terre frites. Dessin de Pauquet.

LE TAILLEUR

Par Roger de Beauvoir

ILLUSTRATIONS DE GAVARNI, PAUQUET, LÉOPOLD FLAMENG, H. VALENTIN, ETC.

M. JOURDAIN. Comment, mon habit n'est point encore arrivé?
LE LAQUAIS. Non, monsieur.
M. JOURDAIN. Ce maudit tailleur me fait bien attendre, pour un jour où j'ai tant d'affaires; j'enrage! Que la fièvre quartaine puisse serrer bien fort le bourreau de tailleur! au diable le tailleur! la peste étouffe le tailleur! Si je le tenais maintenant ce tailleur détestable, ce chien de tailleur-là, ce traître de tailleur!...
(*Le Bourgeois gentilhomme*, acte II, scène 7.)

Mon père a l'honneur d'avoir le premier retenu son haleine en se faisant prendre la mesure d'un habit, afin qu'il y entrât moins d'étoffe.
(*Le Roman comique*, chap. XIII.)

Quel est ce pauvre hère, aussi maigre que la batte d'Arlequin, jaune et maladif à faire trembler, dont la poitrine rentrée décrit un arceau, dont les jambes grêles forment un X? Un bouquet de barbe taillée en pointe à la façon de celle de Don Quichotte grisonne sur son menton, des lunettes de magicien ou d'alchimiste pincent son nez; il laisse tomber de joie ses ciseaux en vous voyant tourner le coin de sa rue et monter ses quatre étages. Vous sonnez à sa porte, et il vous reçoit avec les façons les plus humbles, vous offrant la meilleure chaise de chez lui. Il n'a pas de valet, il n'a que sa femme, sorte de figure chinoise qui incline la tête à vos moindres ordres, et dont le sourire stéréotypé commence au premier de l'an pour finir à la Saint-Sylvestre. A vous voir monter chez cet homme logé au plus haut palier de la maison, vivant dans une cage méphitique, entre un perroquet déplumé et une femme qui sent la cuisine, un provincial croirait que vous lui portez quelque aumône; vous sortez cependant, et il vous reconduit, son bonnet de soie noire à la main, en descendant vingt ou trente marches. Serait-ce un usurier? il est trop modeste; un propriétaire? il serait bien mal logé; un auteur? cela pourrait être. Levez les yeux et regardez cet écriteau, il vous dira son métier

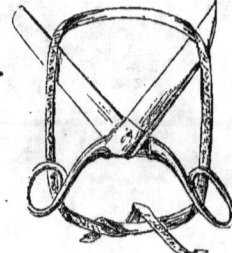

Dessin de Pauquet.

C'est un tailleur.

Et ce monsieur en frac noir mollement porté sur les coussins de cet élégant cabriolet, ayant un nègre en livrée à côté de lui, et qui conduit en gants jaunes, sans crier *gare* par les rues les plus difficiles? Son harnais est dans le dernier goût, son cheval lui a été vendu par Crémieux ; il a acheté ce nègre, parce qu'un nègre dans un équipage est de très-bon air. Les roues de son char vous frôlent en passant, il manque de vous écraser. « Quel est cet insolent ? » démandez-vous au commissionnaire du coin qui le connaît. Il répond :

« C'est un tailleur. »

Dans l'état de tailleur on est le favori ou le plastron de la fortune. On habite des salons ou une mansarde ; on a une loge aux Bouffes, ou l'on végète. Un tailleur du nom de Reblet vient de faire construire une fort belle maison en pierres de taille, rue de Richelieu, à deux pas du monument de Molière ; la façade porte son nom. Un autre tailleur, qui sans doute avait lu Chatterton, s'est suicidé rue du Pot-de-Fer pour avoir manqué un habit de garde national.

Au temps où nous vivons, tout le monde *s'habille*, à très-peu d'exceptions près ; mais ce qu'il y a d'infiniment triste pour les tailleurs, c'est que tout le monde s'habille de même. L'habit noir est devenu la charte universelle ; il fera le tour du globe. C'est à l'Angleterre que nos malheureux drapiers doivent cette révolution. L'habit de Franklin et son grand chapeau de quaker ont porté, vers la fin du dix-huitième siècle, le premier coup à la soie et au velours. Autrefois, dans une maison bien réglée, le valet de chambre d'un grand seigneur devait prendre soin d'habits tellement miraculeux, que les plus beaux coffres en laque et en bois de rose ne paraissaient pas trop magnifiques pour les renfermer. La confusion des rangs n'avait pas encore amené celle du costume, les princes étaient vêtus comme devaient l'être les princes, les bourgeois portaient l'habit de la bourgeoisie. Les artistes, poëtes, musiciens ou peintres, avaient non-seulement des Ordres qui les distinguaient et les classaient dans le monde ; mais encore on les reconnaissait à la couleur ou à la coupe de leur vêtement. La condition du tailleur sous les siècles précédents semble plus lucrative au premier abord ; ils taillaient en grand dans la soie et le velours, ils étaient à la fois marchands de bas, rubaniers, cordonniers, etc., ils se chargeaient de tous les détails d'une toilette. La scène huitième du *Bourgeois gentilhomme* mentionne expressément les bas de soie et les souliers envoyés par le maître tailleur à M. Jourdain [1]. Atteints dans leur industrie sous les premiers règnes, par la publication des lois somptuaires, les tailleurs ne se vengèrent que trop de cet édit par la suite : l'ampleur des étoffes, les broderies, les fourrures, coûtaient de bons écus tournois à nos ancêtres. Le plus beau temps des tailleurs dut être celui des Valois, de Louis XIII et de Louis XIV. Les modes d'Italie et d'Espagne servaient de prétexte à l'exagération du luxe, il est vrai ; mais, il faut le reconnaître aussi, les tailleurs à cette époque étaient de véritables artistes. Ils existaient en corporation, ils se communiquaient des dessins et des idées. Les peintres, on ne peut le nier, avaient alors sur les modes une influence plus marquée qu'ils ne la possèdent aujourd'hui que tout le monde se ressemble. Depuis les gravures de Callot jusqu'aux toiles de Boucher, quelle vaste bigarrure, quelle friperie de costumes ! Alors le tailleur pouvait s'écrier à bon droit : *Et ego pictor !* Il répandait le dessin et les fleurs de la

---

[1] M. JOURDAIN.. Ah! vous voilà. Je m'allais mettre en colère contre vous.

LE MAITRE TAILLEUR. Je n'ai pu venir plus tôt, et j'ai mis *vingt garçons* après votre habit.

M. JOURDAIN. Vous m'avez *envoyé des bas de soie si étroits*, que j'ai eu toutes les peines du monde à les mettre ; et il y a déjà deux mailles de rompues. Vous m'avez aussi *fait faire des souliers* qui me blessent furieusement... La perruque et les plumes sont-elles comme il faut ?

LE MAITRE TAILLEUR. Tout est bien.

(*Le Bourgeois gentilhomme*, acte II, scène 8.)

Le Tailleur. Dessin de Pauquet.

broderie sur le costume ; il était chargé d'exécuter les pompeux habits inventés depuis les fêtes de François Ier jusqu'aux carrousels de la princesse d'Élide. Quelle gloire pour lui de voir son œuvre applaudie à l'égal d'une œuvre de Molière, dans ces admirables quadrilles de Versailles, où il ne s'agissait de rien moins que de représenter Thalestris, reine des Amazones, venant au camp d'Alexandre avec sa suite ! Le dauphin surchargé de pierreries, d'or massif et de dentelles, faisait Alexandre, madame la duchesse de Bourbon représentait Thalestris.

Les amazones de cette fête guerrière, toutes distinguées par leur rang, leur esprit et leur beauté, toutes portant des noms aussi illustres que ceux des Choiseul, des d'Estrées, des La Fare, des d'Hautfort, des d'Humières, passaient et repassaient dans ces jeux galants et magnifiques comme autant de constellations royales. Les diamants pleuvaient à leurs cheveux, à leurs robes ; quand elles couraient la bague, c'était à éblouir, à vous donner le vertige ! Imaginez-vous pendant ce temps le tailleur de la cour [1] caché dans l'ombre de

L'Atelier. Dessin de Pauquet.

quelque charmille, comme un auteur qui se cacherait dans la coulisse, suivant du regard chacun de ces héros qu'il a vêtus, chacun de ces princes qui lui a coûté tant de veilles ! Il tremble, il frémit à chaque volte décrite par les chevaux, à chaque froissement impétueux des cavaliers ; la sueur inonde son front, il croit voir l'habit de M. le Prince se déchirer, le pourpoint guerrier de mademoiselle d'Humières craquer insidieusement. Il lui faut les éloges d'un Condé ou du roi lui-même pour se remettre ; sans cela le digne homme se frapperait peut-être de ses ciseaux comme Vatel de son épée.

Mais aujourd'hui, bon Dieu ! que représente un homme qui s'intitule : *Tailleur de la cour*

et des princes ! Aujourd'hui qu'il n'y a plus de Maison du Roi, et que les tailleurs ne portent plus l'épée ; aujourd'hui (ce qui est plus grave) que le premier des princes s'habille comme le premier des bourgeois, que veut dire ce mot : *Tailleur de la cour !* Il y en a par centaines et par milliers ; il y en a jusque dans la banlieue, aux Batignolles et à Belleville. Il suf-

---

[1] Il y en avait six couchés sur l'état de la Maison du Roi, aux gages de 120 livres chacun. Mais le premier d'eux tous *travaillait seul pour les habits* de S. M. Il était qualifié valet de chambre du Roi, et devait, pendant qu'on habillait S. M., se trouver à son lever. Quand le Roi prenait un habit neuf, pour cette première fois, le tailleur présentait les chausses de Sa Majesté.
Outre ses gages ordinaires de 120 livres, il avait 150 livres de récompense par quartier, payées au trésor royal, et encore 600 livres à la fin de l'année payées par le trésorier de l'argenterie, et bouche à la cour toute l'année.

fit d'un homme qui a fait six gilets de bal à quelque prince, pour que le prince lui donne ce titre en guise de rentes, d'honneurs, et de *bouche à la cour*. En général, ce sont de tristes ouvriers que tous ces tailleurs en titre, fussent-ils protégés par les maisons de France, d'Allemagne ou de *Nassau*. On ne saurait rien voir de plus maussadement habillé que tous les gens de la cour, depuis les précepteurs des princes jusqu'aux commis, depuis les ministres eux-mêmes jusqu'à leurs laquais. D'où vient ceci, et n'y aurait-il point quelque flatterie indirecte dans cette humilité princière qui s'est retranchée pour tout luxe dans le frac bourgeois, les socques et le parapluie ?

Nous parlerons durant le cours de cet article assez longtemps du tailleur *civil*, pour nous occuper d'abord du tailleur *militaire*.

Le tailleur militaire a dû se ressentir nécessairement des vicissitudes politiques. Toutefois, hâtons-nous de le dire, une branche importante rendue à son commerce habituel depuis juillet 1830, c'est l'habit de garde national. Ce travestissement milicien, dont la forme a déjà changé plusieurs fois, paraît devoir être immuable. Nous ne pouvons affirmer qu'il brille par les agréments, sa simplicité étant connue ; mais il est prescrit par les ordonnances, et parade aux jours dits sur le dos des légionnaires plus ou moins bien faits. Une tête d'épicier ressortant de ce frac bleu produit sur le passant le plus morose un effet désopilant ; il croit voir une coloquinte guerrière. L'habit de la garde citoyenne ainsi confié aux mains du tailleur, celui-ci n'a plus qu'à étudier le galbe du héros qu'il doit vêtir ; s'il est fluet ou ventru, si sa poitrine rentre, etc., etc. Le grand calcul du tailleur militaire consiste à habiller fort *juste* les gens qui prennent du ventre, il fera de la sorte deux habits par an à son digne béotien. Un autre calcul du tailleur, c'est de se mettre dans la compagnie de son client, afin d'habiller peu à peu les individus qui la composent ; le corps de garde ainsi devient pour lui une véritable annonce.

Le tailleur militaire n'en habille pas moins d'autres héros de toute arme et de tout pays. La panoplie de sabres, d'épées, de gibernes, de casques, de shakos, de bonnets à poil, qui attire l'œil dans son atelier, prévient en sa faveur le César provincial qui vient lui commander son uniforme. Le tailleur militaire porte d'ordinaire les moustaches ou la royale ; il a chez lui plusieurs portraits de Napoléon et de Murat, les barricades de 1830 mises en couleur, un buste du roi et plusieurs lithographies de Vernet. Il a autour de lui un escadron de *coupeurs*, aux figures tudesques et barbaresques, qui fredonnent du Béranger, ou à défaut du Béranger, la *Colonne* d'Émile Debraux. Ces intrépides sabreurs d'habits méprisent les pékins et vous observent dès l'entrée avec un certain air de fierté romaine qui cède bientôt devant le regard du maître. N'est-ce pas lui, en effet, qui contient de temps à autre par sa seule fermeté leurs coalitions républicaines ? Lorsqu'ils se révoltent et se présentent devant lui comme les flots irrités devant Neptune, c'est lui qui prononce le *quos ego*, et tout rentre dans le devoir.

Le tailleur militaire, qui va parfois se récréer au spectacle, affectionne particulièrement le Cirque-Olympique. Là, en effet, il retrouve une vaste Odyssée de désastres et de costumes ; il suit le cheval de Napoléon dans la mêlée ; il admire le jeu et les uniformes des acteurs. En se retirant, il a l'œil humide et chante à voix basse, en rasant la boutique du marchand de galette :

> Qu'ils étaient beaux jadis dans la bataille,
> Ces habits bleus par la victoire usés !

Beaucoup de tailleurs militaires (trop peut-être !) ont pour enseigne : *Au Roi Frédéric*. La prise de tabac que ce Salomon du Nord déverse sur son uniforme bleu à revers rouges n'a pourtant rien de guerrier. Nous approuvons davantage l'idée d'un tailleur de Versailles, qui s'est fait peindre une *redingote grise* avec une épée en guise de tête; il y a au bas : *A l'invincible redingote.*

A son air, à sa démarche, ou à son habit, nous vous défions bien de reconnaître le *tailleur civil;* il ressemble à tout le monde, et n'a vraiment de signe ou d'indice particulier que le brisement assez sensible de ses jambes qui le font ressembler à un compas tordu sur lui. Rarement il cause debout, il lui faut l'appui d'une table ou d'un fauteuil. Il est *civil*, très-civil, excessivement civil, surtout quand vous faites chez lui de la dépense. Il vous parle de M. le comte un *tel* qui a pris *telle* étoffe, du duc de *** qui sort de chez lui, du temps qu'il fait, et des gilets qu'il *vous faut* porter. Ce jour-ci il vous reçoit en pantalon de molleton blanc, avec une veste *idem;* demain ce sera en habit noir et en souliers vernis, car il mène sa fille aux Bouffes. La fille du tailleur est pour l'ordinaire élevée en pensionnaire de madame Campan : elle a un piano de Pleyel, un maître à chanter du grand Opéra, ou du théâtre Italien, à 20 francs le cachet, un chien épagneul de la race de *King Charles*, et des fleurs dans toutes ses jardinières. Elle lit tous les romans, ceux de madame Sand en tête; elle en fait des extraits sur un album de Susse. Pervenche solitaire, cachée à tous les regards de la clientèle, elle s'épanouit tristement au fond de sa chambre, maudissant l'humilité de sa naissance, et levant de ses doigts légers la persienne de sa chambre chaque fois que le cabriolet d'un *lion*, ou d'un homme titré, s'arrête devant la porte. Bien qu'elle ait vu Cathos et Madelon dans les *Précieuses ridicules*, elle tourmente chaque jour son digne père, pour qu'au lieu de *tailleur* il mette sur son enseigne le mot *Taylor*.

Sa mère, digne femme, qui ne ressemble pas mal à un melon sur une borne, tant l'obésité de sa taille et celle de ses joues luttent ensemble, élève parfois sa voix glapissante du fond de l'atelier où elle se promène, pour lui crier : *Amanda*, ou *Athénaïs*. Cette masse de chair, qui se meut difficilement, garde autour d'elle trois chats, une vieille femme de chambre et un *coupeur* émérite, devenu son domestique à la suite d'une banqueroute. Ce garçon lui lit les *premiers-Paris* des journaux, le cours de la rente et le feuilleton des théâtres; voilà plus qu'il n'en faut pour l'endormir chaque soir.

Cependant il vous faut préciser ce nouveau terme de *coupeur*, qui vient d'intervenir dans notre récit. Le coupeur est au tailleur ce qu'est le cheval anglais au tilbury; il s'attelle à sa fortune et lui voue ses jambes. Les coupeurs habiles nous viennent ordinairement de Londres, souvent ils ne valent pas nos coupeurs français; mais ils ont pour eux ce qu'ont les Bouffes, le bonheur de n'être point Parisiens. A peine déballé en France par le paquebot, le coupeur anglais tranche sans façon dans tous les draps, il leur donne le *chique*, il leur imprime sa coupe.

De là ce nom de coupeur, et de là aussi l'extravagant empire que prend bientôt ce personnage chez le tailleur. Il lui impose ses goûts, ses fantaisies, ses prix ; le tailleur est son esclave. Il ose donner quelquefois le bras à sa femme, il chante des ballades avec sa fille, il coupe la parole à ses garçons : c'est le cardinal Richelieu devenu roi. Il augmente les clients, il imagine des multiplications insensées, il a vraiment l'art de grouper les chiffres. Cependant le bruit s'est répandu que le tailleur un tel avait un prodigieux coupeur, sa fortune est faite, il est à la mode, il songe à s'acheter une campagne. Un soir, son coupeur chéri, son dieu, sa providence, arrive l'air serein chez lui, et lui apprend qu'il va monter une maison à son propre compte : cela n'est qu'une ruse pour sonder le tailleur, dont le coupeur veut devenir le gendre. La demande tombe d'autant plus mal, que la fille du tailleur va épouser incessamment un pair de France. Le patron atterré balbutie des excuses, le coupeur sort furieux. Appelant à l'aide de sa rage les imprimés *Bidaut*, il inonde Paris de circulaires superbes; ces lettres apprennent aux pratiques du tailleur que son coupeur l'a quitté. C'est là un rude coup porté à l'industriel : le fameux *** ferme son magasin et marie sa fille à un artiste.

Dans les établissements de tailleurs un peu haut placés, il va sans dire que le tailleur ne vient jamais chez vous (à moins que ce ne soit pour toucher sa note); d'habitude il vous envoie l'un de ses garçons avec des étoffes à choisir. Le babil de ce garçon vous étourdit ; les gilets qu'il fait défiler sous vos yeux ont toutes les couleurs de l'arc-en-ciel, vous finissez par en prendre un dont un ami sensé vous dégoûte le soir même. Une des variétés les plus curieuses de ce commerce nomade, c'est ce que les tailleurs appellent le pantalon *de demi-saison*. Ce pantalon peut aller, disent-ils, d'avril en octobre; or, en avril il est trop froid, en été trop chaud, en octobre on porte du drap. Il fait le pendant du *gilet du matin*, autre glu à laquelle se laissent prendre les victimes de la loquacité du tailleur. Un dandy de Paris qui ne se lève qu'à trois heures, comptait hier devant nous vingt-cinq gilets du matin dans son armoire; ils étaient tous pareils, à peu de chose près, à ceux du soir.

A Paris, où tout se rencontre, il y a des tailleurs honnêtes qui prétendent vendre à moitié prix ce que leurs confrères vendent le double. Ainsi en est-il des tailleurs du Palais-Royal et des divers passages de Paris. Mais ne faut-il pas que ces honorables industriels payent leurs loyers, et ces loyers ne sont-ils pas plus chers que partout ailleurs? Les tailleurs des passages ont presque tous à leur porte un mannequin habillé, à l'instar des tailleurs de Londres ; ils ont de plus qu'eux des robes de chambre ébouriffantes, dont la plus grande partie est en soie de Lyon, et qu'ils vendent à très-haut prix ; et des gilets d'or et d'argent qui plaisent aux *beaux* de Carpentras. C'est au Palais-Royal que rayonne aussi sous la vitre du bijoutier le complément indispensable des habits militaires ou diplomatiques, les croix, les ordres étrangers, les rubans de francs-maçons. Un secrétaire de légation qui ne brillait pas par le choix et l'élégance de ses vêtements (chose assez rare, il faut le reconnaître, dans le corps diplomatique), reçut dernièrement la croix d'honneur sans l'avoir sollicitée. « *C'est pour habiller ce pauvre B,...* » dit son ministre.

Le Maître Tailleur en tournée. Dessin de H. Valentin.

Un de nos littérateurs les plus distingués avait trouvé bon de nourrir chez lui par humanité un jeune homme qui lui servait de copiste. Ce jeune homme pouvait ne pas manquer de littérature, mais certainement il manquait de linge. Il en résulta que peu à peu certaines cravates du littérateur disparurent; après les cravates vinrent les gilets, après les gilets, les pantalons. Les éclipses progressives effrayèrent le littérateur, il se résolut à mettre à la porte le copiste. Le copiste lui adressa un cartel, l'arme proposée par lui était le pistolet. L'homme de lettres, après avoir fait de nouveau l'inspection de sa garde-robe, répondit au copiste :

« Monsieur,

« Je me vois dans la cruelle nécessité de

refuser *la partie* que vous voulez bien me proposer. Vous possédez plusieurs objets de toilette qui m'appartiennent ; vous conviendrez que je ne puis aller sur le terrain pour tirer contre moi-même et détériorer ma garde-robe. Autant vaudrait me suicider.

« J'ai l'honneur, etc. »

Le tailleur de campagne habille M. le maire, le maire-adjoint, qui est charron ou serrurier de son état, les gardes champêtres et les gardes nationaux. Il s'intitule ordinairement : un tel, tailleur *à la mode de Paris*. On le reconnaît à sa petite veste de chasse à boutons de corne, son amour pour la grande armée, et son zèle en faveur de la garde communale. Il relique les gros propriétaires de l'endroit, et travaille *gratis* pour leurs valets de chambre ou leurs cochers, afin d'avoir la pratique du maître. La soutane du curé lui revient encore de

La Mesure. Dessin de Gavarni.

droit, ainsi que les coutures dont peut s'honorer la chasuble antique des chantres. C'est chez cet homme que babillent le soir les commères, entre un geai et un porte-balle qui apporte à point nommé au tailleur les échantillons de la ville. Les livrées du château et de la paroisse lui passent toutes par les mains. Il habille les paysans pour la fête du canton, et les affuble de costumes aussi étranges que les habits noisette d'Odry ou d'Alcide Tousez. Son enseigne conserve la pureté primitive ; elle offre d'ordinaire l'image pieuse de *saint Martin qui partage son manteau avec un pauvre*, ou celle des *Ciseaux volants*, qui prête quelque peu à l'épigramme. Poursuivi par les envieux commérages du perruquier ou du bottier, ses ennemis naturels, le tailleur de campagne achève en paix sa carrière ; il meurt le pardon sur les lèvres, en recommandant à son fils de l'enterrer convenablement ; en mourant il murmure encore un couplet sur les ciseaux de la Parque.

Il existe à Paris des fashionables habillés sans bourse délier par leur tailleur, des gens nécessaires à son existence, à sa fortune : ce sont certains *jeunes-premiers* de nos théâtres, sur lesquels le tailleur essaye à l'avance ses plus merveilleuses innovations. S'agit-il d'un habit hasardé, d'un gilet dangereux, ou d'un pantalon contestable, le tailleur affuble un acteur *élégant* de ces modes excentriques, il devient son mannequin, son ballon d'essai. MM. tels et tels sont habillés de la sorte, sans que ces princes de théâtre payent une redevance à leur tailleur; de son côté le tailleur va au spectacle avec les billets de ces messieurs, et, moyennant ses *habits modèles*, il a l'avantage de s'étaler au balcon ou aux avant-scènes. Il voit son habit gesticuler, crier, tuer et chanter; il peut se croire à bon droit le collaborateur du vaudevilliste ou du dramaturge.

Cette partie indispensable de l'art dramatique, le costume, nous amène tout naturellement au *tailleur de théâtre*: c'est lui qui donne aux reines leurs robes de *caractères* et les *travestissements* aux jeunes-premières; son ciseau gouverne tout. Le tailleur de théâtre dit de tel acteur: « C'est un *bon*, c'est un homme à *garde-robe;* cela signifie: il est solvable. C'est auquel d'entre eux habillera mademoiselle Georges, à cause de l'ampleur de ses formes et de l'aunage: mademoiselle Georges ferait en effet à elle seule la fortune d'un magasin.

Les tribulations d'un tailleur de théâtre, la veille d'une première représentation, ne sauraient se rendre: ces malheureux ressemblent aux martyrs des premiers siècles. Le directeur, l'auteur, l'acteur, le figurant et le musicien, sont sur son dos. Le magasin des costumes, dont il est le chef, éprouve un bouleversement complet[1]; les récriminations pleuvent sur lui. L'actrice ne trouve pas assez de lés à sa robe; elle en demande huit, le nombre favori de mademoiselle Mars. Il lui faut le coup d'œil de Napoléon pour suffire à tout; il y a des instants où il est tenté d'abdiquer.

Quand on monte une pièce de théâtre, des dessinateurs, du talent de *Gavarni* ou de *Monnier*, harcelés par les auteurs ou les directeurs leurs amis, se chargent complaisamment du tracé des costumes. Il arrive rarement que leurs indications soient suivies, mais celles de l'auteur le sont encore moins. Un tragédien célèbre, connu sous la restauration comme sous l'empire pour sa diction quelque peu gasconne et matamore, fait monter le tailleur du théâtre dans sa loge le soir d'une première représentation, et lui demande son costume du premier acte. « Il est bien simple, monsieur, répond celui-ci; un manteau d'étoffe brune et un chapeau anglais à larges bords, vous faites un *prince déguisé*[1]. — Comment! pas de croix, pas de boutons à rubis, pas de broderies? — Voilà le dessin, voyez vous-même. » Le tragédien furieux rentre dans sa loge; il en sort après un grand quart d'heure de toilette, plaqué de cordons, de bagues, d'oripeaux; il ressemblait par l'éclat au lustre de la salle. Le rideau va se lever, quand l'auteur de la tragédie nouvelle l'aperçoit dans la coulisse.

« Vous n'avez donc pas compris? dit le malheureux au tragédien; vous faites à ce premier acte un *prince déguisé*.

— Déguisé, ou non, je vais entrer.

— Vous n'en ferez rien, vous donneriez le coup de mort à ma pièce. Montez dans votre loge, vous avez encore le temps. »

Les *trois coups* frappaient les planches, le tragédien entra en scène.

« Vous n'y entendez rien, mon cer, dit-il à l'auteur qui tremblait de tous ses membres, *il vot mieux faire envie que pitié!* »

La pièce fut sifflée dès la troisième scène, le parterre s'était changé en une hydre à mille clefs.

C'est au carnaval et dans l'enceinte flamboyante de Musard, que les habits du *tailleur costumier* s'épanouissent et retrouvent leur jeunesse. Tirés de leur case par Moreau, Huzel ou Babin, ils leur reviennent poudreux et troués comme après la bataille, trop heureux

---

[1] A propos de *magasin*, le directeur d'un théâtre fermé à cette heure, homme ingénieux, connu par ses reparties qui font face à tout, disait à l'un de ses acteurs, le jour d'une première représentation: « Comme vous voilà accoutré, mon cher M*** ! on ne vous a donc pas ouvert le magasin ? »

Or, il n'y avait déjà plus de magasin à son théâtre, les huissiers l'avaient saisi; il ne lui restait que le Magasin théâtral, qui se vend 3 sous à la porte.

[1] Historique.

Tailleur-Portier. Dessin de Pauquet.

quand leur collet, brutalement happé par la main d'un sergent de ville, n'a pas cédé! Il faut voir avec quelle minutieuse anxiété le tailleur observe leurs moindres égratignures! Étendus sur sa longue table comme autant de blessés, empreints encore de l'odeur nauséabonde du bal public, ils se souviennent peut-être ces pauvres habits (si tant est qu'ils aient une âme!) des charmants et joyeux seigneurs qui s'agitaient jadis si complaisamment dans leur velours, courant du Colysée au jeu de la Reine, et du jeu de la Reine aux soupers de madame d'Olonne. Leurs paillettes détachées jonchent le sol, ils versent au pied du tailleur des larmes de perles. Ces pauvres habits de marquis passeront demain peut-être dans la

Le Coupeur. Dessin de H. Valentin.

valise d'un premier amoureux, d'un *chicardiste*, ou d'un saltimbanque; ces robes de duchesses serviront aux filles acrobates qui avalent des épées! Ainsi va le monde, et le plus beau livre du monde se cache peut-être chez le *tailleur costumier*, où dorment tant de souvenirs perdus et tant de gloires éteintes.

Et maintenant que nous vous avons parlé du *tailleur costumier,* le roi de tous les tailleurs selon nous, aurons-nous le courage de reporter nos yeux sur trois types plus modestes, mais que l'on ne nous pardonnerait pas d'avoir oubliés dans notre série? Nous voulons parler du *tailleur ambulant*, du *tailleur d'étudiant* et du *tailleur-portier.*

Si le tailleur d'un homme à la mode fait souvent crédit à son client, s'il accepte humblement les conditions de ce Don Juan nouveau comme un autre M. Dimanche, que sera-ce, bon Dieu, du tailleur *ambulant* qui colporte avec lui sa marchandise? Il vous cède un habit pour un vieux manteau ou pour des bottes trouées. L'elbeuf et le bouracan deviennent pour lui un prétexte d'échanges lucratifs; il voiture sur son dos son fil, ses ciseaux et ses aiguilles. Établissant son échoppe au coin du village, il raccommode les habits de la commune; met des morceaux au sacristain et aux enfants de chœur à bon compte; évite avec soin la gendarmerie qui lui demanderait sa patente, et retourne gaiement chez lui en montant sur le marchepied des diligences.

Moins heureux peut-être que tous ses confrères, le *tailleur d'étudiant* passe toute sa vie à espérer ; or, en Normandie on sait que ce mot *espérer* veut dire *attendre*. Renvoyé presque toujours à des payements lointains et peu sûrs, le digne homme en prend son parti ; seulement vous le voyez l'œil aux aguets comme un chat toutes les fois qu'il s'agit d'un *événement* pour sa pratique. A la veille des examens de droit ou de médecine, il va trouver son jeune homme et lui demande s'il est *ferré*. Comme du succès ou de l'insuccès d'un examen dépend l'envoi des fonds paternels, le tailleur éprouve durant ces trois heures mortelles de la thèse toutes les angoisses de l'étudiant lui-même. Alors la boule noire lui apparaît comme un horrible véto lancé contre son propre mémoire ; s'il habille l'un des examinateurs, il cherche à l'influencer. « M. Auguste ou M. Ernest est un charmant jeune homme, dit-il au sévère professeur, il se brûle le sang sur les cinq codes. M. Athanase Polycarpe se dessèche et se racornit sur ses livres de médecine ; depuis un an il a maigri de cinq pouces d'entournure pour ses habits. » Ainsi argumente le pauvre tailleur qui ne voit que trop l'épée de Damoclès suspendue sur l'étudiant, lutin familier des bals de Sceaux ou de la Chaumière. Mais aussi quand il a passé sa thèse avec des boules blanches, quelle douce satisfaction pour le tailleur, quel éclair de joie répandu sur lui ! Il élabore scrupuleusement le soir le mémoire qu'il lui présentera le lendemain, il pèse dans la balance de sa justice le prix d'un bouton, d'une reprise. Pendant ce temps l'étudiant dîne aux *Vendanges*, et on lui répète le *Laureâ donandus Apollinari* d'Horace. Quand l'infortuné tailleur se présente le lendemain, son créancier est parti pour la province, où il va lui-même chercher à désarmer le courroux d'un oncle ou d'un père qui s'attendrira devant ses lauriers.

Finissons par toi, mémorable héros d'une persécution aussi acharnée que celle des calvinistes, par toi que l'un de nos préfets (alors il n'était que vaudevilliste !) tourmenta si longtemps pour des cheveux que tu n'avais plus ! par toi qui cumules à la fois les fonctions de tailleur et de portier, comme si ce n'était point assez d'un martyre ! Éveillé le matin par le balayage impérieux de la cour, tu quittes le balai pour le ciseau, et frémis en trouvant sur ton unique table des gilets et des habits morcelés en vingt endroits. A peine viens-tu de te courber, le fil entre les dents, l'aiguille à la main, sur ce quotidien travail, qu'on frappe à la porte, et que le facteur te demande trois sous pour une lettre. Ta loge étroite et dans laquelle il tombe un jour si douteux ne contient que toi, ta femme et ton chat: or ta femme babille sans travailler, ton chat griffe tes habits, et les décout. Coiffé d'un bonnet de coton, aussi pyramidal que l'obélisque, tu lis alors le journal de tes locataires, et tu as la douleur d'y voir figurer d'insolentes annonces de tailleurs, toutes plus superbes et plus triomphantes les unes que les autres. Toi cependant n'es-tu pas aussi un artiste, n'habilles-tu pas d'après *un patron* plus d'une célébrité ? Le fait est réel, il y a des *lions* qui ont trouvé plus commode de se faire habiller par leur portier : voilà un tailleur qui ne court pas, qui est à vous, et que vous avez sous la main ! Drapé dans sa gloire comme beaucoup d'autres, il pourrait mettre sur sa porte : *Parlez au tailleur!* il laisse l'humble annonce : *Parlez au concierge!* Son unique vengeance est de faire attendre à la porte, passé minuit, les locataires assez dédaigneux pour oublier son génie et ses ciseaux ; la pluie tombe à flots, elle gâtera du moins leur elbeuf. Il ne demande plus qu'une chose au ciel : c'est qu'il lui vienne un général ou un député pour son client ; de la sorte son habit pourra se pavaner à la cour. Quand il lui arrive un congé, et que comme Bélisaire il lui faut errer de porte en porte, il reçoit stoïquement son renvoi, car il est citoyen du monde, et changer de loge, c'est pour lui changer de pratiques. Sur ses vieux jours, il achète un pouce de jardin et se fait tailleur à la banlieue; son mobilier se compose d'une table, d'un poêlon et d'une pipe. Il a renoncé à tirer le cordon, mais en revanche c'est souvent un de ses confrères ruinés qui le lui tire.

ROGER DE BEAUVOIR.

Comme corollaire à notre article, nous croyons devoir donner ici dans son entier la lettre de M. Magloire, notre concierge. Élève de Catel, et ne travaillant plus à cette heure que pour deux ou trois députés, M. Magloire s'illusionne peut-être sur la décadence de l'art : nous laissons le lecteur à même de juger dans la polémique qu'il nous livre :

« Vous ignorez peut-être, monsieur, qu'il y a quelques jours, M. Frédéric [1] m'a descendu une redingote pour y *repriser* un accroc? Eh bien, monsieur, vous aviez oublié des papiers dans la poche, et je dois vous avouer que ces papiers, je les ai lus! c'était du papier imprimé, sans cela je n'aurais pas pris une telle liberté; mais je me suis laissé entraîner en pensant que je trouverais peut-être quelques-unes de vos œuvres. Quelle a été ma surprise de voir qu'il s'agissait *du tailleur*!!!

« Vous vous moquez bien, sans doute, de ce que peut penser un vieux *tailleur-portier*, sur ce qu'il plaît d'écrire à un *monsieur* tel que vous; cependant je ne puis m'empêcher de vous dire qu'après en avoir bien ri, ma femme et moi, une seconde lecture nous a fait remarquer qu'il manquait quelques détails *techniques*, surtout ceux qui ne peuvent être connus que par les gens qui sont nés et qui ont vécu dans le métier.

« Quoique dans votre écrit vous soyez un peu sévère pour les *tailleurs-portiers*, je viens vous offrir ces détails. Personne n'est à même plus que moi de vous mettre au courant de ce qui s'est passé et de ce qui se passe encore parmi les tailleurs. Jadis, monsieur, j'ai été *établi*. J'avais même quelque réputation. Si je n'ai pu être propriétaire, je suis du moins le représentant de cette classe estimable, et j'ai eu le grand avantage de ne jamais faire partie du jury ni même de la garde nationale. Ce qui me console encore, c'est la pensée que parmi les propriétaires on ne trouverait peut-être pas un bon portier; car pour cela il faut connaître les hommes, et c'est ce qui fait sans doute que tant de tailleurs sont choisis pour portiers.

« Si donc, vous ne dédaignez pas les observations d'un vieux praticien, je vous en soumettrai quelques-unes qui pourront vous éclairer sur la partie technique de notre métier : « *Les tailleurs ne sont pas ce qu'un vain peuple pense.* »

[1] Valet de chambre de l'auteur.

« Depuis dix ans, monsieur, il n'y a plus d'autres tailleurs, réellement *tailleurs militaires*, que les *tailleurs de régiments*. Le maître tailleur, il est ainsi nommé, a le grade de sergent dans l'armée. Il est reconnaissable parmi les autres sous-officiers, en ce que son ventre s'arrondit légèrement en bosse, avantage qui serait parfaitement inexplicable avec la paye d'un sergent ordinaire. Le maître tailleur habille tous les soldats du régiment sur *trois tailles*, les seules permises aux défenseurs de la patrie. Quant aux officiers, il prend individuellement leurs mesures, et les enveloppe du mieux qu'il peut. Ses coupeurs sont caporaux, ses ouvriers sont soldats, et leur habileté ne saurait être mise en doute. Pourraient-ils, en effet, ne pas manier les ciseaux et l'aiguille mieux encore que le fusil, lorsque le maître tailleur peut user, comme stimulant, de la salle de police et du cachot? Son expérience personnelle lui a enseigné l'effet qu'on en obtient, car lui-même, tout maître tailleur qu'il est, y couche quelquefois, par la volonté supérieure du *capitaine d'habillement*, son ennemi naturel; je dis naturel, mais non irréconciliable. On cite en effet des occasions où ces deux messieurs se sont rapprochés mutuellement et ont fini par s'entendre. Cet accord expliquerait peut-être comment certaines pièces de drap bleu de roi et garance ont paru dans le commerce à des prix *extrêmement modérés*.

« En somme, le *maître tailleur de régiment* n'est pas trop malheureux; s'il n'a pas de forts bénéfices, ils sont assurés, et au bout de quinze à vingt années d'exercice, il se retire dans son village et met le pot au feu deux ou trois fois par semaine.

« Si nous passons au *tailleur civil*, au tailleur par excellence, que de choses à vous dire! nous parlerons du tailleur en réputation [1].

« Il y a toujours eu à Paris un *artiste* fortuné qui a su plaire et chez lequel chacun court, sous peine de n'être pas considéré comme un homme à la mode. A côté de ce prince des tailleurs, on remarque cependant un rival qui peut atteindre sa célébrité et qui trouble son sommeil. Ce rival, cauchemar perpétuel, il le lui faut combattre chaque jour et à chaque heure pour ne pas se laisser dépasser par lui en inventions nouvelles. Jugez combien cette lutte devient animée, lorsqu'elle a lieu entre deux, trois et quatre rivaux! Ce nombre, déjà bien élevé, de tailleurs à la mode, n'a jamais été dépassé. Au-dessous de ces sommités, on compte une vingtaine de bonnes maisons, de ce qu'on appelle *premier ordre*; puis une cinquantaine de *second ordre* : le reste se subdivise à l'infini et est vraiment innombrable.

« Je voudrais pouvoir citer des noms, monsieur, pour rappeler les faits de ces tailleurs célèbres qui ont brillé depuis quarante ans. J'aurais à vous raconter plus d'une biographie. Je vous parlerais de Chevalier, le tailleur de l'Empereur, qui apportait chaque matin à S. M. une nouvelle culotte et un nouveau gilet de casimir blanc; je vous parlerais de Léger [2], de Thomassaint, d'Acerby, le fameux

[1] Le lecteur excusera cette forme de *nous*, forme doctorale, magistrale et qui découle d'une science non équivoque. M. Magloire professe quelquefois avec avantage devant les *coureurs*, qu'il ne manque pas d'attirer chez lui en leur offrant l'*Audience* (douze romans inédits pour rien).

[2] Les différents fournisseurs de l'Empereur (*pour sa personne spécialement*) devaient se trouver chaque matin sur son passage, afin que s'il avait quelques observations à leur faire, il pût les leur adresser immédiatement. Lors-

culottier, celui-là même devant lequel l'empereur de Russie, Alexandre, se vit contraint d'ôter ses culottes, parce qu'il ne prenait ses mesures que sur le nu ! Je traverserais l'empire pour arriver à la restauration. Je parlerais de Staub, le grand Staub, nom célèbre à jamais, Staub, qui le premier imagina de couper les *revers* de l'habit et de les *rapporter* ensuite, afin d'obtenir un contour plus gracieux, une *cassure de collet* plus facile. Cette audace fut couronnée du plus brillant succès, et je crois pouvoir établir une comparaison entre Staub et Christophe Colomb. En effet, du temps du célèbre Génois, l'opinion générale, comme chacun le sait, n'était-elle pas, monsieur, que rien n'existait au delà des mers, et que toute la terre habitable était connue ? Les découvertes ultérieures ne diminuèrent rien de sa gloire ; bien loin de là, elles prouvèrent la sublimité de son génie qui lui avait fait deviner un continent au delà de l'Atlantique. Il en est de même de Staub. Jadis on croyait avoir tout fait en faisant un habit. Il vint, et osant couper les revers, c'est-à-dire faire une couture *là où il n'y en avait pas*, il ouvrit une route nouvelle aux études, et, nouveau *Colombus* [1], il mit sur la route des mille *suçons* que l'on sait maintenant aux habits.

« Je parlerais de Kléber (ne pas confondre avec l'illustre général), qui avait tant de talent et encore plus d'inconduite ; Kléber qui, grâce à la protection et aux secours d'un lord plus connu par les folies qu'on lui prête que par ses bienfaits qu'on ignore, aurait pu arriver à la plus haute fortune et qui mourut dans la misère. Je parlerais de bien d'autres encore ; mais si je nommais tous ces tailleurs célèbres, tous ces maîtres qui ne sont plus, il me faudrait, arrivant aux tailleurs actuels, vous citer des noms connus aujourd'hui. Le ciel me préserve de le faire ! parler des tailleurs de cette époque-ci, monsieur ! époque d'anarchie s'il en fut jamais ! époque de vanité où chacun se croit un génie, et où le plus petit et le plus inconnu des tailleurs pense avoir autant de talent que le premier ! Non, non, monsieur, j'aime mieux me taire : je soulèverais trop de haines, et Dieu sait si mon obscurité me défendrait ! On viendrait attaquer la véracité de mes rapports ; sous prétexte que je suis *portier*, on dirait peut-être que je ne suis pas *tailleur*.

« Et qu'importe, après tout, que tel soit le premier et tel autre le second ; ce qui importe, monsieur, c'est le détail de l'intérieur des maisons, car c'est là seulement que se trouve le curieux, je dirai presque l'inconnu de l'état.

« Dans le métier de tailleur, monsieur, nous avons d'abord l'ouvrier à la journée. Celui-ci porte le nom de *pompier*. Vous qui êtes initié à nos vieux livres, savez-vous le pourquoi [1] ? Cet ouvrier est occupé en général à retoucher les effets d'habillement qui, ayant été essayés, ne satisfont pas complètement le goût des pratiques. Ces retouches s'appellent *poignards* : savez-vous encore le pourquoi [2] ?

« Ainsi la fonction ordinaire du *pompier* est de *poignarder*, ou de faire des *poignards*.

« Les *pompiers* réunis forment la *pompe*. Il y a la grande et la petite pompe : la grande, pour les habits et redingotes (*grandes pièces*) ; la petite, pour les pantalons et gilets (*petites pièces*).

« Les *appiéceurs* sont chefs de grande et de petite pompe.

« L'*atelier* est composé en partie de *pompiers* et en partie d'ouvriers à leurs pièces appelés *appiéceurs*. Le tout est sous la surveillance du *chef d'atelier*.

« Il y a une autre classe d'ouvriers connus sous le même nom d'*appiéceurs*. Ceux-ci travaillent chez eux, se font aider par leurs femmes et leurs enfants. Ils ont en outre un ou deux apprentis. Ces apprentis étaient jadis appelés *bœufs*, aujourd'hui ce sont des *tartares*.

« Ces ouvriers appiéceurs travaillant chez eux ont quelquefois un habit à faire à temps compté pour un ouvrier *d'une autre partie*. Celui-ci amène un de ses amis qui, à son tour, en amène d'autres. Voilà une petite clientèle, et l'*appiéceur* a franchi le premier échelon.

Si le nombre de ses pratiques augmente assez pour qu'il ait à s'occuper, lui, sa femme, ses enfants et ses tartares, alors, il envoie promener son *grêle* (*le maître qui l'occupait*), paye une patente de 19 fr. 50 c., et le voilà à son tour *tailleur patenté*. De là, monsieur, avec du talent et de l'activité, il peut arriver au sommet. Il commence d'abord par se faire l'ami de quelques valets de chambre, il les habille à crédit et leur promet une gratification, s'ils parviennent à le faire travailler pour leurs maîtres. Ces valets de chambre, séduits par des manières si engageantes, lui promettent leur protection et déclarent n'avoir jamais vu un aussi habile tailleur [3].

« Si ces messieurs réussissent, voilà notre *appiéceur*

---

que S. M. était à Saint-Cloud, ces messieurs devaient s'y rendre et se trouver également là comme ils le faisaient à Paris. L'Empereur étant une fois mécontent de Chevalier, envoya chercher Léger, et lui dit : « Prenez-moi une mesure complète et une fois pour toutes ; je n'ai pas souvent de temps à perdre. » Léger, se trouvant le tailleur en titre, dut se conformer aux usages du palais et s'y rendre chaque matin. Il remplit ce devoir trois mois durant, mais cette sujétion finit par l'ennuyer, et comme il était déjà riche, et surtout à cette époque fort occupé, il n'y alla plus que deux ou trois fois par semaine. Un jour l'Empereur ne le trouvant pas, c'en fut assez pour motiver le rappel de Chevalier.

N. B. Nous demandons pardon à M. Marco Saint-Hilaire de cette excursion du tailleur sur ses domaines.

[1] Notre portier habille un professeur du collège Saint-Louis.

---

[1] Nous avouons franchement notre ignorance et renvoyons la question ardue de M. Magloire à messieurs de l'Académie des Inscriptions. Serait-ce parce qu'un jour d'incendie les ouvriers tailleurs à la journée se distinguèrent plus que les pompiers eux-mêmes ? Nous répugnons à croire que le sobriquet de *pompier* donné au divin *Anacréon* soit applicable aux ouvriers *tailleurs à la journée*.

[2] Serait-ce parce que chaque retouche enlevant une partie du bénéfice du maître, c'est comme un coup de poignard porté à sa caisse ?

[3] M. Magloire dit vrai. La tyrannie des domestiques sur le tailleur est souvent portée à l'excès. On ne croirait jamais quelle influence ils exercent. Les personnes mêmes qui la subissent le plus ne s'en doutent pas. Si le tailleur n'est pas en bons termes avec le valet de chambre il est perdu. Nous citerons un fait presque incroyable. Le valet de chambre d'un de nos dandys annonça un jour au tailleur de son maître qu'il voulait avoir 5 0/0 sur ses fournitures. Irrité du refus de celui-ci d'acquiescer à cet arrangement, il prit du vitriol, en frotta toutes les coutures et le tour des boutons de chaque habit. Il se fiait sans doute à cette belle vengeance, car tout se déchirait comme à plaisir. Malheureusement pour lui, son maître, quoique grand seigneur, avait eu une première jeunesse assez échevelée pour se connaître en rouerie de cette nature, et, appréciant ce changement subit, il fit venir son valet de chambre : « Voilà quelque temps, lui dit-il, que mes habits se déchirent et que mes boutons s'en vont ; si cela continue, je vous chasse. » Depuis ce temps le valet de chambre saluait le tailleur profondément dans la rue.

avec des *pratiques* d'un genre plus élevé. Il n'a plus le temps de coudre, il cesse donc de croiser les jambes pour leur laisser reprendre une position plus naturelle, et il se consacre tout entier à la *coupe*. Encore un peu d'augmentation dans ses affaires, et sa femme, se livrant à *la vente*, fait *l'article* avec succès. Bientôt, monsieur, il faut prendre un employé, puis deux, puis trois. Mais sans nous arrêter à une maison ordinaire, passons tout de suite à une maison de premier ordre, et voyons-en *l'état-major*.

« Le *chef* se réserve en général la coupe des habits, mais dès qu'il est un peu ancien dans les affaires, il se fait aider par un *sous-chef*, qui doit lui succéder un jour.

« Voici maintenant la liste des employés chefs de service :

« Coupeur de pantalons, coupeur de gilets, coupeur de livrée, apprêteurs, coureurs, chef d'atelier, commis de magasin, teneur de livres.

« Parlons d'abord du *coupeur de pantalons*.

« Qu'il soit né en Gascogne ou en Normandie, qu'il soit Basque ou Picard, le *coupeur de pantalons* arrive toujours d'Angleterre, où, par parenthèse, on les *coupe*

L'Ouvrier Tailleur. Dessin de H. Valentin.

fort mal, et où le tailleur en réputation pour cette partie du costume est un Français.

« S'il vous est donné, monsieur, de pénétrer dans le sanctuaire où il s'enferme, et à quelque heure du jour que vous vous présentiez, vous trouverez infailliblement le *coupeur de pantalons* aux prises avec une *botte*. Il la tourne et la retourne en tous sens... Une anxiété pénible est peinte sur son visage. Il est là, ajustant sur cette *botte* fatale, au moyen d'un *sous-pied fixe* ou *cousu*, un *bas de pantalon* rebelle. Mais en vain il place le *sous-pied en avant* ou *en arrière*, en vain le *carreau*, puissant auxiliaire, lui prête son secours pour *tendre* ou rentrer l'étoffe, un *pli*, *pli* affreux, image d'une vis ou d'un tire-bouchon, reste là, toujours là, malgré ses efforts. Il y pense le jour, il y pense la nuit ; et si la fatigue le fait enfin céder au sommeil, un songe pénible le met de nouveau aux prises avec la fatale *botte* ! Mais cette fois, au lieu de cette chaussure si fine et si délicate, que *Braun* sait faire, c'est une *botte* immense, démesurée, au talon aigu et à moitié tourné. Elle s'avance sur lui la *tige*

haute et les *tirants dressés*, et il l'entend s'écrier : Un *pantalon sans plis* ! Saisi d'horreur, il veut se soustraire par la fuite à ce monstre hideux ; hélas ! vaine tentative ! son ennemi, plus prompt que l'éclair, s'élance, le renverse, et, se posant fièrement sur sa poitrine, répète d'une voix qui rappelle le craquement d'une botte sur le parquet : Un *pantalon sans plis* !...

« Tout autre, au réveil, prendrait ses *ciseaux*, et d'une main vengeresse lacèrerait *bottes* et *pantalons* ; mais Dieu a donné au *coupeur* toute la patience du génie..... Il reprend donc ses travaux sans la moindre hésitation. Aussi, digne récompense d'une si noble ténacité, parvient-il, au bout de huit jours d'efforts constants, à atteindre enfin ce *chic* tant recherché de nos élégants, c'est-à-dire la forme si gracieuse (et sans plis) d'un tuyau de poêle !...

« Le *coupeur de gilets* et le *coupeur de livrée* sont ordinairement d'anciens tailleurs qui, n'ayant pas réussi, aiment mieux, exempts de tous soucis, être *coupeurs* spéciaux dans une grande maison que de tenter de nouveau la fortune.

« ..... *Le coupeur de livrée* ne laisse pourtant pas d'avoir quelques ennuis. Son nom vous indique suffisamment, monsieur, à quelles personnes il a particulièrement affaire ; mais n'allez pas en conclure pour cela que c'est un homme dépourvu de talents et dont on fasse peu de cas. Bien loin de là, je vous assure, car les *gens de maison* sont de leur nature fort exigeants, et d'autant plus difficiles à satisfaire que leurs désirs sont presque toujours en raison inverse des ordres donnés par leurs maîtres. Il faut donc au *coupeur de livrée* assez d'habileté et d'intelligence pour satisfaire à la fois ces deux pouvoirs opposés. En principe général, pourtant, il obéit d'abord, et avant tout, aux volontés des domestiques, puis après, et autant que possible, aux ordres donnés par les maîtres. Il serait trop long de vous dire ici les motifs qui le font agir ainsi ; mais croyez-en ma vieille expérience personnelle, il faut à tout prix satisfaire ces *messieurs*. Si le cocher est mécontent, ne sait-il pas, par un mouvement adroit lorsqu'il prend ses guides, faire remonter son habit, de telle sorte que le dos soit plein de plis, ou que le collet se détache de sa cravate ; et si le valet de pied croit avoir à se plaindre, ignorez-vous que ses habits ne dureront pas un instant, quand bien même il devrait, pour le prouver à son maître, lui montrer, comme étant le dernier fait, l'habit de l'année précédente qu'il a continué à porter incognito pour économiser le nouveau ? Il n'est pas jusqu'au *groom*, même à l'état de *tigre*, qui ne sache à l'occasion déchirer sa *culotte* au genou pour faire *pièce au tailleur* !

« La fonction principale de l'*apprêteur* est de mettre dans les *bûches* (nom que l'on donne à un habit coupé, mais non cousu) les différents morceaux de toile, de tiretaine, de passements, de poches qui constituent ce qu'on appelle *les garnitures*.

« Le commis de magasin tient les draps en ordre (il est censé le faire), et est chargé, concurremment avec le teneur de livres, de présenter les notes et de recevoir l'argent. Pauvre diable ! il est souvent mal accueilli, car dans ce siècle on ne paye guère son tailleur, et il ne reçoit souvent que des injures. C'est à lui que l'on adresse des reproches nombreux sur la détestable qualité du drap et la mauvaise confection des habits, qui *ne vont jamais bien* quand il faut en payer le prix. C'est à lui qu'on jette ces paroles qui, je le crains bien, vont passer en axiome : Monsieur, *un tailleur gagne tant, qu'il est tout à fait inutile de le payer*[1].

« Mais c'est sur le *coureur* que j'appelle votre sympathie. Celui-là, monsieur, est payé le moins, mais il travaille le plus. Quelqu'un qui avait été à même d'apprécier ce qu'il y a d'énergie et de patience, de courage et d'abnégation dans un *coureur*, s'étonnait que l'Académie n'eût jamais songé à choisir l'un d'entre eux pour lui décerner le prix Montyon. C'est qu'en effet, monsieur, le *coureur*, justifiant son nom, ne s'arrête jamais. Le voyez-vous d'ici, la taille si cambrée, qu'elle en est creuse, ses bras arrondis et les coudes saillants en dehors, et ses jambes fluettes supportées par de larges pieds ! chaque détail du *coureur* n'est peut-être pas dans de justes proportions, mais quelle harmonie dans le tout ! sa base est large, bien large, il est vrai, mais sans cette largeur qui vous offusque, comment pourrait-il se maintenir en équilibre avec cet énorme paquet sous le bras ?

« Dans sa vie habituelle comme dans ses jours de fête, le *coureur*, monsieur, se distingue par une mise *toujours en avant* de la mode ; si nos élégants ont adopté la taille longue, la sienne descend jusqu'à sa croupe ; si, au contraire, la taille courte est en faveur, soyez certain que la sienne est au milieu du dos. Mais les deux choses qu'il affectionne et qu'il garde (quel que soit le goût du jour), ce sont les pantalons très-étroits et les manches courtes.

« Si de ce pantalon presque collant s'échappe un pied d'une grandeur imposante, une main rouge et non moins grande sort de cette manche qui descend à peine au poignet. Si ses pieds dédaignent assez volontiers l'usage sybarite des bas, ses mains dans la semaine dédaignent entièrement l'usage aristocratique des gants. Mais le dimanche, jour de repos, il met les gants jaunes oubliés dans l'habit que vous aviez donné pour y recoudre un bouton, et ainsi paré, il va danser dans une foule de bals de sociétés, où il est certain d'attendrir des giletières. Aussi que de séductions il y porte alors avec lui ! que de tendres regards lui sont adressés ! que de doux aveux il obtient ! mais il ne peut attendre : l'amour doit le couronner au plus vite, car demain, demain il reprendra son paquet, et, comme au Juif errant, le devoir lui criera : Marche, marche jusqu'à dimanche ! Tel est le *coureur*. N'est-ce pas un admirable type de dévouement dans ce siècle d'égoïsme ? car, malgré ses nombreuses qualités, le *coureur* meurt comme il a vécu... *coureur* !

« Nous avons passé en revue tous les employés de la maison ; il ne me reste maintenant à vous parler que de l'âme qui fait mouvoir le corps entier... du maître...

« Avez-vous jamais réfléchi, monsieur, à la fonction qu'un tailleur exerce dans la société ? fonction tellement importante, qu'il n'y a personne plus indispensable que lui. On peut mourir sans médecin, on ne peut vivre sans tailleur ; et Sedaine, lorsqu'il remerciait son habit, avait bien compris toute l'influence de notre état. En effet, tel se voit accusé d'impolitesse pour n'avoir pas rendu un salut, lorsqu'il fallait accuser une *emmanchure trop basse*, ou un *dessous de bras trop évidé*. Tel autre, sur le point de se voir possesseur d'une belle et riche héritière, voit manquer son mariage parce qu'il ne pouvait se baisser sans danger et ramasser le bouquet de sa belle, jeté à terre à dessein par un rival. Que d'orateurs modernes ont manqué d'éloquence à la tribune, seulement parce que leur habit les gênait à *l'entournure* ! Que de réputations de gravité certains hommes d'état n'ont dû qu'à la *hauteur de leur collet* ! et si M. de Metternich a obtenu de si brillants succès diplomatiques, croyez-moi, c'est par l'importance qu'il a toujours attachée à la coupe gracieuse de ses habits[1] . . . .

« Ainsi, monsieur, le tailleur, toujours le tailleur, partout le tailleur, avant tout.

« Si j'arrive maintenant aux notions qu'il doit posséder

---

[1] Ce n'est pourtant pas à un commis, mais au chef de la maison lui-même qu'un écrivain célèbre du noble faubourg, homme très-illustre et très-supérieur, si ce n'est dans l'art de gérer ses propres affaires, témoigna son étonnement de ce qu'au moment de partir pour une ambassade, il lui apportait son mémoire (montant à plus de 20,000 fr.), et de ce qu'on lui en réclamait le paiement. Il n'avait, reprit-il, jamais entendu dire *qu'on payât un tailleur autrement que par testament*.

[1] Ici M. Magloire devient politique. Nous avons dû retrancher deux ou trois phrases, qui auraient peut-être, par leur crudité, compromis nos rapports diplomatiques avec l'Orient.

nous verrons qu'il faut qu'il se connaisse en draperie, en soierie, en toile, en tricot, en broderie ; car il emploie drap, soierie, toile, tricot et broderie ; qu'il soit bon administrateur, qu'il sache apprécier le travail des ouvriers, *coudre*, se servir de la *patte-mouillée*[1], du *passe-carreau*[2], du *six-francs*, et donner le *coup de fer* au besoin. Il faut qu'il se connaisse en finances et en opérations de banque, car il lui faut toujours de l'argent pour payer exactement, et je vous ai dit qu'il en reçoit peu de ses pratiques. Il faut qu'il sache par quel mobile il peut séduire tel client[3], comment enlever celui-ci à un rival, retenir celui-là, faire une concession et quelquefois aussi une impertinence à propos. Enfin, en dépit de toutes ces difficultés, il doit avoir l'esprit assez libre pour donner l'essor à son génie inventif, afin d'avoir chaque saison un vêtement nouveau (et parfaitement inutile) à livrer à l'admiration de la foule[4]. Voilà le tailleur, monsieur.

[1] La *patte mouillée* est un morceau de toile ou de soie trempé dans l'eau et qui sert à empêcher le lustre de se former quand on *presse* un habit.

[2] Le public avait peut-être ignoré jusqu'à présent pourquoi chez Franconi un tailleur s'appelait *Pas-carreau*. Nous sommes forcé de rétablir la véritable orthographe de l'affiche : *Passe-Carreau*. Le passe-carreau est un morceau de bois sur lequel on *unit* les habits ; il a presque détrôné le *six-francs*.

[3] Quelques tailleurs emploient l'expression de *raser*.

[4] Nous trouvons cette note dans une correspondance *inédite* sur les beaux de Londres :
« Il n'y a réellement pas de vêtement *inutile* pour un homme à la mode. Le comte d'Orsay prétend que s'il faut

« Un homme s'est rencontré réunissant toutes ces qualités, et vous jugerez de son intelligence supérieure et de sa connaissance profonde du cœur humain sur ce seul fait, que ses employés avaient ordre de donner le titre de comte à tous ses clients. Aussi quelle vogue ! ! ! Comparez à cet homme les nouveaux tailleurs ; ils n'ont plus que de l'indifférence, presque du dégoût pour leur noble profession ! Lui, fier de son état, s'en parait comme de son plus beau titre de gloire, et ne craignait pas de courir les rues avec un paquet sous le bras quand il le fallait. Aujourd'hui, comme vous le dites, ces messieurs ont voitures et chevaux anglais ; un domestique porte à l'avance l'habit qu'ils viennent essayer en gants jaunes et en bottes vernies : ils ont les épingles les plus belles, les cannes les plus riches ; ils se mêlent d'admirer les statues, les tableaux, parlent d'arts et font des habits qui vont en dépit du sens commun ! ! !

« Cela me fait pitié ! et j'aime mieux l'obscurité de ma loge ! Adieu, Monsieur !...

« Votre concierge, André Magloire,

« (*Élève de Catel*). »

par jour quatre paires de gants de différentes couleurs, il faut également quatre espèces d'habillement... Lors même qu'un dandy aurait l'habitude de se lever à trois heures, ne lui faut-il pas plus d'un vêtement du matin ? ne peut-il pas lui arriver d'être forcé de sortir un jour à neuf heures ? s'habillera-t-il comme à trois heures ? et s'il a un duel, mettra-t-il le même frac que s'il se rendait au parc ? S'il le fait, je le déclare hautement, c'est un homme abîmé de réputation.

Dessin de Léopold Flameng.

LE GOGUETTIER

Par L.-A. Berthaud

ILLUSTRATIONS : TABLEAU DE L. GROS-CLAUDE — DESSINS DE BEAUCÉ GAVARNI ET G. JANET

Les électeurs parisiens à deux cents francs et au-dessus, les hommes d'ordre et de boutique ont entendu prononcer le nom du goguettier une ou deux fois au théâtre des Variétés, et ils savent, c'est-à-dire ils croient qu'il se nomme *Loupeur* ou *Balochard*. Pour eux, c'est l'ouvrier imprévoyant et viveur, hâbleur, conteur, gaudrioleur et mauvaise tête, allant boire à la barrière et dépenser en deux jours, le dimanche et le lundi, ses économies de toute la semaine ; c'est encore celui qui, sans sortir de Paris, use sa journée et les manches de sa chemise à rouler de cabaret en cabaret, se frottant à tous les murs et se brûlant l'estomac avec les compositions lithargineuses du marchand de vin. Hors de là les Parisiens ne voient plus de goguettiers, mais déjà des *goipeurs*, déjà des vauriens, déjà des gens à tout faire, et devant lesquels il est prudent d'allonger le pas entre minuit et cinq heures du matin.

Les Parisiens ne connaissent pas les goguettiers.

Le goguettier est Parisien comme eux, né à Paris, élevé à Paris, joyeux et narquois comme tous les enfants du peuple de Paris, et brave comme un coq. Il est chansonnier, il aime la musique, les refrains bruyants, et c'est pour cela qu'il est goguettier. C'est d'ailleurs un ouvrier laborieux et honnête ; demandez à son patron, à son chef, à son logeur, à son gargotier, à tous ceux enfin qui ont eu avec lui quelques relations. Et si, d'aventure, il a démêlé quelque chose avec la police correctionnelle, ce qui arrive aux consciences les meilleures, assurément ç'a été

Les Goguettiers, 1ᵉʳ type. Dessin de Gavarni.

des peccadilles, dont il n'a pas rougi, ni sa mère.

Le goguettier a des aïeux illustres ; il en a qui sont membres de l'Institut, députés, pairs de France, et qui dînent à la cour avec le Roi. MM. Dupaty, Eusèbe Salverte, Étienne et Ségur aîné, ont été goguettiers d'abord. Béranger, le seul homme littéraire de notre temps peut-être dont la postérité se préoccupera avec amour, notre poëte national Béranger aussi a été goguettier. Dans ce temps-là, il est vrai, les goguettiers avaient une autre dénomination : on les appelait *Messieurs les membres du Caveau*. Mais qu'importe une différence quelconque dans les mots, si, au fond, la chose est la même absolument ?

C'est dans le courant de l'année 1817 que l'on vit apparaître les premiers goguettiers. Quelques mois auparavant, l'invasion étrangère avait dispersé les membres du Caveau ; les échos du Rocher de Cancale étaient devenus sourds, et le peuple de Paris portait encore douloureusement le deuil de son empereur. Un despotisme prudent, parce qu'il avait peur, cherchait à comprimer, mais à bas bruit, la manifestation des regrets populaires ; il annonçait la liberté, mais il défendait de chanter la liberté. Cependant la chanson n'avait point abdiqué à Fontainebleau, et son empereur n'avait pas, comme l'autre, confié son destin à l'exécrable loyauté politique de l'Angleterre. Béranger était resté dans Paris. A toutes les fautes du gouvernement restauré, le poëte répondait par une satire énergique et railleuse ; et puis, de main en main et de bouche en bouche, on voyait alors et l'on entendait passer la satire triomphante. Comme au temps des Mazarinades, le peuple se consolait et se vengeait en chantant. Durant les premiers jours, ce fut dans l'ombre et à l'écart, le plus loin possible de messieurs de la police, que l'on chanta ; mais, peu à peu, le besoin de se réunir se fit sentir plus vivement ; on essaya quelques petits festins à la barrière, puis à Paris, un peu çà, un peu là. Les souvenirs de la société du Caveau tourmentaient d'ailleurs les chansonniers du peuple, les épicuriens en vestes et en blouses ; et les *goguettes* furent organisées.

Dès l'année 1818, le nombre de ces réunions chantantes était incalculable. Aujourd'hui, il y en a une dans presque chaque rue de Paris. La société des *Braillards*, celle des *Enfants de la Lyre*, celle des *Gamins*, celle du *Gigot*, celle des *Lyriques*, celle des *Vrais Français*, celle des *Grognards*, celle des *Bons Enfants*, celle des *Amis de la Gloire*, celle des *Bergers de Syracuse*, et quelques centaines d'autres encore existent depuis plus de vingt ans. Toutes ont fait la guerre à la Restauration, et toutes avaient des soldats sous le feu des Suisses le 28 et le 29 juillet 1830. C'est là un fait qu'il n'était pas inutile peut-être de constater. Parmi les goguettiers actuels, on cite les *Épicuriens*, mais surtout les *Infernaux !*

Les goguettiers se réunissent une fois par semaine, chez un marchand de vin, depuis huit heures du soir jusqu'à minuit. La chambre qui leur sert de temple est d'ordinaire la plus grande de l'établissement. Elle est éclairée aux chandelles, quelquefois à l'huile. Une espèce d'estrade, destinée au président et aux dignitaires de l'assemblée, est établie un peu au-dessus du niveau des tables communes, à l'endroit le plus apparent de la salle. Cette estrade est couronnée de drapeaux tricolores arrangés en trophées, au milieu desquels, dans certaines goguettes, on aperçoit le buste du Roi, en plâtre blanc, mais bronzé par la fumée du tabac. Quelques noms de chansonniers, plus ou moins connus, inscrits en lettres d'or sur des cartons peints, sont attachés pour la cérémonie le long des murs. On y remarque aussi des devises encadrées dans des écussons, telles que celles-ci : « *Hommage aux Visiteurs ! Respect au beau sexe ! Honneur aux arts !* etc., etc. » Enfin, n'étaient les tables rangées en file, et couvertes de nappes blanches et de bouteilles noires, la goguette représenterait assez fidèlement, au moins pour les yeux, les églises ambulantes du grand primat des Gaules, M. l'abbé Châtel.

Il y a environ trois cents goguettes à Paris, ayant chacune ses affiliés connus et ses visiteurs à peu près habituels. L'entrée de la goguette est libre; les agents de la rue de Jérusalem y sont eux-mêmes reçus, soit qu'ils se présentent en costume officiel, soit qu'ils viennent habillés en bourgeois et marqués ou non de la croix d'honneur. Les tapageurs seuls sont exclus.

L'affilié de goguette ne possède pas d'autres droits que ceux du simple visiteur; seulement, lorsqu'on l'appelle pour chanter, on fait précéder son nom de celui de la goguette à laquelle il appartient, tandis que celui du visiteur est précédé du mot *ami*. Ainsi on appellera le *Grognard Pierre*, le *Braillard Jacques*, et l'on dira l'*ami Jean*, l'*ami Paul*. Il n'y a pas d'autre distinction entre les affiliés et les visiteurs. Deux goguettes seulement, celle des *Bergers de Syracuse* et celle des *Infernaux*, imposent à leurs affiliés des noms en rapport avec le patronage sous lequel elles sont placées; les

La Goguette. Dessin de Gavarni.

Bergers empruntent ces noms aux églogues et aux bucoliques; les Infernaux à l'enfer. La physionomie des goguettes est partout la même ou à peu près, excepté cependant chez les Infernaux. Le président ouvre la séance par un *toast* et les convives boivent avec lui, « à l'espoir que la gaieté la plus franche va régner dans l'enfer! » On chante ensuite, chacun à son tour, et les refrains en chœur. Immédiatement après chaque chanson, le président de la goguette se lève, nomme à haute voix et l'auteur et le chanteur, et invite les goguettiers à applaudir, ce qu'ils font toujours avec beaucoup d'effusion. Un nouveau *toast* est porté au moment de clore la séance, « à l'espoir de se revoir dans huit jours! » et tout est dit. Chacun se lève alors et rentre chez soi.

Le goguettier est âgé de vingt à soixante ans.

Jeune, il chante des chansons sérieuses et philosophiques; vieux, il redit les charmantes gravelures de Désaugiers. Le jeune goguettier est souvent l'auteur de la chanson qu'il chante : alors, ce sont des aspirations ardentes et majestueuses vers un monde à venir, vers un monde meilleur, et l'on y trouve, parfois, des élans poétiques et inspirés véritablement beaux. Depuis quelque temps surtout, le jeune goguettier semble avoir pris à tâche la glorification du travail et la propagation des idées humanitaires les plus récentes. On dirait un apôtre prêchant son évangile, et c'est un apôtre en effet. Est-ce pour le vin qu'il vient à la goguette? Non, car il boit de l'eau rougie. Mais voyez sa tête, si belle et si pâle, sous ses longs cheveux noirs; voyez ses yeux remplis d'éclairs, écoutez avec quel accent de conviction profonde il répand autour de lui ses belles paroles et ses nobles chants. Il n'a qu'une blouse sur le corps, c'est vrai, mais regardez : et dites dans quel tableau de Raphaël ou de Michel-Ange vous avez vu un homme portant son manteau bleu avec plus de noblesse et de simplicité... Il n'y en a pas. Celui-ci vient seul à la goguette; il s'assied dans un coin, le coin le plus obscur; on ne le voit pas d'abord, mais quand il aura chanté, soyez-en sûr, on ne verra plus que lui.

Tous les jeunes goguettiers ne sont pas, à beaucoup près, aussi recommandables. Là, comme ailleurs, il y a des bons et des mauvais. Il y a, par exemple, d'excellents jeunes gens au fond, mais qui n'ont pu encore désapprendre les traditions paternelles. Pour eux, la goguette est un champ libre où l'on peut tout dire, presque tout faire; et ceux-là entonnent gaillardement des couplets à faire rougir la neige. Il y a là des femmes cependant; il y a là des jeunes filles, bonnes et simples créatures qui chantent aussi à leur tour, et devant lesquelles il semble que la mémoire ne devrait être pleine que de chastetés : eh bien! non, le goguettier libertin rit de leur embarras, et son triomphe grossier augmente à mesure que le rouge leur monte plus haut sur le front. Ceci est bien lâche assurément, mais ce n'est pas la faute de ces jeunes hommes. N'y a-t-il pas à côté d'eux un vieillard qui tout à l'heure a chanté pis qu'eux et leur a donné l'exemple? Regardez bien : il sourit encore. C'est triste à dire, mais c'est vrai : il existe une espèce de vieillards qui, en toutes choses, ne connaissent pas de mesures; leurs débauches sont impitoyables comme leurs austérités. Quand ils ne peuvent plus l'acheter ni la surprendre, il faut qu'ils crachent sur la pudeur; c'est pour eux une satisfaction. Il faut qu'ils blessent, qu'ils égratignent, qu'ils se révèlent quelque part, et par quoi que ce soit, parce que, à leur avis, ce que l'on doit redouter avant tout, c'est de passer pour une négation. Lorsque ces petits monstres à cheveux blancs ou à crânes pelés ne peuvent enfin plus rien du geste ni de la voix, ils se consolent en maugréant et grommelant contre la corruption du siècle; ils pleurent le temps où ils vivaient, où ils avaient toutes leurs dents, et cela dure ainsi jusqu'au jour où ils s'en vont et font place à d'autres, plus jeunes et meilleurs. Il y a entre ces hommes et quelques poitrinaires maussades une analogie cruelle; les uns et les autres ne peuvent souffrir la vie nulle part; la jeunesse fraîche et rose les attriste, et ils se détournent quelquefois pour aller écraser une fleur. Eh! malheureux, passez donc votre chemin : il n'y a rien de commun entre vous et les fleurs.

Le Fumeur. Dessin de Gavarni.

Hâtons-nous de le dire, on rencontre à la goguette, et en fort grand nombre, de bons et honorables vieillards que l'âge n'a rendus ni jaloux ni méchants. Accueillis et fêtés par tous, ils savent que la couronne de cheveux blancs qu'ils portent sur la tête ne leur donne pas d'autre droit que celui d'être plus graves et meilleurs que tous. Aussi, chacun s'empresse autour d'eux; on applaudit leurs chansons avec enthousiasme; on met du sucre dans leurs verres; et les jeunes gens qui sont placés à leur table éteignent leurs pipes et ne fument pas. C'est pour ceux-là probablement que Béranger a fait son *Bon Vieillard;* tant mieux! Béranger seul pouvait comprendre ces belles natures d'hommes et les chanter.

Au fond, les goguettiers sont pour la plupart des Roger Bontemps. Les soucis de la vie ordinaire sont venus frapper à leur porte et très-souvent sans doute ; mais, en vrais goguettiers, ils ont répondu aux soucis : « On n'ouvre pas! » et les soucis ont pris leur vol ailleurs.

Ce que le goguettier cherche principalement, ce n'est pas le vin, c'est la compagnie. Le vin qu'il boit est mauvais, les gens qu'il fréquente sont bons. Il n'y a pas d'endroit peut-être plus dépeuplé et plus solitaire, pour les travailleurs, que cette grande ville de Paris, où l'on compte un million d'âmes, et plus. Les riches, les oisifs, ont des réunions convenues, des fêtes, des bals, le bois de Boulogne et plusieurs théâtres ; ils jouent, ils chantent, ils s'enivrent ensemble, et tous les jours ; avant la fondation des goguettes, l'ouvrier vivait seul et ne voyait pas même l'ouvrier. Aujourd'hui, il existe entre les goguettiers, qui appartiennent pourtant à tous les corps d'état, une fraternité réelle et bien entendue. Ils s'aiment sincèrement, et ils s'entr'aident sans ostentation. On a vu des quêtes faites dans une goguette, au profit d'un goguettier malheureux ou malade, s'élever quelquefois jusqu'à 50 francs. Lorsque les besoins du nécessiteux sont plus grands et plus pressés, on tient une séance extraordinaire, à laquelle les goguettiers de tous les rites sont invités. L'entrée est libre et gratuite, comme toujours, mais il y a un bassin au seuil de la porte, et il est bien rare qu'il entre une seule personne, visiteur ou goguettier, sans mettre son offrande dans ce pauvre bassin. Alors, la recette monte souvent à 100 francs, et le goguettier bénéficiaire paye son loyer, dont il devait plusieurs termes, rachète des meubles, retire son matelas du Mont-de-Piété, et donne du pain à sa femme et à ses enfants.

Il y a environ deux ans que l'auteur de cet article fut introduit pour la première fois dans une goguette, aux *Bergers de Syracuse*. Il s'y trouvait, ce jour-là, une centaine de bergers et quinze à vingt bergères. Pas un geste, pas un mot mal à propos ne s'y fit remarquer, et la soirée s'écoula aussi paisiblement que dans le monde le plus élégant. C'étaient pourtant des ouvriers, pauvres braves gens que l'on dit si turbulents, si barbares encore. Ils avaient achevé leur pénible journée, et ils s'en étaient venus chanter à la goguette pour se reposer un peu. Ils buvaient en chantant, et l'ordre le plus riant régnait parmi eux. C'étaient des hommes en blouses, en vestes, aux mains dures, aux visages noircis par le travail et la sueur ; c'était la richesse et la force de Paris, les bras qui construisent, pétrissent le pain, travaillent l'or et la soie, bâtissent les églises, et qui, un jour de soleil, renversent les croix et font des révolutions ! Les bergères, comme on le pense bien, étaient aussi des ouvrières, laborieuses abeilles, se levant à l'aube du jour pour composer un miel qui ne leur appartiendra pas ; c'étaient des femmes habillées d'indienne et coiffées de bonnets ou de madras à dix-neuf sous ; pauvres femmes, jolies sans le savoir, bonnes et honnêtes par habitude ; charmantes créatures prédestinées comme les fleurs des champs, et condamnées à naître et à mourir pour le plaisir du riche, dans les buissons ; et tout cela, en vérité, ces hommes et ces femmes, avaient gardé entre eux, et malgré le vin et les chansons, une admirable réserve et une retenue vraiment décente !...

L'assemblée se sépara à onze heures et demie.

« Eh bien ! me demanda le berger Némorin, qui m'avait introduit, que pensez-vous de notre société ?

— Je pense, lui dis-je, que c'est ici que l'on devrait étudier le peuple ; on le connaîtrait mieux bientôt, et ceux qui ont peur de lui finiraient par l'aimer.

— Si vous voulez, ajouta Némorin, je vous conduirai samedi prochain chez les *Infernaux*.

— Volontiers.

— Il y a parmi eux, vous le verrez, des chansonniers et des poëtes remarquables, et qui ne seraient point déplacés sur une scène plus haute.

Nous convînmes d'un rendez-vous, le berger Némorin et moi, et après avoir bu un verre de vin sur le comptoir, et allumé nos cigares, nous nous quittâmes en nous disant : « A samedi ! »

Les Infernaux tenaient alors leur *sabbat* sous les piliers des Halles, chez un marchand de vin nommé Lacube. A sept heures du soir, c'est là que je retrouvai, comme nous en étions convenus, mon ami Némorin. Nous montâmes ensemble dans la chambre destinée

Les Goguettiers, 2e type. Dessin de Gavarni.

à ses camarades les démons, et située au premier étage. C'était une fort grande salle pouvant contenir environ trois cents personnes, attablées comme le peuple s'attable, c'est-à-dire coude à coude et presque l'un sur l'autre. L'estrade des autorités de l'endroit était à droite, élevée de quelques pieds au-dessus des tables ordinaires. Cent cinquante personnes environ étaient déjà réunies quand nous entrâmes. Une demi-heure plus tard, la chambrée était complète; l'escalier tournant qui conduit dans la boutique était lui-même encombré,

Trois Goguettiers, MM. Beaumignard, Grassouillet et Maltourné. Dessin de Beaucé.

mais les chants ne commençaient pas encore. Je demandai la raison de ce retard à Némorin; il me répondit qu'on attendait *Lucifer* et son grand chambellan. En même temps il me fit remarquer que le fauteuil du président était encore vide ainsi que la chaise placée immédiatement à droite de ce fauteuil.

« Comme vous ne connaissez pas les usages de l'*enfer*, poursuivit Némorin, vous ferez ce que je ferai, et les diables, j'en suis sûr, seront fort contents de vous. Ici, ce n'est pas comme aux *Bergers de Syracuse*, où il suffit de boire, de chanter et d'applaudir. Nous avons un culte particulier dont la langue ne vous est pas connue probablement, mais je vous l'expliquerai et vous en saurez tout de suite autant que moi.

— Mon ami Némorin, vous êtes un flatteur. Mais à propos, pourquoi parlez-vous de messieurs les diables à la troisième personne et au pluriel?... Est-ce que par hasard vous seriez...

— Je suis le démon Kosby !
— Vous, le berger Némorin?...
— Moi-même, je cumule, comme vous voyez. »

En ce moment, il se fit parmi les diables un frémissement à peu près pareil à celui que le vent produit en roulant sur de grands arbres. Toutes les pipes se retirèrent pour un instant des lèvres qui les pressaient, et l'on entendit passer de bouche en bouche un nom qui semblait attendu avec impatience, le nom de *Lucifer!*...

Lucifer, en effet, venait d'arriver. Il s'assit dans son fauteuil ; son chambellan prit place à côté de lui. Deux chandelles, deux carafes pleines d'eau et quatre bouteilles pleines de vin étaient rangées en ordre au-devant du trône infernal. Les tables destinées aux démons subalternes étaient garnies de même, à peu de chose près. Au bout de quelques minutes, Lucifer se leva. C'était un petit bon diable de cinq pieds un pouce environ, replet, dodu, bien nourri, au teint vermillonné, aux yeux vifs et fins. Il portait d'ailleurs des lunettes, mais ni queue ni cornes, et je remarquai très-distinctement qu'il avait comme tout le monde des ongles aux doigts et non des griffes. Quant à ses sujets, ils ressemblaient en tout point aux bergers de Syracuse et paraissaient fort contents de leur prince et de son gouvernement. Lucifer promena sur l'assemblée un regard magnétique et quelque peu phosphorescent.

« Attention ! » me dit Némorin.

Lucifer frappa sept coups sur la table placée devant lui.

« *Les cornes à l'air !* » dit le chambellan.

C'était l'ordre de se découvrir. Quelques personnes qui avaient encore leur chapeau sur la tête s'empressèrent de l'ôter et de le placer, comme elles purent, aux clous plantés dans la muraille. Ceci fait, Lucifer daigna parler ainsi :

« Démons, démonesses, sorciers et sorcières, Lucifer vous annonce que le sabbat est commencé. Que chacun donc vide son *chaudron*, *trousse son linceul*, et batte avec moi le triple ban d'ouverture. »

A l'instant, tous les verres furent vidés à la fois, les nappes relevées devant chaque convive, et l'air : *Vive l'enfer où nous irons*, battu à tour de bras et à coups de verres sur les tables de sapin. Pas une note n'avait été faussée ; Lucifer parut en éprouver une satisfaction profonde, et Sa Majesté infernale voulut bien en féliciter les concertants, qu'elle appela dans cette occasion : « Mes chers camarades ! » Lucifer ordonna ensuite de rebaisser *les linceuls* et de remplir de nouveau *les chaudrons*.

« Baissez votre nappe et remplissez votre verre, me dit à l'oreille mon ami Némorin-Kosby ; c'est l'ordre. »

Lucifer porta alors le toast que voici :

« Aux démons et démonesses qui font la gloire de notre enfer ! aux sorciers et surtout aux aimables sorcières qui veulent bien venir *rôtir le balai* avec nous ! A l'espoir que la gaieté la plus franche ne cessera jamais d'animer notre sabbat !... »

Tout le monde était debout, la tête nue, le verre à la main et n'attendant plus qu'un mot pour exécuter la volonté de Satan.

« Videz ! » cria-t-il.

Et encore une fois les verres furent vidés. Un nouveau ban fut battu, semblable au premier, et les chants commencèrent. Dès lors, et malgré la chaleur étouffante qui pesait sur cette immense réunion de démons et de sorciers, on songea beaucoup moins à boire qu'à écouter les chansons et à en répéter les refrains. Lucifer chanta le premier ; à tout seigneur tout honneur. Sa chanson était gaie, spirituelle, bien tournée, et je n'appris pas sans étonnement que l'auteur de cette charmante production était Sa Majesté elle-même. Lorsque Lucifer eut fini, il poussa dans l'air un sifflement aigu qu'il est impossible de traduire positivement, mais qui ne ressemblerait pas trop mal peut-être au bruit que feraient, poussées en fausset et les lèvres serrées, les lettres suivantes : trrrrrrrrrrrrrrrruuuuuu !...

M. le chambellan bondit sur sa chaise, se leva d'un bloc, et s'écria avec entraînement : « A l'auteur, le chanteur, notre grand Lucifer !... Joignons les griffes ! ! ! »

Et une triple salve d'applaudissements éclata comme un tonnerre au milieu de la fumée du tabac.

M. le chambellan prit alors sur son bureau

une liste des noms recueillis dans l'assemblée, et dit :

« La parole est, en premier, au démon Zéphon ; en second, au sorcier Philibert ; en troisième, au démon Metmoth. »

« Qu'est-ce qu'un sorcier ? demandai-je à mon camarade le démon Kosby.

— C'est un visiteur, me dit-il à voix basse. On désigne également par ce nom les chansonniers qui ne sont pas affiliés à l'enfer ; Béranger est appelé le *grand sorcier*. Il n'y a du reste aucune différence réelle entre les sorciers et les démons, et ceux-ci n'ont pas plus de priviléges que ceux-là. Comme vous voyez, ce n'est pas là une association, aux termes de la loi. Eh bien ! la police nous tourmente à chaque instant. Elle arrive souvent, habillée en sergents de ville, tantôt ici, tantôt ailleurs, et s'empare de ceux d'entre nous qu'elle croit à sa convenance. On les met en prison, on les juge au bout de quatre ou cinq mois ; et, comme les affiliés ne sont presque jamais en majorité dans ces réunions, il arrive le plus souvent que ce sont de pauvres sorciers qui y venaient pour la première fois, que l'on a pris. On les acquitte, c'est vrai ; mais ils n'en ont pas moins été privés de leur liberté pendant plusieurs mois. Et tout cela, pourquoi ! Personne ne le sait.

— Vous chantez peut-être des chansons obscènes ?

— Tout le temps que l'on a chanté ces choses-là exclusivement, on nous a laissés en paix. Aujourd'hui que nous cherchons à donner à nos pensées une direction plus haute, on nous traque, on nous persécute, et on laisse faire les voleurs.

— Mais que chantez-vous donc, maintenant ?

— Écoutez le démon Zéphon, me dit Kosby ; vous comprendrez peut-être ce qui pour nous est encore une énigme, les incessantes tracasseries auxquelles nous sommes en butte. »

Zéphon était debout, la figure calme, inspirée et pénétrée profondément des paroles qu'il répétait. C'était une chanson contre l'institution du bourreau, et dont nous avons remarqué surtout le couplet suivant :

Ce criminel, hélas ! avant de l'être,
De sa raison déjà portait le deuil,

On lui devait une loge à Bicêtre :
Clamart reçut ses débris sans cercueil.
Détruire un fou n'est plus qu'un acte infâme
Quand du délire on guérit le cerveau.
Changeons le juge en médecin de l'âme :
L'humanité crie : A bas le bourreau !

« Certes, ce sont là de belles paroles et de belles pensées ; c'est l'opinion de tous les gens honnêtes et d'esprit supérieur, c'est l'aspiration continuelle de toute sympathie vraiment humaine. — Qu'est-ce que la police a donc vu dans ces nobles idées ? — La police n'a pas cherché à voir ; mais il faut un bourreau à la police pour tuer ses sergents de La Rochelle, et la police ne veut pas que l'on crie : *à bas le bourreau !* — Voilà ! »

Lorsque Zéphon eut fini, des applaudissements énergiques partirent à la fois de toutes les mains, et recommencèrent avec plus de force encore au nom de l'auteur de ces graves strophes, un ancien démon, et maintenant le sorcier Alphonse Bésancenez.

Le sabbat dura jusqu'à minuit. Eh bien ! pendant cette longue soirée, on n'entendit, à quelques rares exceptions près, que des chants remplis de hautes pensées et de moralités sévères. Là, comme aux Bergers de Syracuse, il n'y eut pas le moindre tumulte, pas le plus petit désordre ; il n'y en a jamais. Les chansons décentes avaient été applaudies avec chaleur, les autres ne l'avaient pas été. On eût dit que c'était pour s'instruire et non pour se distraire que tous ces braves ouvriers s'étaient réunis.

Dans le courant de l'année 1839, la *chaudière* des Piliers des Halles, ne pouvant plus contenir les nombreux membres du *sabbat*, fut abandonnée. On se réunit, dès ce moment, rue de la Grande-Truanderie, chez un autre marchand de vin. Mais déjà, les démons et les sorciers n'étaient plus seulement des ouvriers ; à ceux-ci s'étaient joints des étudiants en droit, en médecine ; chaque jour les réunions des goguettiers Infernaux devenaient plus considérables par le nombre et par le savoir ; la police alors a eu tout à fait peur. Un jugement du tribunal correctionnel de Paris, rendu au mois d'avril 1840, a aboli l'*Enfer*, et condamné deux ou trois démons qui étaient là, aux frais du procès et à la prison. A la vérité, les mêmes juges tolèrent les bals Chicard. *O tempora! o mores!*

Les goguettiers ne ressemblent guère, il faut bien en convenir, à messieurs les membres du Caveau, et la pairie, probablement, ne s'ouvrira jamais pour eux, ni l'Institut, ni la Chambre des députés; ceux-ci *faisaient jabot* et portaient le frac, les goguettiers lavent quelquefois leur chemise bleue, et ils n'ont qu'une blouse ou une redingote; les membres du Caveau *sablaient* le champagne frappé, les goguettiers boivent du vin à douze sous le litre, et Dieu sait quel vin!... on en fait tant à Paris où il n'y a pas de vignes. Eh bien! les goguettiers ne se plaignent pas; ils ne sont ni jaloux, ni envieux; ils chantent quand ils sont ensemble, et pour eux c'est assez de bonheur.

Chantez donc, bons goguettiers, pour vous aider à vivre, pour ne pas trouver trop mauvais le vin que l'on fait pour vous, trop cher le pain que vous achetez, trop rude votre rude travail. Chantez, ô mes frères, vous qui êtes sans joie aujourd'hui, mais qui souriez à tous les lendemains, et voyez tous les lendemains vous sourire. Les chants ressemblent aux prières; ils ne peuvent jaillir que d'une pure conscience, et à travers tous les autres bruits du monde ils montent au ciel.

L.-A. BERTHAUD.

Le Toast à la Vendange. Tableau de L. Gros-Claude (Musée du Luxembourg). Dessin de G. Janet.

LE PROVENÇAL

Par Taxile Delord

ILLUSTRATIONS DE LOUBON, U. PARENT, DE LA CHARLERIE H. CATENACCI, LAURENS ET DELAISTRE

A Méry, à l'un des hommes qui honorent le plus, et qui aiment le mieux la Provence.
Son ami. T. D.

Depuis l'invention révolutionnaire des départements, la Provence commence avec le département de Vaucluse. L'arc de triomphe élevé, dit-on, par Marius vainqueur aux portes d'Orange sert d'entrée à ce beau pays. On y pénètre par une voûte de pierre, on en sort par une voûte d'orangers. L'amandier, l'olivier, le pin, l'arbre qui fleurit le premier, et ceux qui gardent les derniers leur feuillage, révèlent la Provence au poëte; les monuments glorieux épars sur son sol la signalent à l'historien; le caractère particulier de ses habitants en fait une contrée précieuse pour l'observateur et le philosophe. De quelque côté que vous jetiez les yeux, vous marchez sur un terrain classique. Rome, la Grèce, le moyen âge, tout ce qui fut grand sous le soleil, a laissé l'empreinte de ses pas sur cette terre privilégiée. Le Rhône, la Durance, le Var, et mille autres rivières profondes fertilisent ses campagnes, une race d'hommes forts habite ses villes, et la Méditerranée ouvre la route du monde à ses enfants.

Traversons rapidement Orange : c'est une ville qui n'a qu'une rue et des ruines. Laissons de côté Carpentras, la cité rivale de Brives-la-Gaillarde, de Quimper-Corentin et de Pézénas, dans les moqueries populaires. Le Provençal nous attend à Avignon; c'est là que nous commencerons à reconnaître les traits principaux de sa physionomie morale, à débrouiller les mille contrastes de son caractère, et les mille inconsé-

Marchande de figues. Dessin de Loubon.

quences de ses passions. Ouvrons nos yeux et nos oreilles, et tâchons d'oublier le Français.

Avignon est une ville étrange qui a conservé presque dans toute son intégrité l'aspect qu'elle avait au moyen âge; ses remparts traditionnels semblent n'exister encore que pour la protéger contre un coup de main de la civilisation moderne; dans ses rues tortueuses on aperçoit à chaque pas des madones qui se dressent chargées d'*ex-voto* à l'angle des maisons; de sombres hôtels féodaux ouvrent de temps en temps leurs portes massives pour livrer passage à la lourde calèche de quelque noble morose; car, depuis la révolution de juillet, la noblesse boude à Avignon comme partout. Au milieu des quartiers que n'anime pas encore l'industrie, l'herbe croît sur le pavé désert, et le silence n'est troublé que par le bruit lugubre de la clochette qu'un enfant agite devant le prêtre qui va porter le viatique à un mourant. Quand le funèbre cortége passe, tout le monde se met à genoux; malheur à l'étranger, à l'incrédule, au Parisien qui garderait son chapeau sur la tête: de sombres prunelles fixées sur lui l'avertiraient qu'il est en Espagne ou en Italie, et, s'il ne se hâtait d'obéir à ces avertissements muets, l'effet ne tarderait peut-être pas à suivre la menace. Le regard n'est frappé de tous côtés que par des images religieuses; quand ce n'est pas une madone qui vous arrête, c'est le viatique qui passe; quand le viatique a passé, c'est un homme revêtu d'une cagoule, un pénitent noir qui marche devant vous, et frappe à toutes les portes demandant l'aumône pour les pauvres prisonniers. Les jours de fête, c'est un carillon à assourdir tous les paradis possibles. Avignon est la ville des cloches par excellence; il y en a de toutes les formes, de toutes les dimensions, de tous les métaux; au bruit qu'elles font, on s'aperçoit aisément qu'on est dans la vieille capitale des papes et des anti-papes. Une chose digne de remarque, c'est qu'à Avignon on ne rencontre point de prêtre gras: le curé fleuri et ventripotent du centre de la France y est remplacé par un vicaire à la soutane râpée, au teint cuivré, aux yeux caves, à la démarche rectangulaire; on dirait un spectre de Claude Frollo. Au milieu de cette cité fantastique et monacale, nous concevons les terreurs de ce voyageur qui, conduit chez le maire pour montrer ses papiers dont on soupçonnait l'exactitude, demandait avec anxiété aux gendarmes si on allait le plonger dans les cachots de la sainte inquisition.

Il y a cependant une autre partie de la ville dans laquelle on semble vivre sous l'empire d'autres préoccupations. Ce sont partout des cafés, des hôtels, de fraîches boutiques, en un mot la gaieté et le mouvement de la civilisation. Des ciceroni en guenilles offriront de vous guider vers la maison de Laure, d'autres vous poursuivront en vous montrant le calessino poudreux qui doit vous conduire à peu de frais à la fontaine de Vaucluse, dont les échos redisent encore les sonnets de Pétrarque; dans quelque auberge que vous descendiez, on vous proposera de coucher, moyennant une légère augmentation, dans la chambre où le maréchal Brune fut assassiné. Ici les rues, plus larges, plus aérées, sont habitées par de riches négociants; car, depuis quelques années, un caprice ministériel a fait d'Avignon une des cités les plus commerçantes du royaume. Avignon a retrouvé le secret de la pourpre de Tyr; c'est elle qui teint les trois cent mille pantalons qui composent notre armée; la garance lui a sauvé la vie. Cette graine précieuse, c'est à un Persan qu'elle la doit. On est sûr de rencontrer un Persan partout où il s'agit d'une fleur. Ce sage oriental, ce bienfaiteur d'Avignon, vivait tranquillement au milieu de ses rosiers, de ses jasmins, de ses lilas, dont il comprenait le mystérieux langage, lorsqu'à la suite d'une révolution politique, il fut vendu comme esclave à des marchands d'Anatolie. Ses connaissances en horticulture le rendirent précieux à son maître, qui le plaça à la tête de ses plantations de garance. Les Turcs connaissaient les propriétés de cette plante, et ils tenaient tant à s'assurer les bénéfices qu'elle pouvait donner,

L'Arlésienne. Dessin de Loubon.

que la peine de mort était prononcée contre celui qui en exporterait la graine à l'étranger. Courbé sur son travail de chaque jour, l'esclave persan songeait à la liberté et à la fortune. Enfin le destin lui fut favorable; il put quitter l'Anatolie emportant un paquet de la graine précieuse, et il arriva en France à peu près au moment où Parmentier venait d'inventer la pomme de terre. Le monocotylédone et le tubercule débutèrent à la fois; mais la pomme de terre, plus heureuse, vainquit facilement les premiers obstacles, tandis que la garance mourut de misère à Avignon, où elle s'était réfugiée. Aujourd'hui cependant l'injustice du sort a été réparée; on a élevé un monument à la mémoire du Triptolème rouge : il s'appelait Alten, il était né dans le Farsistan, il avait passé quinze années de sa vie en esclavage, et le reste dans le plus pro-

Château de Cavaillon (château de Pétrarque). Dessin de Laurens.

fond dénûment. Son monument consiste en quatre blocs de marbre, une statue, et une inscription en français d'Avignon.

Comme la ville qu'il habite, le caractère du Provençal avignonnais peut donc se diviser en deux parts bien distinctes : l'une appartient à l'industrie, aux instincts de la civilisation envisagée au point de vue des diverses opinions politiques; l'autre, et c'est peut-être la partie la plus curieuse, représente l'influence du passé géographique et historique. Du reste, cette grande division morale, qui n'est autre chose que la lutte entre le présent et le passé, nous la retrouverons à chaque pas, sous mille formes, dans toute la Provence.

Lorsque, du haut de la plate-forme qui couronne Notre-Dame-des-Doms, vieille église qui renferme les tombeaux de plusieurs pontifes, et celui du brave Crillon, on jette un coup d'œil sur les tours du palais des papes, que les efforts du temps et l'âcre mistral réunis n'ont pu entamer, on comprend comment il se fait que le catholicisme étende encore sur Avignon son influence incontestée. Il y a dans cette ville une bourgeoisie nombreuse composée de familles qui n'ont pas voulu jouer leur modique patrimoine dans les hasards de l'industrie, et qui, vivant dans l'inaction, ont cependant besoin de satisfaire l'activité de l'imagination méridionale. Ceux-là trouvent une occupation nécessaire dans les pratiques du culte. L'arrivée d'un prédicateur, l'intronisation d'un nouveau curé, la découverte d'une relique dans un village, sont pour eux des distractions, un texte sans cesse renaissant de conversations et d'hypothèses. Les enfants prennent au milieu de ces préoccupations de leurs parents des habitudes que la poésie de la jeunesse exagère quelquefois, mais que l'âge mûr ne parvient jamais à déraciner complétement. C'est ainsi que les traditions religieuses subsistent et se perpétuent au sein de cette bourgeoisie dont les mœurs sont du reste fort douces. D'un autre côté, le catholicisme, en vieillissant, a fini par fermenter au cœur de cette population; il s'est formé, et cela ne pouvait pas être autrement, un noyau d'exaltés, de mystiques, auxquels le christianisme réel n'a plus suffi, et qui sont allés chercher par delà les sphères connues un aliment à leur foi. Ce mysticisme profond date des premières années de la révolution. A cette époque un comte polonais vint dans le Midi, consolant les fidèles au nom de la vierge Marie, et leur promettant que la persécution ne serait pas de longue durée. Le Messie des bords de la Vistule était jeune, beau, éloquent, il parlait ce langage passionné propre aux mystiques. Son succès fut immense auprès des femmes; de toutes parts les offrandes affluaient autour de lui, car ce Polonais procédait déjà par voie de souscription; il parlait de la mission providentielle qui lui était réservée, et sans savoir en quoi elle consistait, on se dépouillait pour l'aider dans son entreprise. Un beau jour le comte divin partit, et l'on n'a plus eu de ses nouvelles. Ceux qui autrefois crurent en lui, attendent et comptent encore sur son retour.

Pour ce qui concerne plus spécialement le peuple, les confréries de pénitents, les congrégations de tous les genres, et le confessionnal, sont pour lui ce que l'habitude est à la bourgeoisie; dans le Midi tout le monde est pénitent, comme tout le monde est franc-maçon dans le Nord; il y a des rivalités de confréries, comme il y a des rivalités de compagnonnage: quelquefois les pénitents noirs en viennent aux mains avec les pénitents bleus, ou les blancs avec les gris, et toujours pour une question de préséance dans quelque procession. Il est rare que des injures on ne passe pas aux coups, alors tout devient une arme, et celui qui porte la croix s'en sert pour assommer son adversaire. Voilà comment on comprend la dévotion dans le Midi; elle est plus dans la tête que dans le cœur, et l'on sait ce que valent les têtes méridionales quand un motif extérieur vient surexciter l'exaltation qui leur est naturelle. On a eu tort de rejeter exclusivement sur le fanatisme la responsabilité des crimes commis à chaque réaction politique; si les Avignonnais ont été plus avant que tous les autres dans cette voie sanglante, il ne faut point perdre de vue qu'avant la révolution Avignon était un lieu d'asile, que tous les voleurs, les escrocs, les meurtriers de la France et de l'Italie venaient s'y réfugier, et que la populace de 93 et de 1815 subissait à son insu l'influence de sa terrible origine.

Si maintenant de la populace nous passons à l'ouvrier, nous le trouverons à Avignon comme partout très-attaché aux pratiques du culte, et cependant très-corrompu. Le journalier de Birmingham, qui tolère la prostitution de sa fille, ne consentira jamais à travailler le dimanche; le canut de Lyon, toujours prêt à faire le coup de fusil, va les jours de fête en famille porter un *ex-voto* à Notre-Dame de Fourvières; le teinturier d'Avignon quittera son sac de pénitent pour danser à la guinguette, ou pour siffler au parterre une Dugazon qui ne lui convient pas. Chez les femmes du peuple la dévotion est un charme de plus, elle remplace presque l'éducation. Voyez en effet cette jeune taffetatière qui passe à votre côté sur la place Pie; pendant toute la semaine elle fait aller la navette, personne ne lui a appris à lire, elle ne sait rien au monde de ce que connaissent les grisettes de Paris, qui ont pour se former les romans de Paul de Kock, les lettres de leurs amants des écoles, et les bals de la Renaissance ; heureusement cette taffetatière fait partie de la congrégation du Sacré-Cœur ; il y a dans cette congrégation des demoiselles fort bien élevées dont elle entend les conversations ; le directeur, qui veut que son troupeau fasse bonne contenance à la procession prochaine, lui apprend comment on porte son bonnet convenablement, comment il faut se tenir droite avec grâce, et surtout comment on doit délicatement garder son œil baissé vers la terre ; que de fois cette dernière partie du catéchisme lui servira dans les circonstances difficiles de sa vie aventureuse. Cette coquetterie de la dévotion apprise dans les coulisses de la sacristie, la jeune fille l'apportera dans les *trains*[1], à la promenade, dans le tête à tête, et voilà une grisette charmante qui n'aurait jamais existé sans le Sacré-Cœur de Jésus.

La taffetatière et la taveleuse forment la classe des grisettes avignonnaises : l'une, comme son nom l'indique, fabrique le taffetas, un des principaux produits de l'industrie locale ; l'autre dévide l'écheveau autour des moulins à soie. Ce sont des jeunes filles à l'œil noir, au corsage délié, au pied fin, comme Paris n'en produit guère. La grisette d'Avignon ne pâlit que devant la grisette de Marseille, laquelle n'a de rivales qu'à Madrid. Quand la fabrique va, taffetatières et taveleuses sont assidues à l'ouvrage, et constantes avec leurs amants ; mais, dès que la crise commerciale arrive, cette fatale crise si terrible et si fréquente, elles quittent le métier ou le moulin, et deviennent plus tolérantes ; le chiffre de leurs bons amis atteint souvent une limite exagérée. L'industrie est morte, il leur reste l'amour, cette autre industrie immortelle.

L'ouvrier avignonnais ressemble à tous les autres ouvriers, avec cette seule différence qu'il est pénitent bleu. Le bourgeois affectionne plus spécialement la cagoule blanche ; il ressemble également à tous les autres bourgeois, quelquefois seulement il croit au retour prochain de Henri V, et porte, en guise de chaîne de sûreté, un cordon vert et blanc. Les négociants ressemblent encore plus à tous les autres négociants. Quant à la jeunesse, elle a ses types qui lui sont communs avec toute la province : le lion, le tyran de café, l'amant de la première chanteuse, l'agitateur démocrate, le journaliste local, et le poëte chrétien. Avignon possède aussi des invalides ; mais ils ont beau monter la garde avec une pique, ils ont beau être manchots, culs-de-jatte, et tirer des coups de canon les jours d'anniversaire, ils n'ont pas l'air de véritables invalides : cela tient sans doute à ce que l'hôtel qu'ils habitent n'a pas été bâti par Louis XIV. Avignon possède une classe d'individus que l'on s'est plu à calomnier jusqu'ici, et à laquelle il est temps qu'on rende justice ; nous voulons parler des portefaix du Rhône. On les a dépeints comme des sauvages se jetant sur les voyageurs à la sortie des paquebots, tandis qu'en réalité ce sont d'honnêtes lazzaroni qui attendent votre arrivée, tranquillement couchés au soleil, qui ne demanderaient pas mieux que de se contenter de quelques baïoques, et de vous appeler excellence en portant votre bagage, si vous ne cherchiez pas à vous moquer d'eux parce que le mistral souffle, et qu'ils disent : *Tron de Diou!* Un type charmant aussi, c'est l'imprimeur qui n'a jamais eu qu'une seule fonte dans ses casses, et qui passe sa vie à composer avec des têtes de clous des livres de messe, et les œuvres complètes de son compatriote le marquis de Sade. Le château de l'auteur de *Justine* est situé à un quart de lieue de la fontaine de Vaucluse. Pétrarque et le marquis de Sade, quel rapprochement ! Laure, Crillon et le marquis de Sade, voilà les trois plus grandes illustrations d'Avignon, et chacune d'elles résume un côté du caractère de ses habitants : l'une en

---

[1] Fête patronale d'un village.

représente le mysticisme ; l'autre, la bravoure ; le dernier, la corruption galante. La science est aujourd'hui représentée à Avignon par M. Requien ; le journalisme, par M. de Pontmartin. M. Adolphe Dumas, auteur déjà célèbre du *Camp des Croisés*, est né à quelques lieues de cette ville.

Malgré sa population de jolies femmes, malgré ses fabriques, malgré le passage fréquent de toutes les diligences du Midi, Avignon est une ville triste. On sent qu'elle a été sur le point de ravir à Rome sa suprématie religieuse, et qu'elle éprouve encore de nos jours le regret de n'avoir pas réussi. Avignon a toute la mélancolie de l'ambition foudroyée ; ses églises, ses promenades, ses rues même, ont l'air d'être encore dans l'attente d'un grand événement qui doit peupler leur solitude. Avignon soupire après un pape. Pour trouver un peu de gaîté, il faut parcourir les environs. Sur les rives du Rhône et de la Durance, s'étalent des prés humides, de vastes moissons, de riches vergers ; à l'horizon se dresse la cime bleuâtre du mont Ventoux, le géant provençal, et les mille petites rivières qui sortent de ses flancs, se perdent en une foule de méandres qui vont porter la fécondité au sein de ces campagnes. Une population pleine de force et de beauté arrose de ses sueurs ce sol intelligent et fécond, qui les lui rend en richesses. Le dimanche, tous ces villages, cachés derrière des bois de saules, chantent leurs sérénades les plus joyeuses, dansent leurs plus charmantes farandoles. Des couples amoureux se glissent entre les peupliers. Le rossignol soupire, le tambourin retentit, les cœurs chantent leur hymne intérieur à la beauté, et le lendemain tous ces jeunes gens, tous ces vieillards, toutes ces jeunes filles, après avoir écouté la bénédiction du matin, recommencent le cours d'une vie qui peut se résumer dans ces trois mots : Dieu, le travail, l'amour !

Arc de triomphe d'Orange.
Dessin de Loubon.

Cloître de Sainte-Trophime, à Arles.
Dessin de Loubon.

Si vous y consentez, nous n'irons pas à Vaucluse où il n'y a plus qu'une auberge où l'on vous sert des sonnets en guise de truites ; passons le pont d'Avignon, si célèbre dans les chansons populaires. Arrêtons-nous un moment à Apt dont le nom trahit les préoccupations culinaires de ses habitants ; ce nom n'est pas en effet autre chose qu'une dérivation *d'appetere*, au parfait *appetit*, qui, à la longue, sera devenu *apt* par contraction ; on trouve même ce mot écrit de la manière suivante dans une vieille chronique : *apt*. Les citoyens de cette sous-préfecture ne songent qu'à justifier cette appétissante étymologie. Tout le monde est confiseur à Apt, cuisinier, ou marchand de truffes; ceux qui ne professent pas l'un de ces trois métiers, fabriquent des pots pour mettre ces confitures, des marmites pour préparer ces ragoûts, et jusqu'à des terrines pour les oies du Capitole toulousain qui sauvent tous les jours la ville. Apt, renfermé entre des collines, est le chaudron à confitures de la France. Tous les Aptésiens sont gastronomes, et savent Brillat-Savarin par cœur; les suicides de cuisiniers y sont très-fréquents quand la marée vient à manquer. Du reste, les préoccupations gastronomiques ne règnent pas seules à Apt; la gastronomie est sœur de la poésie, Comus est le fils d'Apollon, quoique ce ne soit pas M. Scribe qui le chante, et sans parler de l'abbé Aude, l'inventeur de *Cadet*

Pierre Puget. Dessin de L. Delaistre.

Roussel et de *Madame Ango*, Apt renferme deux frères poëtes, MM. Fortuné et Elzear Pin, auteur d'un livre intitulé *poëmes et sonnets*, qui tous les deux ont fait remarquer leur trop courte collaboration dans la presse parisienne.

Après Apt, nous nous contenterons de citer Lourmarin, Cabrière et Merendol, la provence vaudoise; Cavaillon, célèbre par ses melons; nous laisserons Pertuis se débattre contre la Durance, et construire des ponts qu'elle emporte chaque année. Arles nous attend; profitons du bateau à vapeur, dans quelques heures nous nous promènerons sous les arceaux de Sainte-Trophime, et nous escaladerons les gradins de ces arènes qui forment le colysée de Rome provençale.

Le Rhône a beau prendre sa source en Suisse, c'est, avant tout, un fleuve provençal; voyez-le traverser rapidement le Leman sans daigner mêler ses nobles vagues aux ondes protestantes et roturières du lac genevois; écoutez-le mugir sous les ponts de Lyon, d'où il s'élance pour franchir d'un bond la distance qui le sépare du lit nuptial. La Méditerranée l'attend, c'est la fiancée qui le réclame; à quelques lieues d'Arles son hymen doit s'accomplir; ses rives deviennent tout à coup si riantes, si fertiles, si fleuries, qu'on dirait qu'elles ont retenu quelque chose des désirs du fleuve pour se féconder. Ancien municipe romain, puis, capitale d'un royaume, Arles n'est aujourd'hui qu'une modeste sous-préfecture qui n'a plus que des ruines et la beauté de ses femmes pour la protéger. Arles n'a pas d'industrie, c'est à peine si de temps en temps quelques étrangers viennent visiter ses magnifiques arènes, et les derniers débris du cloître de Sainte-Trophime. La Vénus d'Arles revit dans chacune de ses compatriotes; à les voir, avec leur taille élevée, leur port majestueux, leurs traits caractérisés, on dirait des bas-reliefs qui marchent. Leur costume est excessivement pittoresque : un corsage à la taille très-haute et aux manches étroites; des jupons courts, des bas de couleur; des souliers de satin avec une boucle, voilà pour le vêtement; la coiffure est encore plus singulière : un réseau de mousseline assez élevé retient leur chevelure; de larges rubans, taillés comme des bandelettes, assujettissent avec d'énormes épingles d'or cette coiffe autour du front; des boucles d'oreilles qui décrivent un grand cercle d'or pendent sur leur col; c'est ainsi qu'on nous représente l'antique Isis des bas-reliefs d'Égine. L'Arlésienne joue en Provence le rôle que les femmes de Milet remplissaient en Grèce et à Rome; ce sont les plus belles et les plus nombreuses courtisanes du Midi. Les Arlésiens sont mariniers ou agriculteurs, ils luttent contre le Rhône, ou contre les chevaux indomptés et les taureaux de la Camargue, *Caii Marii ager*, pour ceux qui aiment les étymologies. Le Rhône, à son embouchure, décrit les méandres les plus capricieux; comme le Nil il a voulu avoir son Delta, et agrandissant de ses alluvions une espèce de promontoire qui s'avançait au milieu de ses flots, il a créé la Carmague. Ce pays fertile et malsain peut donner une idée des marais Pontins : ce sont les mêmes pâtres fiévreux, les mêmes physionomies mélancoliques, les mêmes occupations sauvages; la vie se passe à lutter contre des taureaux et à dompter des cavales. Ces marécages profonds, ces interminables plaines d'herbes élevées, ces pampas de la Provence, ne sont pas habitées. L'homme ne bâtit qu'une demeure provisoire au milieu de cette contrée malfaisante : il ne fait qu'y camper. Lorsque le temps des moissons est arrivé, d'innombrables bandes de travailleurs se répandent dans toute la campagne; les épis tombent, les gerbes s'entassent, tout le monde lutte d'activité, on veut avoir fini avant que le mauvais air n'ait lancé ses courants fiévreux sur la campagne. Mais quand les moissonneurs sont partis, les glaneuses restent; elles élèvent leurs tentes au milieu des sillons vides, et leur journée s'écoule à chercher l'épi oublié par la faucille avare. Souvent la maladie les emporte au milieu de cet ingrat labeur; alors leurs compagnes, les autres prolétaires des champs, jettent sur leur tombe des fleurs qui semblent comme elles minées par la fièvre. Chaque été la mort fait sa moisson parmi nos pauvres glaneuses. Ne faut-il pas que la Provence paie aussi sa dîme de jeunes filles au minotaure de la pauvreté! A côté de la Carmague s'étend la Crau, plaine inculte, vaste désert de cailloux où se reproduit quelquefois le brillant phénomène du mirage. C'est à l'extrémité de cette plaine que débarqua la blonde Madeleine, à laquelle ces landes désertes parurent trop belles encore pour sa pénitence, et qui s'en fut expier ses erreurs au milieu des rochers solitaires qui renferment la Sainte-Baume. Une population de pasteurs habite ces régions pierreuses; l'hiver, ils font paître à leurs troupeaux une petite plante qui croît sous les cailloux de la plaine; lorsque le soleil du printemps commence à dessécher le mince brin d'herbe, la tribu nomade lève ses tentes, rassemble ses troupeaux et va chercher

La Marseillaise. Dessin de Loubon.

sur les versants des Alpes un gazon que le vent de la mer ne brûle pas. Ces Arabes provençaux s'appellent *Escabouets*. Ils traversent la Provence en longues caravanes : les ânes marchent en tête portant les bagages ; devant le troupeau chemine un bouc majestueux, que le menu bétail suit avec une docilité exemplaire. D'ailleurs, pour plus de sûreté, des chiens vigoureux maintiennent le bon ordre sur les flancs, et compriment toutes les ten-

Vue de l'entrée du port de Marseille. Dessin de Loubon.

tations de maraudage. La famille de l'Escabouet, sa femme, ses enfants, sa servante forment l'arrière-garde, montés aussi sur des ânes. La caravane traverse ainsi toute la haute Provence, Manosque, Digne, Embrun, Sisteron où s'arrêtèrent les débris des Cimbres poursuivis par Marius (*sisterunt*), puis ils vont se perdre dans les montagnes jusqu'à ce que les premières neiges les ramènent de nouveau dans la plaine.

Après Arles, il faut citer Tarascon, où l'instinct républicain est fortement enraciné dans

Vue de la Camargue. Dessin de Loubon.

tous les cœurs ; Orgon, où l'empereur fut si mal accueilli en 1814 ; Saint-Rémy, le *Bedlam* de la Provence ; Lambesc, Saint-Cannat, qui ne sont que des relais. Il ne tiendrait qu'à nous d'arriver tout de suite à Aix, mais nous aimons mieux faire un léger crochet et manger une *bouillabaisse*[1] aux Martigues, charmante ville dont les rues sont des canaux, comme celles de Venise. Le Martegallais est le souffre-douleur de la Provence entière ; le héros de toute les mystifications populaires est toujours un Martegallais. C'est le niais du vaudeville provençal ; il est pour Avignon, pour Aix, pour Marseille, ce que l'habitant de Pontoise est pour Paris. Cette réputation de bêtise, le Martegallais ne la mérite pas ; les loustics du

[1] Soupe au poisson fort en vogue sur toutes les côtes de la Provence.

Midi devraient songer à prendre un autre point de mire. Nous demandons qu'on n'attente plus à l'honneur des Martigues, et qu'on les remplace dorénavant par Cucurron, absurde village qui fait semblant d'exister au pied de la chaîne de Sainte-Victoire, célèbre par la défaite des Cimbres et des Teutons. Après la bataille, les barbares vaincus prirent la fuite et les Romains les poursuivirent en s'écriant : « *Cucurrunt! Cucurrunt!* » jusqu'au hameau en question. De là l'étymologie de Cucurron. Il nous semble qu'on ne saurait trop se moquer d'un village appelé *Ils courent*.

L'air qu'on respire à quelques lieues de là n'est pas très-sain ; la fumée des fabriques de produits chimiques, les exhalaisons des salines, des marais, des étangs, où les macreuses seules ne prennent pas la fièvre, la pesanteur de l'air, nous engagent à reprendre la route d'Aix. Quel silence dans ses rues, quel calme dans la cour des grands hôtels féodaux! voilà donc la ville de Réné, la ville des troubadours et des illustres présidents à mortier! Aix qui pensait si bien du temps de Vauvenargues, qui était si éloquente du temps de Mirabeau ; Aix qui a travaillé au Code civil avec MM. Portalis et Siméon ; Aix qui a fait la révolution de 1830, par MM. Thiers et Mignet, ressemble à une nécropole. Les jeunes gens ont tous abandonné cette sous-préfecture ; on n'y voit plus que des vieillards, des avocats et des plaideurs de quarante ans ; on se promène quelquefois pendant des journées entières sans rencontrer un seul enfant ; on ne naît pas à Aix, on ne fait plus qu'y mourir. On dirait que cette ville est peuplée par des ombres ; les visages y sont tristes ; les plaisirs, lugubres ; les habitants ressemblent à des trappistes. Aix, il faut mourir.

La position géographique de la ville d'Aix et ses vicissitudes ne sont point sans influence sur les mœurs actuelles de ses habitants. Perdue à l'une des extrémités de la France, on aperçoit, du haut de ses clochers, les collines au pied desquelles Marius arrêta les premiers flots de l'invasion barbare. Les Cimbres et les Teutons désaltérèrent leurs cavales dans cette petite rivière de l'Arc qui commence aux dernières limites de l'octroi. L'hiver, lorsque le roi Réné, fatigué de peindre des perdrix grises, venait réchauffer sa vieillesse insoucieuse aux tièdes rayons du soleil provençal, il promenait son royal lazzaronisme sur ce cours où l'on voit maintenant se dresser sa statue. Le Pierre Gringoire de la royauté, le père de tous les flâneurs modernes, venait oublier les intrigues de Louis XI et les malheurs de sa fille Marguerite, la rose d'York, en devisant avec les bourgeois de sa capitale. Aujourd'hui encore, le cours d'Aix est un répertoire vivant de tous ces souvenirs : de chaque côté s'élèvent les magnifiques hôtels des membres de l'ancien parlement de Provence ; au milieu, coule la fontaine thermale qui guérit la sciatique aiguë de Sextius, lieutenant de César et fondateur d'Aix. Toutes les imaginations trouvent dans cette modeste sous-préfecture des aliments à leurs rêves, à leurs regrets, à leurs sympathies ; les traditions de la féodalité, des parlements, de la révolution, s'y heurtent à chaque instant. Aix vit plus dans le passé que dans le présent. On dirait que ce sol vieillit tout ce qu'il porte : les églises, les maisons, les rues, tout exhale un vénérable parfum d'antiquité ; il n'y a pas jusqu'à cette petite maison du faubourg ombragée d'une treille à l'italienne, dans laquelle M. Thiers préludait par des éloges académiques à l'histoire de la révolution, qui n'ait pris elle aussi déjà l'aspect d'un monument.

Aix, en ce moment, est une ville qui se survit à elle-même. Ses eaux thermales, si célèbres du temps de César, reçoivent à peine trente visiteurs dans l'année : ce sont, pour la plupart, des courtiers marrons de Marseille qui se guérissent d'un rhumatisme, s'ils ne meurent pas d'ennui. Les voyageurs qui vont en Italie ne s'y arrêtent que pour changer de chevaux ; quelquefois seulement un Anglais loue un appartement sur le cours, pour s'y brûler la cervelle. Sans l'école de droit, la cour royale et les diligences, les habitants d'Aix mourraient de faim. La patrie de Mirabeau et de M. Thiers n'est plus qu'une étude d'avoué, une pension bourgeoise, une cour de messageries.

L'école de droit d'Aix est la seule en France qui proteste de toutes ses forces contre les empiétements de la mode bourgeoise. L'étudiant d'Aix ne ressemble à aucun autre étudiant ; il a conservé une physionomie dont la forte empreinte ressort encore davantage au milieu de la décadence générale. Les uns sont féodaux et galants comme au temps des cours d'amour ; les autres sont révolutionnaires comme on l'était à l'élection de Mirabeau ; placés au centre d'une population catholique et fervente dans sa foi, plusieurs ont adopté les dogmes néo-chrétiens et croient à la résurrection de M. Gustave Drouineau ; beaucoup sont paresseux, éclectiques et artistes comme le roi Réné ; ceux-là fument, jouent au billard, boivent de la bière, et sont reçus avocats à trente-cinq ans. Outre ces diverses fractions, on compte toujours parmi les étudiants deux fouriéristes qui veulent établir un phalanstère à la Sainte-Baume, un saint-simonien, et trois fils de receveurs qui sont de l'école gouvernementale.

La Corse et les colonies envoient chaque année une vingtaine d'étudiants à Aix. Les Corses sont tous descendants de Paoli, ou cousins de Napoléon ; ils sont sans cesse en *vendetta* avec les Institutes, et menacent le Code civil d'un coup de poignard. Les Créoles sont plus inoffensifs ; ils passent leur journée couchés dans des hamacs, et ne sortent que le soir, en veste blanche, en chapeau de paille, en pantalon rayé, comme dans *Paul et Virginie*.

Ces nuances, ces nationalités, ces opinions ne sont jamais confondues ; les étudiants aristocrates ne vivent qu'entre eux ; ils s'oc-

Pénitent gris. Dessin de Loubon.

cupent de recherches sur les anciens troubadours, ils se piquent d'une certaine érudition héraldique, lisent la Gaule poétique, et se cotisent pour donner un bal masqué dans lequel on n'est admis qu'en costume historique. Les néo-chrétiens sont toujours solitaires comme la douleur ; ils aiment après de longues promenades à se reposer au pied de la croix du grand chemin, ils fuient l'estaminet, élèvent un chien caniche, et ne se couchent jamais sans avoir chanté un hymne en l'honneur de l'Éternel. Les Corses passent leur vie à ne pas trouver des témoins pour se battre. Quant aux fouriéristes, ils travaillent à convertir les éclectiques qui meurent dans l'impénitence finale du petit verre et de la demi-tasse. A l'école d'Aix, comme partout, les éclectiques dominent ; renforcé par trois ou quatre de ces étudiants faisandés qui, après avoir joui de Flicoteaux, épuisé la Chaumière, et abusé de toutes les joies de ce monde, vont achever leur droit en province, où la prudence d'un oncle les exile, l'éclectisme absorbe l'université entière. Les éclectiques font battre les Corses, mangent les ananas que les mères de la Pointe-à-Pitre envoient à leurs fils éloignés ; ils parodient les vers des néo-chrétiens, et se rendent au bal des aristocrates déguisés en Robert-Macaire, sous prétexte que ce costume est aussi historique que celui de Jean-sans-Terre, ou de Juvénal des Ursins. L'éclectisme fait du bruit, il boit, il joue pour tout le monde. C'est de son sein qu'est sorti ce type si extraordinaire, si fantastique qu'on appelle le cadet d'Aix.

Le cadet d'Aix est une création qui semble appartenir au moyen âge : c'est une espèce de juste-milieu entre le pape des Fous et le roi de la basoche ; son origine se perd dans la nuit des temps. Aix avait déjà des cadets à l'époque où les troubadours professaient le droit avec accompagnement de mandoline. Jehan de Molendino, l'étudiant de *Notre-Dame*, était un cadet d'Aix perdu à l'université de Paris. Les individus qui ont été revêtus de ce titre formeraient une dynastie plus longue que celle

Château des Papes, à Avignon. Dessin de Loubon.

des rois de France, seulement ils mériteraient tous l'épithète de fainéants.

Le cadet d'Aix est un étudiant qui a mangé sa fortune en faisant son droit. A trente ans il n'a pris encore que deux inscriptions. Son père l'a chassé parce qu'il lui a volé ses moutons,

Vue du village et de la fontaine de Vaucluse, d'après une photographie.

et qu'un jour, lui ayant emprunté sa jument sous prétexte d'une promenade, il est allé la vendre au marché. Ses seules ressources consistent en quelques louis qu'il arrache de temps en temps à la tendresse d'une vieille tante, et qu'il s'empresse d'aller manger à Marseille. Le reste du temps le cadet vit des libéralités de ses amis; il est le roi et le doyen de l'université, il est à la tête de toutes les farces; c'est lui qui enlève les bâtons des chaises à porteur dont se sert encore l'aristocratie aixoise; c'est lui qui fait du bruit aux cours des professeurs

Thiers. Dessin de U. Parent.

mal notés, et qui arrange tous les duels à l'amiable. A force de courir les cafés, de faire du tapage dans les rues, de se montrer dans toutes les guingettes, il finit par être connu de toute la population, qui lui décerne le titre de cadet d'Aix pour témoigner de son éternelle jeunesse. Si les étudiants pouvaient avoir une maîtresse, il resterait étudiant toute sa vie; malheureusement à Aix, il n'y a point de grisettes, ni rien qui puisse les remplacer. A trente-cinq ans le cadet d'Aix songe à faire une fin, il consent à épouser la première belle limonadière venue, pourvu que son fonds soit bien achalandé. Il a été roi, il meurt garçon de café.

Le barreau d'Aix est un des moins remarquables de France ; les jeunes talents craignent de s'y fixer, parce qu'on sent que tôt ou tard la cour royale sera transférée à Marseille. La population, toujours à la veille de perdre ses moyens d'existence, diminue chaque année; la noblesse habite la campagne. Avant dix ans, l'ancienne capitale de la Provence ne sera plus qu'un nom historique. La tranquillité qui règne dans ses rues est le silence de la mort, et non le calme d'une retraite studieuse. On essaie bien de galvaniser ce cadavre au moyen de l'industrie, on parle d'un canal à creuser qui rendrait Aix manufacturière, et d'un chemin de fer qui la relierait à Marseille : tout cela ne rendra pas la vie à la cité défunte. Toute l'activité de Paris n'a pu réussir à ranimer Versailles, et Aix c'est le Versailles de la Provence. Un passé littéraire glorieux comme celui d'Aix ne saurait s'abdiquer complétement. Aussi la capitale de Réné tient-elle encore un rang assez distingué dans la littérature moderne; mais comme toutes les villes en décadence, elle est représentée au congrès poétique de Paris par des femmes. Madame Charles Reybaud, l'auteur de tant de romans à la mode, est née à Aix, ainsi que madame Louise Colet, la plus académique de nos muses.

La vraie capitale du Midi est aujourd'hui Marseille; une heure avant d'arriver dans cette ville, se trouve une colline appelée *la Vista,* c'est-à-dire la vue. Le sommet dont nous parlons mérite en effet ce nom, car le paysage que l'on aperçoit des hauteurs de *la Vista* est unique au monde; des bouquets d'oliviers et de pins répandent leur mélancolique verdure sur la campagne; des cigales collées aux pampres des vignes font entendre leur chanson monotone; la mer reluit des mille feux du soleil; l'Italie se dresse derrière ces montagnes boisées qui masquent l'horizon ; l'Espagne chante au bout de cette chaîne de rochers, dont le dernier forme le cap Couronne, en plongeant dans la mer; les nuages que vous apercevez au-dessus de votre tête, et qui semblent courir dans le ciel après les baisers du soleil, ont peut-être effleuré les dômes de Pise au matin de leur course aventureuse; les ancêtres de ce paysan qui marche à votre côté sont venus de la Grèce sur des trirèmes à la poupe couronnée de fleurs pour prendre possession de ce sol fertile. Nous sommes à cent cinquante lieues de Paris, en pleine Phocée.

Si nous voulons entrer à Marseille d'une façon convenable, laissons devant nous ce frère rachitique de l'arc de triomphe de l'Étoile, pauvre monument destiné d'abord à éterniser le souvenir de la guerre d'Espagne, et qui depuis a éternisé, et éternisera encore bien des événements d'une semblable importance; ce fronton surchargé de rosaces est trop étroit pour encadrer dignement le vaste horizon que Pierre Puget avait taillé pour en faire l'entrée de sa ville natale. Cette entrée est une rue d'une lieue de long, dont le grand statuaire avait dessiné lui-même presque toutes les maisons, et à laquelle, pour témoigner de la grandeur de ses vues, il avait donné le nom de chemin de Rome. Pénétrons tout de suite au cœur de Marseille, suivons le boulevard des Dames, ainsi nommé parce qu'il y avait là un rempart du haut duquel les femmes de Marseille repoussèrent les attaques du connétable de Bourbon; inclinons-nous devant la porte de la Joliette, dont le nom dérive de Jules César : c'est sur cette éminence que le vainqueur des Gaules

Mirabeau. Dessin de De La Charlerie.

assit son camp, quand il vint mettre le siége devant Marseille; voici la Tourette, vaste emplacement sur lequel les pêcheurs font sécher leurs filets, et où les désœuvrés viennent jouer aux boules. Les hauteurs de la Tourette protégent la vieille ville contre les rafales du mistral. Le véritable Marseillais habite à quelques pas de là, dans la rue de l'Évêché, sur

Troupeau de la Crau. Dessin de Loubon.

la place du Lenche, aux balcons qui ressemblent à des jardins suspendus, dans la rue Caisserie, derrière les Accoules, au pied du Calvaire. Dans la rue de l'Évêché, les locataires des maisons sont pour la plupart de vieux capitaines marins, qui passent leur journée à fumer et à chercher de quel côté le vent souffle; quelquefois ils se hasardent à faire une excursion hors de leur quartier, et vont tenter les hasards du domino dans quelque

Vue de Marseille, prise de *la Vista*. Dessin de Loubon.

café du port; la place du Lenche et la rue Caisserie sont plus spécialement consacrées aux anciens négociants ruinés par la révolution; dans ces familles on parle encore de l'arrivée de Carteaux [1], et l'on redoute les Allobroges.

Le bruit monotone de la clochette de l'intendance sanitaire, le voisinage du lazaret, de tous les hôpitaux et œuvres de miséricorde, contribuent à faire naître, dans l'esprit des habitants de cette partie de la ville, des préoccupations extrêmement sinistres; on y finit par avoir peur de la peste, et l'on se confine dans sa demeure pour le reste de ses jours. Il y a là des bour-

---

[1] Carteaux, général républicain, fut envoyé par le comité de salut public pour soumettre les Marseillais révoltés, après la prise de Toulon par les Anglais.

geois qui, depuis plus de dix ans, n'ont eu aucune espèce de communication avec le dehors.

Le vieux sang marseillais se retrouve dans toute son intégrité parmi les pêcheurs de Saint-Jean, dont le quartier s'élève au pied même de la Tourette. Ce sont pour la plupart de fort braves gens, mais de fort mauvais marins et des pêcheurs fort peu hardis ; au moindre vent ils chavirent, aussi ne sortent-ils que lorsqu'il y a calme plat, ce qui fait qu'on ne mangerait jamais de poisson à Marseille, sans les Catalans qui ne craignent pas d'aller jeter leurs filets jusque sur le passage des grands vaisseaux. L'originalité de ces matelots consiste à porter des sabots avec des bas de laine quadrillée, et à faire juger leurs contestations par des prud'-hommes qui ont un chapeau à plumes. On dit que les pêcheurs de Saint-Jean sont carlistes ; nous croyons qu'ils sont tout simplement pêcheurs.

Profitons de la tranquillité du dimanche pour continuer notre route et visiter le port. Les marins espagnols fument gravement au soleil, les napolitains jettent d'innombrables seaux d'eau à la face du saint peint sur l'avant du brick, un mousse bondit sur la planche flexible qui lui sert de pont aérien entre son bord et la terre. Les blonds Norwégiens restent accoudés aux sabords de leurs lourdes galiotes en levant vers le ciel des yeux bleus qui semblent y chercher une fiancée absente; le *Ship-Chandler*, de Rive-Neuve, fume devant sa boutique, avec un jabot et un énorme col de chemise, pour faire voir qu'il a été en Angleterre. Au milieu de tout cela, circulent et gesticulent, en criant dans d'inintelligibles patois, des gens de toutes les contrées, de tous les archipels ; des Mahonnais, des Maltais, des Illyriens, des Grecs sortis des rochers sans nom de la Morée, marins d'une nationalité fort douteuse, commerçants au grand jour, pirates à la brune; population énigmatique destinée à mourir sur un radeau ou au sommet d'une grande vergue.

Six heures ont sonné; la fraîcheur du jour conseille la promenade. Le rendez-vous général est aux allées de Meilhan. Ce sont les Tuileries avec moins de promeneurs et de jolies femmes. L'allée du milieu est plus spécialement consacrée à ce qu'on appelle le beau monde ; les deux autres appartiennent au reste de la population. Laissons les chaises occupées par l'aristocratie, et promenons-nous au milieu de la démocratie qui flâne. Ce jeune homme qui marche la casquette de travers, une fleur à la bouche, avec une veste jaune très-courte, un pantalon extrêmement collant par le haut, et excessivement large par le bas, c'est un *nervi* endimanché. Pourquoi l'appelle-t-on ainsi, nous n'avons jamais pu le savoir. Le *nervi* est ce que les gens du Nord nomment vulgairement un gars ; il est paresseux, batailleur, très-susceptible ; il a le coup de poing ironique, et la gymnastique imprévue. Le *nervi* n'exerce ordinairement aucun métier ; on le rencontre partout avec son éternelle cassie à la bouche; la vie du *nervi* est un magnifique poëme d'indolence et d'oisiveté. Le matin il se rend sur les bords de la mer, au village des Catalans surtout, à cause de la grande quantité de cabarets qui s'y trouvent. Il cueille son déjeuner au milieu des rochers, sous la forme d'un coquillage excentrique nommé *arapède*, qu'aucun conchyliologue n'a encore classé. Les plus actifs plongent dans la mer pour prendre les *oursins* aux mille pointes. Leur déjeuner achevé, ils se promènent dans le village concédé aux Catalans par la munificence de Louis XIV. Ils assistent au débarquement de la pêche, ils causent avec les jeunes Espagnoles qui raccommodent les filets ou peignent leur abondante chevelure. Quand il est las de mener l'existence espagnole, le *nervi* rentre en France en traversant le fort Saint-Nicolas, bâti par Vauban. Il dîne comme il peut ; à la brune il poursuit les grisettes qui reviennent du travail, et quand la nuit est venue, il se réunit à une troupe d'autres *nervis*, et bras dessus, bras dessous, ils s'en vont par la ville en chantant et formés en chœurs qui valent mieux que ceux de l'Opéra-Comique. Cette vie toute de liberté, de musique et d'amour, a aussi ses heures d'ennui. Le mal de Réné et d'Oberman atteint ces lazzaroni; il arrive quelquefois que le *nervi* a d'ineffables retours sur lui-même, et on en voit qui rêvent couchés sous les arbres de Jarret, ruisseau toujours à sec qui passe pour une rivière dans le pays. La fin du nervi est écrite en ces termes à tous les coins de rues : *on demande un remplaçant*. Arrivé au corps, il devient bon soldat au feu, très-mauvais au quartier, on est obligé de l'envoyer en Afrique. Le régiment des Zouaves est composé en grande partie de *nervi* marseillais.

Près de lui un autre individu se promène en pantalon étroit et en habit long; mais ces pantalons sont gris, et cet habit est bleu, comme tout ce que le peuple porte à Marseille. Cet individu, qui a une chaîne d'or, un chapeau à ballon sur la tête, et une badine à la main, c'est un portefaix, c'est l'aristocrate de la démocratie. Les portefaix forment à Marseille une corporation qui a seule le privilége de porter certains fardeaux; le chargement et déchargement des charrettes, des voitures, des diligences, des navires, des paquebots, se fait exclusivement par leur entremise. Plusieurs d'entre eux se sont tellement enrichis dans ce métier, qu'ils ont pu venir au secours des négociants qui les avaient employés. La corporation a ses règlements, ses dignitaires, son point d'honneur; les portefaix sont aussi généralement pénitents, ce qui ne les empêche pas d'aimer le théâtre avec passion, et surtout la musique. Le nervi et le portefaix ne vont pas sans leur compagne; celle du *nervi* est la fille du peuple dont la corruption a souvent besoin d'un bras pour la protéger, elle est effrontée, insolente, et marche comme une Espagnole qui va danser la cachucha; la compagne du portefaix est timide quoique fière, elle ne regarde personne et aime cependant à être regardée; son jupon court laisse apercevoir sa jambe gracieuse, son pied mignon chaussé du classique bas jaune renfermé dans des souliers de satin. La maîtresse du *nervi*

deviendra bientôt celle de tout le monde; l'autre est une amante, et avant six mois elle sera la femme du portefaix. Rien ne pousse au mariage comme de faire partie d'une corporation.

La nuit a chassé tous les promeneurs; c'est l'heure où les gens qui vivent du commerce reviennent de la bastide; les chemins sont encombrés de femmes, d'enfants, de vieillards qui rentrent chez eux, portant à la main un odorant paquet de fenouil qui servira à parfumer la *brandade* nationale. Le garde d'octroi, mulâtre, débris éternel des mamelucks, que Bonaparte conduisit en France en quittant la terre des Pharaons, jette un regard scrutateur sur chaque *couffin*[1] qui passe; les guinguettes du bord de la mer retentissent de cris joyeux; les mille lumières de la *Fontaine du Roi*, du *Pharo*, des *Catalans*, d'*Endoume*, hameaux maritimes dont toutes les maisons sont de fraîches guinguettes, étendent leurs reflets sur les eaux calmes de la Méditerranée. Dans les rues ce sont à chaque instant des chœurs qui passent en chantant; les familles trop pauvres pour avoir une bastide, ont mis leur dîner dans un panier, et l'ont mangé sur quelque rocher au bord de la mer; voyez-les qui retournent au logis; la mère s'avance entourée de ses enfants, l'aîné marche le premier, l'autre se tient cramponné au lourd cotillon d'amadou de sa mère; le troisième est dans ses bras. Tous dévorent quelque chose, les uns ont les figues et les raisins, l'autre a la mamelle; des couples solitaires se glissent mystérieusement le long des murs du chemin, ce sont des *calignairi* qui se parlent d'amour; le bruit des guitares espagnoles et des mandolines napolitaines rase les flots, porté sur les ailes de la brise. On se croirait transporté au sein d'une de ces villes italiennes dont l'existence est une fête perpétuelle. Demain toute cette joie fera place à une activité presque fébrile; ces élégants bourgeois qui se promenaient aux allées se métamorphoseront en courtiers. Le portefaix quittera son habit

[1] En français, *cabas*.

bleu, et courbera sa tête sous le fardeau d'une balle de coton, sa compagne vendra du poisson à la halle ; cette mère que nous avons vue hier entourée de sa progéniture, criera par la ville des oranges ou des poires cuites au four, suivant la saison, et ses enfants iront grossir la

Les Quecous.

La Génoise.

Femme de Marseille.

Grisette d'Avignon.

Quatre dessins de Loubon.

bande innombrable des *quecous* et des *mandri* de Rive-Neuve. C'est le quartier commercial par excellence. C'est là qu'on débarque les marchandises, qu'on construit ou qu'on répare les vaisseaux, qu'on se livre à toutes les opérations de la douane. Les charrettes circulent, les portefaix s'avancent inondés de sueur, les courtiers courent d'une balle à l'autre, les douaniers pèsent, les jaugeurs mesurent, les acheteurs examinent la marchandise. Au milieu de cette foule compacte, on voit se dresser la haute *Banaste* des Génoises, colonie de portefaix femelles qui transportent sur leurs belles têtes italiennes des fardeaux à faire reculer un fort de la Halle. Pendant que les unes travaillent, les autres se reposent sur le quai, assises sur la vaste corbeille qui leur sert à transporter les marchandises. L'odeur du goudron se mêle aux parfums du bois de Campêche, accumulé en énormes tas sur les quais; les balles de cannelle, de

Vue de la porte Joliette. Dessin de Loubon.

poivre, de girofle, répandent leurs arômes à l'entour; les drogues de tous les archipels, de toutes les îles, de toutes les contrées, étalées en plein air, font souffler un moment, sur la terre de Provence, les brises de Calcutta, de Madagascar, de Ceylan, de Sumatra. C'est un salmigondis d'odeurs à faire douter de la géographie. Dans ce quartier affluent tous les prolétaires de la ville, depuis l'enfant qui vole, jusqu'à la femme du peuple qui s'en va, pauvre glaneuse industrielle, ramasser les copeaux sous le flanc des navires

Les Catalanes. Dessin de Loubon.

en construction. Le *quecou* et le *mandri* sont les rois de Rive-Neuve. Le *quecou* est ce qu'on appelle à Paris un gamin: au lieu de faire enrager les épiciers, les *quecous* se réunissent, dirigent leurs efforts sur un seul homme, et finissent par le faire mourir de chagrin; le *quecou* a l'instinct de l'association; il agit presque toujours par bandes, il fait de la flibusterie collective; le *mandri* correspond plus spécialement au *titi*, il racle le fond des barriques de sucre, et met quelquefois la main dans celles qui sont pleines; les *quecous* et les *mandri* font quelquefois de terribles alliances; alors malheur aux douaniers, aux jaugeurs, aux courtiers marrons qui viennent ouvrir les barriques pour en tirer des échantillons; le *quecou* et le *mandri* renversent toutes les sondes, passent sur tous les corps, et se taillent une part léonine dans la marchandise entamée. Le *mandri* ne répugne à aucun métier : c'est lui qui ramasse les bouts de cigare; lorsqu'une de ces averses subites, si fréquentes à Marseille, fait des rues un vaste fleuve, c'est lui qui jette sur les ruisseaux le pont suspendu d'une planche mobile, magnifique tremplin dont vous avez le droit de tenter les chances pour un sou ; le dimanche, le mandri se fera décrotteur, et si les bouts de cigare ne donnent pas, si le ciel reste serein, si la brosse demeure oisive, il prendra bravement son parti et demandera l'aumône aussi bien que le premier Alsacien venu, quoique ce ne soit pas son état. Entre le *quecou* et le *mandri*, notre choix ne saurait être douteux; le *quecou* est criard, corrompu, lâche; le *mandri* au contraire est concentré, généreux et brave ; les *quecous* se réunissent pour tomber sur un ennemi; le *mandri* n'a recours qu'à ses propres forces ; c'est un vrai cœur de prolétaire. Ce sont des *mandri* de dix-huit ans qui ont fait le 10 août et mis la *Marseillaise* à la mode.

De neuf heures à midi, tout Marseille est sur la place Royale : c'est le forum du commerce; les affaires commerciales se traitent là en plein air, comme autrefois les affaires publiques à Rome. La bourse du matin résume toutes les physionomies marseillaises. Au milieu des groupes on voit circuler un individu en longue redingote avec des poches de côté, en souliers blancs dont la semelle déborde, et coiffé d'un chapeau à larges bords. Naguère encore cette enveloppe grossière cachait un jeune homme vif, ardent, coquet, ne songeant qu'au plaisir, pourchassant les grisettes, et ne s'arrêtant pas devant le cotillon d'amadou. Un beau jour Lovelace a éprouvé le besoin de faire fortune, il a quitté les airs de la jeunesse, il cherche à se vieillir pour inspirer de la confiance, il est passé dans la classe des hommes *entraînés*. Cette dénomination, empruntée à l'hippiatrique, sert à désigner ceux qui prennent les habitudes nécessaires pour bien courir dans la lice commerciale. Dès huit heures du matin, l'apprenti négociant est descendu comme une avalanche du quartier de la Madeleine, où habitent tous les littérateurs et tous les entraînés de Marseille; il a pris sa demi-tasse au café Casati, lu la chronique locale dans le *Sémaphore*, et il va dans quelque comptoir raconter au patron comment un Génois a donné un coup de couteau à sa femme, et comment la nuit dernière une tentative de vol a eu lieu rue Nationale. L'entraîné est l'idéal du courtier marron ; c'est lui qui résume tous les déboires attachés à cette profession. Après avoir porté pendant dix ans des souliers blancs et la plus incommode redingote qui soit au monde, après avoir subi mille avanies, après avoir été éconduit comme un valet, après avoir caressé les faiblesses de tous les détenteurs de sucre, de café ou de cannelle de la place, l'homme entraîné passera à l'état d'homme arrivé, il aura un poste à feu au village de Saint-Barnabé et des lunettes d'or; deux choses qui à Marseille équivalent à un cabriolet à Paris.

Suivons l'entraîné qui commence, dans sa course aventureuse à la bourse du matin ; le premier qu'il aborde est un grand monsieur en habit noir et en cravate blanche, à l'air dogmatique et froid. Cet individu, qu'on prendrait pour un professeur en théologie, est un négociant de Genève qui fait fortune hors de sa patrie, comme tous les Genevois. C'est à peine s'il daigne tourner les yeux vers le malheureux débutant, mais à coup sûr il ne lui répond pas. L'entraîné se dirige alors d'un autre côté, il tape sur le ventre d'un gros homme à la face réjouie, il lui demande combien il a tué de grives le matin; la conversation s'engage sur un pied de parfaite égalité ; le vrai Marseillais n'est pas fier; mais, dès que le malheureux entraîné veut parler d'affaires, son interlocuteur lui tourne le dos; une seule personne l'accueille avec bienveillance, c'est un vieillard qui porte une queue et une *Fa-*

quine[1] jaune; mais, hélas! cette bienveillance est une triste consolation, car ce vieillard est un monomane; ses enfants gèrent sa maison, et ils le laissent aller à la bourse pour ne pas le contrarier. Ce Nestor commercial croit encore aux Échelles du Levant, et personne n'a pu lui persuader qu'on pouvait faire du sucre avec la betterave. Repoussé par Genève et par Marseille, l'entraîné se jette alors en désespéré sur la Turquie. Il y a dans le commerce plusieurs fils de Mahomet qui ont conservé le costume de leurs pères. Ces honnêtes osmanlis vont à la bourse en larges pantalons et en turban, quelques-uns, plus avancés que les autres, ont remplacé le turban par un chapeau, mais ils ont conservé le dolman; ils ressemblent à des Chicards. L'entraîné les aborde, il leur fait le salem, il se prosterne, appuie leurs babouches sur son front, les compare à des fleurs et au soleil en langue franque : tout cela est inutile; le Turc répond Allah! et s'éloigne. L'entraîné, désespéré, met les mains dans les poches de sa redingote et va faire une partie de dominos au café de la *Cachoffle;* en français, café de l'Artichaut. C'est là que se réunissent tous les entraînés de Marseille.

Les cercles, les grisettes, le théâtre, la chasse, forment les plaisirs de la jeunesse : les cercles ressemblent aux cercles de Paris; les grisettes aussi, avec cette différence, qu'elles sont plus jolies, et que, pour les séduire, il faut parler un peu le patois; le théâtre est semblable à tous ceux de la province, il est surtout fréquenté par des femmes galantes dont le personnel est toujours le même : on ne saurait reprocher aux fils de n'avoir pas les mêmes goûts que leurs pères. Quant à cette chasse au poste, où l'on attend pendant deux heures, sous une cabane, un oiseau qui n'arrive pas, elle est bien le symbole de cette vie toute de patience et d'anxiété, qui attend le négociant. La littérature existe à Marseille, mais elle n'y est que tolérée; tous les littérateurs Marseillais sont à Paris, où ils forment les deux tiers du journalisme. MM. Sébastien Berteaut, Adolphe Carle, Louis Méry, Autran, Benedit, qui écrivent de charmants articles, ne sont restés dans leur patrie que pour prouver que toute règle a ses exceptions. Les monuments grecs et romains ont disparu du sol de la vieille Phocée, mais l'empreinte en est restée dans les mœurs de ses habitants actuels; les éléments nouveaux qui s'y sont joints ont formé un caractère des plus complexes qui soient au monde; ainsi, quoiqu'il ne cherche pas à recréer une nationalité perdue, et qu'il se tourne plus que jamais vers le centre, vers la cité qui représente l'unité française, c'est-à-dire vers Paris, le Marseillais tient du Grec par son goût involontaire pour les arts, par son amour de la vie en public; il tient du Romain par sa sobriété. Au contact de l'Orient, il a puisé ce respect de l'intérieur qui fait presque un harem du foyer domestique; ses relations avec l'Italie et l'Espagne lui ont donné à la fois la vivacité intelligente de l'une, et la gravité de l'autre. De tous ces éléments si divers, il est résulté pour lui une aptitude merveilleuse pour toute chose. Aussi le Marseillais joue-t-il un rôle important dans toutes les époques : au monde payen, Marseille a donné Pythéas et Euthymènes, l'Améric Vespuce et le Colomb de leur temps; le christianisme lui doit Victor, ce saint qui combattait à la tête des armées romaines; à Louis XIV, elle fournit Pujet, le Corneille de la sculpture; quand il ne s'agissait que de faire des petits vers et des petites comédies, elle envoya Barthe à Paris; à la poésie moderne elle a donné Méry et Barthélemy; à la philosophie, Louis Reybaud; à l'histoire, Capefigue; au roman, Léon Gozlan; au feuilleton, Eugène Guinot, Amédée Achard, et une foule d'autres que nous omettrons pour éviter l'aride nomenclature; pendant ce temps elle poursuivait sa brillante carrière commerciale. Une chose qui l'empêche de prendre tout de suite le haut rang que la colonisation d'Alger et l'attitude de l'Orient lui ont assigné, c'est le manque d'es-

---

[1] Nom que l'on donne en Provence à toutes les redingotes qui descendent jusqu'au talon.

Le Nervi. Dessin de Loubon.

prit d'association. Les Marseillais ont longtemps vécu en république; le principe démocratique exalte à un haut degré la foi dans l'individualisme. L'unité française, de plus en plus puissante tous les jours, fera disparaître ce vieux levain, et alors Marseille se trouvera tout à coup à la hauteur de ses destinées. Ce moment n'est pas éloigné; il est arrivé peut-être, et par une volonté préméditée de la Providence, sa mission est tout entière retracée dans une inscription qui a vu le jour aux temps de sa splendeur la plus reculée: *Massilia Phocensium filia, Romæ soror, Athænarum æmula, Carthaginis terror*, dit la pierre monumentale; le rôle de Marseille est encore le même aujourd'hui. Sœur de l'Italie, la fille des Phocéens n'est-elle pas appelée à civiliser l'Orient comme autrefois Athènes, et tous ses efforts

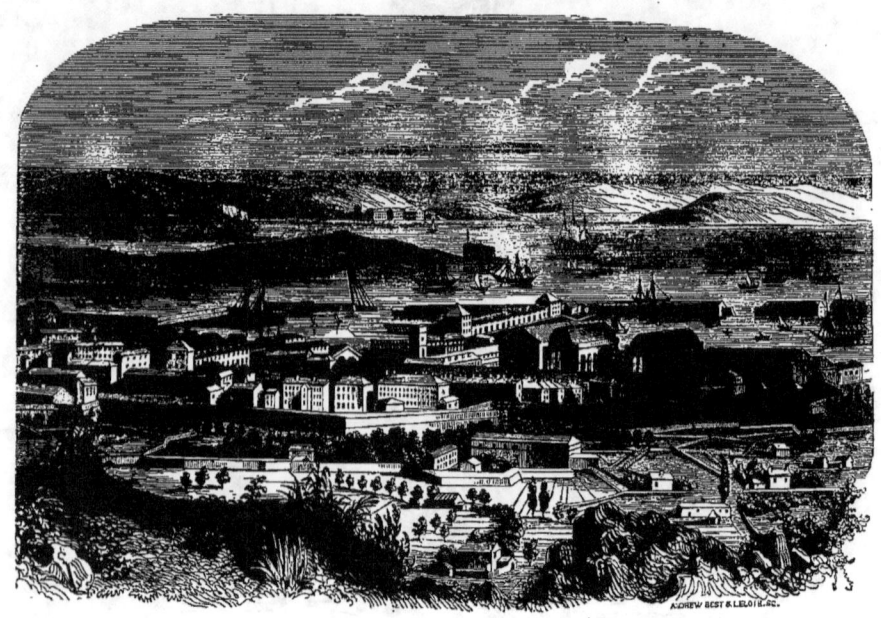

Vue de Toulon.

ne doivent-ils pas tendre à détruire cette Carthage nomade qu'Abd-el-Kader oppose à tous les efforts persévérants de son commerce?

Il s'est trouvé, sous la restauration, certains individus qui, mettant du libéralisme dans la statistique, ont jeté sur Marseille l'anathème d'une énorme tache d'encre, sous prétexte que cette ville était religieuse, que les habitants allaient encore à la messe, et se rendaient en pèlerinage à l'église de Notre-Dame de la Garde, bâtie sur une colline au bord de la mer. Aujourd'hui, grâce à Dieu, on peut se moquer de la statistique et des statisticiens, quoique Marseille elle-même en compte un très-grand nombre réunis par ordonnance royale en société, et ayant clochette de président. Les Marseillais sont dévots, et ils ont parfaitement raison de l'être. Comment le matelot n'aimerait-il pas la vierge Marie, dont l'étoile brille pour lui d'une si douce lueur, quand il vogue sur les mers lointaines? comment les jeunes filles n'aimeraient-elles pas les processions, elles qui sont si jolies sous le voile blanc, quand les brises de juin font flotter les saintes bannières? comment ne croirait-on pas à Dieu, sous ce beau ciel, au milieu duquel s'étend la voie lactée comme le chemin qui guide les âmes vers le Paradis?

Cet attachement aux anciennes croyances est tout naturel quand on l'examine de près ; c'est l'humble dévotion d'une ville qui dans l'espace d'un siècle et demi a été trois fois décimée par la peste et par le choléra. Malheur aux peuples qui ne voient pas la main de Dieu dans les fléaux qui viennent fondre sur eux !

Depuis quand, d'ailleurs, les populations religieuses ont-elles cessé d'être intelligentes, à moins que ce ne soit depuis l'invention de la statistique? Marseille a fait, pendant ces dix dernières années, autant d'efforts dans l'intérêt de la science que toute autre ville du royaume. Il n'y a pas si longtemps qu'une jeunesse nombreuse se pressait aux cours de l'Athénée. Aujourd'hui encore, la bibliothèque de cet établissement, fondée par un jeune homme d'une intelligence élevée, M. Adolphe Vincent, présente un ensemble unique en province. Si l'autorité secondait le mouvement, nul doute que la littérature et les arts ne prissent un développement véritable. Les derniers lauréats du Conservatoire et de l'Institut sont en grande partie Marseillais. Malheureusement, là comme partout, l'autorité n'a pas conscience de sa mission. L'intelligence ne manque pas aux administrés, mais bien aux administrateurs. C'est, du reste, la plaie de toute la France. Il y a un essor que les hauts employés ne peuvent arrêter, c'est celui du commerce ; cet essor domine tous les autres à Marseille, sans cependant les comprimer entièrement. Les Marseillais ont leurs conditions d'existence comme les autres habitants de la France ; ils font partie d'une caravane qui a trouvé une source sous des palmiers, et qui a campé autour de la source. Ce sont des gens de tous les pays, des Français, des Italiens, des Espagnols, des Maures, des Juifs, mais enfin ce ne sont point des barbares. Marseille s'éveille tous les matins au carillon de quatre grands journaux. La poésie, la musique, tous les arts sont les bienvenus chez elle ; son âme n'est point desséchée comme ses collines. Elle n'a pas démoli d'église depuis quarante ans ; elle est tolérante, elle prie en grec, en hébreu, en latin, et il ne lui manque plus que de voir s'élancer au-dessus de ses rues les flèches de quelques minarets pour assortir les quatre croyances sorties de la couche d'Abraham. Attendez qu'elle soit plus riche, que la charpente des magasins crie sous les groups, et vous la verrez, la noble ville grecque, s'orner de palais et de statues comme ses sœurs de l'antique Phocée. Quand les négociants de Florence voulurent une cathédrale, ils imposèrent un droit d'un sou sur la livre de laine. Quand la somme fut faite, ils appelèrent leurs architectes, et Brunelleschi leur éleva le premier dôme au haut duquel les corbeaux aient bâti leur nid. Cela se faisait au milieu d'un immense mouvement commercial. Michel-Ange heurtait dans les rues les ballots et les portefaix, en rêvant à son Moïse. On commerçait à Pise, où le Giotto peignait le Campo-Santo ; à Gênes, où les négoçiants se bâtissaient des palais de marbre ; à Venise, où le doge épousait la mer. Qui pourrait douter que l'extrême richesse ne fasse tourner Marseille vers ces nobles habitudes? La ville du Midi ne peut faillir à ses destinées ; n'est-elle pas aujourd'hui la capitale réelle de ces contrées privilégiées par la poésie qui nous ont donné la Bible et la Mythologie ! n'est-elle pas la reine de la Méditerranée, cette mer intelligente qui créa Vénus, la beauté éternelle, avec la blanche écume de ses flots !

Le soir, lorsque les chèvres à la clochette bruyante, rentrant dans la ville par longs troupeaux, allaient se désaltérer sous les platanes du bassin d'Homère, ou à l'humble fontaine qui sert de monument à Pierre Pujet, combien de fois n'avons-nous pas songé à ce brillant avenir d'art qui paraissait réservé à notre patrie, si elle voulait se donner la peine de l'atteindre. S'est-elle mise en marche depuis cette époque? c'est une question qu'il ne nous est pas permis de résoudre. En attendant de devenir Athènes, elle se contente d'être Parthénope. Maintenant que les bateaux à vapeur font affluer les étrangers dans ses murs, Marseille est réellement la Naples française. L'île d'If, avec son château fort où furent enfermés Mirabeau et le marquis de Sade, c'est Caprée; Géménos avec ses bois touffus et ses sources jaillissantes, c'est Sorrente; Taurœntum, derrière les collines, étend ses ruines romaines au bord de la mer comme Pœstum. Voltaire s'est beaucoup moqué de la campagne provençale, mais il n'a jamais parcouru la contrée qui s'étend entre Marseille et Toulon; c'est la Judée dans toute sa magnificence; ce sont les mêmes collines parfumées de lavandes, les mêmes bois où le pin remplace avantageusement le sycomore. Des citernes ombragées par des figuiers, et autour desquelles commencent les amours, comme au temps d'Isaac et de Rebecca, fournissent à la consommation du village; des Éliezer, qui s'appellent *Tisté*[1] ou *Choix*, mènent d'innombrables troupeaux paître l'herbe des champs imprégnée de sel marin; les épouses et les servantes, Sarah et Agar, Roson et Miette, tissent le lin ou fabriquent le fromage tandis que les aînés de la tribu vont vendre à Marseille la toison de leurs brebis ou le miel de leurs abeilles. La Jérusalem de cette Judée, c'est Cassis, une des villes les plus extraordinaires qui se puissent voir; tout le monde y est vieux, mais bien conservé; les maisons lézardées se tiennent debout avec un air de confiance en elles-mêmes qui fait plaisir; tous les citoyens ont l'air d'être nés en 1750. Des marins retirés parlent de la frégate qu'ils commandaient dans l'Inde sous le bailli de Suffren, sans que cela étonne personne; plus loin on trouve la Ciotat où vivent quelques corsaires goutteux, dans la haine des Anglais et dans la foi de l'efficacité du blocus continental. Voici maintenant Toulon, où tout le monde est soldat; Hyères, calme oasis, retraite parfumée qui semble n'avoir été créée que pour servir de lieu de naissance à l'onctueux Massillon; Draguignan, d'où sortent tous les assassins provençaux, quand ils ne prennent pas la peine de naître à Aubagne, mal protégée par la moralité de l'auteur du *Voyage d'Anacharsis*, que la chaste Lucine y fit mettre au monde le huitième jour des ides de mars, le deuxième mois de la 320ᵉ olympiade. Voici encore Grasse, où il n'y a que des parfumeurs; Fréjus, la ville des anchois; Cannes, où débarqua l'empereur; Antibes, où les rossignols chantent comme à Vérone, sous des grenadiers fleuris. Arrêtons-nous ici, où la Provence nous manque: le Var coule à nos pieds; il faut montrer son passeport au carabinier sarde. *Italiam! Italiam!*

Jusqu'ici nous avons vu des Avignonais, des Aptésiens, des Aixois, des Marseillais, des Toulonnais; maintenant il s'agit de savoir ce que c'est que le Provençal, et à quels traits on peut le reconnaître. A son accent d'abord, et c'est là le plus sûr moyen, car soyez certain qu'il va prendre toutes les formes, tous les caractères, tous les costumes pour échapper. Il est capable de tout, même de vous soutenir qu'il est Français; ne le croyez pas, car il est en même temps Italien; si vous en doutez, il va vous donner un coup de couteau ou danser une tarentelle au son du tambourin. Choisissez. Maintenant, il s'incline devant un moine, et il marche nu-pieds à la suite d'une procession. Le voilà devenu Espagnol. Hier, cependant, il saluait de ses acclamations la seconde jeunesse du drapeau tricolore, que la révolution de juillet faisait flotter de nouveau sur le clocher de toutes les églises. Français, Italien, Espagnol, le Provençal est tout cela en effet, il participe de ces trois peuples dont il a subi le contact et la domination. L'Italien et l'Espagnol s'en vont tous les jours, le Français reste. Dans le mouvement actuel des esprits, le Provençal est néanmoins appelé à exercer une grande influence; il ajoutera au faisceau de l'unité nationale cette sûreté de coup d'œil, cette activité d'intelligence, cette promptitude de décision dans les grandes circonstances qui

---

[1] Baptiste ou François.

sont naturelles aux enfants du Midi. L'importance du Provençal a été grande à toutes les époques de l'histoire ; maintenant il peut abdiquer son individualité. Son existence personnelle ne tient plus qu'à un rail. Lorsqu'une locomotive pourra transporter Paris en quelques heures dans toutes les extrémités de la France, les Provençaux ne tarderont pas à devenir Parisiens. Toutes ces physionomies dont nous avons essayé de résumer les principales surfaces n'existeront plus ; le niveau du siècle aura passé sur cette noble terre ; alors nous autres, exilés, nous regretterons moins les frontières de la patrie et ses douces campagnes. — En attendant, prions Dieu qu'il conserve longtemps encore au ciel de la Provence sa splendeur, à ses femmes leur beauté, à ses fleurs leur parfum. Demandons-lui qu'il ne déshérite pas à tout jamais ses enfants de l'antique poésie natale !

Taxile Delord.

LE COMMISSIONNAIRE

Par L. Roux

ILLUSTRATIONS DE HENRY MONNIER, PAUQUET ET H. CATENACCI

'est un homme à peindre, un des pivots de la vie privée; un garçon qui vous sert de domestique et de valet de pied, et qui néanmoins s'intéresse à vous, fait vos bottes et votre chambre, éconduit vos créanciers, combat l'autorité despotique du portier, s'oppose aux envahissements des colocataires, défend l'intégrité du carré et maintient d'un étage à l'autre votre considération.

Par commissionnaire nous n'entendons point tel ou tel, pris au hasard dans une rue quelconque, muni d'une plaque, d'une casquette de peau de mouton, d'une figure savoyarde ou auvergnate, ingrate dans la plupart des cas; mais bien celui qui, depuis la dernière invasion des Cosaques, jouit à Paris du droit de cité

Dessin de Pauquet.

et existe, bon an mal an, toujours dans la même rue, chauffé au même soleil, ou en proie aux mêmes averses et désaltéré chez le même marchand de vin. Cet homme-type doit être en effet l'hôte du quartier dont il est le commissionnaire. Il s'est établi à la longue entre ses clients et lui des rapports de famille; ses antécédents répondent de son avenir. Il présente pour aller à pied des conditions de stabilité suffisantes. Les philosophes regardent en effet le commissionnaire plutôt comme un instrument de station que comme un appareil locomoteur; par le siècle qui court, quiconque n'a pas le privilége de faire quarante lieues à l'heure est presque considéré comme immobile. Néanmoins le commissionnaire est un des agents les plus actifs, sinon du progrès, au moins du mouvement. Vainement une société se flatte-t-elle d'exister avec une poste aux lettres, des télégraphes, des journaux, des canaux, des bateaux à vapeur et des chemins de fer seulement ; ce sont assurément autant de rouages utiles dans une machine sociale, tandis que le commissionnaire est un ressort indispensable de la locomotive ; beaucoup voient même en lui le mouvement perpétuel. Le facteur est un sourd-muet qui ne parle que par lettres ; le télégraphe, un hiéroglyphe politique ; un journal s'imprime tout au plus pour ses abonnés : le commissionnaire, c'est au contraire la demande et la réponse, l'intrigue et le dénoûment d'une action ; c'est l'élément actif et passif de la vie bourgeoise, c'est l'éloquence parlée et l'éloquence écrite, c'est le grand ressort de la civilisation : l'épicier, le marchand de vin, le boulanger, le commissionnaire placés aux angles d'une rue, établissent les quatre points cardinaux de sa rose des vents. On remplace un roi, un diplomate, un premier ministre, un agent de change ; rien ne peut remplacer un commissionnaire.

Quoi qu'il en soit, le commissionnaire ne saurait être une des figures les moins significatives dont Paris sème son échiquier. Tout annonce en lui un homme primitif, arrivé dans la capitale sans arrière-pensée, disposé à se laisser caser au gré des besoins de la civilisation. Véritable centenier au service d'un petit écu, le bourgeois lui dit : *Marche!* et il va. Le commissionnaire est l'être le plus complètement passif d'une société ; il échappe naturellement à ses influences qui en sont le fléau, qui tendent à faire prévaloir une profession au détriment de toutes les autres, et maintiennent l'homme sur un pied d'individualisme féroce. L'homme considéré comme le moins civilisé de Paris en est aussi le plus social.

On ne voit point le commissionnaire, après avoir analysé les misérables préjugés qui servent de hochets au peuple le plus spirituel de l'univers, affecter des titres de noblesse, ajouter quelque chose à son nom, ou dissimuler le moins du monde son origine. C'est toujours Pierre comme devant, ayant sa plaque pour blason et ses crochets pour enseigne. Mais une chose qu'il conserve avec soin, c'est son individualité primordiale. Le commissionnaire est une des natures les moins effacées de celles que Paris moule à sa triste effigie : Parisiens qui ne sont pas de Paris, contrefaçons de citadins qui auraient tout à gagner à être encore de leur province. J'aime qu'un Parisien soit Auvergnat, et qu'un Auvergnat soit commissionnaire.

Ouvrez le livre de votre vie privée, et voyez à quelle page un commissionnaire a joué un rôle important ; dans quelles circonstances il a tenu entre ses mains votre secret, votre amour, votre vengeance, votre fortune, votre vie ; quand il s'est éloigné de votre domicile portant un cartel à un rival détesté, le fil principal d'une conspiration, votre démission ou votre bilan. Le commissionnaire se lie à tout ; il est de toutes nos intrigues, de toutes nos passions, de tous nos vices, de toutes nos parties plus ou moins fines. La nature l'a doué de la prudence du serpent pour ne prendre que le rôle qui lui convient dans la comédie qui se joue sous ses yeux, et glisser sans reproche à travers les écueils d'une société corrompue. On le trouve toujours actif et jamais soucieux, il existe à la fois comme acteur et comme comparse du drame individuel, il réalise le problème d'un pouvoir réel et irresponsable.

Le commissionnaire a la jambe bien développée, la plante des pieds passablement convexe, le torse distingué et un coffre solide, ce qui signifie une poitrine large et parfaitement disposée pour le jeu des deux plus vastes poumons de l'arrondissement. Un cor monstre, déposé récemment au Musée Dupuytren, avait appartenu à un commissionnaire. Jetez maintenant un coup d'œil sur ce dos d'Atlas, examinez ces omoplates moulées pour recevoir une malle, et dites s'il est possible de nier une prédestination. Bien que comme porteur il excelle dans la commission, ses relations civiles et privées sont de plus d'un genre ; c'est une sorte de factotum qu'on peut invoquer dans toutes les occasions : le commissionnaire manque rarement celle d'être utile à l'humanité. Il possède un homme spécial qui le plie à divers emplois, charge ses épaules de malles ou de bas-reliefs, de tableaux ou d'épreuves de romans dans les quartiers artistiques ; son bourgeois est en effet un artiste. Il est voué à cet homme ; il y a entre eux solidarité de fortune. Le commissionnaire fait en outre, dans ses moments de loisir, les courses du négociant, une partie du ménage de la cuisinière, balaie les devantures, rend aux vitres du pharmacien et du marchand de nouveautés la transparence primitive que les émanations du camphre ou la poussière des châles du Thibet leur ont enlevée. Une partie des offices qui répugnent à l'homme établi, à l'élève en pharmacie, ou au jeune-premier engagé dans les cachemires, est accomplie sans scrupule par le commissionnaire; il n'y a pas pour lui de choses déshonnêtes dès qu'elles représentent un honnête salaire. Le commissionnaire connaît le fort et le faible de toutes les professions : très-propre par cela même à remplir la sienne qui n'en est presque pas une, mais qui en résume plusieurs. Veut-on un frotteur zélé et intelligent pour cirer les bottes et les parquets? rien de plus apte à cela qu'un commissionnaire. Vos tapis réclament-ils pour être battus l'emploi du tapissier? faites monter un commissionnaire. Voulez-vous un homme empressé sans être importun, qui tienne chez vous la place d'un nombreux domestique et vous serve à table comme un estafier? ayez un commissionnaire. C'est le valet de ceux qui n'en ont pas. Homme économe et économique, il connaît la recette du cirage Robertson et l'applique aux chaussures de tous les formats qui lui ont fait une brillante réputation dans le quartier. Le commissionnaire est l'être le plus complet de la civilisation : il embrasse l'homme de la tête aux pieds; il possède l'industrie du castor et les talents variés du valet de chambre et de la femme de ménage.

Pour apprécier dignement le commissionnaire, il faut le voir surtout lorsqu'à l'entrée de l'hiver il s'improvise scieur de bois.

Pour peu que la maison où il remplace le peso-stère soit privée d'une cour, fort des règlements de police, il s'installe sur le trottoir. Marquis ou manant, peu lui importe qui défile à droite ou à gauche, il est tout à sa besogne. Paris en révolution ne lui ferait pas perdre un coup de scie. Quelle tension dans les muscles! quelle flexibilité cependant à l'endroit du cubitus! quelle sueur poétique sur son *facies!* Les bûches les plus respectables, celles qu'affectionne le portier, passent par ses mains comme des roseaux ou des allumettes chimiques. Il les divise sans géométrie,

en plusieurs sections parfaitement égales ; c'est l'affaire de quelques brassées. La scie lui sert de chèvre, et cet instrument primitif défie entre ses mains le génie même de la mécanique. Après quelques minutes de cet exercice sudorifique, le commissionnaire ne conçoit pas qu'on ait besoin de bûches pour se chauffer. Le bois lui semble un objet de luxe, qui chauffe par le frottement. Il s'arrête à chaque voie pour se rafraîchir d'un *canon*.

Entrepreneur de n'importe quoi, il n'a pourtant rien des allures de ces bohémiens de Paris qui cherchent dans le travail un prétexte de se reposer incessamment. Par un prodige qu'explique son incroyable célérité, on le trouve posé sur ses deux pieds, à l'endroit où il a fixé son quartier-général : il tient de ces faucons qui venaient se poser sur le poing du maître, après mille courses aériennes accomplies en un clin d'œil.

Ne croyez pas, du reste, que son art soit tout d'improvisation, ou que l'on puisse devenir commissionnaire en sortant d'être ambassadeur. Il y a un sphinx à interroger, non moins rempli d'ambages et de circuits que celui qui, au dire de M. de Ballanche, jouit d'une existence mythologique dans la mystérieuse Égypte. Paris et ses mille rues à interpréter, est-ce l'affaire d'un jour? Le commissionnaire affecte un lobe de son cerveau à chaque quartier, et parvient à se faire un Paris cranioscopique dont on retrouve les saillies après sa mort, ou le livret dans la poche de son gilet.

Étudiez en détail le commissionnaire, et bientôt toute la physiologie de Paris vous sera connue. Le commissionnaire ne stationne pas dans les rues aristocratiques du faubourg Saint-Germain; il n'est pas moins inconnu dans le faubourg Saint-Marceau, les deux pôles d'une société civilisée le repoussent également; il pullule dans les zones tempérées, il est à son aise sur les terrains de transition, et perche volontiers à la hauteur du faubourg Saint-Jacques, s'échelonne dans les régions moyennes du commerce et de l'industrie. Paris déteint sur lui sensiblement, chaque rue le moule à son image. Le commissionnaire est une espèce d'affranchi, qui a conservé quelque chose des types précieux, aujourd'hui perdus,

Le Commissionnaire. Dessin de Henry Monnier.

des valets de comédie. Là ce n'est qu'un porteur, un homme de peine, un crocheteur ; ici c'est Lafleur, c'est Frontin, c'est Gil-Blas, ex-oisif d'antichambre, suant aujourd'hui sang et eau, sous la livrée du commissionnaire. Le rude patronage de la bourgeoisie le courbe sous le salaire et le plie à ses habitudes. On trouve en lui le reflet de tout ce qui existe sous le régime mixte de la propriété.

Dans les diverses parties du globe, la nature a doué le serviteur de telle ou telle aptitude ; à Paris, elle a tout donné au commissionnaire. Allez en Égypte, vous aurez recours à une légion de domestiques pour n'être point servi : l'un fera cuire vos lentilles accommodées au persil, au laurier avec un quartier de mouton, vous servira un oignon cru et fumera sa chibouque en votre présence ; l'autre prendra soin de votre unique vêtement ; un troisième, de votre cheval arabe ; tout le monde se moquera de vous, en disant : « Allah est grand ! » Le reste lui est parfaitement étranger. Il y a un homme pour chaque chose : sortez de là, on ne vous entend plus : c'est comme si vous parliez hébreu. La bastonnade même n'arrache point un Turc à sa spécialité et à ses songes orientaux. A Londres, il faut être *gentleman*, avoir une maison à soi, si l'on veut être servi par des mains étrangères ; ce n'est qu'à Paris que l'on trouve ces soins de détail, ce service précieux qui s'applique à tout, qui n'oblige à rien envers un commissionnaire, et qu'il exécute sans sortir de sa profession. Le commissionnaire est un type multiple, il ne saurait embrasser trop de choses pour se faire une petite fortune. Il combine le *fixe* et le

L'Auvergnat

Le Matelot

L'Ouvrier de Paris

casuel et existe l'un portant l'autre. Il envoie tous ses bénéfices à un notaire du pays, et met le restant à la caisse d'épargnes.

Quand le gaz illumine Paris, à l'heure où ceux qui ont l'habitude de dîner gagnent les *Frères Provençaux* ou le *café de Londres*, vous croyez que le commissionnaire va se croiser les bras, faire le *cent de piquet* avec le porteur d'eau filtrée ; c'est un luxe qu'il se permet les jours de *grande* relâche seulement, autrement il se rend à un théâtre du boulevard pour faire l'*homme du peuple*. Aucuns frais de travestissements pour lui, sinon dans les pièces historiques, où il revêt un costume d'archer pour représenter un eunuque du sérail et une figure atroce si son rôle l'oblige à conspirer.

Le commissionnaire a-t-il un quart d'heure d'oisiveté forcée, voyez avec quel agréable *far niente* il hume sur l'asphalte et sur l'édredon du crochet un chaud rayon de soleil et quelques bouffées de caporal. Son pliant bardé de cuir a un oreiller de sapin, mais il y dort sur la foi des passants et des cochers de fiacre ; sa pipe n'a rien de commun avec le narguilhé des adorateurs du prophète, mais elle lui suffit, c'est son *vade mecum ;* sacrifiant la partie au tout, il en retranche le tuyau pour ne pas la casser : les choses humaines sont si fragiles !

Le commissionnaire n'est ni grand, ni effilé, ni athlétique. La taille gêne dans son état ; la maigreur lui ôte de la confiance de ses clients. Du rez-de-chaussée à la mansarde, il doit aller, venir, déménager, emménager, monter, descendre, charrier, emmagasiner ; toujours grandi, grossi, matelassé, doublé d'une caisse, d'un ballot, des cartons à chapeau de la grisette et de la valise d'un étudiant en vacances. Pour suffire à ces travaux herculéens, à cette gymnastique quotidienne, le commissionnaire a reçu de la nature des dispositions qu'il complète par l'habitude : la première est d'être né robuste et Auvergnat, d'être doué d'une large paire de favoris qui représentent la force ; contrairement au préjugé biblique qui place son siége dans ses cheveux, le commissionnaire se coiffe à la titus ; c'est toujours cela de moins à porter.

Il existe une classe nombreuse de la société qui est parée lorsqu'elle est vêtue. Le commissionnaire fait partie de cette classe intéressante. Il y a un velours qui se fabrique exprès pour lui, relevé sous forme de veste par des boutons de cuivre délicieusement arrondis. Le commissionnaire est le même homme de la tête aux pieds, bleu d'outre-mer quant aux guêtres, au pantalon et à la prunelle. Il quitte la veste dans les grandes occasions et dans les grandes chaleurs et la met sur son crochet pour mieux la porter. Il n'est chatouilleux que sur la force physique, et on ne le voit jamais compromettre son amour-propre en reculant devant un fardeau quel qu'il soit. Il mourrait au besoin comme un Titan sous le poids de ses cinq cents livres. A part cela, on peut l'appeler mon ami, mon brave ; le commissionnaire étant une de ces choses qui, aux yeux de la bourgeoisie, entrent de plein droit dans le domaine du pronom possessif ; mais en compagnie de la femme de chambre, le commissionnaire s'appelle monsieur Pierre ; on prend pour lui parler la même voix que pour le maître de la maison ; on l'accable d'attentions et de poulets froids.

Le commissionnaire est en rivalité constante avec les entreprises de déménagement quelconques, les possesseurs de tapissières, et les cochers de fiacres ou de cabriolets, qui, sous prétexte d'une course d'agrément, enlèvent en un tour de main les effets d'un propriétaire nomade, le mobilier d'un journaliste et le musée d'un antiquaire ; il brise les meubles deux fois moins qu'une entreprise, ce qui fait qu'on lui confie deux fois plus volontiers ce que l'on tient à conserver.

Vous rencontrez quelquefois le commissionnaire bardé de cuir, comme s'il avait l'honneur d'être un cheval de trait, essoufflé sous le harnais, cédant nécessairement le pas aux andalous, et l'emportant sur eux par l'intelligence du pavé. De là est venu le proverbe : *Paris, le paradis des chevaux et l'enfer des commissionnaires.*

Lorsque le commissionnaire quitta les vallons pittoresques de la Savoie ou les sites enchantés de la haute Auvergne, sa tête était pleine de projets ambitieux ; il portait ses vues sur les hauts emplois du château ou de la banque de France ; il rêvait un bureau de tabac tout au moins. Muni d'une lettre de recommandation pour le valet de chambre d'un duc et pair, il aspirait par anticipation des bouffées de faveur et de fortune ; il se créait au sein de Paris un Eldorado de gros traitements et de fatigues modérées. Là ! je vous le demande, n'eût-il pas été bien placé dans un ministère solide, si c'est possible, à l'ombre d'un poêle gigantesque chauffé par ces bonnes grosses bûches, qui ne sont que des atomes du budget, ou dans quelque bibliothèque parfaitement royale, méditant sur les livres des philosophes, et l'étant un peu par contiguïté, ou bien encore attaché aux fossiles de M. Cuvier, aux phénomènes de M. G. de Saint-Hilaire et aux autres curiosités du Jardin des Plantes, donnant à manger de sa main à la girafe ou à l'éléphant, étudiant la botanique par goût et l'astronomie par principes, perdu dans les immenses contours du cèdre du Liban, restauré tous les mois par la manne de ses appointements, ayant un titre, une position, un habit bleu de roi, enfin, tout ce qu'il faut à un employé pour être rentier, à un commissionnaire pour être savant ? Hélas ! le protecteur-né du commissionnaire avait oublié son extraction villageoise, son compatriote n'est plus son ami, il n'a rien fait pour le pousser auprès des puissances, de peur de compromettre la sienne. Le commissionnaire n'a pu accrocher la moindre place, et, pour se fixer à quelque chose, il s'est fixé à un coin de rue. Là il jouit d'une existence semée de longues fatigues et de courts délassements, de grands travaux et de petits profits. On n'est ni électeur ni juré, c'est vrai ; on n'a pas le désagrément de s'entendre nommer capitaine de la garde nationale, ou l'ambition de devenir député ;

mais aussi, quelle existence triviale! l'épicier vous regarde à peine comme un homme émancipé; le charcutier croit vous régaler avec son cervelas à l'ail; le garçon de magasin se regarde à vos côtés comme placé dans les inamovibles, vous confie de son chef la besogne qui l'humilie, et l'humanité tout entière vous traite de porte-faix. La moindre querelle fait éclore les dénominations outrageantes d'Auvergnat ou de Savoyard. C'est ainsi que le béotisme parisien lui glisse en douceur des phrases comme celle-ci : « Dites donc, monsieur Pierre, les Auvergnats sont-ils Français? »

On a évidemment tort de donner le commissionnaire comme la dernière expression de l'incivilité rustique ou de l'inurbanité parisienne; il est poli, discret et même consciencieux. Il ne surfait jamais le prix d'une course ou d'un paquet. A telle distance c'est tant; sa carte c'est son expérience. Pour le poids, il en a la balance dans la main. Cherchez-moi un Euclide qui soit aussi savant que lui dans l'art de retourner une malle ou un paquet, dans la science du plan incliné, et qui connaisse mieux la ligne droite dans ce Paris, où si peu de personnes la suivent d'un bout à l'autre.

Le commissionnaire n'est entaché d'aucun des préjugés qui tiennent aux corporations; il n'est membre d'aucune société savante, il a grand soin surtout de n'être pas de l'Académie. Trop fier pour se lier avec des laquais à livrée, il a trop *bon genre* pour frayer avec les cochers. Employé souvent comme garçon de recette, il a une considération à garder, outre l'estime que chacun lui accorde. Dans l'arrière-boutique du marchand de vin, le commissionnaire s'entretient généralement de politique; pour peu qu'il y ait un commencement d'hostilités du côté de la Belgique, le marchand d'en face n'expédiant plus de *satin-laine*, il se ménage d'avance la pratique d'un fabricant d'équipements militaires. Si l'élection ramène à la chambre tel député, ce sera pour lui une connaissance toute faite; si telle actrice, dont il soigne les débuts, comme romain, obtient un grand succès, il aura de l'ouvrage pour toute la saison. Son existence est liée aux fibres les plus intimes du corps politique; il en suit les mouvements afin de ne manquer aucune commission importante. Le commissionnaire dit :

« Not' bourgeois, » en parlant du roi des Français.

Des passagers, des hommes sans vocation, après avoir dû leurs premiers succès et leurs premières épargnes à la commission, conçoivent le projet de monter un fiacre, de devenir propriétaires de deux chevaux poussifs et d'exister sous la forme de cochers. Ceux-là sont à peu près perdus pour le pays; s'ils y reviennent c'est pour être millionnaires. Il n'en est pas ainsi du commissionnaire pur sang. Dès que celui-ci a supporté jusqu'à trente à quarante-cinq ans le fardeau de l'existence parisienne, il ne dissimule plus son mépris pour le luxe de la *capitale* qu'il a foulé aux pieds, et pour les merveilles de la civilisation qu'il a outre-passées. Tant qu'il a des muscles robustes et une austère probité à mettre au service d'une société qui accepte toutes les jouissances, sans égard pour ceux qui s'en font les instruments, le commissionnaire a grossi chaque jour la somme de ses dévouements, avec l'espérance secrète de ne pas mourir à la peine. Après avoir, Sisyphe de la course à pied, roulé assez longtemps son rocher sur le pavé de Paris, il soupire pour une retraite champêtre bien abritée sur quelque coteau poétique de son pays natal; il en est parti, pèlerin de la société, il y rentre en bon paysan sur lequel ont passé toutes les grandeurs et toutes les décadences, flots mouvants de la vie parisienne. Tel étudiant provençal qu'il avait installé, chétif, dans un hôtel garni, possède aujourd'hui un palais à lui tout seul. Une figurante qui renvoyait par son entremise les lettres sans les décacheter, en reçoit aujourd'hui d'armoriées qu'elle décachette sans les renvoyer : un clerc d'huissier, qu'il suppléait quelquefois, s'est lancé dans les bitumes et pave aujourd'hui les trottoirs qui lacéraient jadis outre mesure ses bottes de simple piéton. Le commissionnaire n'a quitté ses sabots que pour des souliers ferrés; il emporte ceux-ci comme trophée, c'est la chaussure d'un honnête homme.

L'homme oublie ses premiers vers, sa première maîtresse, son premier tailleur, sa première lettre de change; il n'oublie pas le premier commissionnaire qui lui a servi d'introducteur dans le dédale de Paris, qui s'est offert pour porter sa croix sur le Golgotha de quelque maison de six étages, en lui ouvrant peut-être le chemin de la fortune, paradis des temps modernes. Le commissionnaire est en effet toute l'hospitalité de Paris : c'est lui qui le premier vous en fait les honneurs, c'est le premier fil conducteur qui vous indique le pôle où vous devez graviter; il marque le point de départ d'un grand homme ou d'un parvenu; celui-ci l'oublie, l'autre se souvient toujours qu'il s'est aidé du commissionnaire pour faire son chemin.

Des provinciaux osent encore se défier de ses bons offices, le regardant comme un être essentiellement nomade, tandis qu'il est plaqué, numéroté comme un soldat. Et d'ailleurs le commissionnaire, n'eût-il pas sa plaque, aurait encore sa probité.

Puisez maintenant vos inductions ici ou là, dans Saint-Simon ou dans Fourier, vous trouverez toujours que la société n'a pas dit son dernier mot au sujet du commissionnaire. Une personnalité mixte comme la sienne résulte d'un état de transition qui prouve jusqu'à l'évidence un besoin de moyens termes dans une société essentiellement bourgeoise. Le commissionnaire succède au valet de pied. Dans tous les quartiers où les mœurs féodales sont encore en vigueur, le commissionnaire est traité d'hérétique, ou si l'on veut de réformateur. Son introduction dans la vie civile date peut-être de l'établissement de la petite poste : la bourgeoisie sentit le besoin d'établir un contre-poids aristocratique à ce véhicule populaire des lettres cachetées, et le commissionnaire s'est glissé entre deux impossibilités contemporaines, comme un pouvoir parlementaire entre le peuple et l'aristocratie.

Quand une profession formule l'homme comme l'expression la plus actuelle d'un régime de transition, qu'elle se pose comme le type complexe d'une classe sujette à des changements indéfinis, cette profession mérite ici une place. Le Sort, qui a présidé à nos destinées communes, a fixé le commissionnaire entre le ciel et l'enfer, dans le purgatoire du travail actif et intelligent. Demi-servitudes, demi-plaisirs, demi-profits, telle est l'existence mobile de cet homme. Il ne s'appartient pas plus qu'il n'appartient aux autres; il est le serviteur de tous sans être le domestique de personne, et c'est en cela que son type le distingue de celui d'un simple valet; libre de servir une multitude de maîtres, pour échapper à la tyrannie du besoin. Quiconque a recours à un commissionnaire dans la vie privée, doit voter avec l'opposition parlementaire, et demander l'adjonction des capacités. L'opposition prit un jour le commissionnaire et le lança comme une montagne à la tête du pouvoir. Un commissionnaire, pour vingt-quatre sous, transporta à l'hôtel de l'intérieur la malle d'un nouveau ministre. J'allume ma lanterne et je cherche cet homme précieux, certain, si je le rencontre, d'enrichir cette collection de la perle des commissionnaires.

L. Roux.

Dessin de Pauquet.

LE DAUPHINOIS

Par Georges d'Alcy

ILLUSTRATIONS DE DAUBIGNY, GAILDRAU, H. ROUSSEAU, FELLMANN, CHAMPIN, ETC.

> A M. Marcelin Bérenger (de la Drôme). — pair de France, membre de l'Institut, conseiller à la Cour royale de cassation, — à qui tous ses compatriotes doivent tant, un de ceux qui lui doivent le plus.
> GEORGES D'ALCY.

NOBLE pays auquel tant d'illustres souvenirs se rattachent ; pays de franchises et de libertés, toujours armé, toujours luttant pour son indépendance contre l'oppression qui le menaçait, tour à tour contre celle des Romains, contre celle de ses comtes et barons, contre celle de ses rois ; le Dauphiné, cette vieille et glorieuse province qui a vu naître Bayard et Lesdiguières, Barnave, Casimir Périer et Championnet ; hélas ! aujourd'hui cette province n'a plus rien qui la distingue des autres parties d'un royaume auquel la réorganisation départementale l'a réunie et confondue à jamais ; aujourd'hui, elle forme les trois départements de l'*Isère*, de la *Drôme* et des *Hautes-Alpes*, et comme toutes les anciennes provinces de France, elle n'a rien gardé de ses antiques priviléges, pas même le stérile honneur de donner un titre à l'héritier actuel du trône : — les *Dauphins* de France sont morts avec la branche aînée des Bourbons.

Mais cet esprit d'indépendance qui semblait, pour ainsi dire, originaire du sol, a-t-il marqué ses habitants d'un caractère particulier ? Le Dauphinois actuel est-il bien celui d'autrefois ! quelle physionomie a-t-il ? quelle est l'originalité qui le distingue des grandes originalités qui l'environnent ? en un mot, à quelle excentricité traditionnelle et indélébile pourrait-on le reconnaître infailliblement, comme on reconnaît encore le Provençal ou le Normand, le Gascon ou l'Auvergnat ? — Ses mœurs

Dessin de Daubigny.

ont-elles bravé l'influence des temps et de la civilisation générale? Son langage ou ses habitudes sont-elles venues jusqu'à nous pures de tout contact extérieur, de tout mélange hétérogène? et lui-même, au milieu de tant de remuements et de révolutions, s'est-il montré le gardien fidèle des vieilles traditions paternelles? — A toutes ces questions, je répondrai que le Dauphinois n'est pas un type, et que peut-être bien il n'en a jamais été un. — Et en effet, selon les parties différentes du territoire où on l'examine, le Dauphinois présente une physionomie toute particulière et les excentricités les plus diverses, parfois même les plus opposées. Il se distingue moins par ce qu'il est, que par ce qu'il a pu être, car, ayant toujours été matériellement séparé des autres habitants de la France, ce n'est que depuis la révolution de 89, à laquelle il a été le premier à concourir, qu'il a cessé d'être régi et administré par ses anciens priviléges. Il est aujourd'hui ce que le passé l'a fait; c'est donc moins par l'histoire du présent que par celle du passé qu'on le peut connaître !

Mais d'abord, n'est-il pas curieux de savoir quelle est l'étymologie de ce mot, DAUPHINÉ, et l'origine de ce titre de DAUPHIN que les héritiers de la couronne de France ont porté pendant près de trois siècles, et comment aussi le titre et la terre leur échurent jadis en partage? Cela est trop important pour l'omettre ici. — A Dieu ne plaise cependant que je discute toutes les étymologies données : un volume ne saurait y suffire. Seulement, j'en citerai deux entre toutes celles qui me paraissent plausibles. — La première fait dériver le mot territorial *Dauphiné* de la dénomination celtique de cette province, *Allobrogie*, sa primitive dénomination, par la traduction de ce terme en grec : d'où il suit que cette province (la traduction *D-alphys* étant admise) a dû prendre le *Dauphin* pour emblème, comme la traduction hiéroglyphique ou symbolique la plus naturelle de sa dénomination ; ainsi, le titre dériverait du nom de la terre : — « Et tout cela est d'autant plus probable, ajoute M. Pierquin, l'inventeur de cette étymologie, que les médailles gauloises des Allobroges et des Dauphinois portent jusqu'à trois de ces animaux sur leurs revers. » — La seconde, beaucoup plus vulgaire et par cela même beaucoup plus vraisemblable, attribue ce titre de *Dauphin* à un dauphin qu'un des derniers comtes de Viennois avait sur l'armet de son casque, et à cause duquel ses enfants prirent le nom de *Dalphini*, d'où le nom de *Dauphin* appliqué par extension à la terre possédée, *Dauphiné*. — Quelles que soient la véritable étymologie du mot Dauphiné, et l'origine du titre, le fait est que ce fut le fils de Guy le Gras qui, vers l'an 1120, prit le titre de Comte-Dauphiné et fit graver un dauphin sur son cachet et sur ses armes.

Disons maintenant comment et à quelle condition le Dauphiné passa au pouvoir des rois de France.

L'Allobrogie, après avoir été successivement occupée par les Romains et les Burgondes; après avoir subi l'invasion de diverses peuplades errantes, et vu s'établir, dans les hautes montagnes du Gapençais et du Briançonnais, quelques bandes de Sarrasins qui, selon les uns, fuyaient la poursuite de Karl-Martel, et, selon d'autres, au contraire, y demeurèrent d'eux-mêmes, à la suite des irruptions qu'ils firent dans le midi de la France; après avoir été gouvernée environ 350 ans par les Francs, l'Allobrogie, dis-je, fut, en 882, érigée pour la seconde fois en royaume des Burgondes, au bénéfice du comte de Bozon, gendre de Louis le Bègue. Ce nouvel état n'avait en lui aucun principe de force et de stabilité; fruit de l'usurpation, il devait bientôt périr par l'anarchie et la révolte. Un siècle après, Rodolphe, l'un des successeurs de Bozon, trop faible pour maintenir ses barons feudataires, transporte ses droits à l'empereur Conrad le Salique. Les grands vassaux et plusieurs villes refusent de reconnaître Conrad. Les seigneurs feudataires se proclament indépendants, et règnent chacun

Le Dauphinois (maître d'école). Dessin de Gaildrau.

dans leurs seigneuries, exerçant une puissance despotique sur tout ce qu'ils peuvent atteindre. Les villes sont administrées, au temporel comme au spirituel, par le clergé assisté des fidèles, guerroyant entre elles, et, le plus souvent, contre les redoutables barons, qui dès lors les voulaient asservir. Ce fut un certain seigneur d'Albon, comte de Grésivaudan, par droit de conquête, qui vint, au onzième siècle, partager à Grenoble l'autorité de l'évêque, — à quel titre? on l'ignore, — et que l'on peut regarder comme le premier dauphin du Viennois. Celui-là meurt en se faisant moine. De 1075 à 1350, c'est-à-dire de Guygues Ier au dernier dauphin Humbert II, douze dauphins occupent Grenoble et étendent successivement leur domaine jusqu'à ses dernières limites, les limites actuelles du Dauphiné. Humbert II est de tous les dauphins celui qui s'occupe le plus de l'intérêt de ses sujets : il agrandit les immunités de Grenoble, en accorde de nouvelles à presque toutes les villes qu'il possède, abolit tous les tributs et droits de péage créés depuis Humbert Ier, ainsi que le droit de mainmorte,

Vue de la ville de Grenoble. Dessin de Daubigny.

réduit les impôts personnels, et, après avoir fondé une université à Grenoble et octroyé les plus larges franchises aux jeunes *clercs et escoliers* qui la fréquenteront désormais, il institue un conseil delphinal composé de six membres auxquels il délègue les pouvoirs les plus étendus, pour éclairer en toute occasion les décisions du prince, et veiller aux droits de tous. Malheureusement et sur ces entrefaites, un déplorable accident vient frapper Humbert II; son fils et unique héritier tombe d'une des fenêtres du château de Beauvoir et se noie dans l'Isère. Dès lors, Humbert ne songe plus qu'à résigner son pouvoir et qu'à se retirer du monde. Tous ses actes répondent à ce désir, toutes ses actions sont pour ce but. Prince libéral et chrétien, il prépare son abdication selon la sagesse et les inspirations de Dieu et pour le bonheur à venir de ses sujets. Il achève les améliorations commencées ou projetées, confirme et assure par tous les moyens qu'il a de le faire les libertés du Dauphiné, et, par une déclaration solennelle connue sous le nom de *statut delphinal,* ayant ordonné, comme condition expresse, « qu'avant d'exiger aucun serment de fidélité, les dauphins, ses successeurs, fussent tenus, à leur avénement, de jurer eux-mêmes, entre les mains de l'évêque de Grenoble, de maintenir et défendre toutes les libertés du pays, » il transporta ses états à Charles, petit-fils de Philippe de Valois. — C'est le 13 juillet 1339 que l'investiture du jeune dauphin eut lieu à Lyon, chez les frères prêcheurs, où, avant de prendre l'habit de Saint-Dominique,

Humbert II « en signe des dites saisine et dessaisine, bailla audit Charles l'épée ancienne du Dalphiné, et la bannière de Saint-Georges, qui sont anciennes enseignes des dalphins de Viennois, et un sceptre et un armet, voulant par ainsi que d'ores en avant ledit Charles soit tenu et réputé en nom et en fait vrai dalphin de Viennois. » Et en effet, quoique le Dauphiné appartînt réellement à la France, depuis lors et jusqu'à la révolution de 89, il a été gouverné selon ses propres lois, et tous les édits y étaient promulgués au nom du roi-dauphin.

Les guerres de religion ont longtemps agité le Dauphiné. Villes et bourgs, jadis murés et crénelés, attestent encore, par leurs débris, les rudes assauts qu'ils eurent à soutenir jadis, pendant ces temps de passions et de carnages. — C'est sans doute à l'esprit de controverse que les dogmes nouveaux amenèrent avec eux, qu'on doit rapporter la civilisation précoce du Dauphinois. Comme aussi, peut-être, est-ce bien aux luttes acharnées que les religionnaires eurent à soutenir contre les gens du roi, autant qu'aux franchises primitivement octroyées par Humbert II, qu'il faut attribuer cet esprit héréditaire d'indépendance, et cette haine de toute puissance tyrannique, qui porta cette province à s'insurger la première contre les excès du pouvoir royal, et l'entraîna à demander à ses députés, non-seulement de sanctionner l'opposition des parlements, mais de légitimer le refus de l'impôt. En Dauphiné, et nulle part ailleurs, pareille chose se vit-elle jamais? en Dauphiné, dis-je, l'amour de la liberté domine soudain la passion religieuse, d'ordinaire la plus aveugle et la plus absolue. C'est lorsque la cour s'attaque à tous et sévit contre le pays par de nouvelles taxes enregistrées militairement, c'est alors que le pays se rappelle ce qu'il a été et ce qu'il doit être. Les vieilles rancunes, les anciens dissentiments sont oubliés : catholiques, huguenots, ceux qui aidèrent aux dragonnades comme ceux qui leur avaient survécu, même les Vaudois, ces premières victimes, ces fugitifs qui avaient à peine alors un gîte où reposer leur tête si longtemps proscrite [1], tous ensemble refusent de se soumettre et s'unissent pour combattre le despotisme. Dans les églises comme dans les temples, Rome et Genève concourent au même but : on explique les droits du pays, l'on prêche la liberté, c'est-à-dire le triomphe des lois, et, malgré toutes les entraves, les états du Dauphiné, noblesse, clergé et tiers-état, assemblés à Vizille la nuit du 21 juillet 1788, sont unanimes dans la résistance, et allument ainsi, sans trop en prévoir la grandeur ni l'issue, le mémorable incendie de 89.

Toute chose s'use vite ici-bas, même les religions ; et les passions excessives amènent infailliblement l'indifférence. Le temps, l'habitude et surtout la révolution de 89 ont presque épuisé toute animosité entre les orthodoxes et les calvinistes : la tolérance est grande là où ils existent encore, c'est-à-dire, dans la montagne. « J'ai toujours été profondément touché, disait l'un des préfets du Dauphiné, en apprenant que, la veille des fêtes nationales, il avait été solennellement décidé, entre les catholiques et les protestants, qu'on mettrait de côté tout esprit de parti et tous les vieux préjugés ; et j'ai trouvé généralement que ces résolutions avaient été religieusement observées. » — Mais dans la plaine, l'irréligion est partout ; partout il n'y a qu'un seul culte, celui du doute et de l'indifférence.

Les dialectes vulgaires du Dauphiné se sont formés, à la décadence de la langue romane, de dérivations plus ou moins directes du roman, selon les localités et les habitudes diverses, comme la langue romane s'était formée elle-même des débris de la langue latine. Aujourd'hui, chaque partie du Dauphiné, presque chaque ville, a son patois. Voici un fragment

---

[1] Pendant près de quarante ans, M. le pasteur Bérenger, père de M. le comte Bérenger, actuellement conseiller d'état et pair de France, a desservi les églises protestantes ou vaudoises du haut Dauphiné, en s'exposant aux plus grands dangers. Il fut condamné à mort par le parlement de Grenoble en 1767, et exécuté en effigie à Mens. — Les protestants de Mens et du Trièves n'ont joui d'une véritable tranquillité que par l'édit de 1787.

de langue romane et de quelques patois actuels du Dauphiné ; la comparaison sera plus facile en reproduisant exactement le même morceau, la parabole de l'enfant prodigue.

En langue romane :

« Un home aë diù filh, e lo plus jove dis al païre : O païre ! dona à mi la partia de la substancia que se coven à mi ; e de partie à lo la substancia. E en après non motidia, lo filh plus jove, ajostas totas cosas, ane en pereriniage en lognana région, e degaste aqui la soa substancia, vivent luxuriosament. »

Maintenant, en patois actuels ; d'abord en patois de l'Oysans, département de l'Isère.

« Ur homme ayit dous garçons ; lou plus jouvein zi dissit : Pare, baillamé lous bens qu'y déyou avey pe ma part su voutrou héritajeou. Lou pare lou fasè lou partajeou de soun ben. Quoque teims après, lou plus jouvein emporti avey li tout so qu'el ayit agut, s'en fuzé courre loun, dins lou Pays-Bas, ounte oul agué tieu dépeinsa soun ben din leys debauches.

Et enfin, en patois de Valence, département de la Drôme :

« Un homè avio dous garçons : lou plus djeuné diguet á son pèrè : Pèrè, bèla mè la part dè bien qué mè rèven ; et lou pèrè lioou diviset son bien. Quanqués djours après, s'assembleran tous, et lou plus djeuné partiguet per lou païs étrandgiers ontè dissipet son bien en fasan movaiso vio. »

Il est encore une chanson patoise, intitulée le *Mois de mai*, et que des groupes de jeunes garçons et de jeunes filles s'en vont chantant, de porte en porte, par les rues et les fermes, le 30 avril, après le coucher du soleil, attendant, en échange de leurs chants, quelques œufs dont le lendemain ils feront leur *pogne* de réjouissance, ou bien, à défaut d'œufs, quelques pièces de monnaie pour en acheter. La voici telle qu'on la chante encore :

Le Dauphinois habitant des villes et villages de la plaine est tout autre que celui de la montagne, et même, parmi ces derniers, pour la manière d'être, pour les mœurs et le caractère, existe-t-il de notables différences selon les localités où on les observe. Prenons d'abord l'antique capitale du Dauphiné, Grenoble, cette ville si belle et si florissante, la première ville des trois départements que dominent les massifs de la grande Chartreuse. En je ne sais plus quelle année, Lekain, le célèbre acteur, homme à bonnes fortunes, s'il en fut, et des plus compétents en cette occasion, écrivant de Grenoble, disait des Grenoblois : « Ce peuple est né rusé, spirituel et sensible ; il aime les arts, fait peu de commerce, et, malgré sa pauvreté, il est très-hospitalier. Les femmes sont aimables, adroites, fort galantes et remplies d'esprit ; mais en tout elles conservent une décence qui leur donne le vernis des bonnes mœurs. Voilà l'idée que je m'en suis faite, et je la crois juste. » Avant Lekain, un écrivain jadis illustre, et mort comme tant d'autres mourront, Le Pays, écrivait en 1660, toujours sur Grenoble et les Grenoblois : « La galanterie et l'esprit y paraissent plus qu'en aucun lieu du monde ; les femmes y sont bien faites, et quoique montagnardes, ne peuvent point passer pour bêtes farouches. En l'un et l'autre sexe, il se fait grand commerce de fleurettes et de soupirs ;

on y a si grande connaissance de ces deux sortes de marchandises, qu'on y juge d'abord si les fleurettes sont de bale ou façon de maistre, de la cour ou de la province. Après cela, monsieur, vous demeurerez d'accord que jamais demeure ne fut moins sauvage que celle-ci, et qu'un honneste homme y doit passer la vie fort agréablement. » Depuis Le Pays et Lekain, le Grenoblois n'a pas changé, et grâce à eux j'ai pu en parler sans médisance.

Parcourons toute la plaine avant de gravir la montagne, visitons la charmante vallée d'Optevoz et ses frais ombrages, ainsi que le lac Paladru, une des curiosités du Dauphiné. Il a 5,000 mètres de longueur, 1,000 mètres de largeur et 25 à 30 mètres de profondeur; on

Vue du lac Paladru. Dessin de Champin.

remarque au fond de ses eaux, selon la tradition, les charpentes du village d'Ars qui y fut, dit-on, englouti au XIIe siècle; et, suivant l'Isère sablonneuse et rapide, laissons à gauche le Romanain actif et laborieux, toujours opiniâtre, souvent insoumis ou querelleur, et bientôt nous entrerons dans le Rhône, et nous aborderons à Valence. — Vrai fils de Roger Bontemps, le Valentinois boit à ses soucis, quand il en a, mais, du reste, sans plus se fatiguer que s'il n'en avait pas; et il boit de même au plaisir, lorsque le plaisir lui survient. Toute sa science est de vivre, entendons-nous, de bien vivre. Pour lui, la vie, c'est un bon lit, une bonne table, l'estaminet matin et soir, la chasse en été, et fort peu de travail en tout temps! Je crois même que, semblable au chartreux, il ne travaille que pour se délasser de son oisiveté. Il est d'ailleurs hospitalier, généreux et facile, et n'a, après tout, que les défauts de tout le monde; il ne tiendrait même qu'à lui de n'en avoir que

Bayard. Dessin de Fellmann.

les qualités. Pour cela, il est vrai, il lui faudrait ce qui semble absolument lui manquer, une volonté soutenue. En fait de volonté et de courage, il a des éclairs, de fort beaux éclairs, je vous jure. Il voudra bien tout un jour, rarement deux ; mais quand il se bat, il le fait en conscience et assez bien pour se faire tuer tout d'abord. Quant aux grands hommes, il en a quelques-uns d'un vrai mérite, mais que lui importe ? Il aime les excentricités, et le *cuisinier* MARTIN est celle dont il se glorifie le plus. Valence est un séjour où l'esprit de médisance règne parfois beaucoup plus qu'il ne convient, et par cette raison, ce n'est pas nous qui blâmerons MM. Empis et Mazères d'y avoir pris les personnages de leur charmante comédie de *la Dame et la Demoiselle*.

Valence est la dernière limite du Nord ; le Valentinois n'a rien du Provençal, ni dans le langage ni dans le costume. Cependant, à six lieues de Valence, sans transition aucune, le reste du département est Provençal, aussi Provençal qu'on l'est à Avignon et à Marseille. L'habitant de Montélimart comme celui de Pierrelatte et de Nyons suit la tradition provençale pour les coutumes et le langage : brusque, farouche, peu serviable, il vous maltraitera si vous ne lui cédez le pas, et, pour peu que vous ayez besoin de ses services, il vous jouera mille méchants tours. Êtes-vous égaré, plutôt que de vous enseigner le droit chemin, il vous poussera dans une route extrême, ou même volontiers, si la chose est en son pouvoir, dans un mauvais pas. Interrogez-le sur l'heure ou la distance, selon qu'il vous trouvera fatigué ou dispos, il l'allongera ou la raccourcira, car sa plus grande joie est de causer la surprise et le désappointement, à moins toutefois qu'il ne vous jette pour toute réponse ce dicton provençal qui lui est si familier : *Camine, camine, as pau que terre té mainque*.

Dans la plaine, partout où croit le mûrier, la soie est la fortune des habitants et leur principale récolte. Un mois de soins et de labeurs, un mois leur suffit pour obtenir un revenu et une aisance que deux années de fatigues et des plus rudes travaux, deux années de fertilité et d'abondance ne sauraient arracher à la terre. Aussi, et c'est un malheur sans doute, cette récolte fait-elle négliger les autres récoltes : déjà cette richesse si doucement acquise, et que le beau ciel de la Provence fait éclore comme par enchantement, altère la vieille énergie de nos campagnards, et les rend plus faciles aux douces séductions du plaisir et de l'indolence ! Et qui le sait ? peut-être, lorsque l'industrie et la science auront acclimaté ces récoltes sous les humides régions du nord, et, multipliant les produits, établi la concurrence, amené la baisse et fait succéder au bien-être toute sorte de gêne et d'embarras ; qui sait si l'heure du retour et de la sagesse ne sera point sonnée depuis trop longtemps, et si nombre de ceux qui vécurent si bien et à si peu de frais auront alors assez d'empire sur leurs habitudes de mollesse, pour ne pas demander au vagabondage et au crime le pain qu'ils ne pourront plus obtenir qu'à la sueur de leur front ? — Après la récolte, la fabrication : celle-ci dure longtemps, du printemps à l'automne, et elle occupe tout ce qu'elle trouve ; jeunes, vieux, filles, femmes, enfants, mendiants et vagabonds, tout lui est bon ; elle prend sans y regarder de trop près, sans même y regarder, car la besogne abonde et le travail est facile, et surtout il ne peut attendre. Les fabriques sont nombreuses dans le Dauphiné, et elles attirent en masse, elles absorbent les jeunes filles. Hélas ! la pauvre jeune fille n'a pas à choisir sa carrière ; elle se voue à celle-là, qui l'occupe une partie de l'été. Ce qu'elle fera l'hiver, Dieu seul le sait ; comment elle vivra, je l'ignore ; mais au printemps vous la retrouverez à son poste ni plus laide ni plus déguenillée qu'elle n'était en le quittant ; et toujours, avant comme après, sans la moindre inquiétude du lendemain, sans le moindre souci de l'avenir. La voyez-vous, presque en chemise, avec une braillette à laquelle pend un méchant jupon de couleur retroussé de côté, et d'où ressort la

La Dauphinoise (fileuse). Dessin de Gaildrau.

chemise, laissant à découvert la moitié de ses jambes toutes nues, toutes hâlées? la voyez-vous penchée sur le rouet, un bras passé dans la courroie qui la soutient, et se balançant rapidement sur la planchette du dévidoir [1], bien plus attentive à sa chanson qu'à son ouvrage, lequel d'ailleurs n'a nullement besoin de son attention? Telle est la *fileuse*, telle est aussi son unique occupation. De douze à dix-huit et vingt ans, cette fille ne fera que ce métier-là, mais après elle passera pour le reste de ses jours à la chaudière où s'ébouillantent les cocons. Ce qu'elle gagne est bien peu de chose, juste de quoi se nourrir et s'acheter de loin en loin une chemise et un ruban, un ruban d'abord, de couleur éclatante, le plus souvent ponceau, et lequel, ajusté à tort et à travers sur ses haillons de la semaine, lui servira de

Vue de la vallée d'Optevoz. Dessin de Daubigny.

parure pour les vogues du dimanche. Pour elle, le dimanche n'est pas le jour de Dieu, mais le jour du repos, le jour de la danse et du plaisir. Elle ne sait ni lire ni écrire, et pourtant elle est plus impitoyablement, plus obstinément athée que toute la tourbe philosophique du dernier siècle, et aussi enragée contre le curé, qu'elle appelle le *corbeau*, que feu M. de Voltaire lui-même contre Loyola et les jésuites. Le pauvre curé ! il a beau jeu à prétendre arrêter le débordement d'immoralité qui vient de ces fabriques, la précoce et épouvantable dépravation qui tient au cœur de ces malheureuses créatures, comme une lèpre vivace et rebelle. Vains efforts, prières stériles ! les jeunes garçons se soumettent à sa voix, le suivent aux offices jusqu'à l'âge de quinze ou seize ans, époque de leur grande majorité, époque à laquelle ils l'abandonneront de nouveau ; mais les filles, ni tôt ni tard, jamais, jamais un seul instant elles ne voudront fléchir le genou et renoncer à leurs *piarres* [1] et à leurs débauches. — Ces filatures ne sont, la

---

[1] Presque tous les dévidoirs sont mus par la vapeur ; il n'y a pas trois ans que l'usage en était généralement repoussé. Aujourd'hui l'on ne retrouve les anciens procédés que dans quelques vallées retirées, dans quelques bourgs obstinément rebelles aux améliorations de l'industrie.

[1] Leurs amants. Dans beaucoup d'endroits, dire à une jeune personne qu'elle est une *fileuse*, c'est lui faire une cruelle insulte.

plupart du temps, que de vastes hangars ; vous en rencontrez à chaque pas, de grandes, de petites, de toutes dimensions, toujours également peuplées, toujours également bruyantes. Toutes ces *fileuses* chantent pour chanter, la première chanson venue, *le Roi Dagobert*, et, à son défaut, des *Noëls* et des *Cantiques*, interrompus à chaque couplet par des plaisanteries obscènes, ou pour insulter les passants. Pour Dieu ! garez-vous de leur soleil et du vent qu'elles envoient : dans le midi du Dauphiné, on a vu plusieurs fois ces Euménides modernes se saisir du passant qui se riait d'elles et le fouetter jusqu'au sang ; ou bien, s'érigeant elles-mêmes en cour de justice, s'emparer de l'homme qui s'était laissé battre par sa femme, le hisser sur un âne, le visage tourné vers la queue, qu'il devait tenir en guise de bride, le coiffer d'un bonnet à cornes, et, l'ayant également affublé de deux écriteaux, l'un par devant, l'autre par derrière, le promener ainsi de rue en rue, au milieu de la risée publique, tandis qu'à ses côtés elles se ruaient en foule, sous la conduite d'un jeune gars qui donnait du cornet à bouquin, et de deux *écuyers* agitant des colliers de mulets tout chargés de grelots.

Ce qu'il nous reste à visiter maintenant, c'est la partie la plus poétique et la moins connue du Dauphiné, c'est le Dauphinois des montagnes, l'homme de la nature et des traditions, celui qui n'a encore rien perdu de sa force et de son originalité primitives. — Gap, Embrun, Briançon, les vallées de Queyras et de Freissinières, Val-Louise, où les Sarrasins se réfugièrent, et où les Vaudois vinrent chercher ensuite un asile contre la proscription ; Ceillac, Arvieux, Dormilhouse, Guillestre, tous ces pays de frontières, couverts de rochers et de forêts, ces pays, la plupart protestants, et que dominent, au midi et au nord, le mont Viso et le mont Dauphin, toute cette race étrange qui se répand par le monde sans rien y perdre d'elle-même, sans rien y prendre des autres races, et qui revient toujours, ceux qui sont devenus riches comme ceux qui sont restés pauvres, toujours et tout entière, mourir aux lieux où elle est née, fidèle en toutes choses aux vieilles et saintes traditions paternelles. Voilà, dis-je, ce qu'il nous reste à étudier et à connaître.

Le pasteur est l'âme qui anime et vivifie ces sauvages solitudes ; il est le lien qui unit entre elles ces bourgades séparées, et qui, grâce à lui, à ses laborieux efforts, à ses tendres sollicitudes, ne forment qu'une seule et même famille. Il n'avait rien, ou presque rien à faire pour le développement moral : suivre la route tracée, suppléer le père dans l'éducation de la famille ; aussi est-ce aux soins et aux améliorations terrestres que son esprit s'est d'abord appliqué. Néanmoins, en prenant la place du père, il a trouvé à celui-ci de nouvelles occupations ; il a amené l'industrie là où l'esprit religieux régnait seul, et par lui, chaque jour, l'existence matérielle de ces hommes s'améliore et ne contraste plus si grandement avec leur haute intelligence et leur éducation précoce. C'est un ministre protestant dont le nom est chez eux en grande vénération, c'est Nef qui le premier, en 1824, je crois, leur apprit même à planter des pommes de terre. Jugez du reste par ce seul fait. Plus tard, et grâce à la générosité de ses amis, cet excellent pasteur put établir une école *planchéiée* et *garnie de bancs;* une seule, entendez-vous, car toutes les écoles du canton, toutes sans exception, étaient placées, et le sont encore, dans des granges obscures et humides où les enfants, étouffés par la fumée, interrompus par le babil des gens et le bruit des animaux, étaient sans cesse occupés à défendre leurs exemples contre les chèvres et la volaille, et à éviter la pluie qui dégouttait du toit. Mais là ne se bornaient pas ses soins. Tandis que la tempête mugissait autour d'eux, tandis que l'avalanche les menaçait de tous côtés, calmes et paisibles au milieu du désordre des éléments, le maître et les élèves, enterrés sous quatre ou cinq pieds de neige, poursuivaient assidûment leurs travaux[1] : tâche laborieuse que nul ne venait interrompre, et qui durait souvent *quinze* heures chaque jour. — Comment s'étonner après cela de l'éducation supérieure qui distingue ces montagnards ? A Ceillac, village catholique romain, les études classiques sont poussées bien autrement loin : la langue latine y est familière à tous, et, je le gage, le dernier laboureur de Ceillac pourrait en remontrer au premier rhétoricien de Bourbon ou de Charlemagne. De temps immémorial, le conseil municipal de Ceillac parle latin, discute en latin, beaucoup mieux que nous ne le ferions en français. Tacite et Cicéron, Horace et Virgile y sont cités plus souvent et plus à propos que nulle autre part en France. A coup sûr, s'il eût été élevé à Ceillac, le premier magister du royaume, M. Guizot lui-même, n'eût jamais jeté, à la tête de M. Molé, cette malencontreuse citation de Tacite que le chef des conservateurs lui renvoya si bien et si justement.

Il est certains détails de mœurs, certaines particularités qui ne sont qu'à ces montagnes, et qu'il me reste à vous faire connaître avant de les quitter à jamais. Baptêmes et mariages, et même les enterrements, tout ce que vous allez lire encore concerne plus particulièrement les populations catholiques. Ces populations se distinguent des races vaudoises par des habitudes moins austères, tout aussi pures cependant, mais moins graves et moins calmes, en un mot, par plus d'éclat et d'expansion. S'agit-il d'un baptême ? tout le village est sur pied, on invite les amis à trois lieues à la ronde, et puis l'on chante, et puis l'on danse, et la joie et la gaieté président aux relevailles et sont les dernières à se retirer du festin. Voyez-vous défiler le cortége ; il va à l'église, mais pour y arriver, n'eût-il qu'un pas à faire, il tournera autour, il prendra le chemin de l'école, il passera par toutes les rues du village, sans en excepter une seule, à quelque détour qu'il soit obligé ; et cependant, le ménétrier jouera sans relâche, soit du fifre, soit de la musette, et tous les beaux compères et toutes leurs joyeuses commères étaleront fièrement au soleil de midi leurs plus beaux habits de fête et leurs immenses cocardes de rubans bigarrés. Riche ou pauvre, qui que vous soyez, la cloche carillonnera pour vous ; elle carillonne pour tous, comme une sainte fille qu'elle est, et le curé revêtira sa plus belle chape. Le curé est de toutes les fêtes ; après la messe, il viendra, comme tous les autres, prendre sa part des dragées et du plaisir. L'office terminé, l'on s'en revient comme l'on était venu, dans le même ordre et par le même chemin, avec plus de joie encore ; et le parrain ne manque pas d'abandonner la monnaie de ses pièces aux enfants qui l'attendent à la porte de l'église. Largesses, largesses, monsieur le parrain ! n'allez pas vous montrer plus économe que vos moyens ne le permettent, ni rogner le bonheur de ces garnements, qui savent tout, on ne sait comment, et qui pourraient fort bien vous crier ce que vous avez le moins envie de dire. Du reste, une fois le baptême fait, tout rentrera dans l'ordre accoutumé, et les enfants eux-mêmes, disant adieu à leurs saturnales, redeviendront de petits anges, comme devant. — Pour un mariage, c'est autre chose. Dès qu'un jeune homme se prend d'amour, il songe à se marier. L'amour, dans ces montagnes, va rarement sans le mariage. L'amoureux lui-même ne peut se déclarer ; un ami commun se charge du message, et à le voir arriver, le samedi soir, habillé comme pour le dimanche, la famille de la jeune personne sait d'abord ce qu'il veut. Il nomme celui qu'il représente : le nom suffit, tout le monde le connaît, et le père n'engage le visiteur à s'asseoir au foyer, que si l'épouseur lui agrée. Jusque-là, la jeune fille n'est pas consultée. Bientôt elle aura à se prononcer elle-même, car le samedi suivant, à pareille heure, l'amoureux viendra à son tour, conduit par son ami. Que de choses à se dire !

---

[1] Nef ouvrit et dirigea lui-même une école où il donnait de quatorze à quinze heures de leçons par jour, dans la mauvaise saison, sur la lecture, l'écriture, l'arithmétique, la géographie, le chant sacré ; et aux plus avancés sur la géométrie et la physique.   (LADOUCETTE.)

C'est peut-être une cour tout entière à se faire ; aussi, la visite se prolonge-t-elle ; le temps ni les douces paroles ne sont épargnés ; et, tandis que les parents et l'ami commun s'occupent des arrangements sérieux, l'amoureux emploie son temps le mieux qu'il peut, et toute son éloquence aussi à convaincre sa belle. On soupe à neuf heures. Vite, l'on se met à table, l'amoureux est inquiet, il va savoir ce qu'il désire, il va connaître la réponse de sa belle, qui, en fille bien élevée, répondra sans mot dire, et même sans rougir. Donc on soupe ; la belle

Costumes de paysans du Dauphiné.

fait les honneurs de la maison, elle sert tout le monde, et son amoureux comme tout le monde, jusqu'à la bouillie, le dessert de ces pays ; et alors avec la bouillie, et selon la quantité de fromage râpé que la jeune fille répandra sur l'assiette qu'elle présente à son amoureux, alors seulement l'amoureux saura le degré d'influence qu'il a acquis sur le cœur de sa belle. De là vient sans doute le pouvoir que les montagnards attribuent au fromage râpé, selon eux le plus puissant philtre d'amour. Mais si la fille est rebelle aux avances du jeune homme, elle lui glisse dans la poche de son habit quelques grains d'avoine, d'où le dicton *avoir reçu l'avoine*, pour exprimer un refus essuyé. D'ordinaire, tout finit à l'avoine ; les plus amoureux persistent bien quelquefois, l'amour est si tenace, et il est si doux d'espérer, même en souffrant ! Mais l'insensible met un terme à toutes poursuites, et pour cela il lui suffit de repousser les cendres chaudes du foyer vers le soupirant obstiné. Alors tout est dit, le grand mot est lâché, et l'amoureux n'a plus qu'à partir. Laissons-le se lamenter, ce pauvre affligé que l'on congédie, et suivons l'amant préféré. Si ce dernier est étranger à la commune de l'épousée, il devra acheter son bonheur et la possession de son épouse, et, soyez-en sûr, tout cela lui sera chèrement vendu. Sitôt la noce faite, les jeunes gens du

Vue de la grande Chartreuse. Dessin de Champin.

village prennent les armes, vivent gaiement à l'auberge pendant plusieurs jours, et ne laissent partir le marié qu'après l'avoir contraint à payer leur dépense. Le marié cherche bien à leur échapper ; plus d'un nouveau couple a délogé la nuit ; mais à cela il y a danger, on les poursuit, on les atteint, il y a bataille, quelquefois du sang ; et, l'épousée enlevée, son mari ne la peut plus ravoir qu'en payant double rançon. A cela près, le voyage matrimonial n'est plus qu'une ovation ; sur leur route, à chaque village, la jeunesse reçoit les nouveaux époux, leur fait les honneurs d'un repas de vin et de confitures, et les escorte jusqu'au village prochain. — Au rebours du proverbe, les enterrements commencent toujours par des pleurs et finissent souvent par des chansons. Une fois le mort enterré, dans un linceul seulement et son livre de messe à la main, amis et voisins reviennent à la maison du défunt, clore les funérailles par un banquet, aussi soigné qu'un repas de noce. On mange alors le *ponhpo* [1]. Dans le Val-Queyras, la viande ne paraît pas sur la table, mais c'est l'exception ; ailleurs, les choses se passent comme dans certains endroits du Vivarais : vins et mangeaille sont apportés au cimetière ; la table destinée au curé et à la famille est dressée en travers même de la fosse, les autres tout autour ; chacun dîne en plein air et dans cette position ; le repas terminé, le plus proche parent se lève, propose la santé de *leur cher ami le défunt*, et chacun de vider son verre plutôt deux fois qu'une, en répétant avec la famille : *A la santé du pauvre mort ! Buvons à la santé du mort !*

L'hiver, au sein de ces montagnes arides, n'est, pour tous ceux qui les habitent, qu'une longue et cruelle privation. Ne vous imaginez pas que ce soit comme pour vous, comme chez vous, heureux privilégiés de ce monde, une privation souvent éphémère et jamais rigoureuse des choses superflues ou surabondantes de la vie. C'est une privation réelle, implacable, mille fois plus cruelle que tout ce que vous pouvez supposer de plus cruel, car elle est de chaque instant et porte sur les objets les plus journaliers et les plus indispensables. — Du bois à brûler, ainsi que je vous le disais tout à l'heure, il n'en existe pas, ou presque pas. De loin en loin, il est vrai, vous pourrez bien encore, sur ces hauteurs ignorées, rencontrer de maigres sapinières ; mais, hélas ! et jugez du reste par cela seul, les lieux où croît le sapin, comparés au reste du pays, sont des lieux d'exceptions et de délices, un paradis. Et encore, dans ces mêmes lieux si favorisés du ciel, les habitants regarderaient-ils comme un sacrilège de sacrifier à leurs besoins personnels les seuls arbres qui réjouissent un peu l'effrayante monotonie des sites qui les environnent. Il est vrai de dire que le plus grand nombre de ces sapinières appartient à l'état, que le cadastre est venu, il n'y a pas longtemps, en déterminer les limites, en régulariser la possession, et que l'administration des eaux et forêts s'en occupe, ou tout au moins fait mine de s'en occuper. Mais cela est-il une raison suffisante de se priver ? Les communes moins sauvages et moins reculées, je ne dis pas plus civilisées, du Vercors ou du Villars-de-Lans ne s'embarrassent guère de si peu ; elles usent et abusent des forêts qui les entourent ; les particuliers suivent leur exemple, et ce que l'administration des forêts conteste ou revendique, la garde nationale, qui n'a pas été instituée pour rien, en prend possession sabre en main, maire et tambours en tête, sauf à reculer devant la gendarmerie, et à revenir plus tard et tout entière se faire acquitter en cour d'assises par un brave et honnête homme de jury, qui se dit fort judicieusement, comme je ne sais plus quel *Petit-Jean* de comédie :

Après tout qu'est-ce donc, et pourquoi tant de bruit ?
Ce n'est que l'état que l'on vole ;

et qui volontiers confisquerait le fagot à son profit, bien persuadé, sur la foi de M. le vicomte de Cormenin, que le roi et les ministres, quels qu'ils puissent être d'ailleurs, à moins cependant qu'ils ne soient de l'opposition, en font chaque jour davantage. — A part quelques communes où sont deux ou trois délinquants que l'administration connaît et surveille de loin, c'est-à-dire du coin du feu, attendant l'été pour les surprendre, et que, par ainsi, elle n'a jamais surpris, tous les habitants se chauffent avec la *fiente* de leurs bestiaux qu'ils ont recueillie avec soin et fait sécher en l'étalant, pendant les trois mois d'été que le ciel leur accorde, contre les rochers, et jusque sur la porte même de leurs misérables cabanes. Ce n'est pas tout : il est aussi des douleurs plus poignantes et plus redoutables que la saison rigoureuse semble avoir réservées à ces climats, et qui mettent à

---

[1] Gâteau fait avec du riz et du froment mélangés.

Le général Championnet. Dessin de H. Rousseau.

une rude et longue épreuve la fermeté et l'énergie de ces hommes de fer. Ce qu'ils redoutent, ce n'est pas la souffrance ni les privations, c'est la mort; c'est de voir la mort frapper parmi eux, au milieu de l'hiver, lorsqu'il leur est impossible de creuser une fosse ou de parvenir jusqu'à l'église de la commune et au cimetière. C'est une cruelle épreuve, en effet, que cette dernière épreuve : tant que durera l'hiver, ils resteront et vivront en présence de ce cadavre, pour ainsi dire côte à côte avec lui, lui adressant la parole comme aux jours d'autrefois, et sentant à chaque instant se raviver leurs regrets et leur douleur. La superstition n'a point d'empire sur eux ; ce ne sont pas les ombres ou les apparitions qui les effrayent; ils contemplent sans faiblesse ni frayeur, sinon sans chagrin, ces débris sacrés de ce qu'ils ont

Vue de la ville de Gap. Dessin de Champin.

le plus affectionné sur la terre ; et c'est auprès d'eux qu'ils reviendront chaque soir redire leurs prières et implorer la miséricorde divine.
— Les corps sont donc suspendus aux greniers ou aux toits des maisons, jusqu'à ce que le printemps permette de les confier à la terre et d'appeler sur leur tombe les bénédictions de l'église. Mais alors, et avant que ces corps conservés par le froid soient portés de leur asile temporaire à leur dernière demeure, la séparation finale sera aussi pénible et douloureuse que si elle avait lieu au moment même du décès; le deuil sera aussi triste, les lamentations aussi déchirantes, et la veuve ne se sépare pas des restes chéris de son époux, ni le fils des restes de son père, sans les arroser longtemps de leurs larmes, et leur donner encore un dernier embrassement.

Avec les privations et les douleurs de l'hiver, sont aussi les dangers de l'hiver. Ceux-là ne sont ni moins effrayants ni moins redoutables. Lorsque la neige qui enveloppe, et parfois couvre entièrement ces villages, s'est durcie aux froids plus rigoureux, c'est par des voûtes creusées sous la neige qu'ont lieu les communications de cabane à cabane. Souvent aussi, pour porter des secours matériels ou des exhortations religieuses à ces pauvres abandonnés, après avoir déjà longtemps marché de précipice en précipice, bravant l'avalanche et les loups, le curé, aussi bien que le pasteur, sentant tout à coup la neige s'enfoncer sous ses pas, est encore obligé, pour parvenir jusqu'à eux, de s'aventurer sous des voûtes pareilles qu'il trace lui-même, comme il peut, avec la pelle et la pioche, en vue de quelque fumée vers laquelle il se dirige, non toutefois sans courir grand risque de s'égarer et de périr. Autour de chaque village et de chaque habitation rôdent incessamment des loups affamés : légers à la course, ils ont traversé le désert de neige, y laissant à peine l'empreinte de leur passage, et ils sont venus se reposer sur les toits mêmes de ces cabanes, guettant la première proie qui y paraîtra à leurs regards. Dès que la présence du redoutable visiteur est constatée, et elle l'est presque aussitôt, parce qu'elle est toujours prévue et surveillée, et incessamment attendue, les habitants de la cabane lui jettent par les lucarnes quelques débris de viande, et profitent du moment où le loup s'est précipité sur cet appât, pour lui décharger à brûle-pourpoint leurs fusils ou leurs carabines. Mais c'est surtout lorsque le toit a reçu le corps d'un des membres de la famille, que la veille est assidue et la garde attentive et vigilante. On ne le quitte, on ne le perd pas de vue un seul instant, et plutôt que de l'abandonner au vorace animal, femmes, enfants et vieillards, tous préféreraient courir les chances d'un combat corps à corps et au besoin lui servir de pâture, plutôt que de se laisser ravir leur funèbre et sacré dépôt.

Un champ d'avoine ou de seigle, et que chacun a payé à la sueur de son front, des troupeaux dont la chair et le lait les nourrissent, et de la laine desquels ils tissent le drap grossier dont ils se couvrent, voilà les seules ressources de ces hommes uniques et vraiment dignes d'admiration. Paysans, laboureurs et petits propriétaires, les plus riches comme les plus pauvres, tous mettent également la main à la bêche et à la charrue. C'est en vain que vous chercherez dans leurs jardins quelques fleurs ou quelques fruits, à moins de vous acheminer vers la plaine, du côté de Champsaur ou de Molines, l'Eldorado de ces solitudes ; tous les jardins de Val-Queyras et de Val-Fraisières produisent à peine des racines et des légumes pour la table et un peu de chanvre pour les besoins les plus communs du ménage.

Dans ces villages primitifs, les clefs et les verroux sont choses inconnues, et toutes les propriétés restent sous la garde de la bonne foi publique. Nécessairement, l'argent doit être rare chez des gens qui ne récoltent assez de grains que parce que leur sobriété est extrême et que leur économie s'exerce en tout temps. Le peu qu'ils en ont, ils se le procurent par la vente des bestiaux qu'ils élèvent, et encore est-il presque toujours employé tout entier à acquitter les impositions et à acquérir des objets de ménage et des outils indispensables. Parfois même, malgré toute prévoyance de leur part, ces tristes ressources leur manquent soudainement. Alors les plus pauvres font comme les hirondelles, ils émigrent pour l'hiver, et, comme elles, ils reviennent au printemps reprendre leur vie des montagnes. — Chaque automne, aux approches des pluies, l'émigration est complète ; car, aujourd'hui, le nombre des voyageurs est plutôt en raison de leurs besoins que de la rigueur des hivers. De ces villages, dont je vous parlais tout à l'heure, asiles perdus et où tout semble inaccessible, descendent des essaims de jeunes montagnards qui, la plume au chapeau en signe de leur vocation littéraire, s'en vont de part et d'autre, en France et en Savoie, se vouer à l'enseignement. Mais des hauteurs de Briançon et d'Embrun, villes de commerce et de passage, où, l'hiver, l'homme a eu plus d'occupations et de besoins, jamais il ne nous est venu autre chose que des colporteurs ou des marchands de parapluies. — Cet enfant que vous retrouvez à chaque pas dans les rues de Paris, toujours riant, toujours prêt à tout faire ; tantôt dansant avec son chien, tantôt vous montrant sa piteuse marmotte, « sa marmotte en vie, » et chantant sans cesse et à tout venant : « Pour un p'tit sou, moussu ; » cet enfant n'est pas un Savoyard, cet enfant n'est pas davantage un Auvergnat, c'est presque toujours un Dauphinois ; il est du côté de Barcelonnette ou de Briançon ; son père est rémouleur ou berger, mais berger dans la vallée et tout usé au contact des villes. Pauvres enfants! ils ont traversé la France, ils sont venus par bandes de cinq ou six, non pas avec leur père, ni avec un membre de leur famille, mais avec un mercenaire qui les a loués à leur famille pour trois et six ans, moyennant cinquante, soixante, au plus quatre-vingts francs par an! et qui les mène durement, et les exploite de toute façon! A qui la faute? n'est-ce pas sa propriété, et ne faut-il pas qu'il en tire l'intérêt de son argent? Il les habille, vous savez comme! il les nourrit, c'est-à-dire qu'à Paris, aux alentours de la place Maubert, il leur a trouvé, pour eux et pour lui, une *pension bourgeoise*, *une honnête demeure* où ils sont logés et nourris, vous ne le croirez jamais! logés et nourris, chacun pour quatre sous par jour! — Mais cela n'est encore que le meilleur côté de la misère de ces tristes créatures; c'est le soir qu'il faut les suivre, lorsque, rentrant au logis, ils viennent régler leur compte avec le terrible maître. — Celui qui ne rapporte que *cinq* sous, un sou de bénéfice, celui-là est impitoyablement châtié et privé de la meilleure part de sa nourriture; celui qui en rapporte *dix* n'a ni louange ni punition; mais si sa recette dépasse *le franc*, alors il recevra un ou deux sous de récompense et pourra tremper ses lèvres dans le vin de son maître. — Donnez-leur donc à ces pauvres enfants qui vous tendent leurs petites mains grelottantes; laissez-vous émouvoir à leurs prières; donnez-leur, non pour le maître qui en profite, mais pour les coups que votre aumône leur servira à racheter. Hélas! qui sait où la crainte et la nécessité peuvent les pousser, et si votre bonne action ne les arrachera pas à la tentation d'un vol? — Cependant, il est rare que ces enfants soient voleurs! Une des clauses de leur contrat porte qu'ils apprendront à lire et qu'on leur fera faire leur première communion! cette clause, je dois le dire, est toujours scrupuleusement accomplie; tous les jours, de deux à quatre heures, ils abandonnent la place publique pour l'église, la chanson pour le catéchisme. Celui qui manquerait de s'y rendre serait aussi sévèrement puni que s'il n'avait gagné que ses *cinq sous*.

Voilà le Dauphinois, celui de la montagne comme celui de la plaine, tous les deux, tels qu'ils sont à cette heure. — Le premier sera-t-il longtemps ce qu'il est aujourd'hui? j'en doute; et la raison, la voici: si l'industrie n'a pas encore pénétré dans la montagne, elle est sur le point de le faire, elle est à l'œuvre pour cela. De toute part, la population de la plaine envahit la montagne, et, avec elle, s'efforce d'y amener ses usages, sa civilisation impie, son industrie toute matérialiste. Or, l'industrie va vite en besogne; une fois installée, elle devient maîtresse, et maîtresse absolue. Elle ne vit, elle ne prospère qu'à la condition d'agir sans cesse et d'avancer toujours. Le repos serait sa mort, aussi, et faute de mieux, fait-elle l'ouvrage de Pénélope, et détruit-elle sans relâche le passé au profit de l'avenir. Son activité dévore tout; rien ne lui peut résister; traditions et croyances, elle mettra tout cela à la borne comme on ferait d'un bagage inutile. L'industrie se soucie bien de la poésie des souvenirs, et même de la parole de Dieu! Son évangile, à elle, c'est l'algèbre: elle veut en toute chose une solution exacte et palpable; elle ne croit qu'à l'évidence, elle n'estime que ce qui s'apprécie par mètres ou par chiffres, que ce qui peut servir au progrès. Mais, en quoi peut servir au progrès une existence telle que l'existence de ces montagnards, pauvres honnêtes gens, qui n'aspirent qu'à la vie éternelle et n'ont d'autre science que la science du Seigneur? Et, après ceci, qu'attendre d'une intelligence qui n'exploite l'homme que pour améliorer la matière, d'une civilisation qui ne rêve d'autre but à atteindre ici-bas que la perfection imaginaire de la machine humaine?

Le Dauphinois de la plaine est dans une décadence morale complète, et menace de s'abîmer à jamais dans la vie égoïste et sensuelle d'un peuple blasé. Déjà même, chez un grand nombre, le sentiment national s'est émoussé, et cette noble passion pour la liberté, qui fit la résistance de Vizille, n'est plus qu'une manie d'opposition et de libéralisme, qui n'attend, pour tourner à la plus obséquieuse servilité, qu'un sourire de roi ou un tout petit vent de faveur. Certains Dauphinois demandent la guerre et la réforme électorale; ils crient pour l'une, ils pétitionnent pour l'autre, je ne dis pas par intérêt, car je ne leur en vois aucun, ni à la guerre ni à la réforme, mais sans doute par passe-temps et pour se procurer encore le spectacle amusant d'un bouleversement quelconque. Ce qu'il pourra résulter de cela, je l'ignore. Le monde actuel me semble tourner dans un cercle vicieux assez difficile à définir et qui ne peut amener rien de bon. Je dois me taire sur beaucoup de choses ; mais enfin, selon moi, notre civilisation est plus voisine de la barbarie que l'on ne pense, et pour peu qu'on laisse faire le temps, les journaux et les fortifications, les fortifications surtout, la France, comme tous les grands états de l'antiquité, pourrait bien s'en aller en lambeaux, et le Dauphiné redevenir comme devant, aux franchises et à la liberté près, un apanage princier, tout au plus un petit duché de Toscane.

Georges d'Alcy.

La Vigne et l'Ormeau. Dessin de Daubigny.

LA FEMME ADULTÈRE

Par Hippolyte Lucas

ILLUSTRATIONS : TABLEAUX DE LANCRET ET DU GUERCHIN
DESSINS DE GÉNIOLE, PAUQUET ET CABASSON

Allez en paix et ne péchez plus.

On disait un jour devant une femme spirituelle, que tromper son mari commençait à devenir bien vieux au théâtre, et que les auteurs devraient renoncer à ce moyen.

« Que voulez-vous ? répondit-elle malicieusement, c'est une chose aussi ancienne que le monde, et qui durera autant que lui. Le théâtre est l'expression de la société. »

Beaucoup de femmes se persuadent en effet que l'adultère est un corollaire du mariage ; elles se figurent n'avoir pas eu une existence complète si elles ne se sont, pour ainsi dire, élevées à leurs yeux du rang d'épouses à celui de maîtresses, comme à un degré supérieur dans l'échelle des passions.

L'adultère ! Nous venons d'écrire là un mot qui se prononce rarement, même en ce temps, où la chose est si commune, et que l'on tient même pour un mot de mauvaise compagnie ; mais qu'il nous soit permis de l'employer. Ce mot, le désespoir des gens du monde, doit faire le bonheur des étymologistes. Aucune expression ne porte mieux son idée. Adultère vient d'un verbe latin qui signifie altérer, et rien n'altère en effet davantage les choses et les sentiments.

L'adultère ! quelle école d'hypocrisie et de dol ! Il fait des femmes autant de Machiavels au petit pied. Non contentes d'introduire dans leur famille une bande de jeunes Lacédémoniens, si nous pouvons nous exprimer de cette façon, lesquels, comme habitués au vol dès leur naissance, s'en viennent enlever une part d'héritage aux légitimes

Dessin de Pauquet.

enfants, elles vivent dans un état de dissimulation qui corrompt les bons instincts du cœur et dégrade les meilleures natures. La pudeur s'y perd en même temps que la probité, le mensonge s'incarne dans leur chair et dans leurs os, et plus elles ont d'égards, plus elles ont de torts ordinairement envers leurs maris ; elles passent avec leurs consciences de misérables transactions. A quel degré de mauvaise foi la femme qui manque à ses serments d'épouse, arrive presque à son insu ! Chez elle le sens moral s'abolit peu à peu.

Voyez-la d'abord redouter en public la vue de son amant : ses joues se couvrent de pourpre aussitôt qu'un nom trop cher est prononcé, surtout en présence de son maître légitime ; elle croit qu'on aperçoit sur ses lèvres la trace de coupables baisers ; elle tressaille à toute heure comme si elle était devant un juge ; elle marche en baissant les yeux. Mais bientôt son front désapprend à rougir, ses nerfs se calment, son pas s'affermit, ses yeux s'enhardissent : elle a plus d'assurance que la vertu la plus éprouvée. Elle attire alors son complice sous le toit conjugal, il prend place à sa table, à son foyer. Elle cimente effrontément, entre cet homme et celui qu'elle déshonore, une amitié perfide. Il n'est sorte de bassesses auxquelles l'un et l'autre ne soient prêts pour cela, car l'adultère avilit jusqu'à l'amant, qui devient l'humble serviteur d'un homme détesté par lui. Écoutez leurs projets. Ils s'étudient à renouer le bandeau sur les yeux de la victime dont ils se raillent en secret. Un jour on substituera des lettres respectueuses, lettres officielles, aux billets mystérieux et passionnés de l'amour ! une autre fois un dédain affecté étouffera les germes d'un soupçon, et la réconciliation sera obtenue par le mari lui-même, à quel prix ? grand Dieu !

Allons plus loin.

Cette femme si réservée jusqu'alors, qui paraissait la plus chaste des mères, que déconcertait la moindre expression équivoque, qui se faisait une loi d'une économie austère,
cette divinité du toit domestique se métamorphosera en bacchante échevelée, pendant que son mari consumera en longs travaux ses jours et ses nuits pour qu'elle puisse mener une existence décente et s'entourer de toutes les délicatesses de la vie intérieure ; elle se livrera aux joies prodigues de la courtisane, elle dépensera en folles aventures quelquefois le pain de sa famille, sans avoir le sentiment de sa dépravation. Comparez-la à ces autres femmes plus honnêtes qu'elle au fond, à ces femmes *sans nom* qu'un spirituel écrivain vous a dépeintes et qui se donnent à tous sans faire tort à personne, elle criera à l'infamie, elle qui en est venue à mépriser son mari en raison même des affronts qu'elle lui fait.

Entrons plus avant dans ce sujet.

L'adultère n'est pas moins fâcheux pour les enfants que pour le mari : voilà souvent la cause des préférences ou des antipathies cachées. Tantôt les enfants du mari sont sacrifiés à ceux de l'amant, tantôt les êtres malheureux, nés d'un attachement passager rompu avant leur naissance, se trouvent considérés comme un funeste résultat ; heureux si, conçus dans des circonstances périlleuses, ils ne font pas naître la pensée d'un autre crime, et si le sein qui les porte ne devient pas leur tombeau ! On voit quelles sont les honteuses et coupables suites de l'adultère, et combien une femme a lieu de s'en garder, si peu qu'elle ait de réflexion ; mais beaucoup de femmes manquent de réflexion.

Donnons un trait de plus à ce sombre tableau.

L'adultère engendre l'adultère. La femme une fois lancée dans cette route tortueuse ne peut plus s'arrêter. On croit n'être qu'une *femme sensible*, en cédant à une première affection : cette affection brisée, et toujours elle se brise, on a besoin de la remplacer. Le vide du cœur ne se supporterait plus. D'ailleurs on cherche à s'étourdir sur une déception. L'amour-propre engage à oublier un amant infidèle, et surtout à lui prouver qu'on ne le regrette pas, et qu'un consolateur n'a pas manqué ; on devient *femme galante*. Quand le remords n'entrave plus les pas, et le remords comme une herbe gênante est bien vite arraché du chemin de l'adultère, la pente est facile à descendre, les intrigues se multiplient, se découvrent ; il faut quitter sa famille, son pays, aller cacher sa honte dans quelque grande ville où l'on finit, faute d'appui naturel, par s'abaisser au rang de *femme entretenue*, à moins que le suicide ne l'emporte sur la prostitution. Nous posons en principe qu'il est, pour une femme, plus difficile de n'avoir eu qu'un amant, que de ne pas en avoir eu du tout. Lorsqu'il s'échappe un grain du collier de sa vertu, les autres ne sont pas longs à défiler. Dans quels bras tombe-t-elle encore! Le goût se perd en même temps que la pudeur. Où donc est la femme adultère qui n'a pas eu ses moments de vertige, et qui, comme la Titania de Shakspeare, n'entoure de ses bras caressants une tête d'âne aux oreilles velues?

Cependant le moraliste le plus sévère ne pourrait se dispenser de faire valoir les circonstances atténuantes servant parfois d'excuse à la femme soumise, il faut le dire, à de trop rudes épreuves pour sa faiblesse, et laissée au dépourvu. Ce serait injuste de ne pas présenter la défense de la partie adverse ; ce serait d'autant plus mal à celui qui écrit ces lignes que sa plume ne s'est pas toujours montrée si rigoureuse en un pareil sujet. Dans un état social comme le nôtre, où les mariages consultent rarement les inclinations, où la fortune plus que l'amour procède à l'acte le plus important de la vie, il arrive inévitablement que le défaut de sympathie se remarque un jour. On essaie de se résigner chrétiennement à son sort ; mais les reproches, les querelles, les ennuis naissent de toutes parts. Alors paraît intolérable un intérieur où gronde un orage perpétuel. De la nécessité de supporter quelqu'un qui déplait à l'espérance de trouver le repos sous l'abri d'une liaison étrangère toujours à proximité, il n'y a pas un grand écart pour la pensée ; et la vertu attaquée, minée en secret plus encore par la rudesse de l'époux que par les prévenances de l'amant, succombe après de longs combats. La faute en est souvent à l'inconséquence des parents qui vendent en quelque sorte leur fille au premier venu, lorsque ce premier venu s'appelle un *parti*. La faute en est encore à l'imbécillité des maris.

Le mariage étant une des choses les plus importantes de la vie, il serait bon d'y regarder de près, et, par une bizarrerie incroyable, la plupart des hommes donnent plus de soins aux bagatelles les plus fugitives qu'à cette indissoluble convention dans laquelle pourtant ils mettent leur honneur. Quelques personnes timorées ont pensé que les railleries jetées par la comédie à la tête des maris trompés attaquaient la société par sa base, en dégradant l'institution du mariage. Ces âmes honnêtes sont tombées dans une grande erreur. Il n'y a pas d'autre contre-poids à la cupidité qui préside si souvent au choix d'une femme. Ces sarcasmes mis dans le plateau de la balance l'emportent quelquefois sur le caprice et l'amour-propre, et empêchent un homme de compromettre dans une union mal assortie le bonheur d'une existence entière. La comédie est donc dans son droit, ainsi que le monde, en se moquant des disgrâces des époux ; et les plaisanteries dont certains esprits délicats s'offensent, n'en possèdent pas moins une très-haute valeur morale ; elles ne cesseront pas même d'amuser tant qu'il y aura des maris trompés en France, pays classique en ce genre, c'est-à-dire jamais.

On compte au répertoire du Théâtre-Français cinq cents pièces où les maris se trouvent plus avancés que le Sganarelle de Molière, ce Sganarelle qui ne se plaint que d'un mal imaginaire. Molière surtout a su allier une profonde philosophie à la liberté du théâtre. Lorsqu'on le lit avec attention, on comprend quelle haute idée il s'était faite du mariage, et jusqu'à quel point il le voulait basé sur la sympathie des caractères et sur les convenances sociales ; en

La Femme adultère. Dessin de Géniole.

La Femme adultère. Tableau du Guerchin. Dessin de Cabasson.

deux mots, sur l'amour et sur la raison. Toutes ses plaisanteries ne tendent qu'à se moquer de ceux qui, comme Arnolphe ou Georges Dandin, s'exposent à de fâcheuses conséquences en bravant les plus simples lois du bon sens. Vouloir lier sa destinée entière à un être dont on contraint le penchant, n'est-ce pas mériter d'être puni? sacrifier à des intérêts d'argent ou de vanité son repos domestique, n'est-ce pas appeler sur soi les sarcasmes des hommes? Voilà ce qui ressort de toutes les comédies de Molière.

Le drame sentimental est cent fois plus pernicieux aux bonnes mœurs que ces franches saillies de Molière, qui ne tirent pas à conséquence; lorsqu'on colore le mal avec des semblants de passion, on le rend plus capable de séduire qu'en l'exposant dans sa nudité. Les transports romanesques, les rencontres fatales, les faiblesses involontaires ou repentantes, toutes les ressources du jargon passionné, ne font que donner au vice un prétexte de prendre des airs de vertu. Croit-on, pour ne citer qu'un exemple, que dans *Misanthropie et Repentir*, madame de Meinau, sur les malheurs de laquelle on verse tant de larmes, offre un bien digne et bien sage modèle? Ne pourrait-on pas inférer de cette pièce de Kotzebuë que, pour recouvrer une honorable position dans le monde, après avoir trahi son époux et abandonné ses enfants, une femme n'a besoin que de se repentir?

On peut diviser la classe des femmes parjures en trois catégories, selon que le cœur, l'esprit ou les sens, ont jeté ces dames hors du mariage. La première classe est celle que les romanciers ont adoptée, et qu'ils se sont plu à revêtir de toutes les séductions de leur talent. Ils ont décrit avec une extrême complaisance les luttes de la passion et du devoir; ils ont enchâssé comme des diamants les larmes tombées des yeux de ces tendres coupables, sans trop s'inquiéter du danger de leurs peintures sentimentales. Il y a en effet un charme dans ces douleurs, et plus d'une faible épouse en possession d'un honnête homme fort empressé de lui plaire, s'est mise à se créer de chimériques infortunes afin d'arriver au romanesque état de ces héroïnes; elle s'est abandonnée à des caprices d'imagination, qui sont dégénérés à la longue en véritable catastrophe pour son époux. Un des effets les plus lugubres et les plus déplorables de la littérature moderne, et nous avons tous contribué à ce désordre, il faut en convenir, c'est qu'elle a peuplé la France d'une foule de femmes incomprises, que leurs maris arrivent à ne comprendre que trop. La femme dont nous venons de tracer le portrait, soit qu'un intérieur pénible, ou qu'un désenchantement imaginaire l'ait rendue infidèle, conserve une apparence de réserve et de candeur.

La seconde catégorie renferme la femme dont le manque de foi est inexcusable, la femme adultère par excellence. La trahison est pour elle une occupation d'esprit, un besoin de ruse, d'activité, de mouvement, un véritable plaisir. La créature décevante dont parle Figaro et de qui l'instinct est de tromper, se montre ici dans tout son éclat. Recevoir des billets galants, en écrire, se ménager des rendez-vous, courir mille risques, compromettre jusqu'à sa vie, voilà un jeu pour son génie inventif. La vanité la guide la plupart du temps. Elle aime à ravir, par exemple, à une de ses amies (car ce sont ses amies qu'elle choisit de préférence pour victimes) les attentions d'un homme à la mode; elle est tranquille sur le résultat de ses amours. Sa progéniture, quelle qu'elle soit, est traitée également; la même indifférence, la même négligence règne pour tous. Une nourrice élève ses enfants jusqu'au moment où le collège les reçoit. La sécheresse de l'esprit a remplacé les entraînements du cœur et les erreurs de l'imagination. Elle admet avec une facilité extraordinaire les paradoxes au moyen desquels on a essayé de justifier les atteintes portées au mariage; elle s'en amuse avec ses amants. On lui accorderait plusieurs maris, comme à certaines femmes de l'Asie, que cela ne la satisferait pas. L'intrigue n'y serait plus, c'est l'intrigue qui lui plaît avant tout.

Comment déterminer d'une manière précise la variété qui comprend la troisième catégorie de notre division? Il est encore de nos jours plus d'une Abisag, vierge charmante condamnée à la couche de quelque David énervé; il est des Héloïses renfermées dans le sanctuaire conjugal, ainsi que dans un cloître austère, et forcées de revêtir leur corps jeune et ardent du cilice de la mortification. Combien enfin de belles fleurs, l'amour et le désir des jeunes gens, qu'on voit flotter sur la surface du mariage, ainsi que des nénuphars sur des eaux solitaires et tièdes! Ces belles mariées, sans maris, vivront-elles toujours dans un veuvage auquel la loi actuelle les enchaîne impitoyablement? Non, assurément! Elles trancheront le nœud gordien avec l'épée d'Alexandre! A-t-on trop le droit de les blâmer?

L'adultère est un canevas qui est le même partout, mais que chaque pays brode à sa façon. Nulle part il ne s'étale avec plus de liberté qu'à Paris. Voilà sa patrie. Si l'adultère n'avait pas existé depuis la création, Paris l'aurait inventé. C'est là qu'il est à l'aise, qu'il se pavane, et qu'il relève sa tête, humblement baissée en province. Vous le voyez marcher bras dessus, bras dessous avec le mariage, qui lui sert quelquefois de patron; vous le coudoyez à chaque pas que vous faites sur les boulevards; il vous couvre de poussière au Bois; il s'accoude sur le velours de la meilleure loge de nos théâtres; il affectionne surtout le drame moderne créé en son honneur; il sépare la femme du mari auquel il envoie des lettres de faire-part lors de la naissance de son enfant; il ose demander à l'époux s'il veut en être le parrain; mais l'adultère ainsi audacieux et consenti, l'adultère officiel perd le prestige du mystère. Détournons les yeux de ces ignobles tolérances, de ces marchés scandaleux; l'adultère, le véritable adultère, digne de son nom, se maintient toujours dans des conditions de silence et de dissimulation. Il sait ce qu'il est : il a honte de lui.

De quelle façon, me dites-vous, se pratique l'adultère? Contez-nous-le, si vous le savez. Peignez-nous l'adultère de bon ton, l'adultère bourgeois, l'adultère chez le peuple.

Vous le voulez, eh bien! voyons :

La Femme adultère

Remarquez ce fiacre (un fiacre, notez cela), traversant quelque rue silencieuse et écartée; il se dirige, avec des stores hermétiquement fermés, vers une maison discrète qui semble se cacher au milieu des autres. Le véhicule numéroté s'arrête devant une petite porte qui s'ouvre d'elle-même; au premier étage, derrière les persiennes entr'ouvertes, un blond jeune homme, aux cheveux bouclés, aux petites moustaches frisées, avance le cou imprudemment, et vous qui passez là par hasard, revenant de visiter une vieille parente, vous avez surpris un regard de femme parti du fiacre et adressé au joli garçon, dont la tête s'est retirée de la fenêtre avec précipitation. Un peu de curiosité fait que vous vous retournez : soudain, légère comme une sylphide, une gracieuse femme, coquettement habillée, s'élance de la voiture, en effleurant à peine le marchepied. Un voile d'un tissu serré enveloppe son chapeau. Elle a passé comme l'éclair, et la porte s'est refermée promptement sur elle. Bien qu'à deux pas, à peine avez-vous pu distinguer sa taille souple et son pied mignon que vous croyez avoir vu descendre d'un brillant équipage aux Bouffes et à l'Opéra. Vous êtes sûr que cette femme est des plus élégantes, et des mieux titrées. Elle a jeté dans l'air en passant des parfums comme la divinité de Virgile; recueillant alors vos souvenirs, vous vous rappelez qu'un soir au théâtre vous avez observé des signes d'intelligence entre ce blond jeune homme qui vous est bien connu, et l'une de nos femmes à la mode les plus adorées. Soyez discret, je vous en prie, c'est la grande dame adultère!...

Pourquoi donc, visiteur malencontreux, êtes-vous allé chez la femme de cet agent de change, de ce négociant, de ce banquier votre escompteur, à l'heure de la Bourse et des affaires? Vous avez trouvé madame assise dans son boudoir, car les femmes d'agent de change, de négociant, de banquier ont toujours des boudoirs; elle sort du bain; elle a pour toilette un simple peignoir de mousseline claire retenu par une ceinture qui dessine sa taille, et laisse apercevoir, à travers la transparence du corsage, des chairs blanches et rosées. Son pied un peu large est enfermé dans une babouche turque. Ses cheveux, négligemment tournés, retombent en boucles sur son cou. Mollement

Le trio de l'adultère. Dessin de Pauquet.

inclinée sur un divan, elle tient un livre pris soudain à votre arrivée, et qui paraît l'occuper beaucoup. Ce livre est donc bien agréable; est-ce un nouveau roman de George Sand? D'où vient que la belle lectrice semble si contrariée de votre présence? Vous jetez un coup d'œil à la dérobée sur cette œuvre attachante; c'est un *Télémaque* ou un *Robinson Crusoé*, laissé sur le divan par un fils, jeune collégien de beaucoup d'espérances. Voilà qui est étrange! si vous avez la maladresse de vous asseoir et d'engager une longue conversation sans vous apercevoir de la mauvaise humeur avec laquelle on vous répond, vous ne savez pas vivre, permettez-moi de vous le dire. A un coup de sonnette qui ne tardera pas, vous verrez la lèvre supérieure de votre interlocutrice s'avancer sur la lèvre inférieure et son sourcil se froncer;

puis on introduira un grand beau brun, dont vous aviez déjà soupçonné les assiduités dans quelques soirées; c'est lui qui tourne la musique au piano. On recevra ce jeune homme comme un étranger, avec une froideur de glace. Si vous m'en croyez, partez au plus vite; vous êtes de trop chez la bourgeoise adultère.

Voulez-vous connaître à présent les grandes causes qui ont provoqué l'infidélité de ces deux femmes? C'est un nœud de ruban tombé dans un bal du sein de la baronne, et furtivement relevé par le jeune homme aux blonds cheveux, ce même nœud qu'on faisait entrevoir discrètement placé sur le cœur pendant que Rubini roucoulait mélodieusement *il mio tesoro*.... C'est un succès colossal obtenu par le beau brun, premier clerc de notaire, aux soirées de la femme du banquier, avec les chansonnettes de mademoiselle Loïsa Puget ou de M. Amédée de Beauplan.

Reste la femme du peuple. Celle-là aime à cueillir avec un jeune ouvrier des bluets dans les blés, ou à s'égarer dans les bois de Romainville et de Meudon, le dimanche, tandis que son mari garde les enfants lassés; mais l'adultère est avant tout un fils de l'oisiveté et de l'ennui; il a moins de prise sur cette classe laborieuse, où le travail entretient l'honneur. Chez la femme du peuple, l'adultère a été souvent le fruit de la violence. La femme du peuple s'est vue longtemps en proie à la débauche des grands. Qu'on se rappelle les mystères du Parc aux Cerfs. Des historiens un peu aventureux ont cherché à démontrer, à ce propos, l'heureuse influence de l'adultère sur la civilisation moderne. Ces singuliers philosophes ont prétendu que l'adultère, comme un rat, a rongé les mailles de l'énorme filet aristocratique par lequel le peuple était emprisonné, c'est-à-dire que les faiblesses des grandes dames, et les convoitises roturières des grands seigneurs, en mêlant un sang vulgaire au pur sang des ducs et des princes, ont porté un coup mortel à l'hérédité des priviléges, et détruit aux yeux des nations les illusions de la noblesse et de la royauté.

Il ne nous siérait pas d'agiter ici la grave question du divorce, palliatif insuffisant lui-même à ce fléau qui dévore les familles comme une lèpre secrète, et contre lequel les lois n'ont pas de remède! La loi ne répare le mal que quand il est fait. Il n'y a que l'exemple des bonnes mœurs et la résignation qui puissent avoir quelque efficacité. Cependant il est bon de rappeler que dans tous les temps la femme adultère a été rigoureusement punie, parce que le repos des familles est fondé sur le mariage. Les Hébreux la lapidaient avant que le Christ eût dit qu'il fallait être sans péché pour lui jeter la première pierre; les Grecs et les Romains la condamnaient à la flétrissure publique, à la déportation. En France, on la privait autrefois de sa dot et de ses conventions matrimoniales, puis on la reléguait dans un monastère, de plus on la fouettait dans les rues; mais on renonça bientôt à cet infâme traitement, de peur, dit avec naïveté un écrivain, que cet affront n'empêchât les maris de reprendre leur femme, comme Ménélas reprit la sienne après qu'elle eut passé dix années en pérégrinations. Maintenant le mari dans certaines circonstances a droit de vie et de mort sur sa femme; il ne tient qu'à lui d'user de l'article 137 du Code pénal, article ainsi conçu : « La femme convaincue d'adultère subira la peine de l'emprisonnement pendant trois mois au moins et deux ans au plus. » Le mari peut toujours arrêter cette condamnation, car le crime d'adultère chez nous est considéré comme privé, quoiqu'il soit souvent excessivement public.

La loi française contre l'adultère a été faite évidemment par des maris trompés, s'il faut dire la vérité : tout y est contre les femmes et rien en leur faveur. L'épouse convaincue d'infidélité est punie d'un emprisonnement qui peut s'élever jusqu'à deux années. Le mari qui entretient une concubine, et encore faut-il qu'il l'ait fait entrer chez lui, n'est passible que d'une simple amende. Le Code accorde en quelque sorte au mari outragé le droit de venger de ses propres mains l'affront qu'on lui fait lorsqu'il en est témoin; le Code se tait à l'égard de la femme qui surprendrait dans le lit conjugal une maîtresse de son mari. En présence d'une pareille législation est-il donc étonnant que les femmes, qui, si elles ne règnent pas sur les codes, règnent sur l'opinion, compensent par un peu de ridicule l'inégalité des peines? Aussi rit-on généralement des maris malheureux.

L'adultère du temps de *Faber* était considéré comme une *espièglerie de société*. Notre société n'est pas moins espiègle que celle d'alors, et l'on pourrait se plaindre, comme les anciens auteurs, de ce que cet amusement est *trop fréquent dans le royaume*.

Aristote raconte avec naïveté que dans les eaux du Phase il croissait de son temps un petit arbuste, dont un rameau cueilli par l'époux et caché dans le lit conjugal rendait la femme chaste! Excellent Aristote! où donc est-il ton rameau? il s'en est allé avec ta Poétique, car l'on ne conserve pas plus le cœur de sa femme avec ce procédé, qu'on ne fait de bonnes tragédies au moyen de tes maximes dramatiques. L'heureux choix, la sympathie, les soins constants, voilà les meilleures sauvegardes de l'honneur d'un mari.

Montaigne, ce profond esprit qui a si bien résumé la sagesse antique, a écrit dans ses Essais quelques lignes belles, nobles et engageantes, dans lesquelles le mariage est bien dignement apprécié. Nous voulons terminer par ces lignes, cette physiologie de la femme adultère, afin de faire excuser, en faveur du but où nous arrivons, les sinuosités du chemin que nous avons été obligé de parcourir avec quelque liberté. « C'est une douce société de vie, dit-il, que le mariage, plein de fiance et d'un nombre infini de bons et loyaux services et obligations mutuelles; à le bien façonner, il n'en est point de plus belle dans la société; aucune femme qui en savoure le goût ne voudrait tenir lieu de simple maîtresse à son mari. »

Heureux ceux dont la vie peut prendre pour épigraphe la phrase de Montaigne, et pour lesquels le mariage est cette fidèle union qui consola nos premiers parents de la perte de l'immortalité.

HIPPOLYTE LUCAS.

Le Maître galant. Tableau de J.-F. Lancret.

TABLE DES MATIÈRES

	PAGES		PAGES
La Dévote, par Jules Janin.	1	Le Béarnais, par Old Nick	177
Le Contrôleur des contributions directes, par Frédéric Soulié.	17	Le Diplomate, par le comte de la Rivalière-Frauendorff.	201
Le Flâneur, par A. de Lacroix.	25	La Misère en habit noir, par B. Maurice.	213
L'Habitant de Versailles, par Arnould Fremy.	36	Les Banquistes, par É. de la Bédollière	225
Le Défenseur officieux en justice de paix, par Émile Dufour.	49	Le Médecin, par L. Roux.	249
		La Marchande de poisson, par Joseph Mainzer. . . .	261
Les Mendiants, par L.-A. Berthaud	57	L'Ame méconnue, par Frédéric Soulié.	273
Le Rat, par Théophile Gautier.	89	La Marchande de friture, par Joseph Mainzer	284
La Laitière, par Joseph Mainzer	101	Le Tailleur, par Roger de Beauvoir	289
La Religieuse, par Mme Maria d'Anspach.	113	Le Goguettier, par L.-A. Berthaud.	308
Le Ramoneur, par Arnould Fremy.	137	Le Provençal, par Taxile Delord.	321
Le Berrichon, par Félix Pyat.	148	Le Commissionnaire, par L. Roux	333
Le Touriste, par Roger de Beauvoir.	161	Le Dauphinois, par Georges d'Alcy.	361

La Femme adultère, par Hippolyte Lucas. . . . . page 385.

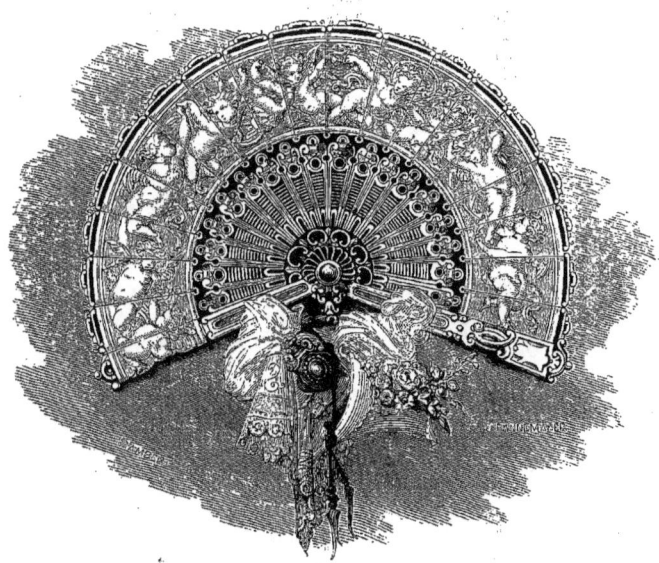

Éventail artistique. Dessin de Rambert.

Paris. — Imprimerie Motteroz, 31, rue du Dragon.

www.ingramcontent.com/pod-product-compliance
Lightning Source LLC
Chambersburg PA
CBHW052044230426
43671CB00011B/1776